MUNDO UNIDO
REPASO Y CONVERSACIÓN

MUNDO UNIDO

REPASO Y CONVERSACIÓN

NIVEL INTERMEDIO

María Canteli Dominicis

St. John's University, New York

JOHN WILEY & SONS, INC.

New York • Chichester • Brisbane • Toronto • Singapore

A LA MEMORIA DE MIS PADRES
M.C.D.

ACQUISITIONS EDITOR Mary Jane Peluso
MARKETING MANAGER Debra Riegert
PRODUCTION EDITOR Edward Winkleman
DESIGN SUPERVISOR Ann Marie Renzi
ASSISTANT MANUFACTURING MANAGER Mark Cirillo
PHOTO EDITOR Lisa Passmore
PHOTO RESEARCHER Ramón Rivera Moret
FREELANCE ILLUSTRATION COORDINATOR, SR. Anna Melhorn
TEXT DESIGN Lee Goldstein
COVER DESIGN Meryl Levavi
COVER PHOTO Erica Lanser/Black Star

This book was set in Times Roman

Recognizing the importance of preserving what has been written, it is a policy of John Wiley & Sons, Inc. to have books of enduring value published in the United States printed on acid-free paper, and we exert our best efforts to that end.

Library of Congress Cataloging in Publication Data:
Dominicis, María Canteli.
    Mundo unido. Repaso y conversación / María Dominicis,
       p. cm.
    Includes bibliographical references.
    ISBN 0-471-58485-1 (pbk. : alk. paper)
    1. Spanish language—Conversation and phrase books—English.
    2. Spanish language—Grammar. I. Title.
    PC4121.D645   1995
    468.3'421--dc20

Printed in the United States of America

10 9 8 7 6 5

PREFACE

About the *Mundo unido* Program

Mundo unido is a complete program for intermediate students of Spanish.

Based on the premise that language functions in terms of everyday situations, the *Mundo unido* program tries to duplicate living experiences through a contextual approach. The program provides a wealth of cultural information—immersing students into the Hispanic experience—while emphasizing that the Hispanic world is not as different as students may think from the world they live in. Modern technology and the amazing expansion of communications in the second part of this century have erased many cultural differences and built new bonds among nations. The authors of this program feel there should not be three worlds, nor even two, but only one, united by understanding among people. This thought has been projected in the title: *Mundo unido.*

The *Mundo unido* program consists of *Repaso y conversación*, a conversational grammar book, and *Lectura y escritura,* a text aimed at developing reading and writing skills. Both texts are closely coordinated in chapter themes, vocabulary, and grammar topics. The program also includes a workbook/laboratory manual and twelve 30-minute tapes.

About *Mundo unido: Repaso y conversación*

Repaso y conversación is a conversational grammar text. It can serve as the primary text in one-semester courses or, combined with *Lectura y escritura,* can be used over a full year. *Repaso y conversación* is a very flexible book and will also work well in combination with other second-year materials. The aim of *Repaso y conversación* is to review and expand on students' previous knowledge of the structures of Spanish and to develop oral proficiency.

Contents of this Text

Repaso y conversación, like its companion *Lectura y escritura,* groups its 12 chapters into three units that sum up the most important facets of everyday life: *La escuela y el hogar; Vida de ciudad y vida de campo;* and *Trabajo y diversiones.* Chapters open with a *Presentación* that prepares students for the reading by providing the cultural information necessary to understand it. Whether taken from Hispanic magazines or written by the author, the readings (*Lecturas*) all have one thing in common: they present an aspect of present-day Hispanic life related to the chapter's topic. A section encouraging class discussion follows each reading.

The grammar presentation (*Gramática*) goes beyond the grammar covered in first-year courses, without being burdensome. Exercises are varied and, for the most part, contextualized. Many have been designed to be done in pairs or small groups. This is indicated by the titles "Entre dos," "Entre tres," and "Entre varios."

A special feature of *Repaso y conversación* is the *Escena* in every chapter that illustrates the thematic vocabulary. Placed in the middle of the chapter, these "scenes" add levity by breaking the grammar presentation into two sections and provide a fun way to achieve communicative competence. Students are encouraged to comment and discuss the situation and to relate it to their personal experiences.

Art, photos, advertisements ("realia"), and jokes are abundant and have been chosen for cultural value and relevance to the corresponding chapter. A great variety of countries are represented in the realia and the country of origin is given next to every piece, a feature seldom found in competing texts.

About the Workbook/Lab Manual

The workbook/laboratory manual contains exercises different from those in the main text. Each chapter in the workbook begins with a *Repaso previo*, meant to be done by students before the chapter is covered in class. The *Repaso previo* section presents and drills forms not given in the main text, thus lightening the grammar load there and allowing the instructor to devote more class time to conversation. Art and crossword puzzles add a light touch to the drills.

The lab section of the workbook contains listening-discrimination exercises and aural/oral practice in comprehension, vocabulary, and grammar.

Acknowledgments

I wish to thank Mary Jane Peluso for her faith in the project and her valuable participation in its developmental stage, Anne Dempsey for carrying the book in its last stages through production, and Andrea Bryant for her role in the production of the workbook. A word of thanks also goes to Harriet Dishman for her careful copyediting and to the Wiley staff for their cooperation and competence. I am also grateful to my son Víctor who created the original art for the *Escenas*.

A word of thanks, as well, to the following reviewers for their very helpful comments and suggestions: Ann N. Hughes, Mercer University; Beth Wellington, Simmons College; Mary Beth Floyd, Northern Illinois University; Alicia Ramos, Barnard College; Patrick Duffey, Austin College; Luis L. Pinto, Bronx Community College of City University of New York; Francie Cate-Arries, The College of William and Mary; Teresa Arrington, University of Mississippi; Helia M. Corral, California State University, Bakersfield; Carmen C. Candal, Northampton Community College; Sixto Torres, Clemson University; and Ana Perches, University of Arizona.

CONTENTS

Capítulo 4
VIDA DOMÉSTICA   87

Unidad dos VIDA DE CIUDAD Y VIDA DE CAMPO   113

Capítulo 5
LA CIUDAD   115

Capítulo 6
MANERAS DE VESTIR   145

Capítulo 7
¡QUE APROVECHE!   177

Capítulo 8
¡VAMOS AL CAMPO!   209

Unidad tres **TRABAJO Y DIVERSIONES 239**

LA ESCUELA Y EL HOGAR

Capítulo 1

ENTRE ESTUDIANTES

En la Universidad de la Habana estas jóvenes, futuras abogadas, repasan sus apuntes antes de su clase. Al fondo se ve el edificio de la facultad de Derecho.

Presentación

La lectura de este capítulo es sobre Ramón, un chico español a quien llaman "Supermán", porque estudia en varias facultades (*schools*) universitarias al mismo tiempo.

Aunque el sistema educativo varía de un país hispánico a otro, en general, las universidades se componen de facultades separadas, como la Facultad de Derecho, de Medicina, de Ingeniería, de Pedagogía, etc. En el sistema de facultades, los estudiantes siguen un programa "en bloque", que no tiene asignaturas (*subjects*) electivas o tiene muy pocas. Si un/una estudiante no aprueba una asignatura, tiene que volver a examinarse de ella cuantas veces sea necesario hasta aprobarla, porque todas las asignaturas del programa son requisito para graduarse.

Otra diferencia con el sistema de los Estados Unidos es que las asignaturas no están divididas en semestres o trimestres, sino que son de un año académico casi todas. La asistencia (*attendance*) a clase no es obligatoria, y es posible tomar exámenes finales de un número ilimitado de asignaturas. Por eso Ramón puede estudiar tantas carreras universitarias en un mismo año.

Este interesante edificio pertenece a la Universidad de Guanajuato, México.

Repaso previo   A note like this will appear at the beginning of every chapter. It is a reminder to students to review the grammatical forms and do the preliminary exercises in the Workbook at home as a preparation for the grammar that will be presented in the chapter. The *Repaso previo* for Chapter 1 is: Regular and irregular forms of the present tense, *Workbook.*

Lectura

El "Supermán" de la universidad

Tiene veinticuatro años y rompe la imagen tradicional del empollón°. No usa gafas, no es gordo ni feo. Le gustan las chicas. Se llama Ramón Ribes y es un madrileño afincado° en Córdoba°. Se ha hecho popular porque ha sacado° 36 asignaturas[1] universitarias en dieciséis meses y ya es licenciado° en Medicina.

5   Además, tan sólo le faltan ocho asignaturas para ser abogado.

   "Estaba haciendo cuarto año de Medicina y me di cuenta de° que esperar era absurdo. Y como sé que al terminar me tengo que buscar la vida° ... Me dio el pronto° y me matriculé del resto de la carrera de Medicina, es decir, cuarto, quinto, y sexto cursos y también de primero de Derecho°".

10   Siempre fue un estudiante modelo. Hijo de una maestra y de un catedrático° de Anatomía, los libros siempre han estado presentes en su vida. Pero no todo son los libros. Discotecas y bares son lugares que habitualmente frecuenta, incluso° en época de exámenes, "porque tan importante es descansar como estudiar".

15   —¿Cuál es su secreto para el estudio?

bookworm (Spain)

residing / city in Andalusia in Southern Spain / passed / a graduate

me...: *I realized*
me...: *I'll have to make a living*
Me...: *I had an impulse*
Law

professor

even

España. Estos estudiantes de la Universidad de Granada escuchan con mucha atención a su profesor.

---

1. As explained in the *Presentación*, a course doesn't cover a semester but a whole year, so 36 asignaturas equal 216 American credits.

—Lo que hago es organizarme y no darles a los profesores la ventaja° de
saber que hago tres años de carrera en un año. La clave° es que no voy a ninguna
clase, porque no tengo tanto tiempo material en el día para asistir° a tantas
clases. Así que me hago un círculo de amigos que me pasan los apuntes°. Luego,
a estudiar para aprobar, según se van presentando los exámenes".

—¿Y cómo se las apaña° con las prácticas de Medicina?

—¡Uf! Eso ya es harina de otro costal°. He tenido que hacer muchos "trapicheos"°, como llegar tarde a unas, marcharme antes de tiempo de otras...
Imagínate, con la bata puesta° todo el día y corriendo de un sitio a otro. Cuando
llego tarde, pongo cara de imbécil°, porque si pones esa cara se apiadan de ti°.

Ramón, no cabe duda°, se ha beneficiado de tener un padre catedrático,
aunque dice: "Mi padre odia a los enchufados°".

Sobre los exámenes, explica: "La materialización del examen es importante: trabajo con la letra° más grande o pequeña, pongo más puntos y aparte° o
dejo más o menos margen según me convenga°. Yo tengo que invitar a que se
me lea o no. ¡Es una técnica!" Pícaro por excelencia°, protesta siempre por su
examen, sobre todo° si recibe algún suspenso°.

Ramón, no contento con terminar —probablemente este año— su segunda
carrera, comienza ahora con la tercera. En esta ocasión escoge la de Agrónomo.
"Esto es un desafío°", comenta divertido° el niño prodigio.

De *Panorama*, Madrid.

	advantage
	key
	attend
	class notes
se...: manage (Spain)
Eso...: That's another story
tricks (Spain)
la...: my lab coat on
pongo...: I play dumb / **se...:** they feel sorry for you / **no...:** there is no doubt
string pullers (Spain)
trabajo...: I make my handwriting / **puntos...:** paragraphs / **según...:** depending on my best interest / **Pícaro...:** A typical rascal
sobre...: especially / failing mark
challenge / amused

Comprensión

¿Cómo es Ramón? Corrija las afirmaciones falsas.
¿Es cierto o falso que Ramón...?

1. usa gafas y es gordo
2. ya es licenciado en medicina
3. sólo necesita dos asignaturas más para graduarse de abogado
4. piensa que lo más importante en la vida es estudiar
5. es hijo de un profesor universitario
6. asiste a todas sus clases
7. tiene amigos que le dan sus apuntes
8. pone cara de imbécil y el profesor se apiada de él
9. tiene una técnica especial para contestar los exámenes
10. no va a estudiar más después de terminar dos carreras

Vocabulario

Frases que se oyen en la universidad. Reemplace las palabras en cursiva con las palabras apropiadas de la lista:

> apuntes / asistir / bata / catedrático / incluso / la letra / no cabe duda / puntos
> y aparte / me apiado / una lumbrera / un suspenso / sobre todo

Un profesor dice:

1. En el último examen sólo di *una F*.

2. Cuando un estudiante se pone nervioso, *lo siento*.

3. *La manera de escribir* de ese estudiante es horrible; no pude leer su examen.

4. Es muy importante *ir* siempre a clase.

5. Esa composición no necesita tantos *párrafos*.

Varios estudiantes dicen:

6. *Estoy seguro* de que voy a aprobar este curso.

7. Yo voy a la discoteca *hasta* en la época de exámenes.

8. Siempre llevo *una camisa especial* cuando voy al laboratorio.

9. Debes tomar *notas* de las cosas importantes que dice el profesor.

10. Me preocupo *especialmente* cuando mis notas son malas.

11. Ramón es *un muchacho brillante*.

12. Su padre es *profesor universitario*.

Modismos

darse cuenta de (que) *to realize (that)*

> Miré el reloj y **me di cuenta de que** iba a llegar tarde.
>
> *I looked at the clock and I realized I was going to be late.*

realizar *to carry out, accomplish*

> Aprender todos los verbos irregulares en un día es una tarea difícil de **realizar**.
>
> *To learn all the irregular verbs in one day is a difficult task to accomplish.*

realizarse *to come true*

> Espero que tus planes **se realicen** pronto.
>
> *I hope your plans come true soon.*

con + [garment] + **puesto/a/os/as** *with* + [garment] + *on*

> Ramón se pasa el día **con** la bata **puesta**.
>
> *Ramón spends the whole day with his lab coat on.*

Aplicación

A *Ramón y sus estudios*. Complete las oraciones escogiendo entre **darse cuenta de que, realizar** y **realizarse**.

1. Ramón _____ descansar también es importante.
2. Ramón no puede _____ varias prácticas de Medicina al mismo tiempo.
3. El padre de Ramón _____ su hijo es un buen estudiante.
4. Ramón _____ sus tareas con ayuda de sus amigos.
5. Los profesores no _____ de que él estudia tres carreras al mismo tiempo.
6. El sueño de Ramón de tener tres carreras va a _____ pronto.

B *Con toda la ropa puesta*. Reemplace la palabra en cursiva en la oración que sigue con las palabras de la lista, cambiando la terminación del participio **puesto** si es necesario.

Tenía tanto sueño anoche, que me quedé dormido/a con *el suéter* puesto.

1. las gafas	**3.** los pantalones	**5.** el sombrero
2. las botas	**4.** la chaqueta	**6.** el abrigo

PUNTOS DE VISTA

A *Los estereotipos*. Según el artículo, Ramón no tiene la imagen del "empollón" porque no es gordo ni feo, no usa gafas y le gustan las chicas. Los estereotipos son frecuentemente injustos y falsos, porque clasifican a un individuo según las características que tradicionalmente se atribuyen a su grupo. Comente con sus compañeros las características físicas y/o síquicas que se atribuyen a las personas de los siguientes grupos.

1. los vendedores de carros
2. los camioneros (*truck drivers*)
3. los bibliotecarios
4. las rubias del tipo de Marilyn Monroe
5. los ministros religiosos
6. los japoneses
7. los jugadores de fútbol
8. las modelos
9. los guitarristas de rock

B *Una entrevista*. Ud. es periodista. Hágale preguntas a un compañero o compañera sobre sus estudios y prepare un artículo breve basado en las respuestas para leerlo en clase.

Algunas preguntas: ¿Qué carrera estudia? ¿Cuántas asignaturas toma este semestre o trimestre? ¿Sigue la misma carrera que su padre o su madre? ¿Por qué (no)? ¿Descansa de los estudios en discotecas y bares como Ramón o lo hace de otra manera?¿Por qué sale (o no sale) en época de exámenes? ¿Asiste regularmente a clases? ¿En qué circunstancias falta? ¿Escribe intencionalmente con letra grande o ilegible en los exámenes? ¿Qué otra "técnica" usa en los exámenes? ¿ ... ?

C *Entre varios.* Den su opinión sobre los siguientes puntos, ilustrando su posición con ejemplos.

1. El caso del "Supermán" despierta algunas dudas, porque a Ramón parece que le interesa más acumular títulos (*degrees*) que aprender. ¿Es buena esta filosofía? ¿Se pondría Ud. en manos de un médico que no asistió nunca a clase y tampoco hizo sus prácticas? Explique.

2. En los países hispánicos no es obligatorio asistir a clases. ¿Por qué es (o no es) éste un buen sistema? ¿Es posible aprender mucho con solo estudiar los apuntes de los compañeros, ir a la biblioteca, consultar libros, etc.? ¿Por qué sí o por qué no?

3. El padre de Ramón es catedrático, pero no usa sus influencias con su hijo porque odia a los "enchufados". ¿Hasta qué punto y en qué circunstancias debe un padre o una madre usar sus relaciones y su poder (*power*) para ayudar a sus hijos?

D *Entre dos.* Un/a estudiante será Ramón Ribes y le hará preguntas a un compañero o compañera sobre las carreras, años de estudio, especialidades, asistencia a clases y otras características del sistema norteamericano. Por su parte, el compañero o compañera le dará esta información y le explicará además por qué sus "trapicheos" funcionarían (o no funcionarían) en los Estados Unidos.

Un poco de humor

Lea el chiste y conteste las preguntas.

1. ¿Por qué se separa el niño de su amigo? Cuéntele este chiste a la clase.

2. Muchas veces, el niño detesta la escuela por una experiencia negativa que tuvo en ella. Haga conjeturas de las razones por las que a este niño no le gusta la escuela.

3. Si tuvo Ud. alguna experiencia negativa en la escuela cuando era niño/a, cuéntela.

La tuna de la Universidad de Alcalá de Henares, España. Los tunos son una tradición de varios siglos en las universidades españolas. Visten trajes típicos y cantan canciones tradicionales. En algunos países hispanoamericanos hay grupos similares que se llaman estudiantinas.

DEL MUNDO HISPÁNICO (Argentina)

Lea este anuncio (ad) *y conteste las preguntas.*

1. En su opinión, ¿por qué se llama esta universidad John F. Kennedy?

2. ¿Hasta qué hora está abierta?

3. ¿Qué puede estudiar aquí una persona que quiere ser...?

    a) actor/actriz   **c)** trabajador/a social

    b) abogado/a   **d)** maestro/a

4. ¿Qué carrera(s) puede estudiar una persona que está interesada en...?

    a) escribir en los periódicos   **e)** la computación

    b) la salud mental   **f)** los números

    c) los problemas de los viejos   **g)** los problemas criminales

    d) la construcción de edificios   **h)** los problemas de la familia

Gramática I

A. Subject pronouns

1. Subject pronouns (**yo, tú², él, ella, Ud., nosotros/as, vosotros/as, ellos/as, Uds.**) are very frequently omitted in Spanish as verb endings indicate the subject of the verb. Third-person pronouns (**él, ella, Ud., ellos/as, Uds.**) are used more than the other pronouns because several persons share the same verb forms.

    Él (Ella, Ud.) pierde muchas clases.
    He (She, You) miss(es) many classes.

2. Subject pronouns are used:

    a) For clarification or emphasis.

    Ellos oyen música pero **nosotros** preferimos ver la televisión.
    They *listen to music but* we *prefer watching TV.*

    b) After the verb **ser**.

    Tun, tun. —¿Quién es? —Soy **yo**.
    Knock, knock. "Who is it?" "It's me." (I am)

    c) When the verb is understood.

    Mi amigo quiere matricularse en esa asignatura; **yo** no. (Yo no quiero matricularme.)
    My friend wants to register for that subject; I don't

Aplicación

A *Mi amigo Miguelito*. Elimine los pronombres de sujeto (*subject pronouns*) innecesarios.

Yo soy un buen amigo. Yo siempre voy a casa de Miguelito cuando él me llama, porque él necesita que yo lo ayude a estudiar español. Él me llama casi todos los días. ¿Tú sabes quién le enseñó a Miguelito los usos del subjuntivo? Fui yo. Él no comprendió bien las explicaciones del profesor Guzmán, pero yo sí las comprendí, por eso yo fui a su casa a repasar con él. Cuando nosotros nos reunimos, la mamá de Miguelito sirve refrescos y pasteles. Ella cocina muy bien. Si tú no conoces a Miguelito, yo puedo presentártelo. Él es muy simpático. Si tú quieres ir conmigo a su casa mañana, nosotros podemos ir en mi coche.

2. The use of **tú** has extended in Spain in recent years. In most of Hispanic America, however, the traditional rule that reserves **tú** for family members and friends of the same age is still followed. In parts of Central and South America, especially in Argentina, it is common to use **vos** with special verb endings instead of **tú**.

B. Uses of the present tense

1. The Spanish present tense usually describes an action that takes place in the present. In this case, it has three different equivalents in English.

Tomo apuntes.
$\left\{ \begin{array}{l} \text{I take } \textit{notes.} \\ \text{I do take } \textit{notes.} \\ \text{I am taking } \textit{notes.} \end{array} \right.$

2. The present tense also describes an action that began in the past and continues in the present. Note that English uses the present perfect in this case.[3]

Estudio español desde el año pasado.
I have been studying *Spanish since last year.*

3. In spoken Spanish, the present often refers to an action that will take place in the near future.

Mañana **escribo** la composición.
I'll write *the composition tomorrow.*

4. The present is used to make a request in the form of a question when *will* is used in English.

¿Me prestas tus apuntes?
Will you lend me your notes?

¿Me ayudan Uds. a cargar estos libros?
Will you (pl.) help me carry these books?

5. As in English, the present tense is used instead of the past to make a narration more vivid.

En 1492 Colón descubre América y los moros son expulsados de España.
In 1492 Columbus discovers America and the Moors are expelled from Spain.

Aplicación

B *Ahora no, más tarde.* Alicia lo pospone todo. Exprese lo que ella diría en cada circunstancia para posponer la acción a un futuro inmediato.

MODELO: No quiero traducir esa carta ahora. (después)
        Después traduzco esa carta.

En la escuela:

1. No quiero ver a mi consejero esta semana. (la semana que viene)
2. No puedo ir hoy al laboratorio. (el lunes)
3. No voy a devolver los libros de la biblioteca hoy. (mañana)
4. No deseo resolver el problema ahora. (más tarde)

---

3. The present is also used in the **hace** + period of time + **que** construction studied in Chapter 8.

En casa:

5. No puedo hacer la tarea ahora. (por la noche)

6. No voy a salir hoy con mis amigos. (el sábado)

7. No deseo sacar a pasear al perro ahora. (por la tarde)

8. No quiero leer el periódico en este momento. (después)

C *¿Desde cuándo?* Complete cada oración de manera imaginaria o según su experiencia personal.

MODELO: Desde que comenzó el semestre...
> *Desde que comenzó el semestre voy a la biblioteca todos los días.*

1. Desde que era niño/a...

2. Desde que mi novia se fue de vacaciones...

3. Desde ayer...

4. Desde las siete de la mañana...

5. Desde los 16 años...

6. Desde 1993...

7. Desde (+ *mes*)...

D Haga estas narraciones más vívidas, cambiando al presente las palabras en cursiva.

    1. Cómo mi padre aprendió inglés. En 1960 Fidel Castro *tomó* el poder en Cuba y poco después mi familia *resolvió* salir de la isla. Mis padres *comenzaron* una nueva vida en la Florida. Al principio, mi padre no *entendía* bien el inglés, y el único trabajo que *encontró fue* lavando carros. Se *matriculó* por la noche en una escuela que le *recomendó* un amigo, y en unos meses ya *podía* comunicarse bastante bien. *Siguió* practicando constantemente y, cinco años después, mi padre ya *era* administrador de un negocio y *atendía* a sus clientes en inglés.

    2. El accidente del decano. (Yo) *almorzaba* en la cafetería cuando *entró* el decano. *Había* dos pedazos de hielo en el suelo; alguien *advirtió*: ¡Cuidado!, pero el decano no lo *oyó* y se *cayó*. Todos *corrimos* a ayudarlo pero, por desgracia, *perdió* sus lentes de contacto y no los *encontró*. *Tuve* que acompañarlo a su oficina, porque el señor no *podía* ver nada sin sus lentes. Después *conduje* su auto y lo *llevé* a su casa.

E *Las peticiones de Pablito*. Pablito siempre quiere que su amigo Pepe haga algo. Exprese sus peticiones con preguntas.

MODELO: despertarme a las ocho
> *¿Me despiertas a las ocho?*

1. cerrar la puerta

2. mostrarme tu composición

3. llevarme en tu coche

4. servirme de intérprete

5. traducirme la lectura

6. traerme los libros

DEL MUNDO HISPÁNICO (Ecuador)

Lea el anuncio y conteste las preguntas.

PALABRAS ÚTILES

útiles escolares	*school supplies*
acuarelas	*water colors*
grapados	*stapled*
cartones	*cardboard*
carpetas	*folders*
cartulinas	*thin cardboard*
marcadores	*markers*
forros	*book covers*
reglas	*rulers*
gomeros	*glue*
escuadras	*squares*
horario	*schedule planner*

1. Cuál(es) de estos útiles se usa(n) para...?

   a) dibujar y pintar   **c)** escribir   **e)** proteger los cuadernos

   b) guardar papeles   **d)** cortar

2. ¿Cuál(es) necesita si...?

   a) su lápiz no tiene punta   **c)** quiere escribir un cartel con letras grandes

   b) cometió un error cuando escribía   **d)** tiene una clase de geometría

3. ¿Cuáles de estos materiales compra Ud. a veces?
   ¿Cuáles no compra?

4. ¿Qué se escribe en un horario escolar?
   ¿Tiene Ud. uno?

C. Gender of nouns

1. Nouns that refer to males are masculine and nouns that refer to females are feminine regardless of their endings.

   el rey (*king*), **el duque** (*duke*), **el/la turista, la soprano, la actriz** (*actress*)

2. The following rules apply to inanimate subjects:

   a) Most nouns that end in **-o** are masculine; most nouns that end in **-a** are feminine.

Exceptions: **el día, la mano, el mapa, el planeta, el cometa,** and nouns of Greek origin ending in -**ma** such as **el drama, el problema, el programa, el telegrama, el tema**

b) The names of the days of the week, and the names of mountains and bodies of water are masculine.

el lunes, el viernes, el Himalaya, los Andes, el (río) Amazonas, el (lago) Titicaca, el (océano) Pacífico

c) Most nouns ending in -**ción, -sión,** and -**gión**, as well as those ending in -**dad, -tad,** and -**tud** are feminine.

la revolución, la solución, la decisión, la pasión, la región, la religión, la caridad (*charity*), **la verdad** (*truth*), **la libertad** (*freedom*), **la tempestad** (*storm*), **la juventud** (*youth*), **la virtud** (*virtue*)

d) Feminine singular nouns beginning with stressed -**a** or -**ha** take the masculine article.[4]

el agua, el aula, el hambre (*hunger*)
But: **la acera** (*sidewalk*), **la habitación** (*room*), **las aulas**

e) Compound nouns that combine a verb and a noun are always masculine.

el abrelatas (*can opener*), **el paraguas** (*umbrella*), **el sacapuntas** (*pencil sharpener*)

f) The gender of nouns that end in -**e** or in consonants not included in previous rules, must be learned individually.

Examples: **el borrador** (*eraser*), **el maletín** (*attaché case*) **el pupitre** (*student desk*), **el puente** (*bridge*), **el lápiz; la flor** (*flower*), **la llave** (*key*), **la crisis, la luz** (*light*)

D. Number of nouns

1. Plurals are formed in Spanish by adding -**s** to words ending in a vowel and -**es** to words ending in a consonant or a stressed -**í**.

la mochila (*backpack*) → **las** mochil**as**
el pariente (*relative*) → **los** pariente**s**
la lección → **las** leccion**es**
el rubí → **los** rubí**es**

2. Words that end in -**z** change the -**z** to -**c** before -**es**: vez → ve**ces**; lápiz → lápi**ces**.

3. Most singular words that end in -**s** do not change in the plural: **el/los jueves, la/las crisis, la/las dosis, el/los parabrisas** (*windshield[s]*).

4. The masculine plural can refer to a group of males or to a combination of males and females.

los profesores (*male and female professors* or *all male professors*)

los alumnos (*male and female students* or *all male students*).

---

4. Although traditional grammarians limit this rule to the definite article, popular usage has extended it to the indefinite: **un aula, un hambre.**

5. Some Spanish nouns are customarily used in the singular; others are customarily used in the plural.

Singular: **la gente** (*people*), **la ropa** (*clothes, clothing*)
Plural: **las vacaciones** (*vacation*), **las tijeras** (*scissors*)

6. Many English mass nouns have Spanish equivalents that can be expressed in individual units. Compare:

el cartón *cardboard*	**las joyas** *jewels, jewelry*
un cartón *a piece of cardboard*	**una joya** *a piece of jewelry*
los consejos *advice*	**los muebles** *furniture*
un consejo *a piece of advice*	**un mueble** *a piece of furniture*
los dulces *candy*	**el pan** *bread*
un dulce *a piece of candy*	**un pan** *a piece of bread*
el jabón *soap*	**el papel** *paper*
un jabón *a piece of soap*	**un papel** *a piece of paper*

Aplicación

F *Narraciones incompletas*. Indique el género de los nombres con el artículo definido correspondiente. Haga contracciones con *a* y *de* si es necesario.

1. _____ día que _____ duque encontró a _____ turista francesa y a su esposo en _____ calle, los invitó a ver en _____ teatro a _____ actriz Verónica Castro, en _____ drama "_____ tempestad" que, según (*according to*) _____ programa, estaba basado en _____ tema de _____ obra de Shakespeare, _____ poeta inglés.

2. _____ libertad que tiene hoy _____ juventud de _____ región es producto de _____ revolución. Pero, aunque ya pasó _____ crisis, _____ pueblo no quiere continuar _____ tradición y tampoco (*neither*) quiere que _____ Rey siga en _____ país.

3. Desde _____ puente que hay en _____ río Almendares, miramos _____ agua a _____ luz de _____ luna.

4. _____ verdad es que _____ hambre es _____ problema más serio que existe hoy en _____ planeta Tierra, pero _____ caridad individual puede ser _____ solución.

5. En _____ habitación, Sara lee _____ telegrama de su tío; tiene en _____ mano _____ mapa de España y _____ flor que le di.

6. Mi profesora de español es muy distraída: cuando sale de _____ aula, deja _____ paraguas en _____ pupitre, pone _____ llave de _____ automóvil en _____ pizarra y _____ borrador en _____ maletín.

G *Entre dos: Un/a amigo/a exagerado/a.* Ud. lee una oración y otro/a estudiante, que es muy exagerado/a, le da una versión personal de ella a la clase, pluralizando los nombres si es posible y añadiendo algo original.

MODELO: Mi tía me va a regalar **una joya** con **un rubí**.
   *Su tía, que es millonaria, le va a regalar **muchas joyas** con **rubíes**.*

1. El viernes lavo la ropa.
2. En el supermercado compré un jabón, un pan y un lápiz.
3. Un pariente me dio un consejo para resolver la crisis familiar.
4. Una vez vi a Carlos limpiando el parabrisas.
5. El doctor me dio una dosis de la medicina.
6. Durante las vacaciones, voy a comprar un mueble para el salón.
7. Uso unas tijeras para cortar un papel, pero no puedo cortar un cartón con ellas.

E. Gender and number of adjectives

1. Adjectives must agree in gender and number with the noun they modify: **un** acto divertid**o**, **una** fiesta divertid**a**, vari**as** fiestas divertid**as**.[5]
2. Adjectives ending in **-o** in the masculine form change it to **-a** to form the feminine: **solo** → **sola**; **rojo** → **roja**.
3. **Bueno, malo, primero,** and **tercero** drop the final **-o** before a masculine noun: un **buen** estudiante, un **mal** amigo, el **primer** capítulo, el **tercer** pupitre.

   But: un estudiante **bueno**, una **mala** amiga, la **primera** (*tercera*) lección

4. Adjectives ending in **-ón** or in **-or** as well as adjectives of nationality ending in consonants have feminine forms ending in **-a**.

   un estudiante **preguntón** → una estudiante **preguntona**
   un muchacho **encantador** → una muchacha **encantadora**
   un profesor **francés** → una profesora **francesa**
   un escritor **español** → una escritora **española**
   Exceptions: **anterior** (*previous*) **mayor**, **menor**, **mejor**, **superior**

5. Adjectives that do not fall under the above rules have a common form for both genders.

   un padre **egoísta** → una madre **egoísta**
   un libro **interesante** → una clase **interesante**
   un hogar **feliz** → una familia **feliz**
   un cuaderno **azul** → una carpeta **azul**

---

5. Note that adjectives that classify a noun normally follow it. They include adjectives that indicate color, shape, size, nationality, personal characteristics, etc.

6. Adjectives form their plurals the same way nouns do.

el alumno estudioso → **los** alumnos estudioso**s**

el tema difícil → **los** temas difícil**es**

Aplicación

H *Conversaciones entre estudiantes*. Reemplace el sustantivo en cursiva con el que se da en paréntesis, haciendo los cambios necesarios en el adjetivo.

1. Mi profesor de español es *un hombre mayor* (una señora)

2. Este semestre tengo *un horario horrible*. (unas horas)

3. En mi clase hay *un chico francés*. (una joven)

4. Muchas gracias. Me das *apuntes muy completos*. (una explicación)

5. A veces cometo errores al contestar en clase, pero esto es *un problema menor*. (una preocupación)

6. Cometer errores es *un mal común* entre estudiantes. (una cosa)

7. Tengo *un novio dormilón* que siempre llega tarde a la escuela. (amigos)

8. Aprendí mucho en *el curso anterior*. (la clase)

9. Este año tengo *una instructora nicaragüense*. (un consejero)

10. Hay *varios alumnos preguntones* en mi clase. (una compañera)

I *Entre dos: Comprando material escolar*. Un/a estudiante lee una frase y otro/a estudiante inventa otra frase, usando una combinación de sustantivo y adjetivo del género contrario.

MODELO: Necesito **un cartón resistente**

*Y yo necesito **una cartulina flexible***.

1. Voy a comprar un marcador grueso (*thick*).

2. ¿Tienen Uds. escuadras plásticas?

3. Quiero una cubierta multicolor para mi libro.

4. Necesito una regla estrecha.

5. Voy a comprar un sacapuntas eléctrico.

6. Déme un bolígrafo rojo, por favor.

7. Prefiero las acuarelas importadas.

8. Yo solamente uso papel fino.

9. Me gustan más las tijeras pequeñas.

10. Quiero un borrador suave.

DEL MUNDO HISPÁNICO (Venezuela)

Más allá del petróleo...

Desarrollamos nuestra principal riqueza: los niños.
Y a ellos dedicamos el programa Tricolor, una forma muy amena de aprender nuevos conocimientos jugando con la computadora.
Porque Tricolor es mucho más que un método de aprendizaje, pionero en Latinoamérica, que sorprende día tras día a los alumnos de nuestras escuelas en los estados Zulia y Falcón; es una firme propuesta para poner en sus manos un gran futuro.

maraven

Foto: Pablo Krisch

PALABRAS ÚTILES

más allá *beyond*
desarrollar *to develop*
riqueza *wealth*
conocimientos *knowledge*
aprendizaje *learning*
propuesta *(here) objective*
amena *pleasant*

La principal riqueza de Venezuela es el petróleo. Este anuncio es de una gran compañía petrolera que realiza además una labor de servicio público. Léalo y conteste las preguntas.

1. ¿Está Ud. de acuerdo en que los niños son la principal riqueza de un país? ¿Por qué sí o por qué no lo son?
2. En su opinión, ¿qué es "Tricolor"?

3. ¿Cómo aprenden los niños? ¿Es ésta una buena manera de aprender? Explique.

4. ¿Qué indica la expresión en los ojos de estos niños?

5. ¿Por qué, en su opinión, esta compañía de petróleo dice "nuestras escuelas"?

6. ¿Usa Ud. una computadora? ¿Para qué la usa? (procesar textos, hacer programas de contabilidad, en su trabajo, archivar [*file*], aprender español, etc.)

Escena

En el aula

Palabras conocidas

los apuntes (de clase), el aula, el borrador*, el escritorio, llegar temprano/tarde, el maletín, la pizarra, el pupitre, el sacapuntas, la tiza, vacío/a

---

* In most countries, **borrador** is a blackboard eraser; the eraser on a pencil is called **goma (de borrar)**.

Objetos

la calculadora	calculator
el cesto de los papeles	waste basket
el cajón, la gaveta	drawer
la cinta	ribbon
la fila	row
el letrero	sign
el líquido corrector	correcting fluid
la máquina de video, el video	VCR
la mochila	back pack
la plataforma	platform
la puerta de atrás	back door

la puerta lateral	side door
el resaltador	highlighter
el rincón[a]	corner

Adjetivos

derecho/a	right-handed
dormilón/ dormilona	sleepy head
miope	near-sighted
puntual	punctual
zurdo/a	left-handed

Posiciones y estados[b]

arrodillado/a	kneeling
asomado/a a la ventana	looking out of the window
colgado/a	hanging
con el brazo extendido	with one arm extended
con las piernas cruzadas	with one's legs crossed
con los brazos cruzados	with one's arms crossed
dormido/a	asleep
escondido/a	hiding
parado/a, de pie	standing
recostado/a	leaning
sentado/a	sitting

Acciones

borrar	to erase
cometer un error	to make a mistake

decir(le) al oído	to whisper in someone's ear
faltar	to be absent
jugar al escondite	to play hide and seek
revisar los apuntes	to go over the notes
sacarle punta a un lápiz	to sharpen a pencil
subrayar	to underline, stress

Relaciones de espacio

al fondo	in the back (of a room)
al lado de, junto a	by, next to
alrededor de	around
arriba de	over
encima de, sobre	on top of
cerca de	near
delante de[c]	before, in front of
frente a, enfrente de	facing, in front of
fuera de	outside
al frente	in the front (of a room)
separado/a de	separated from
a través de	through
debajo de	under, beneath
lejos de	far from
detrás de	behind
de espaldas a	with one's back towards
dentro de	inside (of)

a **Rincón** is used for an inside corner in a room; **esquina** is generally an outside corner: la esquina de la calle.

b Note that Spanish uses a past participle for positions such as standing while English uses a present participle.

c When facing a person or thing in front of you, use **frente a** or **enfrente de**. When you see the back of the person or thing in front of you, use **delante de**.

Aplicación

A *Identificando a la gente*. Nombre a la(s) persona(s) que está(n)...

1. en la primera (segunda, tercera, cuarta, quinta) fila
2. más cerca de Rita
3. delante de Carmela
4. al lado de Juanín
5. separado de todos
6. de espaldas a todos
7. frente a los estudiantes durante la clase

B *Cosas que vemos y cosas que no vemos*. Diga qué hay...

1. debajo de algunos pupitres
2. detrás de la puerta de entrada
3. sobre el pupitre de Armando
4. fuera del aula
5. dentro de las mochilas
6. al fondo de la habitación
7. alrededor de la cabeza de Juanín
8. colgado en la pared
9. sobre el escritorio de la profesora
10. en el rincón

C *Posiciones y lugares*. Conteste las preguntas.

1. ¿Quiénes están parados? ¿Cuántos estudiantes están sentados?
2. ¿Quién está arrodillado? ¿Por qué?
3. ¿Quién tiene el brazo extendido? ¿Por qué?
4. ¿Dónde están...? (a) el letrero (b) el escritorio de la profesora (c) Enrique y María
6. ¿Cómo tiene Rafael los brazos? ¿Y Enrique las piernas?
7. ¿Dónde está escondido el chico? ¿Por qué?
8. ¿Cómo está Enrique? ¿Contra qué está recostado?
9. En su opinión, ¿por qué está sentado Armando al frente?
10. ¿Qué razón tiene Rita para estar sentada en ese pupitre?

D *Lo que hacen y usan las personas*. Conteste las preguntas.

1. ¿Qué hace María?
2. ¿Qué persona llegó más tarde a clase?
3. ¿Qué persona llegó probablemente más temprano?
4. En su opinión, ¿algunos estudiantes van a faltar a clase? ¿Hay algunos que no son puntuales? ¿Hay más estudiantes matriculados en esta clase que los que se ven?
5. ¿Qué hace Azucena? ¿Qué cree Ud. que dice ella?

6. ¿Qué trae probablemente la profesora en su maletín?

7. ¿Cree Ud. que Armando comete errores frecuentemente al escribir? ¿Por qué lo cree?

8. ¿Qué hace Rita? ¿Qué usa ella? ¿Para qué lo hace?

9. ¿Qué sistema audio-visual utiliza esta profesora?

E *La utilidad de las cosas.* ¿Para qué se usa...?

1. la tiza
2. el borrador
3. el líquido corrector
4. el resaltador
5. el cesto de los papeles
6. la calculadora
7. el sacapuntas

F *¿Quién lo dice y quién lo piensa?* Identifique a la persona.

1. Préstame tu calculadora, por favor.
2. Tengo que contarte algo increíble.
3. Todos los días hago jogging un rato antes de venir a clase.
4. Ya es la hora y la profesora Moquete no llega.
5. ¡Vaya, se cayó el bolígrafo!
6. Tengo que subrayar todas las fechas importantes.
7. "Armonía" se escribe sin "h". Voy a borrar la "h".
8. Enrique es un dormilón.

G En parejas o en grupos practiquen las relaciones espaciales en la propia aula. Cada estudiante dirá quién(es) está(n) al lado suyo, detrás, lejos, etc.

H *Entre varios.* Ahora preparen diálogos entre los estudiantes de la escena y preséntenlos en clase.

Gramática II

A. The direct object

1. In both Spanish and English, the direct object receives directly the action of the verb. It can be identified by asking *what?* or *whom?*

   La profesora borra **la pizarra**.
   *The professor erases (*what?*) the blackboard.*
   Pilar ayuda a **Juanín**.
   *Pilar helps (*whom?*) Juanín.*

2. The direct object can be a single word or a phrase.

>El profesor lee **mi composición**.
>*The professor is reading (*what?*) my composition.*

>El profesor dice **que mi composición es buena**.
>*The professor says (*what?*) that my composition is good.*

USE OF **A** BEFORE A DIRECT OBJECT

1. In Spanish, direct objects that refer to *specific* persons are always preceded by **a**. **Alguien** (*someone*), **nadie** (*no one*), and **quien(es)** (*whom*) are also preceded by **a**.

>María, ¿ves **a** alguien en el jardín? Yo no veo **a** nadie.
>*María, do you see anyone in the garden? I see no one.*

>¿**A** quién manda generalmente la profesora a la pizarra?
>Manda **a** Juanín.
>*Whom does the professor usually call to the board?*
>*She calls Juanín.*

2. **A** is customarily used when the direct object is a *specific* pet or intelligent animal.[6]

>Baño **a** mi perro una vez al mes.
>*I bathe my dog once a month.*

>Gerardo entrena **a** ese mono.
>*Gerardo is training that monkey.*

OMISSION OF **A** BEFORE THE DIRECT OBJECT

>**A** is omitted when the direct object is a thing or nonspecific person or animal, and after the verb **tener** when it means *to have* or *possess.*

>¿Compramos este diccionario?
>*Shall we buy this dictionary?*

>Necesito un compañero para compartir mi apartamento.
>*I need a roommate (*nonspecific person*) to share my apartment.*

>Gerardo entrena monos.
>*Gerardo trains monkeys. (*nonspecific animals*)*

>No tengo novia.
>*I don't have a girl friend.*

>*Exception*: In the case of *specific* things, it is possible to use the **a** if the verb is one normally applied to humans, since this type of verb humanizes the object.

>Los buenos ciudadanos no traicionan **a** su patria.
>*Good citizens don't betray their country.*

---

6. At times, **a** is also used in front of *specific* non-domestic animals—even insects—especially if the subject of the sentence is non-human: La araña atrapó **a** la mosca en su tela. (*The spider trapped the fly in its web.*)

Aplicación

A *¿Necesitamos la* **a** *o no?* Complete, haciendo contracciones con el artículo si es necesario.

1. Ignacio busca _____ su bolígrafo debajo de la silla y Pilar toma _____ la calculadora de Carmela. Rafael hace _____ tantas preguntas que confunde _____ sus compañeros.

2. Tengo _____ un gato muy simpático llamado Tito, y también tengo _____ un hermano. Quiero mucho _____ mi gato, pero mi hermano detesta _____ los gatos. Especialmente detesta _____ Tito porque muchas veces persigue _____ su canario.

3. Ayer vi _____ un ratón (*mouse*) en la sala. Llamé _____ mi hermano. Mi gato Tito entró en la sala y atrapó _____ el ratón. Ahora mi hermano no odia tanto _____ mi gato.

4. Cuando llega el verano, hago _____ mi maleta y visito _____ Bogotá. No conozco _____ nadie allí, pero me gusta esa ciudad. A veces contrato _____ un guía y otras veces alquilo _____ un auto y exploro _____ los sitios de interés yo solo.

5. Todas las mañanas sigo la misma rutina. Primero, despierto _____ mi hijo y preparo _____ el desayuno. Después que el autobús de la escuela recoge (*picks up*) _____ mi hijo, llevo _____ mi perro al parque. En algunos parques no admiten _____ perros, pero en este parque sí.

6. En esta ciudad roban _____ la gente frecuentemente y también roban _____ coches. Anoche, desde mi ventana, yo vi _____ alguien muy misterioso, pero no sé si era un ladrón.

B. Direct-object pronouns

me	*me*	**nos**	*us*
te	*you* (tú)	**os**	*you* (vosotros)
lo*	*him, it, you* (Ud., *m.*)	**los**	*them (m.), you* (Uds., *m.*)
la	*her, it, you* (Ud., *f.*)	**las**	*them (f.), you* (Uds., *f.*)

Direct-object pronouns replace direct-object nouns.

Los compañeros de Ramón ayudan **a Ramón**.
Ramón's classmates help Ramón.

Los compañeros de Ramón **lo**[7] ayudan.
Ramón's classmates help him.

¿Las tijeras? Dejé **las tijeras** en el escritorio.
The scissors? I left the scissors on the desk.

¿Las tijeras? **Las** dejé en el escritorio.
The scissors? I left them on the desk.

Sé que estuviste en México, pero Elisa no sabe **que estuviste en México.**
I know you were in Mexico but Elisa doesn't know that you were in Mexico.

Sé que estuviste en México, pero Elisa no **lo** sabe.
I know you were in Mexico but Elisa doesn't know (it).

POSITION OF DIRECT-OBJECT PRONOUNS

1. All object pronouns precede the conjugated verb. In the case of compound tenses, they go before the auxiliary **haber**.

¿Juan? No **lo** veo desde el mes pasado.
Juan? I haven't seen him since last month.

Pues yo **lo** he visto hoy.
Well, I have seen him today.

---

* In Spain, **le** replaces **lo** when referring to masculine persons. In most of Spanish America, **lo** is used for both masculine persons and masculine things.

7. **Le** in Spain.

2. Object pronouns follow and are attached to:

a) Infinitives

El diccionario es barato pero Azucena no quiere a comprar**lo**.
The dictionary is cheap but Azucena doesn't want to buy it.

b) Present Participles

¿Revisaste tus apuntes?
Did you check your class notes?

No, pero mi amigo está revisándo**los**.
No, but my classmate is going over them.

c) Affirmative Commands

Esos verbos son importantes; estúdia**los**, por favor.
Those verbs are important; study them, please.

d) If a conjugated verb is combined with an infinitive or a present participle as in a) and b), it is also correct to place the object pronoun before the conjugated verb.

Azucena no **lo** quiere comprar.
Azucena doesn't want to buy it.

Mi amigo **los** está revisando.
My friend is going over them.

SPECIAL USES OF **LO**

1. Lo is used with the verbs **ser** and **estar** in answering a question to refer back to an idea that was mentioned in the question.

—¿Es Ramón Ribes madrileño?
"Is Tomás a Madrilenian?"

—Sí, **lo** es.
"Yes, he is."

—¿Estás seguro?
"Are you sure?"

—Sí, **lo** estoy.
"Yes, I am."

2. The verbs **decir, pedir, saber,** and **preguntar** take a direct object. When the direct object is not expressed in the sentence, **lo** must be used to complete the idea.

Pensaba decir lo que sé, pero no **lo** dije.
I was planning to tell what I know but I didn't (say it).

—No nos dieron el programa. ¿Hay que pedir**lo**?
"They didn't give us the program. Do we have to ask for it?"

—No **lo** sé. **Lo** preguntaré.
"I don't know. I'll ask."

Aplicación

B *Entre tres*. Hay un examen de español mañana y Armando y Enrique tienen problemas con los verbos irregulares. Ud. va a su apartamento para ayudarlos. Conteste sus preguntas usando complementos directos. (Conteste las preguntas 4, 8, 9 y 10 de dos maneras.)

1. ARMANDO: ¿Viniste a ayudarnos a estudiar?
2. ARMANDO: ¡Qué buen/a amigo/a! Nos quieres mucho, ¿verdad?
3. ENRIQUE: ¿Y tú sabes que nosotros también te queremos?
4. ARMANDO: ¿Quieres encender la lámpara, por favor?
5. ENRIQUE: ¿Trajiste todos tus apuntes?
6. ARMANDO: ¿No sabes que soy miope? ¿Dónde pusiste mis gafas?
7. ARMANDO: ¿Tiraste los papeles en el cesto?
8. ENRIQUE: ¿Vas a traducir todos los verbos?
9. ENRIQUE: ¿Y la lectura, vas a traducirla también?
10. ARMANDO: ¿Estás subrayando los verbos con el resaltador?
11. ARMANDO: ¿Sacaste de la biblioteca la gramática que nos recomendaron?
12. ENRIQUE: ¿Dijiste que esperas sacar una *A*?

C *Entre dos*. Hágale las siguientes preguntas a un compañero o compañera, quien contestará usando **lo** en su respuesta.

1. ¿Eres norteamericano/a?
2. ¿Estás preocupado/a hoy?
3. ¿Es interesante tu clase de español?
4. ¿Sabes que tu profesor/a de español es estupendo/a?
5. Cuando no sabes algo, ¿qué haces?
6. ¿Y qué haces cuando necesitas algo?

D *Entre dos*. Ud. mandó a su compañero o compañera a comprar útiles escolares. Cuando él o ella regresa, Ud. le hace preguntas para ver si lo trae todo. Él o ella le contesta de manera afirmativa, usando pronombres de objeto directo. Use dos posiciones para el pronombre si es posible.

1. ¿Compraste los resaltadores?
2. La mochila grande, ¿pudiste conseguirla?
3. ¿Traes las carpetas?
4. ¿Compraste el líquido corrector?
5. ¿Pudiste encontrar la regla plástica?
6. ¿Tienes también los cuadernos?
7. ¿Traes los marcadores?
8. Después de comprar tantas cosas, no tengo dinero. ¿Puedes prestarme diez dólares?

E Ahora su compañero o compañera contesta del 1 al 7 de manera negativa, explicando por qué no compró esos artículos.

DEL MUNDO HISPÁNICO (Perú)

PALABRAS ÚTILES

s/ sol(es) *monetary unit of Peru*

útiles *materials*

barrio *neighborhood*

canje *trade-in*

yodada *iodized*

Lea este anuncio y decida si las siguientes afirmaciones son ciertas o falsas. Corrija las oraciones falsas.

1. La sal Marina se vende en cajas.

2. El precio verdadero de estos útiles escolares es de cuatro soles.

3. Es necesario comprar primero dos bolsas de sal para poder comprar los útiles escolares por s/2.50.
4. Las señoritas promotoras distribuyen útiles escolares en las librerías.
5. No hay límite en la cantidad de útiles escolares que Ud. puede comprar.
6. El paquete de útiles escolares no contiene bolígrafos.

▧▧▧ *Un poco de humor*

En español los niños aprenden a leer formando sílabas y la combinación de *m* y vocal es la primera que se aprende. Otras frases también muy comunes en los libros elementales de lectura son: "Mi mamá me ama. Amo a mi mamá", que contienen todas las vocales con excepción de la *u*. Esta información es importante para comprender bien este chiste.

FAXMANIA
«Sí, señores, hemos recibido el primer mensaje por fax de una civilización extraterrestre... Pero hay algo que nos hace dudar de su nivel de desarrollo intelectual...»

PALABRAS ÚTILES

nivel *level*
desarrollo *development*
mimar *to pamper*

Lea el chiste y conteste las preguntas.

1. ¿Qué recibió el hombre? ¿De dónde?
2. ¿Qué dudan los científicos? ¿Por qué?
3. ¿Qué significa "faxmanía"? ¿Hay faxmanía en este país? Explique.

Capítulo 2

LA FAMILIA

Mis abuelos, mis padres y yo (árbol genealógico) (1936, pintura de Frida Kahlo). La obra de esta pintora mexicana, quien fue esposa del también famoso pintor mexicano Diego Rivera, es interesante por la combinación de elementos simbólicos y realistas. (The Museum of Modern Art, New York)

Estos niños hispanos de la ciudad de Nueva York participan en una procesión el día de Reyes. San José y la Virgen María van delante con el Niño Jesús.

Presentación

Ud. va a leer un diálogo entre una abuela mexicana y sus dos nietos, Polito y Paloma. En este diálogo se comparan los juguetes que tenía la abuela cuando era niña y los que tienen los niños de hoy. La abuela habla de la fiesta de los Reyes Magos o Santos Reyes (*Three Wise Men*).

En España y en la mayoría de los países hispanoamericanos, los Reyes dejan juguetes para los niños la noche del seis de enero. En algunos países (Colombia, Ecuador y Perú) no hay fiesta de Reyes para los niños: ellos reciben juguetes el 25 de diciembre como en los Estados Unidos. Pero no es Santiclós quien trae los juguetes el 25 de diciembre, sino el Niño Jesús.

Otra tradición del Día de Reyes es la llamada *rosca de Reyes*, un pastel delicioso de forma circular. En la masa del pastel se esconde una pequeña figura, y la persona que encuentra esta figura en su porción del pastel tiene obligación de celebrar una fiesta para sus amigos unos días después.

En la *escena* de este capítulo, la abuela, doña Rosa Osorio de García, celebra su cumpleaños. Ud. va a conocer en su fiesta a muchos miembros de la familia García Osorio.

Repaso previo   Regular and irregular forms of the preterite, forms of the imperfect tense, *Workbook.*

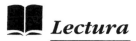

Lectura

Recuerdos de la niñez°

Childhood memories

POLITO: Abuelita, ¿a ti te traía juguetes° Santiclós? — toys

ABUELA: No, Polito, yo vivía en México de niña° y los juguetes los traían los — **de...:** as a child
Santos Reyes°: Melchor, Gaspar y Baltasar. Venían el cinco de enero — Three Kings
por la noche, montados en camellos°. El día seis jugábamos todo el — camels
día y comíamos la rosca de reyes.

PALOMA: ¿Y te traían juegos° de video como los que me trajo Santiclós en — games
Navidad?

ABUELA: Claro que no°. No los habían inventado. No había computadoras. Ni — **Claro...:** Of course not
siquiera° teníamos televisor. Cuando era pequeña me traían mu- — **Ni...:** We didn't even / dolls
ñecas°,juegos° de café o cocinitas°. Después que aprendí a leer — sets / small stoves
comenzaron a dejarme libros de cuentos de hadas°. — **cuentos...:** fairy tales

Es Navidad. En Buenos Aires es verano y la famosa calle Florida está llena de gente.
Los niños esperan recibir muchos juguetes y las jugueterías son tiendas muy
importantes en esta época del año.

PALOMA:	Abuelito me dijo que un año que se portó° muy mal, los Reyes Magos le dejaron sólo carbón°.	behaved coal
ABUELA:	Sí, eso pasaba a veces, cuando un niño o una niña no merecía° un regalo. Pero otras veces los Reyes eran espléndidos°. Recuerdo que un año pasé° las vacaciones con mis padres° y mi hermano en Monterrey°, en casa de mis tíos° —que eran muy ricos— y los Reyes nos trajeron bicicletas lo mismo que a° mis cuatro primos.	deserved generous I spent / parents city in Northern Mexico / aunt and uncle / **lo...:** just as they brought
POLITO:	¿Tú nunca pediste de niña un robot de pilas° como yo?	batteries
ABUELA:	No había juguetes de pilas cuando yo era niña. Pero tu papá y tu mamá sí tuvieron muchos.	
POLITO:	¡Qué aburrido° era ser niño entonces!	boring
ABUELA:	No lo creas, Polito. Es divertido° usar la imaginación. Yo tuve una niñez muy feliz. Nosotros mismos° hacíamos los papalotes°[1] con papeles de colores. También fabricábamos teléfonos con dos cajas vacías° unidas° por un cordelito°. En realidad pasábamos muy buenos ratos° inventando juegos.	fun ourselves / kites empty / joined / thin string **pasábamos...:** we had very good times

1. Kites are called **papalotes** in Mexico and Cuba. They are called **cometas** and **barriletes** in other countries. The word **papalote** comes from the Nahuatl (the language spoken by the Aztecs) and it means *butterfly*.

Comprensión

Los recuerdos de la abuela. Conteste basándose en la lectura.

1. ¿Por qué Santiclós no le traía juguetes a la abuela?
2. ¿Qué explica la abuela sobre Melchor, Gaspar y Baltasar?
3. ¿Por qué los Reyes no le traían a la abuela juegos de video? ¿Qué le traían?
4. ¿Qué le pasó al abuelo cuando se portó mal?
5. ¿Qué posición económica tenían los tíos de Monterrey?
6. ¿Qué sucedió en Monterrey?
7. ¿Por qué no pidió nunca la abuela un robot de pilas?
8. ¿Por qué no fue aburrida la niñez de la abuela?
9. ¿Qué juguetes fabricaban los niños?
10. ¿Qué materiales usaban para hacer papalotes? ¿Y para hacer teléfonos?

Vocabulario

Encuentre en la lista la palabra o expresión que completa correctamente cada oración.

aburrido / carbón / de hadas / espléndida / juego / merecer / muñeca / niñez / papalotes / pasar / pilas / recuerdos / se portan / unido / vacío

Cosas de niños:

1. Los niños siempre _____ bien durante los días que preceden al Día de Reyes, para ——los juguetes y no recibir ——.
2. La mayoría de los juguetes de hoy necesitan —— para funcionar.
3. A los niños les gustan los cuentos —— .
4. Barbie es una —— famosa en todo el mundo.
5. Los —— pueden volar muy alto.
6. Es bueno —— las vacaciones de Navidad con los abuelos.

Antónimos y definiciones:

1. —— es lo contrario de *divertido*.
2. Una persona generosa con su dinero es —— .
3. Lo contrario de *lleno* es —— .
4. —— es lo contrario de *separado*.
5. Un grupo armónico de varios objetos se llama —— .
6. *Memorias* es un sinónimo de —— .
7. La —— es el período de los primeros años de la vida.

Modismos

de niño/a (de joven, de viejo/a, etc.) *as a child (a young person, an old person, etc.)*

A todos nos contaban cuentos de hadas **de niños.**
We all were told fairy tales as children.

Mi padre viajaba mucho **de soltero.**
My grandfather traveled a lot as a single man.

pasar un buen (mal) rato *to have a good (bad) time*

Pasé un mal rato cuando me caí frente a tantas personas.
I had a bad time when I fell in front of so many people.

Aplicación

A *Etapas* (Stages) *de la vida*. Cambie las palabras en cursiva usando **de niño/a, de viejo/a**, etc.

1. Mi madre era muy bonita *cuando era joven*.
2. Nunca veía la televisión *cuando era niña* porque no había.
3. Generalmente, los individuos que son alegres *cuando son jóvenes*, son también alegres *cuando son viejos*.

4. Muchas personas que se amaban mucho *cuando eran novios* se detestan *cuando están casados*.

5. *Cuando era estudiante* era un poco loco, pero *después que fue médico* fue un hombre responsable.

6. *Cuando éramos niños*, mis hermanos y yo vivíamos en un rancho.

7. Si no ahorras dinero *mientras eres joven*, vas a ser muy pobre *cuando seas viejo*.

8. *Cuando era soltera*, Pepita salía mucho con sus amigos, pero *ahora que está casada* sale muy poco.

B *Buenos y malos ratos*. Haga tres oraciones basadas en su experiencia personal para cada caso que se indica.

1. Algún mal rato que Ud. pasó.

2. Los buenos ratos que Ud. y sus amigos pasaban de niños.

3. Circunstancias en que Ud. esperaba pasar un mal rato, pero pasó un buen rato.

PUNTOS DE VISTA

A *Hablando de niños*. Los estudiantes se declararán a favor o en contra de las siguientes opiniones. Cada estudiante defenderá su punto de vista usando el mayor número de ejemplos posible.

1. Es una buena lección para un niño o niña que se portó mal durante todo el año, el que los Reyes Magos no le dejen juguetes sino carbón.

2. Las costumbres de que Santiclós y los Reyes traigan juguetes son injustas y crueles para los niños pobres y deben desaparecer.

3. Es mejor ser niño o niña ahora que hace cincuenta años, porque la tecnología moderna ha creado muchos juguetes divertidos.

4. No es bueno engañar (*deceive*) a los niños con leyendas como Santiclós y los Reyes Magos. Los padres deben decirles la verdad para darles un ejemplo de sinceridad.

5. Los cuentos de hadas contienen mucha violencia y son una mala influencia para los niños.

6. La relación de abuelos y nietos. Los abuelos son generalmente demasiado tolerantes con los nietos y hacen difícil para los padres el imponer la disciplina en el hogar. Esto, en realidad, es malo para los niños. Por eso es mejor no vivir con ellos y hacerles solamente visitas cortas.

B *Los inventos.* En el siglo XX se han inventado más cosas que en todos los siglos anteriores. Haga una lista de cinco de estos inventos. Explique de qué manera ayuda a la gente cada invento, y también, qué aspectos negativos hay en cada uno de ellos.

DEL MUNDO HISPÁNICO (México)

Liverpool le ofrece a los Reyes Magos una amplia colección de animalitos de peluche: ositos, perritos, conejos, elefantes, burritos, changuitos, leones, ratones, etc., para que los chiquitines se diviertan en grande con una nueva mascota.

Para ellos todo un zoológico de animalitos de peluche...

Departamento Juguetería

Liverpool

CENTRO •INSURGENTES •POLANCO •SATELITE •PERISUR •COAPA

PALABRAS ÚTILES

zoológico *zoo*

peluche *plush*

ositos *little bears*

conejos *rabbits*

changuitos *small monkeys (Mex.)*

ratones *mice*

chiquitines *little ones*

Lea este anuncio y conteste las preguntas.

1. ¿Por qué hay aquí una estrella?
2. Describa las figuras que se ven en este anuncio.
3. ¿Por qué se usa la palabra zoológico?
4. ¿Es Liverpool una tienda importante? ¿Por qué piensa Ud. así?
5. ¿A qué edad más o menos juegan los niños con animalitos de peluche?

DEL MUNDO HISPÁNICO

Los padrinos

La religión católica, que predomina en los países hispánicos, ha dado origen a **los padrinos (el padrino** y **la madrina)** que son las personas que bautizan a un bebé. El padre y la madre del bebé se convierten en **compadre** y **comadre,** respectivamente, del padrino y la madrina; el padrino y la madrina son, también respectivamente, **compadre** y **comadre** de los padres.

En Hispanoamérica, más que en España, la relación entre **compadres** es tan íntima como si fueran miembros de la misma familia, y dura toda la vida.

Gramática I

A. The preterite and the imperfect

The preterite and the imperfect tenses both refer to past actions. Most verbs can be used in either tense, but these tenses are not interchangeable. The preterite *narrates* events or actions in the past that are viewed by the speaker as completed units regardless of how long they lasted. The imperfect, on the other hand, *describes* looks, conditions, mental states, feelings, and actions that were in progress at some time in the past.

USES OF THE PRETERITE

Since the preterite narrates and reports, it is used to express:

a) Completed actions in the past

Los Reyes Magos le **trajeron** una bicicleta a la niña.
The Three Kings brought the girl a bicycle.

b) The beginning of an action

Polito **comenzó** a escribir la carta a las ocho.
Polito began to write the letter at eight.

c) The ending or interruption of an action

Dejó de escribir cuando entré en el cuarto.
He stopped writing when I entered the room.

Terminó de escribir la carta a las nueve y media.
He finished writing the letter at nine thirty.

d) Any limit in an action (how long, how many times)

Estuvimos en la juguetería dos horas.
We were at the toy store for two hours.

Anoche te **llamé** tres veces por teléfono.
Last night I called you three times.

e) The summary of what was done or happened during a certain period of time

Paloma se **portó** muy bien todo el año.
Paloma behaved very well the whole year.

Ayer **trabajé** mucho: **limpié** la casa, **lavé** el coche y **fui** al supermercado.
I worked a lot yesterday: I cleaned the house, I washed the car, and I went to the supermarket.

USES OF THE IMPERFECT

1. The imperfect refers to actions that were continuing for an indefinite time in the past. Whether these actions are completed or not at the present time is irrelevant; the speaker presents them at the point in the past when they were happening and no reference is made about their beginning, end, or duration.

2. The imperfect is used:

a) For descriptions

Mi tío **era** un hombre alto y **tenía** el pelo rizado.
My uncle was a tall man and he had curly hair.

Aunque **era** invierno, no **hacía** frío en Monterrey.
Although it was winter it wasn't cold in Monterrey.

La muñeca **era** grande y **estaba** vestida de azul.
The doll was large and it was dressed in blue.

b) For habitual past actions

Todos los años yo **pasaba** las Navidades con mis primos en Colombia y el Niñito Jesús me **traía** juguetes.
Every year I used to spend Christmas with my cousins in Colombia and Baby Jesus brought me toys.

Todos los fines de semana **salíamos** por la mañana y **caminábamos** y **caminábamos**.
Every weekend we would[2] get out in the morning and (we'd) walk and walk.

c) To describe past actions in progress (progressive tense in English)

Mientras Luis **pegaba** los papeles, Pepín **hacía** la cola del papalote.
While Luis was gluing the papers, Pepín was making the kite's tail.

d) To express mental attitudes, moods, feelings, states of mind; to describe likes and dislikes (The exceptions to this rule are those cases that involve sudden reactions.)

Me **sentía** pesimista y **estaba** un poco nerviosa.
I felt pessimistic and I was a little nervous.

A los siete años, yo todavía **creía** en los Reyes.
At seven, I still believed in the Wise Men.

---

2. Note that this *would* is not a conditional in English but the equivalent of *used to*. As such, it is expressed in Spanish by the imperfect.

Los niños **estaban** contentos porque **tenían** muchos juguetes.
The children were happy because they had many toys.

A Paloma le **gustaba** mucho su casa de muñecas.
Paloma liked her doll house very much.

But:

Cuando el hombre nos **dijo** el precio, me **puse** nerviosa.
When the man told us the price I got nervous.

Un día **vi** a mi mamá comprar los juguetes y ya no **creí** más en los Reyes.
One day I saw my mother buying the toys and I no longer believed in the Three Kings.

A Paloma no le **gustó** la casa de muñecas que le **mostré**.
Paloma didn't like the doll house I showed her.

e) To express time or dates in the past with **era** or **eran**.

Eran sólo las seis pero, como era invierno, ya **era** de noche.
It was only six o'clock but, as it was winter, it was already dark.

Era domingo y las tiendas estaban cerradas.
It was a Sunday and the stores were closed.

PRETERITE AND IMPERFECT COMBINED

Both the preterite and imperfect can be used in the same sentence. A very common case is that of an action in progress (imperfect) being interrupted by a sudden action (preterite).

Los niños **dormían** cuando **puse** los juguetes en su cuarto.
The children were sleeping when I put the toys in their room.

Comíamos cuando **sonó** el teléfono.
We were eating when the phone rang.

Aplicación

 ¿Imperfecto o pretérito? Cambie las siguientes historias al pasado.

1. Mi primo Plácido. Mi primo Plácido no es realmente mi primo, sino mi tío, pero yo lo llamo así porque sólo tiene dos años más que yo. Plácido es hermano de mi padre y nace en Guadalajara, pero vive muchos años en Los Ángeles. Don Agustín, mi abuelo, decide venir con su familia a los Estados Unidos en 1950.

Plácido tiene un problema: su cumpleaños es en Navidad, el día que Santiclós trae juguetes para todos los niños. Cuando Plácido cumple siete años, se da cuenta de esta desventaja y resuelve hacer algo. Les dice a sus padres que no cree en Santiclós, pero que sí piensa que existen los Santos Reyes. Mi primo les escribe ese año una carta a los Reyes. Desde ese momento, los tres Reyes visitan a Plácido el seis de enero. Plácido vuelve a las tradiciones de sus abuelos por conveniencia personal.

Tres generaciones de una familia española salen de paseo. En el mundo hispánico existe generalmente mucha unidad entre los miembros de una familia.

2. La casa de mis abuelos. La casa de mis abuelos no es elegante, pero es cómoda; todos nos sentimos muy bien y tenemos suficiente espacio cuando vamos de visita. Mi abuelo pinta el exterior de azul porque es su color favorito. Él la compra en 1950 y muere en 1955; desde entonces sólo mi abuela y mi tía viven en ella. Me gusta la habitación donde duermo cuando estoy allí, porque tiene dos ventanas grandes y hay mucha luz. También me gusta el jardín que planta mi abuelo y que mi tía riega casi todos los días.

3. Mi padre y las noticias de la tarde. Todas las tardes, cuando mi padre llega del trabajo, enciende el televisor de la sala y ve las noticias. Pero un día, el televisor se rompe. ¡No hay noticias! Mi padre nos llama a la sala y comienza a conversar con nosotros. Nos pregunta sobre nuestros problemas y nos cuenta experiencias de su juventud. Hablamos por más de una hora, y es una conversación muy agradable. La conversación termina cuando se sirve la cena. El martes viene el mecánico y arregla el televisor, pero mi padre decide que es importante la comunicación en la familia. De ahí en adelante (*from now on*), ya no ve más las noticias de las seis.

B *Comentando las historias.* Las siguientes preguntas se refieren a las narraciones del ejercicio A. Contéstelas tratando de usar sus propias palabras.

Mi primo Plácido:

1. ¿Por qué llamaba el narrador "primo" a Plácido?

2. ¿Cuál era el problema de Plácido?

3. ¿Qué pasó cuando Plácido cumplió siete años?

4. ¿Y después qué más pasó?

La casa de mis abuelos:

1. ¿Cómo era la casa de los abuelos? ¿De qué color era? ¿Por qué?

2. ¿Cuánto tiempo vivió el abuelo en la casa?

3. ¿Por qué le gustaba al narrador su habitación?

4. ¿Qué información da el narrador sobre el jardín?

Mi padre y las noticias de la tarde:

1. ¿Qué hacía el padre todas las tardes?

2. ¿Por qué llamó a sus hijos un día a la sala?

3. ¿Qué preguntó? ¿Qué contó?

4. ¿Cómo fue la conversación? ¿Cuándo terminó?

5. ¿Qué pasó el martes?

6. ¿Cuál fue el resultado futuro de este incidente? ¿Por qué?

C   *Entre dos*. Ud. habla por teléfono con su compañero o compañera, pero la conexión es mala y él o ella no oye bien. Conteste a sus preguntas imitando el modelo.

MODELO: ¿Dijiste que generalmente **pasabas** todo el día durmiendo? (ayer)
    *No, dije que ayer **pasé** todo el día durmiendo.*

1. ¿Dijiste que no te **gustaban** los juegos de video? (el último juego que compré)

2. ¿Cómo? ¿Que **ibas** todos los días de compras? (el sábado)

3. ¿Dijiste que les **escribías** todos los meses a tus abuelos? (esta Navidad)

4. ¿Dijiste que **visitabas** habitualmente a tu profesor? (cuando estuvo enfermo)

5. ¿Entendí bien? ¿Siempre **faltabas** a clase? (la primera semana)

6. ¿Cómo? ¿Uds. **traducían** siempre las lecturas del libro? (una vez)

7. ¿Dijiste que en tu casa **ponían** siempre flores en la mesa? (el día de la fiesta)

D   *Interrupciones*. Use su imaginación para inventar una oración indicando que la acción en progreso, en el imperfecto, fue interrumpida por una acción repentina (*sudden*), en el pretérito.

MODELO: ¿Qué pasó cuando veías las noticias en la televisión?
    Cuando veía las noticias en la televisión, mi hermana cambió el canal.

¿Qué pasó cuando...?

1. tu tía dormía la siesta

2. hacías tu tarea

3. tu padre conducía su coche ayer

4. almorzabas hoy en la cafetería

5. leías una novela en tu dormitorio

6. tu madre hablaba por teléfono

7. ibas a comprar un regalo para tu novio/a

8. caminabas por la calle con un amigo/a

B. Verbs with special meanings in the preterite

The verbs **conocer, costar, haber, poder, querer**, and **saber** acquire a different meaning when used in the preterite. Compare:

1. conocía: *I knew (was acquainted with).*
conocí: *I met (was introduced to, made someone's acquaintance).*

> No **conocía** a Jacinto; lo **conocí** anoche en la fiesta.
> *I didn't know Jacinto; I met him last night at the party.*

2. costaba: *It cost.* (Conveys the price but it does not imply that a purchase was made.)
costó: *It cost.* (Implies a purchase or payment.)

> No compré una bicicleta para mi hermanito porque **costaba** mucho; compré un robot que me **costó** $30.
> *I didn't buy a bicycle for my little brother because it cost too much; I bought a robot that cost me $30.*

3. había: *There was/there were* (ongoing state).
hubo: *It happened, took place.*

> Antes en mi pueblo no **había** crimen, pero recientemente **hubo** varios asesinatos.
> *In the past there was no crime in my town, but recently several murders took place.*

4. podía: *I was able (capable).*
pude : *I could (succeeded in, managed).*

> Lucía **podía** ayudarme, pero no me ayudó.
> *Lucía could help me but she didn't.*
> Después de mucho esfuerzo **pudimos** salir.
> *After much effort we could (managed to) get out.*

Note: When *can* or *could* mean *to know how,* **saber,** and not **poder,** is used in Spanish.

> Él ya sabía manejar cuando tenía trece años.
> *He already could drive when he was thirteen.*

5. quería: *I wanted.*
quise: *I tried to.*

> Paloma **quería** un televisor para su cuarto.
> *Paloma wanted a TV set for her room.*

> El hombre **quiso** robarnos.
> *The man tried to rob us.*

6. no quería: *I didn't want to.*
no quise: *I refused (to do it).*

> Mi tía **no quería** dejarme sola; por eso **no quiso** salir anoche.
> *My aunt didn't want to leave me by myself; for this reason she didn't want (refused) to go out last night.*

7. sabía³: *I knew (something, a fact).*
supe: *I learned, I found out.*

> No sabía que Antonio era tu hermano; lo supe ayer.
> *I didn't know that Antonio was your brother; I found out yesterday.*

Aplicación

E *Entre dos.* Completen el diálogo traduciendo las palabras en inglés con el imperfecto o el pretérito. Luego, representen los papeles de Lola y Pepe en clase.

PEPE: Lola, ¿tú (*didn't know*) _____ a Rosendo?

LOLA: No, hace tiempo que (*I wanted*) —— conocerlo, porque (*I knew*) —— que es un chico estupendo. Es amigo de mi hermano Javier, pero él (*refused*) —— presentármelo nunca. Ayer (*took place*) —— un concierto en la universidad y lo (*I met*) —— allí.

PEPE: ¡Ah sí! (*I learned*) —— por Javier que Uds. iban al concierto, pero los boletos (*cost*) —— mucho y, como no tenía dinero, (*I couldn't*) —— ir. Dicen que (*there were*) —— mucha gente, pero también dicen que el guitarrista era muy malo y (*he couldn't*) —— tocar.

LOLA: No, el guitarrista no era malo, y los boletos no eran caros. Mi boleto (*cost*) —— sólo diez dólares. (*I tried to*) —— llamarte, pero tu teléfono no funcionaba. (*I was able to*) —— prestarte (*lend you*) el dinero.

PEPE: Lo siento. Voy con Uds. la próxima vez.

---

3. Note that both **conocía** and **sabía** mean *I knew,* but **saber,** unlike **conocer,** is never used in reference to people.

Un poco de humor

Dos vidas diferentes

Cuente de qué manera fueron diferentes las vidas de estas dos mujeres, concentrándose en los siguientes puntos: (1) sus entretenimientos cuando eran niñas, (2) la clase de música que bailaban cuando eran adolescentes, (3) la disciplina y las reglas en sus respectivas familias cuando eran jóvenes, (4) su vida amorosa (novios, matrimonio), (5) su vida de casadas (relaciones con sus respectivos esposos, divorcios, etc.), (6) el final ahora que son mujeres maduras. ¿Por qué es irónico este final?

Escena

El cumpleaños de la abuela

> **Palabras conocidas**
>
> el gato, el padre, la madre, los padres*, el hijo, la hija, el hermano, la
> hermana, el tío, la tía, el primo, la prima, el abuelo, la abuela, el disco, las
> gafas, la guitarra, el regalo, el tocadiscos, alto/a, casado/a

* Remember that, as explained in Chapter 1, the masculine plural can refer to two or more males or
to a combination of male(s) and female(s).

La familia

el marido (esposo)	husband
la mujer (esposa)	wife
los esposos	husband and wife
el sobrino	nephew
la sobrina	niece
el cuñado	brother-in-law
la cuñada	sister-in-law
el bisabuelo	great-grandfather
la bisabuela	great-grandmother

el nieto	grandson
la nieta	granddaughter
el biznieto	great-grandson
la biznieta	great-granddaughter
el yerno	son-in-law
la nuera	daughter-in-law
el suegro	father-in-law
la suegra	mother-in-law

Características

la barba	beard
el bigote	moustache
el cerquillo, el flequillo	bangs
la cicatriz	scar
el lunar	beauty mark
el pelo corto/ largo	short/long hair
el pelo lacio/ rizado	straight/curly hair
el pelo rubio/ castaño/negro/ blanco (canoso)	blond/brown/ black/white/hair
la cola de caballo	pony tail
las trenzas	braids

Adjetivos

bajo/a	short
calvo/a	bald
delgado/a	thin
divorciado/a	divorced
gemelo/a	twin
gordo/a	fat
mayor	older
menor	younger
soltero/a	single

sordo/a	deaf
viudo/a	widowed

Otras palabras

la bandeja	tray
el bastón	cane
los canapés, bocaditos[a]	hors d'oeuvres
el cartel	sign
la copa	wine glass
el champán	champagne
el fósforo	match
el globo	balloon
el/la invitado/a	guest
el pastel de cumpleaños[b]	birthday cake
el ponche	punch
la vela	candle

Las acciones

abrazar	to embrace, hug
apagar	to extinguish
besar	to kiss
brindar	to toast
encender (ie)	to light up
felicitar	to congratulate
perseguir (i)	to chase
regalar	to give a gift
saludar	to greet
soplar	to blow

[a] There are many variations of these words: **botanas** (Mex.), **pasapalos** (Ven.), **saladitos** (Cuba), **tapas** (Spain), etc.

[b] Also: **torta, tarta** (Spain), **bizcocho** (P.R.), **queque** (Costa Rica), **quei** (Cuba), etc.

Aplicación

A *Descripciones*. Escoja dos o más características para cada persona de la lista.

1. el abuelo	es...	alto/a, bajo/a, calvo/a,
2. Celia		delgado/a, gordo/a, muy
3. el padre		viejo/a, rubio/a, sordo/a
4. la madre	tiene...	barba, bigote, una cola
5. la abuela		de caballo, una cicatriz,
6. Paloma		una hermana gemela, un
7. Delia		lunar
8. Polito	tiene el pelo...	blanco, corto,
9. el bisabuelo		lacio, negro, rizado
10. la tía Inés	lleva...	flequillo, trenzas
	usa...	bastón, gafas

B *Definiciones.*

1. ¿De qué o de quién hablo?

   a) Son multicolores y adornan la habitación en una fiesta.

   b) Se usa para encender un cigarro o una vela.

   c) Es una persona que no está casada.

   d) Es una persona cuyo (*whose*) esposo murió.

   e) Lo usa alguien que tiene problemas para caminar.

2. ¿De qué pariente hablo? Es...

   a) la hermana de mi esposo.   **d)** el hijo de mi hija

   b) la mujer de mi hijo.   **e)** la madre de mi esposa.

   c) el padre de mi abuelo.   **f)** la hija de mi hermana.

3. *Instrucciones*. Explique cómo..

   a) se brinda   **c)** se enciende una vela

   b) se saluda al llegar   **d)** se apaga una vela

D *Comentando la escena.* Conteste las preguntas.

1. ¿Cómo sabemos que es el cumpleaños de la abuela?

2. ¿Por qué, en su opinión, el pastel de cumpleaños tiene una vela solamente y no muchas velitas?

3. ¿Qué va a hacer la abuela? ¿Por qué?

4. ¿Qué van a hacer entonces las otras personas?

5. ¿Qué regalos contienen probablemente las cajas que traen el tío Pedro y su familia?

6. ¿Qué problemas físicos tiene el bisabuelo? ¿Cómo lo sabemos?

7. ¿Va a haber música? ¿Baile? ¿Por qué es o no es probable?

E *Comidas, bebidas y objetos*. Conteste.

1. ¿Qué se puede comer en esta fiesta? ¿Qué se puede beber?

2. ¿Qué lleva la madre en la mano? ¿Para qué?

F *Cosas que pasan*. ¿Qué hacen?

1. la tía Inés
2. el padre
3. Purita
4. el gato
5. la amiga de tía Florinda
6. el joven delgado
7. las personas que levantan su copa

G *Frases que se oyen*. Identifique a la persona que habla.

1. Gatito, ven, no te escondas.
2. ¿Quiere una copa de champán?
3. Fernando, hermano, ¡cuánto tiempo sin verte!
4. Ahora enciendo la vela y mamá la apaga.
5. ¿Cómo dijo? No oigo bien.
6. Paloma, levanta bien el cartel para que todos lo vean.
7. ¿Cómo estás, Adelaida? ¡Qué bueno que viniste al cumpleaños de mamá!
8. Mira, Celia, Pepe trajo su guitarra. Pídele que toque algo.

H *Al día siguiente*. Ud. es uno de los invitados a esta fiesta. Hable de ella en el pasado. Describa el lugar y las decoraciones. ¿Quiénes estaban? ¿Con quiénes habló Ud.? ¿A quiénes abrazó y besó? ¿Había música? ¿Bailó Ud.? ¿Por qué (no)? ¿Qué otras cosas hizo? ¿Qué comió y bebió? ¿Se divirtió Ud.? ¿Por qué (no)? ¿Qué cosas pasaron?

I *Un cumpleaños en mi familia*. Cuéntele a la clase sobre una fiesta que hubo en su casa para celebrar el cumpleaños de alguien en la familia.

DEL MUNDO HISPÁNICO

Los parentescos (*Family Relationships*)

Don Fernando
GARCIA Vega

Doña Rosa OSORIO
Guzmán

Luis GARCIA Osorio　　Pura SAENZ Oliva

Fernando GARCIA Osorio　Inés GARCIA Osorio

Pedro RUIZ Castillo　Florinda GARCIA Osorio

Polito GARCIA Sáenz　Purita GARCIA Sáenz　Paloma GARCIA Sáenz

Celia RUIZ García　　Delia RUIZ García

En los países hispánicos, una persona lleva dos apellidos (*surnames*): primero el apellido del padre y en segundo lugar el apellido de la madre. Cuando una mujer se casa, conserva sus dos apellidos, aunque socialmente usa generalmente **el apellido de su padre + de + el apellido de su esposo.** Elena **Sánchez** León es la esposa de Arturo **Cuenca** Díaz. Su nombre social es Elena **Sánchez de Cuenca**. Los hijos de estos esposos se llaman: Arturo José **Cuenca** Sánchez y María Elena **Cuenca** Sánchez.

Aplicación

Identificaciones. El siguiente árbol genealógico representa a la familia de este capítulo con sus nombres y apellidos. Basándose en los apellidos, diga qué parentesco recíproco existe entre las personas.

MODELO:　Inés García Osorio y Paloma García Sáenz
　　　　　Inés es tía de Paloma; Paloma es sobrina de Inés.

1. Fernando García Osorio y...
   a) Pura Sáenz Oliva
   b) Polito García Sáenz
   c) don Fernando García Vega

2. Doña Rosa Osorio Guzmán y...
   a) Delia Ruiz García
   b) Pedro Ruiz Castillo

3. Celia Ruiz García y...
   a) Polito García Sáenz
   b) Luis García Osorio

4. Pedro Ruiz Castillo y Florinda García Osorio
5. Don Fernando García Vega y Pura Sáenz Oliva

Cuide en diciembre su economía para que en enero también SONRÍA

INSTITUTO NACIONAL DEL CONSUMIDOR

Aguinaldo bien empleado, ahorro garantizado

Gramática II

A. The definite article

The definite article is used more frequently in Spanish than in English. It is used in the following cases.

1. With abstract nouns and nouns used in a general sense.

   La dedicación **al**[5] aprendizaje es **la** clave **del**[5] éxito en **la vida.**
   Devotion to learning is the key to success in life.

   A **los** niños de hoy les gustan mucho **las** computadoras.
   Today's children like computers a lot.

   a) The words **cama, cárcel, ciudad** (*town*), **escuela, guerra, iglesia,** and **trabajo** fall into the category of general words and require the definite article.

   Mi primo estuvo en **la cárcel** porque no quiso ir a **la guerra.**
   My cousin went to jail because he refused to go to war.

   Conocí a mi primer novio en **la iglesia,** al segundo en **la escuela** y al tercero en **el trabajo.**
   I met my first sweetheart in church, my second one at school, and my third one at work.

   b) If an idea of amount or number is implied or one could insert words like *some, any, many* in the English sentence, the definite article is omitted in Spanish. The definite article is never used after **hay** and other impersonal forms of **haber.**

   Me gustan **los** niños, pero nunca invito niños a mi casa.
   I like children but I never invite [any] children to my home.

   —¿Desea Ud. pastel?
   "Will you have some cake?"

   —Gracias, no me gusta **el** pastel, pero tomaré café.
   "Thank you, I don't like cake but I'll have [some] coffee."

2. With meals, hours, and days of the week except when identifying a particular day.

   En mi casa, **la cena** es a **las siete,** excepto **los domingos.**
   At my home, dinner is at seven except Sundays.

   But:

   Hoy es **martes.**
   Today is Tuesday.

3. With titles, except **don, doña,** and **san, santo.**

   El señor Rodríguez y **el profesor** Cortés conocen **al presidente** Clinton.
   Mr. Rodríguez and Professor Cortés know President Clinton.

   Doña Rosa es devota de Santa Teresa.
   Doña Rosa has a special devotion to St. Teresa.

---

5. Remember that **a** + **el** contracts to **al,** and **de** + **el** contracts to **del.**

a) If the title is used in direct address, the article is omitted.

—Señor Rodríguez, ¿no viene el profesor Cortés a la fiesta?

"Mr. Rodríguez, isn't Professor Cortés coming to the party?"

b) The definite article is not used with the names of rulers.

Alfonso XIII (Trece) fue el abuelo de Juan Carlos I (Primero).

Alfonso the Thirteenth was the grandfather of Juan Carlos the First.

4. With parts of the body and personal belongings when the identity of the possessor is clear.

Cuando llegué a la fiesta, me quité **los guantes** y **el abrigo.**

When I arrived at the party I took off my gloves and my coat.

But:

¿Dónde están **mis guantes** y **mi abrigo**?

Where are my gloves and my coat?

5. With the names of some cities and countries. This usage is slowly disappearing in modern Spanish. Some names that still require the article are: **la Florida, la Habana, la India, la República Dominicana, el Salvador.**

Aplicación

A *Narraciones*. Complete las oraciones con el artículo definido cuando sea necesario. Haga las contracciones necesarias.

1. _____ familia de mi padre es de _____ Habana y ahora vive en _____ Florida. _____ doctor Carlos Campos, mi abuelo, que es muy viejo, conoció a Alfonso _____ XIII de España. De pequeño, yo siempre tomaba _____ chocolate antes de irme a _____ cama. Me lo preparaba mi abuela, porque sabía que me gustaba _____ chocolate. Mi abuela es muy religiosa y va a _____ iglesia todos _____ domingos. Cuando estoy en _____ ciudad, yo voy con ella. Mi abuela quiere mucho a _____ niños, pero no hay _____ niños en mi familia ahora; todos somos adultos. Aunque mi abuela todavía me prepara _____ chocolate como cuando era niño.

2. _____ refranes son interesantes. En español hay _____ refranes para todos _____ casos. Un refrán dice: "_____ amor y _____ dinero no pueden estar ocultos". Yo no tengo _____ dinero, pero sí tengo _____ amor y no lo oculto.

3. _____ vida está llena de sorpresas. Ayer _____ señor Pérez Rubio, mi jefe, me llamó a su oficina. Eran _____ cinco menos cinco. Siempre salgo corriendo de _____ trabajo porque voy a _____ escuela _____ miércoles, y ya tenía _____ abrigo en _____ mano. —_____ Señorita Rivaya—me dijo—, quiero invitarla a cenar _____ viernes en mi casa. Es _____ día de _____ San Antonio y mi suegra, _____ doña Antonia, prepara una fiesta. _____ cena es a _____ ocho.

B *Entre dos: Dos invitados de doña Rosa.* Un invitado o invitada pregunta y otro/a contesta de manera original, usando un sustantivo con el artículo definido en su respuesta.

MODELO: —¿Quieres pastel?
         —No, gracias, **el pastel** *tiene muchas calorías.*

1. ¿Bebes a veces champán?
2. ¿Te sirvo ponche?
3. ¿Por qué es común usar globos en una fiesta como ésta?
4. ¿Por qué crees que no contrataron camareros (*waiters*) para servir a los invitados?
5. Aquí hay muchos niños, por eso hay tanto ruido, ¿verdad?
6. Me gusta el gato de Purita. ¿Hay gato en tu casa?
7. ¿Hay frecuentemente fiestas de cumpleaños en tu familia?
8. Es bueno tener una familia numerosa y unida como ésta, ¿no?

B. The indefinite article

The indefinite article is used in Spanish much less than in English. It is omitted in the following cases.

1. With unmodified predicate nouns denoting ocupation, nationality, religion, or political affiliation.

    Polito quiere ser **ingeniero** como su padre.
    Polito wants to be an engineer like his father.

    Pedro, el esposo de Florinda, es **peruano** y **católico.**
    Pedro, Florinda's husband, is a Peruvian and a Catholic.

    Mi madre era **demócrata,** pero se hizo **republicana** hace poco.
    My mother was a Democrat but she became a Republican lately.

    But:

    De joven, don Fernando fue **un actor** muy famoso.
    As a young man, Don Fernando was a very famous actor.

2. Before **cien(to), mil, otro,** and after **medio/a,** and **¡qué...!**

    Invitaron a **cien** personas y gastaron más de **mil** dólares en la fiesta.
    They invited a hundred people and they spent more than a thousand dollars in the party.

    Déme otra **media** libra de jamón, por favor.
    Give me another half a pound of ham, please.

    ¡Qué lástima que tantos niños no reciban juguetes en Navidad!
    What a pity that so many children don't get toys for Christmas!

3. With most nouns following the preposition **sin** or the verb **no tener.**

No puedes ir a una fiesta de cumpleaños **sin** saco.
You can't go to a birthday party without a jacket.

De niña, la abuela **ni** siquiera **tenía** televisor.
As a child, the grandmother didn't even have a TV set.

4. With *unmodified* names of personal articles and garments following **usar** and **llevar.**

Sólo **uso** sombrero cuando hace mucho frío.
I only wear a hat when it is very cold.

No sabía la hora porque no **llevaba** reloj.
I didn't know the time because I wasn't wearing a watch.

La víctima no **llevaba** identificación.
The victim wasn't carrying an I.D.

But: If the noun is modified or **un/una** has a numerical value, the article is retained.

María llevaba **un** vestido muy elegante.
María was wearing a very elegant dress.

Me pidieron **una** identificación y les di dos.
They asked me for an I.D. (one piece of I.D.) and I gave them two.

SPECIAL USES OF **UNOS/UNAS**

The indefinite article **unos/unas** is often used with the meaning of *some, a few, a pair, about.*

Pedro y Florinda tienen **unas** hijas encantadoras. Son gemelas y tienen **unos** quince años.
Pedro and Florinda have some *charming daughters. They are twins and they are* about *fifteen years old.*

Necesito **unos** globos. También necesito un cordelito y **unas** tijeras.
I need a few *balloons. I also need a string and* a pair of *scissors.*

Aplicación

C *Entre dos: La familia de don Fernando y doña Rosa.* La columna de la izquierda indica los nombres, gustos y circunstancias de varias personas de esta familia. Un/a estudiante la lee y pregunta **¿Qué va a ser?,** en el caso de un hijo o hija, y **¿Qué es?,** en el caso de una persona adulta. Otro/a estudiante contesta, escogiendo la profesión o carrera más lógica en la columna de la derecha. Debe decidir si se necesita o no el artículo indefinido.

MODELO: Florinda siempre se interesó mucho en las lenguas. ¿Qué es?
Florinda es una traductora muy buena.

Los hijos:

_____ 1. Delia está obsesionada con los autos y la velocidad.

_____ 2. Celia tiene una voz preciosa.

_____ 3. Paloma es extrovertida, habla mucho y tiene muchos amigos.

_____ 4. A Polito le gusta mucho el dinero y les vende cosas a sus amiguitos.

_____ 5. Purita adora los animales y siempre juega con ellos.

a) ama de casa (*house-wife*) estupenda
b) cantante
c) comerciante (*merchant*)
d) corredor/a de autos famoso/a
e) ingeniero/a civil
f) inventor/a brillante
g) médico/a
h) pintor/a de fama
i) político/a popular
j) veterinario/a

Los adultos:

_____ 1. A Luis, de niño, le gustaba jugar a construir puentes y carreteras.

_____ 2. Fernando pinta muy bien.

_____ 3. Inés estudió en la Facultad de Medicina.

_____ 4. De niño, Pedro creaba mecanismos y fabricaba sus propios juguetes de pilas.

_____ 5. Pura pasa todo el tiempo cocinando, limpiando y cuidando a sus hijos.

D *Se necesita traductora.* Algunas de las personas que están en la fiesta hablan en inglés y Florinda traduce lo que dicen. Sea Ud. Florinda.

1. What a party! We prepared a thousand hors d'oeuvres and bought a hundred balloons.
2. Look at Luis, he has a moustache now.
3. Can you bring me some markers, please? It's impossible to write a sign without a marker.
4. Our great-grandfather is wearing a very elegant cane.
5. Doña Rosa wears glasses since she was about twenty.
6. "Another glass of champagne?" "Only half a glass, please."
7. Purita plays with the cat because we don't have a dog.
8. What a pity! The party ends in about half an hour.

E *Los invitados hablan ahora español.* Complete lo que dicen los invitados usando el artículo indefinido si es necesario.

1. Tenemos _____ cien copas, pero necesitamos _____ otras cien. También necesitamos champán. Sólo tenemos _____ litro y _____ medio.

2. Lilí es _____ agnóstica, pero su hijo mayor es _____ católico devoto.
Y ese señor, ¿es el esposo de Lilí? Ella no lleva _____ anillo.
No, ella no tiene _____ esposo; es _____ viuda.
Bueno, yo creo que es _____ viuda muy alegre.

3. Clara lleva _____ vestido muy caro. Generalmente ella no usa _____ sombrero, pero hoy lleva _____ sombrero bonito.

Un poco de humor

La niña tenía un muñeco...

Explique lo que imaginaba la niña, y por qué rompió el muñeco, furiosa, en la escena final.

Capítulo 3

LA CASA

Los edificios altos abundan en la ciudad de Caracas, Venezuela. Caracas está en un valle rodeado de montañas y, como no puede crecer horizontalmente, crece de manera vertical.

Presentación

La lectura de este capítulo es una carta que Gloria, una joven venezolana, le escribe a su amiga Rosa. Gloria va a casarse y describe su nueva casa, un apartamento moderno en una zona residencial de Caracas. También describe los muebles (*furniture*), que son en su mayoría regalo de sus respectivos padres.

En los países hispánicos no es tan común como en los Estados Unidos que las personas vivan en casas. Aun en las zonas residenciales, abundan los edificios de apartamentos.

En el apartamento de Gloria los pisos de todas las habitaciones son de mosaico (*ceramic tile*), porque en muchos países hispánicos no se usan los pisos de madera ni las alfombras de pared a pared.

Gloria también le dice a su amiga que ella va a vivir sola en el nuevo apartamento para organizar bien las cosas. Su novio, en cambio, va a seguir viviendo en casa de sus padres hasta el día del matrimonio. Aunque algunos jóvenes hispanos viven juntos (*together*) sin casarse, esto no es tan común como en los Estados Unidos.

Repaso previo   Regular and irregular present participles, *Workbook*.

Las hermosas fachadas barrocas son el atractivo principal de muchas zonas residenciales de la Ciudad de México.

Bogotá, Colombia. Una casa en las afueras, hermosa y amplia, ideal para una familia grande.

Patio interior en Córdoba, España. Intimidad, paz, plantas y una fuente. Los mosaicos revelan la influencia árabe, que todavía es importante en la arquitectura de Andalucía.

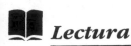

Lectura

¡Ya estoy en mi apartamento!¹

Caracas, 22 de marzo de 1995

Querida Rosa:

Ayer te llamé por teléfono y no estabas°. Me contestó tu máquina contesta-
dora°, pero no dejé recado° porque detesto hablar con máquinas. Así que° decidí
5 escribirte para darte dos noticias° que son sensacionales: ¡Me caso en mayo! La
boda° va a ser en la Iglesia del Carmen. Por supuesto, toda tu familia está invitada.
La segunda noticia es que ya alquilamos° el apartamento. Estoy muy contenta.

Conseguir° el apartamento no fue fácil. Primero, buscamos en Bello Mon-
10 te², que es la zona que le gusta a Pepe, pero los que° vimos allá estaban muy
caros para nosotros. Todos los fines de semana salíamos por la mañana con el
periódico en la mano. ¿Te imaginas en qué condiciones estaban mis pies cuando
regresaba a casa por la noche? Pero un día llegamos a este edificio, que está muy
céntrico°. Vimos que tenía piscina° y un bonito jardín y entramos. El vestíbulo
15 era elegante y había dos elevadores³. Cuando vi el apartamento, fue amor a
primera vista°. La sala-comedor tiene casi ocho metros de largo. El dormitorio°

no...: you weren't in
máquina...: answering machine / a message / **Así...:** So / pieces of news / wedding
rented
Getting
los...: the ones
centrally located / swimming pool
a...: at first sight / bedroom

1. Also **piso** in Spain and **departamento** in parts of South America.
2. Bello Monte is a pleasant residential district in Caracas.
3. **Ascensores** is preferred in Spain and Argentina.

¿Cuál te gusta más? Una pareja escoge la cocina para su futuro hogar. ¿Serán éstos
Gloria y Pepe?

es amplio y claro°, los pasillos° son anchos. Hay muchos closets,[4] terraza y
hasta° habitación de servicio°. Los pisos son de mosaico gris claro. El precio es
un poco alto, pero el apartamento lo vale°. Firmamos el contrato° al instante.

20   El entusiasmo fue tanto, que de allá fuimos directamente a la mueblería°.
Los muebles° que escogimos° están preciosos°. El juego° de sala es el regalo de
boda de los padres de Pepe. El sofá es de piel° color crema y la mesa de centro°
es de cristal°. El regalo de mis padres es el juego de cuarto. Es tradicional, de
caoba oscura°.

25   Te estoy escribiendo en la mesa de la cocina. La mueblería nos entrega° los
muebles el sábado. Pepe se queda° con su familia hasta mayo, pero yo pienso
mudarme° de casa de mis padres el lunes. Así puedo organizarlo todo con calma.
Tenemos suerte°, porque mi hermano Antonio está de vacaciones y va a ayudarnos a mover los muebles pesados° si hace falta°.

30   No sigo porque esta carta ya es bastante° larga. Uno de estos días te llamo
y te lo cuento todo con más pormenores°. Hasta entonces.

Un fuerte abrazo° de tu amiga,

Gloria

light / hallways
even / **habitación...**: maid's room
lo...: is worth it / **firmamos...**:
we signed the lease / furniture
store
furniture / chose / most beautiful
/ set / leather / **mesa...**: coffee
table / glass

caoba...: dark mahogany
will deliver
will stay
move
We are lucky
heavy / **si...**: if it is necessary
rather
con...: in more detail
hug

Comprensión

La carta de Gloria. Conteste las peguntas.

1. ¿Por qué no dejó Gloria recado en la máquina contestadora?
2. Hay dos noticias que Gloria quiere darle a su amiga. ¿Cuáles son?
3. ¿Por qué no alquilaron Gloria y Pepe un departamento en Bello Monte?
4. ¿Qué hacían Gloria y Pepe todos los fines de semana?
5. ¿Dónde estaba el edificio que le gustó a Gloria? ¿Qué tenía?
6. ¿Cómo era el apartamento?
7. ¿Qué explica Gloria sobre el juego de sala?
8. ¿Qué información da ella sobre el juego de cuarto?
9. ¿Cuándo va a mudarse Gloria de casa de sus padres? ¿Por qué?
10. ¿Por qué tienen suerte Gloria y Pepe?

Vocabulario

Entre tres: Alquilando un apartamento. Lean el siguiente diálogo dos veces. La
primera vez, sin cambiar nada; la segunda, reemplazando las palabras en cursiva
por palabras sinónimas de la lista.

a primera vista / alquilar / ascensores / la boda / claro / conseguir / de
servicio / el dormitorio / entregar / escogemos / firman / hacen falta / el
juego / me mudo / el pasillo / los pormenores / el recado / ropero / tienen
suerte

4. Also: **armario** and **ropero**.

GLORIA: Queremos *rentar* un apartamento.

DUEÑO: Pues *son afortunados*, porque precisamente tengo uno muy bueno y *con mucha luz* por sólo 1.800 bolívares[5].

PEPE: Es un poco caro, pero vamos a verlo.

DUEÑO: Como Uds. ven, en el edificio hay dos *elevadores*.

GLORIA: ¡Pepe, el apartamento es muy bonito! Me he enamorado *instantáneamente* de él.

PEPE: Pero la *habitación* tiene un solo *closet. Son necesarios* dos, por lo menos.

DUEÑO: Hay cuatro en total. En *el corredor* hay dos muy grandes. También hay uno en el cuarto *de la sirvienta*.

PEPE: Además, *el matrimonio* es en mayo y estamos en marzo.

DUEÑO: Si *ponen su nombre en* el contrato hoy y dejan un depósito, sólo tienen que pagar el alquiler de abril.

GLORIA: Vamos a firmar, Pepe. Es muy difícil *encontrar* apartamento. Además, ya compramos *el grupo de muebles* de cuarto. Si *seleccionamos* hoy los otros, la mueblería los puede *traer* el sábado. Yo *comienzo a vivir* aquí y lo pongo todo en orden poco a poco.

PEPE: Bueno, firmamos. *Los detalles* podemos decidirlos más tarde.

DUEÑO: Necesito investigar sus referencias. Dénme un teléfono donde pueda llamarlos para confirmar el contrato.

GLORIA: Voy a darle el mío. Si no estoy, me deja por favor *el mensaje* en la máquina.

Modismos

mudarse[6] **(de...a)** *to move (to change one's residence) (from...to)*

En abril, Gloria **se mudó de** casa de sus padres **al** nuevo apartamento.
In April, Gloria moved from her parents' home to the new apartment.

Quiero **mudarme de** cuarto, porque mi compañero de cuarto fuma.
I want to move out of my room, because my roommate smokes.

moverse[7] *to move (to change one's place or position; to be in motion; to advance)*

De niño, **me movía** mucho cuando dormía.
As a child, I used to move around a lot when I slept.

El gato **se movía** despacio.
The cat was moving slowly.

---

5. **El bolívar** is the currency of Venezuela. Its approximate value is 60 **bolívares** to the dollar.

6. Note that this verb is reflexive. Reflexive constructions will be reviewed in Chapter 6.

7. **Moverse** is also reflexive.

> **mover** *to move (to change the place or position of something)*
>
> El viento **movía** las cortinas de la sala.
> *The wind was moving the curtains in the living room.*
>
> No **moví** la cómoda más al centro porque es muy pesada; necesito ayuda.
> *I didn't move the dresser more towards the center because it is very heavy;
> I need help.*

Aplicación

Complete las oraciones escogiendo entre **mudarse, moverse** y **mover**. Use el
tiempo indicado en cada caso.

1. (pretérito) Cuando mi familia _____ de México a Los Ángeles, yo tenía
   doce años. (Nosotros) _____ en un camión muy grande, porque llevábamos
   algunos muebles.
2. (imperfecto) El camión _____ despacio porque era pesado. Recuerdo que
   había mucho viento ese día y el viento _____ los árboles en el campo.
3. (imperfecto) De pronto, un hombre corrió frente al camión y cayó al suelo.
   Todos bajamos. El hombre no _____. Le hablamos. Vimos que _____ un
   poco la cabeza.
4. (imperfecto) Pensamos que si (nosotros) lo _____, el hombre se podía morir.
   Entonces volvimos al camión y en el próximo pueblo informamos a la policía. Por suerte no le pasó nada serio.
5. (pretérito) Cuando tenía quince años (nosotros) _____ a Chicago. Pero esta
   vez no tuvimos accidentes porque fuimos en avión.

PUNTOS DE VISTA

Entre varios. Hágale a un compañero o compañera las preguntas de los siguientes grupos, añadiendo a cada grupo, además, una pregunta de su propia invención sobre el mismo tema.

1. *Comunicándose con los amigos:*
   a) ¿Les escribes cartas a tus amigos o prefiere llamarlos? ¿Por qué?
   b) Cuando llamas a un amigo o amiga y él o ella no está, ¿le dejas un recado
      en la máquina contestadora? ¿Te gusta este sistema? ¿Por qué sí o por qué
      no?
   c) ¿...?

2. *Alquilando un apartamento:*
   a) ¿Son caros o baratos los apartamentos en la zona donde vives?
   b) En tu opinión, ¿son los anuncios del periódico la mejor manera de con-
      seguir apartamento? ¿Qué otras maneras hay?

c) ¿Has firmado contratos de apartamentos? ¿Qué otros contratos has firmado?

d) ¿...?

3. *Viviendo solo/a o con otros:*

a) ¿Vives con tus padres? ¿en la universidad? ¿con uno o varios amigos? ¿solo/a? ¿Te gusta la manera en que vives? ¿Por qué sí o por qué no?

b) ¿Qué ventajas (*advantages*) y desventajas tiene vivir solo/a? ¿Y vivir con otra persona?

c) ¿...?

4. *Comparando apartamentos y casas:*

a) ¿Qué diferencias hay entre tu propia (*own*) casa o apartamento y el apartamento que alquilaron Gloria y Pepe? ¿Qué semejanzas? (*similarities*)

b) ¿Son similares a los de Gloria los muebles de tu sala? ¿Y los de tu cuarto? Explica cómo son.

c) ¿Prefieres los muebles de estilo moderno o los tradicionales? ¿Por qué? Si tuvieras mucho dinero, ¿qué comprarías para tu casa?

d) ¿...?

DEL MUNDO HISPÁNICO

Una boda poco común. El novio y los niños reafirman su identidad mexicana y van vestidos como vestían sus bisabuelos.

En materia de amor y matrimonio hay muchas semejanzas entre los países hispánicos y los Estados Unidos, pero también hay diferencias.

El período de novios[8] es generalmente más largo entre los hispanos. Además, los jóvenes solteros viven con sus padres hasta que se casan y no con amigos o solos como muchos jóvenes norteamericanos.

En los países hispánicos, la corte o cortejo nupcial (*bridal party*) de las bodas se usa sólo en bodas fastuosas. Tampoco hay equivalentes exactos para *maid of honor* y *best man*. En cambio, hay un padrino (el padre de la novia o un hombre de su familia) y una madrina (la madre de la novia o una mujer de su familia). Si la boda tiene misa (*Mass*), hay también un padrino y una madrina llamados **de velaciones**, que son los que ponen un velo (*veil*) y un cordón sobre los novios para unirlos simbólicamente.

Otro elemento diferente de las bodas hispánicas son **las arras**, trece monedas de plata o de oro que el novio da a la novia durante la ceremonia. Aunque la costumbre de las arras no se ha mantenido en todos los países, todavía es importante en algunos, como España y México. La palabra **arras**, de origen germánico, se refiere a la garantía que una persona da a otra en un negocio. En la ceremonia de la boda, el novio da las arras a la novia como símbolo de su compromiso (*commitment*) con ella.

8. Recuerde que la palabra **novio** o **novia** significan varias cosas: *boyfriend/girlfriend; sweetheart; fiancé/fiancée; groom/bride.*

DEL MUNDO HISPÁNICO (Estados Unidos)

PALABRAS ÚTILES

pedido   *order*
manejo   *handling*
franqueo   *postage*
acompaño   *I enclose*
giro postal   *money order*
monedas   *coins*

Lea este anuncio y diga si las siguientes afirmaciones son ciertas o falsas. Explique por qué las afirmaciones son o no son falsas.

1. Es posible hacer pedidos de arras por teléfono.

2. Sólo se pueden hacer pedidos en los Estados Unidos.

3. Si se acompaña el cheque con el cupón, no hay que pagar por el manejo y y el franqueo.

4. La compañía que vende las arras está en California.

5. Es posible usar cualquier tarjeta de crédito para pagar.

6. El juego tiene una docena de monedas.

7. Es posible poner los nombres de los novios y la fecha de la boda en las monedas.

Gramática I

A. Uses of *ser*

1. To express the identity of the subject linking it to noun, pronoun, or infinitive.

   —Busco al dueño del edificio.
   "I'm looking for the owner of the building."

   —Yo **soy** el dueño.
   "I'm the owner."

   La persona que firmó el contrato **fui** yo.
   I was the person that signed the lease.

   La madre de Gloria **es** maestra.
   Gloria's mother is a teacher.

   Lo importante **es** encontrar un buen apartmento.
   The important thing is to find a good apartment.

2. To indicate origin, material, and possession, often combined with the preposition **de**.

   Pepe **es** de Maracaibo.
   Pepe is from Maracaibo.

   La mesa de centro **es** de cristal.
   The coffee table is [made of] glass.

   Ese florero **es** mío.
   That vase is mine.

3. With the preposition **para** to indicate destination.

   —¿Para quién **es** ese regalo?
   "For whom is that gift?"

   —**Es** para los novios.
   "It's for the bride and groom."

4. To express divisions of time (time of day, day of the week, season, etc.) In the past, **era(n)** is generally used in this case.

   Era lunes y **eran** las cinco de la tarde cuando llegamos.
   It was a Monday and it was five o'clock when we arrived.

5. In most impersonal expressions (**ser evidente, ser (im)posible, ser necesario, ser tarde, ser temprano, ser verdad**, etc.).

   Es evidente que soy un genio.
   It is evident that I am a genius.

   Era necesario firmar el contrato antes del viernes.
   It was necessary to sign the lease before Friday.

6. To express *to take place.*

   La fiesta **será** el sábado en casa de Gloria.
   The party will be on Saturday at Gloria's home.

   La despedida de soltero **fue** en un restaurante.
   The bachelor party was at a restaurant.

7. To form the passive voice.[9]

> El apartamento **fue** decorado por el novio.
> *The apartment was decorated by the groom.*

> Es un edificio nuevo; **será** inaugurado en agosto.
> *It is a new building; it will be inaugurated in August.*

B. Uses of *estar*

1. To denote location or position.

> La llave que perdí **estaba** debajo de la cama.
> *The key I lost was under the bed.*

> La ciudad de Caracas **está** en Venezuela.
> *The city of Caracas is in Venezuela.*

Note that position can be figurative.

> **Estoy** contra la pena de muerte.
> *I am against the death penalty.*

2. With the present participle to form progressive tenses.[10]

> Gloria te **estuvo** llamando toda la tarde.
> *Gloria was calling you the whole afternoon.*

> —¿Qué **estás haciendo** aquí?
> *"What are you doing here?"*

> —**Estoy** esperando el autobús.
> *"I am waiting for the bus."*

3. In some idiomatic expressions.

> —¿**A cómo estamos** hoy?
> —**Estamos a** dieciséis.
> *"What's today's date?"*
> *"It's the 16th."*

> —¿**A cómo** (**cuánto**) **está** el bolívar ahora?
> *"What's the value of the bolivar now?"*

> Antonio, el hermano de Gloria, **está de vacaciones**.
> *Antonio, Gloria's brother, is on vacation.*

> Mis padres **están de viaje**.
> *My parents are away on a trip.*

Aplicación

A *Conversaciones breves*. Complete los diálogos escogiendo entre **ser** y **estar**. Los tiempos verbales pueden variar.

1. —(Yo) _____ de Buenos Aires, pero ahora _____ con mi familia en Chicago porque mi padre _____ transferido por su compañía. Tú sabes dónde _____ Buenos Aires, ¿verdad?

9. The passive voice is reviewed in Chapter 7.
10. Progressive tenses are reviewed in *Gramática II*.

—Claro, _____ en Sudamérica, en el hemisferio sur. Por eso _____ verano
allá cuando aquí _____ invierno. Yo _____ de vacaciones allá una vez.

2. —Mi mesa de centro _____ de cristal. _____ de Italia.

—¿Tu mesa? ¿No _____ de tu madre?

—Es verdad. Pero como ella _____ siempre de viaje, _____ yo quien usa
los muebles.

3. —¿Quién _____ ese señor? Me dijo: "Lo siento, su excusa no _____
aceptada por el profesor"; me dio un papel y se fue.

—Creo que _____ el profesor.

4. —_____ evidente que la Física _____ la asignatura más difícil que tengo
este semestre. _____ estudiando mucho, porque el jueves _____ el examen.

—¡El jueves! ¿A cómo _____ hoy?

—Hoy _____ a quince y _____ martes. El jueves _____ el día 17.

5. —¿A cuánto _____ las manzanas?

—_____ a cincuenta centavos.

—Bueno, voy a comprar seis. _____ para mi novia.

6. —_____ tarde; ya _____ las seis de la tarde y, como _____ invierno, ya
_____ de noche. ¿Dónde _____ tu amigo? Lo _____ esperando desde
las cinco y media.

C. *Ser* and *estar* with adjectives

1. Used with adjectives, **ser** expresses what the speaker considers to be an
essential, inherent characteristic of the subject.

> Tu amiga **es** atractiva.
> *Your friend is attractive.*

> Las carreras de autos **son** peligrosas.
> *Car races are dangerous.*

> Fumar **es** malo para la salud.
> *Smoking is bad for your health.*

Note: Ser is normally used with the adjectives **rico, pobre, joven, viejo**, and
feliz unless a change of state is emphasized or one is making a subjective
evaluation (principles 2 and 3 below).

> **Éramos** muy pobres entonces, pero **éramos** felices.
> *We were very poor then but we were happy.*

> Los padres de Josefina **son** todavía jóvenes.
> *Josefina's parents are still young.*

2. **Estar** with an adjective expresses a change, an unexpected quality, or a
departure from the norm.

> Cuando la conocí **era** delgada, pero ahora **está** muy gorda.
> *When I met her she was thin (a thin woman) but now she is very fat.*

El refresco que me sirvieron **estaba** caliente.
The soft drink they served me was warm.

Mi jefe tiene buen carácter, pero ayer **estaba** muy susceptible.
My boss has a good temper but he was very touchy yesterday.

3. **Estar** conveys that the speaker is evaluating the adjective according to a subjective perspective. English generally achieves this by using verbs like *to seem, to taste,* and *to look.*

Gloria no **es** bonita, pero el día de su boda **estaba** muy bonita.
Gloria is not pretty but on her wedding day she looked very pretty.

¡20.000 pesetas por este mantel! **Está** demasiado caro.
20,000 pesetas for this tablecloth! It's too expensive. (It seems to me to be.)

Las zanahorias no **son** sabrosas, pero ésas **estaban** deliciosas.
Carrots aren't tasty (in general) but those were (tasted) delicious.

4. **Estar** is combined with an adjective or past participle to express a mood, state, or condition.

Es primavera y **estoy** contento porque **estoy** enamorado.
It is springtime and I am happy (in a happy mood) because I am in love.

La silla **está** rota.
The chair is broken.

La casa **estaba** muy sucia.
The house was very dirty.

Cuando llegó la ambulancia, el hombre ya **estaba** muerto.
When the ambulance arrived the man was already dead.

Note in the last sentence that a state or condition doesn't need to be temporary.

Note that both **ser feliz** and **estar contento/a** mean *to be happy*. However, **ser feliz** implies that the subject lives a happy life while **estar contento** means that the subject is in a happy mood. **Estar feliz**, a colloquial expression common in Spanish America, is a synonym of **estar contento**.

5. Some adjectives change meaning when used with **ser** or **estar**.

	With *ser*	With *estar*
aburrido/a	*boring*	*bored*
alegre	*of happy disposition*	*in a happy mood*
listo/a	*smart, clever*	*ready*
maduro/a	*mature*	*ripe*
malo/a	*bad, evil*	*sick*
verde	*green (in color)*	*green (unripe)*
vivo/a	*lively; bright (of colors)*	*alive*

¡Ese tipo **es tan aburrido**!
That guy is so boring!

Vamos al cine. **¡Estoy tan aburrido!**
Let's go to the movies. I am so bored!

¿Vas a **estar listo** a las siete?
Will you be ready at seven?

Ramón saca buenas notas porque **es muy listo**.
Ramón gets good grades because he is very smart.

Ese hombre **es malo**. Mató a varias personas.
That man is bad (evil). He killed several people.

¿Qué te pasa? **¿Estás malo**?
What's the matter with you? Are you ill?

—¿Esas frutas **están verdes**?
"Is that fruit not ripe?"

—No, **son** verdes, pero **están maduras**.
"No, they are green (in color) but they are ripe."

¿Están vivos sus abuelos?
Are your grandparents alive?

Los colores de la cortina **son vivos**.
The colors of the curtain are bright.

Aplicación

B *La pareja dispareja (The Odd Couple)*. Complete el párrafo escogiendo entre **ser** y **estar**.

_____ incomprensible. Hay un contraste en Verónica, porque ella no _____ una persona sucia, pero su cuarto _____ siempre sucio. Verónica _____ mi compañera de apartamento y, como yo _____ tan ordenada (*neat*), _____ muy descontenta de la situación. El sofá de la sala _____ cubierto con los libros de Verónica. Las gavetas (*drawers*) de su cómoda _____ abiertas, porque los objetos que _____ dentro _____ en desorden y no caben (*fit*). Su ropa y sus papeles _____ por el piso. Verónica no _____ pobre, su empleo _____ bueno y ella puede mantener un apartamento sola. _____ aburrida de tanto desorden; voy a pedirle que se mude.

C *Entre dos*. Un/a estudiante lee las oraciones y otro/a estudiante usa de manera original los adjetivos que se dan, combinándolos con **estar** para indicar un cambio o cualidad inesperada en el sujeto.

MODELO: Jaime es un chico alegre. (triste)
 Pero desde que su novia se fue de viaje, está muy triste.

1. Mi tía es una persona saludable. (enfermo)
2. Esa señora tiene solamente treinta años. (viejo)

3. Ernestito nunca lava su coche. (limpio)
4. Cuando lo conocí, era muy gordo. (delgado)
5. Me gusta el café bien caliente. (frío)
6. Es extraño; mi tocadiscos funcionaba perfectamente ayer. (roto)
7. ¡Tú eres generalmente tan calmado! ¿Qué te pasa? (nervioso)
8. Ese niño era muy pequeño la última vez que lo vi. (alto)
9. El precio de los apartamentos ha subido mucho últimamente. (caro)
10. El profesor nos pide composiciones largas. (corto)

D *Una fiesta.* Esperanza, una amiga de Gloria, organizó una fiesta en honor de Gloria y Pepe cuando anunciaron su próxima boda. Complete estos comentarios sobre la fiesta y las personas que asistieron, haciendo combinaciones con **ser** y **estar**. (A veces hay más de una posibilidad. Use todas las opciones que se dan.)

MODELO: El barrio donde vive Gloria (es / está)...
    de clase media / en el centro de la ciudad / tranquillo
    El barrio donde vive Gloria es de clase media / está en el centro de la ciudad / es tranquilo.

1. La fiesta (fue / estuvo)...
   en casa de Esperanza / estupenda / el sábado a las nueve / en la primavera / organizada por la amiga de Gloria
2. Las frutas que sirvieron en la fiesta (eran / estaban)...
   exóticas / verdes / deliciosas / de Sudamérica
3. El vestido de Gloria (era / fue / estaba)...
   hecho por su madre / sucio / blanco / de primavera / caro
4. Rita (es / está)...
   divorciada de José / muy madura / religiosa / siempre lista para bailar
5. Azucena y Eulalia (eran / estaban)...
   las chicas más atractivas / contentas / ocupadas
6. La madre de Eulalia murió el año pasado; su padre (es / está)...
   sin empleo / vivo / una persona un poco aburrida / amigo de mi padre / de Maracaibo
7. El doctor Jiménez y su esposa (son / están)...
   liberales / en contra del presidente / simpáticos / jóvenes felices / ricos
8. La familia de Pepe (es / está)...
   pobre / española / en Sudamérica / arruinada (*bankrupt*)
9. A las doce, Ignacio se fue a casa porque (era / estaba)...
   cansado / malo / aburrido

DEL MUNDO HISPÁNICO (Colombia y Venezuela)

PALABRAS ÚTILES

poltrona *easy chair*

herrajes *hardware*

espuma indeformable *firm foam rubber*

disfrute *enjoy*

comodidad *comfort*

descansapiés *footrest*

ABRA   LOS   OJOS

Además del diseño, en un sofá es muy importante la calidad.

Aprecie la gran diferencia. Sofás, sofá-camas y poltronas elaborados con la tecnología exclusiva en Colombia de Bonsuá: **herrajes europeos**, espuma indeformable, cuero colombiano de exportación, y diseño ergonómico que se acomoda perfectamente a su cuerpo en cualquier posición. Versatille Collection: diseños sobrios, cómodos y elegantes. Exclusivos de Bonsuá.

AHORA CIERRELOS

Y disfrute la calidad y comodidad Bonsuá que no conoce límites.

1. POSICION NORMAL.   2. POSICION DE CAMA.   3. POSICION DE RELAX (SILLA RECLINADA, DESCANSAPIES)

Bonsuá

CALIDAD Y COMODIDAD SIN LIMITES.

Información y ventas:
INDUSTRIA DE MUEBLES BONSUA
Fábrica y salas de exhibición: Carrera 42 No. 165-68/76 Una cuadra arriba de la Autopista Norte
Teléfonos: 6745609 · 6745590 · 6745368 Fax: 6705217 Santafé de Bogotá, D.C.
Para su comodidad, le atendemos de Domingo a Domingo.

PALABRAS ÚTILES

piel[11] *leather*

promoción *sale*

fabricar *to manufacture*

complacer *to please*

gusto *taste*

exigente *demanding*

diseño *design*

11. Note that in the Venezuelan ad they use **piel** while in the ad from Colombia the word for leather is **cuero**.

Lea los anuncios de sofás y conteste las preguntas.

1. ¿Cómo sabemos que Interamericana de muebles no es una mueblería, sino una fábrica (*factory*) de muebles?
2. ¿Cómo son sus precios, según el anuncio? ¿Y sus diseños?
3. Además del diseño, ¿qué es importante, según el anuncio de Bonsuá?
4. ¿Qué materiales se mencionan en Bonsuá?
5. En la frase "ahora ciérrelos", ¿qué va a cerrar la persona? ¿Por qué?
6. ¿Para qué se usa un descansapiés?

▒▒▒▒ *Un poco de humor*

Mire el chiste y después conteste las preguntas.

1. ¿Es este señor un amante de la naturaleza? ¿Por qué sí o por qué no?
2. ¿Qué muebles tiene él en la mente?
3. ¿Piensa Ud. en muebles cuando ve un árbol? ¿En qué piensa?
4. ¿Qué va a pasar si seguimos cortando árboles?
5. ¿Cree Ud. que en el futuro el ser humano va a terminar con los recursos (*resources*) naturales? ¿Por qué sí o por qué no?

Escena

Día de mudanza

Palabras conocidas

la alfombra, la cama, el cuadro, el espejo, la lámpara, la mesa de centro, la pared, el plato, la silla, el sillón, el vaso

---

En la sala

el adorno floral	floral arrangement	**el estante**[a]	shelf
la barra	curtain rod	**el fleco**	fringe
el cenicero	ashtray	**el librero**	bookcase
el cojín	decorative pillow	**la mesa lateral**	side table
la cortina	curtain	**las persianas**	venetian blinds

En el dormitorio

la almohada	pillow
la cabecera	headboard
el colchón	mattress
la cómoda	dresser
la cubrecama[b]	bedspread

[a] In Spain **estante** is also used for the whole bookcase.
[b] Also **el/la sobrecama, la colcha.**

la frazada[c]	blanket
la funda	pillow case
el gavetero[d]	chest of drawers
la mesa de noche	night table
la sábana	sheet

En el comedor

la bandeja (de plata)	(silver) tray
la caja	box
el candelabro	candlestick
el clavo	nail

los cubiertos	silverware
la escalera	ladder
el estuche	case, chest
la fuente	serving dish
el jarrón	vase
la maceta	planter
el martillo	hammer
la mata	plant
la mesa de comedor	dining room table
el paraguas	umbrella
el paragüero	umbrella stand
la pata	(furniture) leg

el platillo	saucer
la taza	cup
la vela	candle
la vitrina	china cabinet

Las formas

cuadrado/a	square
ovalado/a	oval
redondo/a	round

Las acciones

adornar	to adorn, to decorate
armar	to assemble
cargar	to carry
clavar	to nail
colgar (ue)	to hang
colocar	to put in its place
desarmar	to take apart
(des)enrollar	to (un)roll
enchufar	to plug in

[c] Also **el cobertor, la manta, la cobija.**

[d] **Gavetero** is used in many Spanish-American countries for a tall chest of drawers while **cómoda** refers to a low and long piece; in Spain, both types of chests are called **cómoda**.

Aplicación

 Indique cuál palabra no corresponde a cada grupo, y explique por qué.

1. barra, lámpara, cortina, ventana
2. martillo, mesa, clavo, pared
3. bandeja, tazas, platillos, funda
4. colchón, sábana, vitrina, almohada
5. fuente, cómoda, gavetero, mesa de noche
6. flecos, escalera, alfombra, piso

B Diga qué se necesita para...

1. subir a un lugar alto
2. colgar un cuadro en la pared
3. descansar la cabeza cuando uno duerme
4. hacer una cama
5. adornar un sofá
6. proteger una habitación del sol
7. hacer un adorno floral
8. tomar café

C   Conteste las preguntas.

Los muebles y sus formas:

1. ¿Qué diferencias hay entre una silla y un sillón?
2. ¿Cuáles de estos muebles se desarman parcialmente en caso de mudanza? ¿Qué partes se quitan?
3. Uno de estos muebles no lo han armado bien. ¿Por qué?
4. ¿Qué forma tiene(n)...?
   el espejo / la mesa de centro de la sala / las mesas laterales / la mesa del comedor

Las cosas y su uso:

5. ¿Para qué se usa...?
   un espejo / una frazada / un cenicero / un vaso / un martillo / una barra / un jarrón
6. ¿Con qué se cubre (*one covers*)...?
   una almohada / un colchón / el piso de una habitación / una ventana
7. ¿Por qué se necesitan muchas cajas cuando uno se muda?
8. ¿Qué se guarda en una vitrina?
9. ¿Cuándo y por qué se enrollan y desenrollan las alfombras?
10. ¿Qué ponemos en...?
    una maceta / un candelabro / un paragüero / un librero / un estuche

D   *Entre dos. Acciones*. Un/a estudiante da un sustantivo lógico para cada verbo y otro/a estudiante hace una oración.

MODELO: desenrollar...
           desenrollar la alfombra
           Vamos a desenrollar la alfombra antes de poner los muebles en la sala.

1. clavar...   3. colgar...   5. enrollar...   7. adornar...
2. colocar...   4. enchufar...   6. cargar...   8. armar...

E   *Comentando la escena*. Conteste las preguntas.

1. ¿Qué objetos tendrá que mover Rodolfo para colocar la alfombra en su lugar?
2. Además de cuadros, ¿qué otra cosa hay que colgar?
3. ¿Por qué dice *frágil* en las cajas?
4. ¿Dónde van a colocar el espejo Pepe y Antonio?

F *Ayude a Gloria y a Pepe*. Muchos de los objetos que se ven en la escena no están todavía en su lugar. Explíquele a la clase qué objeto va a mover Ud. y en qué mueble o parte de la casa lo va a poner.

G Identifique a la persona que habla en cada caso.

1. ¿Crees que debo clavar un clavo aquí?
2. ¡Dios mío! ¿Dónde voy a colocar tantos platos?
3. ¡Qué cansado estoy! He cargado docenas de muebles.
4. Voy a enchufar esta lámpara.
5. Los cubiertos están sucios. Mejor los lavo.
6. Después que ponga esta alfombra, traeré la del comedor.
7. Yo no sé hacer la cama bien; Gloria va a hacerla.
8. ¿Dónde pongo la mesa, señorita?
9. Gracias por ayudarme a cargar el espejo.
10. Mi yerno y mi hija no fuman. No necesitan tantos ceniceros.
11. Los cojines que compré combinan bien con el sofá.
12. Hace mucho calor; Uds. no necesitan una frazada ahora en la cama.

H Ahora invente Ud. otras cosas que puedan decir las personas de la escena.

I *Entre varios*. En parejas o en grupos, preparen diálogos entre las personas de la escena.

J *Unos días después de la mudanza*. Imagine que Ud. es una de estas personas. Prepare una narración en el pasado describiendo lo que hizo y lo que hicieron los demás, y cuéntesela a la clase.

K *Accidentes*. A Ud. le dicen que hubo tres accidentes en esta mudanza. Describa lo que pudo pasar.

Gramática II

A. Progressive tenses

1. Most progressive tenses are formed with different tenses of **estar** and the present participle of the main verb.

•PRESENT

> ¿Qué **estás haciendo**?
> *"What are you doing?"*

> **Estoy enrollando** las alfombras.
> *"I am rolling up the rugs.*

•IMPERFECT

> Cuando llegué, Rodolfo **estaba colgando** las cortinas.
> *When I arrived Rodolfo was hanging the curtains.*

•PRETERITE

> **Estuvimos mudándonos** todo el día.
> *We were moving the whole day.*

•FUTURE

> No me llames después de las ocho porque **estaré estudiando**.
> *Don't call me after eight because I'll be studying.*

2. In Spanish, progressive tenses are used less often than in English. They are not used with **llevar** and **usar** when these verbs mean *to wear* and they are rarely used with **ir** and **venir**.

> La novia **llevaba** un vestido de encaje.
> *The bride was wearing a lace gown.*

> —¿Adónde **vas**?
> *"Where are you going?"*

> —**Voy** a clase. ¿Y tú?
> *"I'm going to class. And you?"*

3. A present progressive can express a future action in English but not in Spanish.

> Gloria y Pepe **llevarán** a su perro en su viaje de luna de miel.
> *Gloria and Pepe are taking (will take) their dog on their honeymoon trip.*

4. Some verbs of motion (**andar, continuar, entrar, ir, salir, seguir, venir**) may be combined with the present participle instead of **estar** to express progressive actions.

> Sé que mis vecinos **andan diciendo** cosas malas de mí, pero no me importa.
> *I know my neighbors go around saying bad things about me, but I don't care.*

> Mientras yo **iba sacando** los platos de las cajas, mi madre los **iba colocando** en la vitrina.
> *As I was taking out the plates from the boxes, my mother was placing them in the china cabinet.*

> Todavía no he encontrado apartamento, pero **sigo buscando**.
> *I haven't found an apartment yet, but I continue searching.*

Aplicación

A *Gloria y Pepe andan buscando apartamento*. Cambie los verbos de esta narración a tiempos progresivos. Use el verbo auxiliar que se indica en cada caso, en el mismo tiempo del verbo que aparece en la narración.

Gloria y Pepe **buscan** (andar) apartamento desde el mes de diciembre y siempre **miran** (estar) los anuncios de los periódicos. El sábado, por fin, vieron en el periódico un apartamento que parecía ideal. La señora que los recibió **leía** (estar) el periódico en el vestíbulo. Dijo que su hermano era el dueño del edificio, pero que **dormía** (estar) en aquel momento. La señora **habló** (estar) por media hora de su familia. Gloria y Pepe **esperaban** (estar) un instante de silencio para hacer preguntas sobre el apartamento, pero la mujer **hablaba** y **hablaba** (seguir). Los jóvenes se **cansaban** (ir) ya de la situación. Por fin la interrumpen y piden ver el apartamento. —Hoy es imposible —dice la señora—, porque hay cucarachas y lo **fumigan** (estar)—. Y **explica** (continuar) sobre su hijo que **viajó** (andar) por Europa varios meses y ahora **trabaja** (estar) en una mueblería; sobre su hermana que **vive** (estar) en Puerto Rico desde el año pasado; sobre su esposo, que **trae** (llegar) flores para ella todas las noches. En ese momento, un perro grande y feroz **ladró** (*barked*) (entrar). Gloria usó la oportunidad, para decir que era alérgica a los perros, y ella y Pepe **corrieron** (salir) a la calle.

B. *Tener + noun* in idiomatic expressions

Many Spanish idiomatic expressions formed with **tener** + *noun* are equivalent to *to be + adjective* in English. Spanish speakers don't say *I'm hungry, I'm afraid* but *I have hunger, I have fear*. **Mucho/a** are used in Spanish where *very* is used in English. The following are the most common idioms with **tener**:

tener...años *to be...years old*

Pepe **tiene veinticuatro años** y Gloria tiene veintiuno; él tiene tres años más que ella.
Pepe is twenty-four years old and Gloria is twenty-one; he is three years older than her.

tener calor (frío, hambre, sed, sueño) *to be hot (cold, hungry, thirsty, sleepy)*

Yo no llevaba abrigo y **tenía mucho frío**; también tenía hambre y sueño.
I wasn't wearing a coat and I was very cold; I was also hungry and sleepy.

tener cuidado *to be careful*

Estas copas son muy delicadas; voy a **tener cuidado** de no romperlas.
These glasses are very delicate; I'll be careful not to break them.

(no) tener (la) culpa (de) *(not) to be one's fault, (not) to be to blame (for)*

El espejo se rompió, pero yo **no tuve la culpa**.
The mirror got broken but it wasn't my fault.

tener...de largo (de ancho, de alto) *to be...long (wide, high)*

Necesito una caja que tenga **treinta pulgadas de largo,** doce de ancho y seis de alto.

I need a box that is thirty inches long, twelve inches wide, and six inches high.

tener miedo *to be afraid*

Algunas personas no se casan porque **tienen miedo** de fracasar.

Some people don't get married because they are afraid of failing.

tener paciencia *to be patient*

No podemos entregar los muebles hasta el sábado; **tengan paciencia,** por favor.

We can't deliver the furniture until Saturday; please be patient.

tener prisa *to be in a hurry*

Tengo prisa porque no quiero llegar tarde a la boda.

I am in a hurry because I don't want to be late for the wedding.

tener razón; no tener razón *to be right; to be wrong*

Mi suegra dijo que yo no trabajaba bastante, pero **no tenía razón.**

My mother-in-law said that I didn't work enough but she was wrong.

tener suerte *to be lucky*

Encontré un apartamento que es bueno y barato. **¡Tengo** mucha **suerte!**

I found an apartment that is good and cheap. I'm very lucky!

Aplicación

B   *¿Qué tienen todos?* Ud. hace un viaje a Caracas con unos amigos. Complete la narración usando el modismo más apropiado en cada caso.

Antes de salir:

1. Su pasaporte dice que Ud. nació en el año... Ud. tiene...
2. Ud. dice que en Caracas hay siempre mucho tráfico. Rosa dice que no. Rosa no tiene...
3. Su amiga Rebeca va a viajar gratis porque se ganó el boleto en una rifa (*raffle*). Rebeca tiene...
4. Uds. van en un taxi al aeropuerto, que está lejos. Son las tres y el avión sale a las cuatro. Uds. tienen mucha...
5. Uds. esperaron a Antonio más de media hora. Él no fue puntual. Si llegan tarde al aeropuerto, Antonio tendrá...

6. El taxista maneja de una manera loca y Ud. teme que tengan un accidente. Le dice al taxista que tenga...

Durante el viaje:

7. El avión en que viajan es enorme. Ud. sabe aproximadamente sus dimensiones. Tiene...
8. En el avión, Lola no habla; está petrificada. Lola tiene...
9. Manuel lleva pantalones cortos, pero Rosa necesita un suéter. Manuel tiene...y Rosa tiene...
10. Manuel se come rápidamente toda la comida que le sirven y le pide dos refrescos a la aeromoza (*stewardess*). Él tiene...y...
11. Luisita pide un whiski, pero no se lo sirven porque es muy joven. Luisita tiene...
12. Una señora llama constantemente a la aeromoza y protesta por todo, pero la aeromoza le contesta muy amable y sonríe. Ella tiene mucha...
13. Luisita lleva un vestido blanco nuevo y come despacio para no ensuciarlo. Luisita tiene...
14. Josefina quiere dormir durante todo el viaje. Josefina tiene...

C *Entre dos.* Hágale preguntas a un compañero o compañera sobre los siguientes temas.

Hábitos personales:

1. ¿Tienes cuidado con tu dinero? ¿Cómo lo cuidas?
2. ¿Qué te gusta hacer cuando tienes sed?
3. ¿A qué hora del día tienes generalmente prisa / sueño / hambre?
4. ¿Qué haces cuando tienes calor? ¿Y cuando tienes frío?
5. Si has discutido con un amigo y después descubres que has cometido un error, ¿qué le dices?
6. ¿Tienes más cuidado cuando andas por la calle de noche que cuando andas de día, o tienes el mismo cuidado? ¿Por qué?

Otra información personal:

1. ¿Cuántos años tienes? ¿Tienes más o menos años que tu profesor o profesora?
2. ¿De qué cosas tienes miedo?
3. ¿Cuántos pies de largo y cuántos pies de ancho tiene tu habitación?
4. ¿Qué persona de tu familia tiene más paciencia? ¿Por qué crees eso?

DEL MUNDO HISPÁNICO (Venezuela)

CONJUNTO RESIDENCIAL

Agua Linda

COUNTRY

PRE VENTA

Km 12 de la Panamericana cerca del IVIC

Exclusivos Apartamentos

100 Mts2, 3 Habitaciones, 2 Baños, Sala Comedor, Cocina
Amplios Estacionamientos

2 PENT HOUSE
de 200 mts2 con todas sus comodidades.
... y además su tranquilidad en su propia casa club
con parques infantiles, cancha de tennis, canchas múltiples,
sala de fiestas, senderos de trote, antena parabólica,
vigilancia privada. Extensas areas verdes.
Kinder y guarderia

Reserve con Bs 150.000,
Inicial Fraccionada
Intereses 12% Fijo Anual

Plano Ubicación
IVIC
Km 12 de la Panamericana

Vende:
AICO, C.A.   Av. Universidad, Centro Parque Carabobo, Torre A, Piso 4 Ofic. 409
Telf. 574.37.64 - 574.98.72 - 574.65.94 - 574.34.49

PALABRAS ÚTILES

conjunto   *complex*

IVIC   *Instituto Venezolano de Investigaciones Científicas*

bs.   *(bolivares)*

inicial fraccionada   *down payment in installments*

comodidades   *conveniences*

canchas   *courts*

senderos de trote[12]   *jogging paths*

vigilancia   *security*

guardería   *childcare*

Lea el anuncio y conteste las preguntas.

1. ¿Son grandes o pequeños estos apartmentos? ¿Por qué lo piensa Ud.?

2. ¿Dónde está situado este edificio?

3. ¿Qué atractivos tiene este edificio para los siguientes personas...?

(a) una madre que trabaja (b) un hombre que hace ejercicio todas las mañanas (c) un joven que quiere dar una fiesta de cumpleaños (d) un chico que ve mucho la televisión (e) una familia con varios niños (f) personas que juegan tenis y otros deportes (g) alguien a quien le gustan los jardines (h) una persona que no tiene mucho dinero en el banco (i) una señora que vive sola y tiene miedo de que la roben.

---

12. **Trote** is used in many Spanish-American countries for jogging. In Spain, the anglicism **footing** is preferred.

✕✕✕✕ *Un poco de humor*

Mire este chiste y conteste las preguntas.

1. ¿Qué piensa Ud. que lleva este camión? ¿Por qué lo piensa?
2. ¿Qué lleva el hombre? ¿Qué quiere él?
3. En su opinión, ¿qué le dijo el hombre al chofer del camión y qué le contestó el chofer?
4. En la vida real, ¿es posible que alguien lleve una lavadora así? ¿Por qué sí o por qué no?

Capítulo 4

VIDA DOMÉSTICA

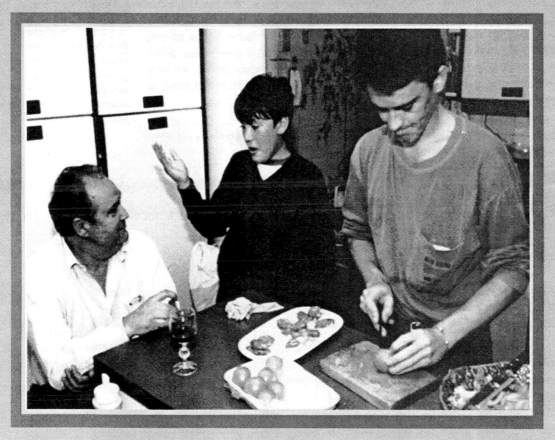

En el pasado, los trabajos domésticos eran responsabilidad exclusiva de las mujeres. Las cosas han cambiado mucho y día a día aumenta la participación de los hombres hispanos en las tareas del hogar.

Presentación

La lectura de este capítulo consiste en una serie de consejos publicados en una revista mexicana de ecología. En el mundo de hoy hay una preocupación justificada por el uso excesivo de energía y la contaminación (*pollution*) resultante. En México el problema es de vital importancia, porque en su capital viven 20.000.000 de personas.

Ud. verá que no hay grandes diferencias entre la rutina doméstica mexicana y la de los Estados Unidos, y que estas recomendaciones son válidas también para nosotros.

Va a encontrar en la lectura que algunos objetos de la casa tienen nombres diferentes a los nombres que Ud. conoce. Ya Ud. encontró esta variedad de nombres para un mismo objeto en las lecciones previas. Hay muchas variaciones en español en las palabras de uso diario entre un país y otro, aunque esto no es obstáculo para que los hispanos de los diferentes países se comprendan al hablar.

En general, *Mundo unido* da preferencia a la palabra que se utiliza en más países, pero se dan las variaciones como referencia, porque pueden ser útiles. Como en los Estados Unidos viven hoy hispanos de veinte países, es muy probable que Ud. oiga algunas de estas variaciones cuando hable con la gente en español.

Este enorme recipiente en medio de la calle invita a la gente a depositar sus botellas. ¿Recicla Ud. botellas, latas y plásticos? ¿Dónde los pone?

> **Repaso previo**   Regular and irregular forms of the present subjunctive and imperfect subjunctive, *Workbook*.

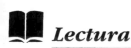 ## *Lectura*

Ayudando a la ecología en el hogar

Mientras menos electricidad se use, menores° serán la necesidad de producir energía y la contaminación resultante. Los siguientes consejos le ayudarán a ahorrar° electricidad en su hogar.

Mientras...: the . . ., the less . . .

save

1. Use los focos° de la menor potencia posible. Pinte techos y paredes con colores claros y tenga las lámparas lo más cerca° posible. Las pantallas° deben mantenerse limpias. Una pantalla sucia de polvo° puede disminuir hasta un 20% la luminosidad del foco.

(bombillos) lightbulbs
lo...: as close as / shades
dust

2. Cambie los focos de filamento normales por tubos de luz fluorescente. Duran° diez veces más y consumen menos de la tercera parte de electricidad.

They last

3. Llene la lavadora al máximo de su capacidad. Además de electricidad, también se ahorra agua. Si la ropa está muy sucia, es mucho más efectivo darle un remojo° previo en detergente que pasarla dos veces por la lavadora.

soaking

4. Compre aparatos° eléctricos de bajo consumo de electricidad.

appliances

5. Baje hasta donde sea prudente el termostato del refrigerador. Si el congelador° está libre de hielo°, el paso del frío a los alimentos es más fácil. El refrigerador nunca debe colocarse junto a la estufa° o el horno°.

6. Planche° toda la ropa de una vez, aprovechando° que la plancha ya está caliente.

7. Gaste más dinero en la compra de ropa de lana o un buen sarape, en lugar de° gastarlo en la adquisición y mantenimiento de un calentador° o un cobertor° eléctrico.

El planeta se está secando, y es también muy importante ahorrar agua. Aquí tiene algunas sugerencias° para hacerlo.

1. Limite el uso del excusado°. De preferencia° deben instalarse los nuevos modelos que sólo consumen seis litros por descarga°.

2. Disminuya el tiempo que pasa en la regadera°. Dependiendo del modelo, una regadera gasta entre 15 y 20 litros de agua cada minuto. Limite también el uso de la tina°.

3. Cierre las llaves° al enjabonarse° las manos, al lavar los trastes°, al lavarse los dientes, al rasurarse°.

freezer / ice
junto...: next to the stove
(**cocina**) / oven / Iron / taking
advantage of the fact

en...: instead of / heater /
(**manta**) blanket

suggestions

(**inodoro**) toilet / **de...:**
preferably / **por...:** every flush

(**ducha**) shower

(**bañera**) bathtub
faucets / (**platos**) soaping dishes
(**afeitarse**) shaving

Mientras la esposa lee, el marido riega con la manguera las plantas de su jardín. Este joven matrimonio de Puerto Rico no sigue los consejos de la lectura para ahorrar agua.

4. Enjuague° los trastes en una cubeta° antes de lavarlos. Lávelos todos de una sola vez y lo antes° posible, para impedir que los restos de comida se resequen° y se necesite más detergente y agua para limpiarlos.

5. Compre un aireador° para el fregadero°, lavabo° y regadera. Se trata de° un aparato muy económico que hace más pequeñas las gotas°. Así se ahorra hasta la mitad de agua.

6. Lave el auto con un trapo° empapado° en una cubeta. Usar una manguera° equivale a desperdiciar° 50 litros por lavada°, un total de 26.000 litros al año si el auto se lava semanalmente.

7. Barra° la banqueta° con escoba°, no con el chorro° de la manguera.

Rinse / dishpan
lo...: as soon as
dry up
aerator / sink / bathroom sink /
  Se...: It is / drops

rag / soaked
hose / waste / wash

sweep / (**acera**) sidewalk /
  broom / jet

De *Guía Ecológica de Acción,*
Fundación Universo Veintiuno, México

Comprensión

Errores. Alguien hizo las siguientes frases, pero se equivocó en algunas porque no comprendió bien la lectura. Corríjalas y explique por qué están equivocadas.

Sobre la electricidad:

1. Producir energía produce también contaminación.
2. Una pantalla sucia no afecta la cantidad de luz que da una lámpara.
3. Se recomienda que la ropa se lave dos veces si está muy sucia.
4. El refrigerador debe estar lejos de la estufa.
5. En invierno se recomienda la compra de un cobertor eléctrico.

Sobre el agua:

6. La regadera del baño consume más o menos cinco litros de agua por minuto.
7. Los trastes deben lavarse poco a poco.
8. El aireador hace más pequeñas las gotas de agua.
9. Si Ud. lava el auto con una manguera, desperdicia cincuenta litros de agua.
10. Se recomienda limpiar la acera con el chorro de la manguera.

Vocabulario

A *Identificaciones.* Decida cuál palabra de la siguiente lista es la apropiada en cada caso.

ahorrar / bañera / congelador / escoba / fregadero / horno / lavabo / manguera / pantalla / plancha / sugerencia / trapo

1. Lo que uso para...(a) regar el jardín. (b) quitar las arrugas (*wrinkles*) de la ropa. (c) barrer el piso. (d) limpiar el polvo de los muebles. (e) hacer difusa la luz de un bombillo.
2. Donde...(a) se hace el hielo. (b) lavo los platos. (c) me lavo las manos. (d) cocino los pasteles. (e) me siento para bañarme.
3. El sinónimo de...(a) consejo. (b) economizar.

B *Nacho y Bill.* Nacho es mexicano y usa a veces un vocabulario regional que Bill no conoce. Cambie las palabras en cursiva por sinónimos de uso más general para que Bill comprenda a Nacho. Haga otros cambios necesarios.

Bill, tenemos que ahorrar energía. Voy a cambiar *los focos* por otros de menos potencia. No debemos usar *cobertores* eléctricos. Hay que mover el refrigerador para que no esté junto a *la estufa* y descargar menos *el excusado*. ¡Ah! Y estar menos tiempo debajo de la *regadera*. También es importante cerrar las llaves al lavar los *trastes* y al *rasurarse* y no barrer *la banqueta* con el chorro de la manguera, sino con una escoba.

Modismos

lo + [adverb] + **posible** *as* + [adverb] + *as* + *possible*
Tenga las lámparas **lo más cerca posible.**
Place the lamps as close as possible.
Cuando algo se rompe en mi apartamento, lo arreglo **lo antes posible.**
When something breaks in my apartment I fix it as soon as possible.

en lugar de, en vez de *instead of*
Gaste el dinero en un buen sarape **en lugar de (en vez de)** comprar un calentador.
Spend your money on a good sarape instead of buying a heater.

Aplicación

A *Entre dos: Conciencia ecológica.* Un/a estudiante pregunta y otro/a estudiante contesta, usando **lo** + [adverbio] + **posible.**

MODELO: Tú aprovechas (*make good use of*) la energía, ¿verdad? (más)
Sí, aprovecho la energía lo más posible.

1. ¿Tienes bajo el termostato del refrigerador? (más bajo)
2. ¿Reciclas pronto las cosas que no usas? (más pronto)
3. ¿Usas poco el aire acondicionado? (menos)
4. ¿Lavas pronto los platos sucios? (antes)
5. Sé que te gusta ahorrar gasolina. ¿Te mudaste cerca del trabajo? (más cerca)

B *Entre dos: Consejos.* Un/a estudiante lee estos consejos y otro/a estudiante los repite de otra manera, usando **en vez de** o **en lugar de.**

MODELO: Quite el polvo de la pantalla. / No use un foco más potente.
Quite el polvo de la pantalla en lugar de (en vez de) usar un foco más potente.

1. Instale tubos de luz fluorescente. / No compre focos normales.
2. De un remojo previo a la ropa. / No la lave dos veces.
3. Planche una vez a la semana. / No planche todos los días.
4. Utilice la ducha. / No use la bañera.
5. Cierre las llaves al lavarse los dientes. / No deje correr el agua.
6. Lave los platos inmediatamente. / No espere para lavarlos.
7. Barra la acera con una escoba. / No la limpie con el chorro de la manguera.
8. Lave el auto con un trapo y una cubeta. / No utilice la manguera.

PUNTOS DE VISTA

Tus hábitos. Entreviste a un compañero o compañera para obtener información sobre sus hábitos domésticos.

Ayuda a la ecología:

1. ¿Utilizas mucha o poca electricidad? ¿Cuánto, más o menos, pagas por la electricidad cada mes?
2. ¿En qué habitaciones tienes luces fluorescentes? Si no las tienes, ¿por qué no?
3. ¿Está tu refrigerador junto al horno o la estufa? ¿Está lejos?
4. Tu refrigerador, ¿hace hielo automáticamente? ¿Cuántas puertas tiene? ¿Se descongela el congelador automáticamente? ¿Crees que estás ahorrando energía con él, o desperdiciándola?
5. ¿Tienes calentadores portátiles? ¿Cobertor eléctrico? ¿Por qué sí o por qué no?
6. ¿Qué otras sugerencias puedes dar para ayudar a la ecología?

Trabajos y actividades en el hogar:

7. ¿Quién lava tu ropa personal? ¿Y tu ropa de cama? ¿Con cuánta frecuencia la lava(s)? ¿Lavas a veces a mano? Explica.
8. ¿Con cuánta frecuencia planchas? Explica.

9. ¿Prefieres bañarte en la bañera o en la ducha? ¿Te bañas a veces con agua fría? Explica.

10. ¿Quién lava los platos en tu casa? ¿Tienen Uds. lavaplatos? ¿Se lavan a veces los platos a mano? ¿Cuándo?

11. ¿Con cuánta frecuencia lavas tu automóvil? ¿Cómo lo lavas? ¿Lo has lavado alguna vez con un trapo empapado y una cubeta? ¿Por qué es o no es éste un buen sistema?

12. ¿Qué habitaciones barres?

DEL MUNDO HISPÁNICO (Costa Rica)

ENCIENDA LA LUZ DEL AHORRO

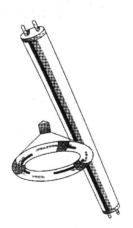

Para iluminar correctamente,
siga estos consejos
que le ahorrarán energía y dinero:

- Use, preferiblemente, tubos fluorescentes en lugar de bombillos. Por ejemplo, cuando un bombillo incandescente, de 100 W, se sustituye por un fluorescente circular de 22 W, que da la misma iluminación, existe un ahorro de 14 kWh mensuales.

- Use bombillas de 25 vatios para iluminar pasillos o habitaciones.

- Mantenga limpias todas las lámparas y aparatos para el alumbrado. El polvo restringe la difusión de la luz.

- Aproximadamente una quinta parte de la electricidad que se usa en los hogares es para el alumbrado.

**Ahorre energía y dinero...
use la corriente racionalmente.**

ICE
ELECTRICIDAD Y TELECOMUNICACIONES

PALABRAS ÚTILES

iluminar   *to light up*

se sustituye   *is replaced with*

mensuales   *monthly*

pasillos   *hallways*

alumbrado   *lighting*

restringir   *to limit*

La preocupación por la energía es común a todos los países, como se ve en estas recomendaciones, similares a las de la lectura de México. Léalas y conteste las preguntas.

1. ¿Cuánto se ahorra si se sustituye un bombillo de 100 W (vatios) por un fluorescente circular de 22 W?

2. ¿Qué clase de bombillos se recomiendan para pasillos y habitaciones?

3. ¿Por qué deben mantenerse limpias las lámparas y aparatos para el alumbrado?

4. ¿Qué parte de la electricidad que se usa en los hogares es para el alumbrado?

Gramática I

A. Polite commands

1. Polite commands (**Ud.** or **Uds.**), both affirmative and negative, use the third person (singular or plural) forms of the subjunctive. Subject pronouns are often used with polite commands.

> (No) **Use** Ud. focos potentes.
> *(Don't) Use high-wattage light bulbs.*
> (No) **Compren** Uds. un calentador.
> *(Don't) Buy a heater.*

2. As explained in Chapter 1, object pronouns are attached to affirmative commands and precede negative commands.

> **Úselos;** No los **use.**
> *Use them; Don't use them.*
> **Cómprenlo;** No lo **compren.**
> *Buy it; Don't buy it.*

Aplicación

A *Entre dos: Consejos ecológicos.* Un/a estudiante formula estos consejos en forma de mandatos y otro/a estudiante los repite, reemplazando los nombres con pronombres.

MODELO: Cerrar bien las llaves del fregadero.
> *Cierre bien las llaves del fregadero.* → *Ciérrelas bien.*

En el baño y la cocina:

1. Disminuir el tiempo que pasa en la regadera.
2. Ahorrar electricidad y agua.

   3. Subir el termostato del refrigerador.

   4. No dejar abiertas las llaves al lavarse las manos.

   5. Poner la ropa sucia en remojo con detergente.

En el dormitorio y la sala:

   6. Tener las lámparas cerca cuando lee.

   7. No dejar encendida (*on*) la luz para dormir.

   8. Mantener las pantallas limpias.

   9. No pintar las paredes de colores oscuros.

10. No ver televisión constantemente.

Fuera de la casa:

11. No limpiar la acera con la manguera.

12. Regar (*Water*) el jardín sólo cuando es indispensable.

13. No conducir su automóvil si no es necesario.

14. No traer su auto a la escuela si vive cerca.

B *Entre dos: Por favor.* Ud. es un señor o señora muy rico/a y le da órdenes a su sirvienta y a su jardinero. Su mayordomo repite estas órdenes reemplazando los complementos directos por pronombres.

MODELO: Planchar *los vestidos* ahora.
   Planche Ud. los vestidos ahora. → *Plánchelos Ud. ahora.*

A la sirvienta:

   1. Encender todas las luces.

   2. Cerrar bien las puertas.

   3. Apagar el horno ahora.

   4. Mantener el termostato bajo.

   5. Descongelar la comida.

   6. Poner los cobertores en las camas de los invitados.

   7. Cambiar el bombillo de la lámpara.

Al jardinero:

   8. Regar los árboles que plantó.

   9. Enrollar la manguera con cuidado.

10. Barrer la acera.

11. Cortar la hierba.

12. Traer muchas flores para la sala.

B. Indirect-object pronouns

Forms of the indirect-object pronouns

me	*me*	nos	(to, for) *us*
te	(to, for) *you* (familiar)	os	(to, for) *you* (**vosotros**-form)
se, le*	(to, for) *you* (**Ud.**),	se, les	(to, for) *you* (**Uds.**), *them*
	him, her, it		

*For emphasis or to clarify **le, les,** add: **a mí, a ti, a él, a ella, a Ud., a nosotros/as, a vosotros/as, a ellos/as,** or **a Uds.**

1. An indirect-object pronoun indicates *to whom* or *for whom* an action is done. In English the word *to* is often omitted.

   Les escribí una carta a ellos.
   I wrote them a letter (a letter to them).

2. The same rules you learned for the position of direct-object pronouns applies to indirect-object pronouns. They precede the conjugated form of the verb and follow and are attached to infinitives, present participles, and affirmative commands. When a conjugated verb and an infinitive or present participle appear together in a sentence, the pronoun may either precede the conjugated verb or follow the present participle or infinitive.

   El técnico **me** explicó el problema.
   The technician explained the problem to me.

   El técnico va a explicar**me** (**me** va a explicar) el problema.
   The technician is going to explain the problem to me.

   El técnico está explicándo**me** (**me** está explicando) el problema.
   The technician is explaining the problem to me.

   Explíque**me** el problema, por favor.
   Explain the problem to me, please.

   But: No **me** explique el problema, por favor.

3. Indirect-object pronouns precede direct-object pronouns.

   ¿La lámpara? Mi novio **me la** regaló.
   The lamp? My boyfriend gave it to me.

   Va a regalár**mela**.
   Me **la** va a regalar.
   He is going to give it to me.

4. When there is a third-person direct-object pronoun in the sentence (**lo, la, los, las**), indirect-object pronouns **le** and **les** become **se**.

¿La manguera? **La** presté. **Se la** presté a ellos.
The hose? I loaned it out. I loaned it to them.

¿Las cartas? **Las** enviamos. **Se las** enviamos a él.
The letters? We sent them out. We sent them to him.

¿Los focos? **Los** regalé. **Se los** regalé a ella.
The light bulbs? I gave them away. I gave them to her.

5. In Spanish, indirect-object pronouns are used even when an indirect-object noun is present in the sentence.

Le di la llave **a Susana.**
I gave Susana the key.

¿Les mandaste un telegrama **a tus padres**?
Did you send a telegram to your parents?

6. In Spanish, the indirect-object pronoun often indicates for whose advantage or disadvantage the action is done. This is frequently expressed in English with prepositions like *at*, *on*, *for*, and *from*.

Luisito **nos** está haciendo muecas.
*Luisito is making faces **at** us.*

¡No te **me** mueras, por favor!
*Don't die **on** me, please!*

Es muy cortés. Siempre **me** abre la puerta.
He is very polite. He always opens the door for *me.*

¡**Le** ganaste la apuesta a tu hermano!
You won the bet from *your brother!*

Le compré una plancha a mí mi vecina.
I bought an iron for (from) my neighbor.

Note: In the last example above **le compré** means both *I bought for* and *I bought from*. The context will usually clarify the meaning.

7. A Spanish indirect-object pronoun, combined with the definite article, is the equivalent of a possessive adjective in English when the direct object is a garment, a personal belonging, or a part of the body.

Le planché **la** camisa a Pepe.
I ironed Pepe's *shirt.*

El ladrón **nos** robó **el** calentador.
The thief took our *heater.*

La mujer **me** apretó **la** mano.
The woman pressed my *hand.*

Aplicación

C *¡Egoísta!* Complete las oraciones con el pronombre indicado.

No eres una buena persona...

1. No (*to them*) _____ haces nunca favores a tus compañeros.
2. (*From them*) _____ quitas las novias a tus amigos.
3. También (*from him*) _____ quitaste el trabajo a Juan.
4. No (*to her*) _____ llevas flores a tu madre.
5. No (*to them*) _____ escribes nunca a tus abuelos.
6. No (*to us*) _____ prestas tu coche.
7. Siempre (*from me*) _____ ocultas la verdad.
8. Por eso nunca (*to you*) _____ cuento mis planes.

D *En casa de los Fernández.* La familia Fernández tiene problemas de comunicación. Explíquelos, añadiendo el pronombre de complemento indirecto que corresponde a la parte final de cada línea.

MODELO: los Fernández / no exigir respeto / a sus hijos
　　　　*Los Fernández no **les** exigen respeto a sus hijos.*

1. los hijos / no explicar sus dificultades / a sus padres
2. tampoco / presentar a sus amigos / a sus padres
3. la madre / no hablar mucho / a Laurita
4. los padres / dar demasiado dinero / a Laurita y a Luis
5. Laurita / no ofrecer ayuda en la casa / a su madre
6. Luis / no hacer un regalo de cumpleaños / a su padre

E *¡Más información, por favor!* Ponga énfasis o clarifique estas oraciones, añadiendo las formas enfáticas correspondientes a los pronombres en cursiva.

MODELO:　No *me* dé consejos; dé*le* (f.) consejos.
　　　　*No **me** dé consejos **a mí**; dé**le** consejos **a ella**.*

1. *Le* (m.) sirvieron hielo en la Coca Cola; no *se* (f.) lo sirvieron.
2. ¿*Te* trajo José el detergente? No *me* lo trajo.
3. Abuelo *os* (m.) regaló un coche y también *nos* (f.) regaló un coche.
4. Asunción *les* (f.) escribió, pero no *les* (Uds.) escribió.
5. El técnico *le* (Ud.) llevó la cuenta; no quiso llevar*le* (m.) la cuenta.

F *Entre dos: Sí, lo hice.* Su compañero/a de cuarto, que es muy mandón o mandona, le pidió que hiciera varias cosas y ahora le pregunta si las hizo. Contéstele, reemplazando los sustantivos con pronombres.

MODELO: ¿Le quitaste *el hielo al congelador*?
　　　　*Sí, **se lo** quité.*

1. ¿Le bajaste *la temperatura al termostato*?
2. Y *el aereador,* ¿se lo instalaste *a la llave*?

3. ¿Les quitaste *los bombillos a las lámparas?*

4. ¿Le pasaste *la escoba a la acera?*

5. ¿Le diste *un remojo a la ropa?*

6. ¿Qué pasó con *el gato?* ¿Le diste *su comida?*

7. ¿Les pusiste *cobertores a las camas?*

8. ¿Le conectaste la *máquina contestadora al teléfono?*

G *Un hijo o hija modelo.* Durante las vacaciones, yo ayudo mucho a mi madre o a mi padre en casa. ¿Cómo lo/a ayudo? Pues...

MODELO: limpiar las ventanas
      Le limpio las ventanas.

1. enjuagar los platos	**5.** barrer la cocina
2. regar las plantas	**6.** enjabonar la ropa
3. planchar los manteles	**7.** no gastar agua innecesariamente
4. cerrar bien las llaves	**8.** ahorrar electricidad

H *Entre dos.* Un/a estudiante (la madre o el padre) hará preguntas usando los infinitivos del ejercicio G. Otro/a estudiante (el hijo o la hija) le contestará de m^nera afirmativa.

MODELO: ¿Me limpias las ventanas?
      Sí, te las limpio.

I *Entre dos: ¡Todo lo repites!* Ud. reemplaza con pronombres las palabras que se dan y un compañero o compañera repite la frase, cambiando los pronombres de posición.

MODELO: Voy a cambiar...la pantalla / a la lámpara
      Voy a cambiársela. → *Se la voy a cambiar.*

1. Quiero poner...

   a) cortinas / a las ventanas

   b) un mantel / a la mesa

   c) luces adicionales / a la sala

2. Necesitamos servir...

   a) vino / a los invitados

   b) hamburguesas / al niño

   c) canapés / a las visitas

3. Estoy quitando...

   a) el polvo / a los muebles

   b) las arrugas / a la ropa

   c) los restos de comida / a los platos

DEL MUNDO HISPÁNICO (Estados Unidos)

Recicle... ¡Es la Ley!

Botellas y Jarras Plásticas
Botellas y Envases de Vidrio
Latas
Papel y Bandejas de Aluminio

Periódicos
Revistas y Catálogos
Guías Telefónicas
Cartón Corrugado

Enjuague y coloque **TODOS** en el recipiente de reciclaje o la bolsa azul de reciclaje.

Átelos TODOS en bultos de no más de 18 pulgadas de altura. (Pregunte a su super dónde se han de colocar las cajas de cartón aplanadas.)

Botellas y Jarras Plásticas | Botellas y Envases de Vidrio | Latas | Papel y Bandejas de Aluminio

▶ Área de Reciclaje

Periódicos | Revistas y Catálogos | Guías Telefónicas | Cartón Corrugado

Traiga estos artículos al Área de Reciclaje en su edificio.

Para más información, pregunte a la administración de su edificio o llame al (212) 219-8090.

Ayude a reducir la basura de Nueva York. Recicle por favor.

Ciudad de Nueva York / Departamento de Sanidad
♻ Impreso en papel reciclado, naturalmente.

PALABRAS ÚTILES

envases   *containers*
vidrio   *glass*
átelos   *tie them*
bulto   *bundle*
aplanadas   *flattened*
impreso   *printed*

Una persona es empleado o empleada del Departamento de Sanidad y otra persona llama por teléfono para pedir información. El empleado o empleada contesta las preguntas.

1. ¿Dónde pongo las botellas plásticas? ¿Qué hago antes con ellas?
2. Además de botellas, ¿qué otros envases y objetos debo poner en la bolsa?
3. ¿Qué debo hacer con los periódicos? ¿Y con las cajas de cartón?
4. ¿Qué otras cosas debo incluir en los bultos?
5. ¿Quién sabe dónde debo colocar las cajas de cartón aplanadas?

✕✕✕✕ *Un poco de humor*

Un sirviente del futuro

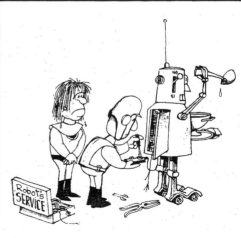

Lea el chiste y conteste las preguntas.

1. ¿A quién llamó la señora? ¿Cómo lo llamó? ¿Para qué?
2. ¿Qué sirvió él? ¿Qué pasó?
3. ¿A quién llamó la señora al final? ¿Para qué lo llamó?
4. ¿Le gustaría a Ud. tener un robot en su casa? ¿Qué le mandaría hacer?

Escena

Los quehaceres domésticos

> **Palabras conocidas**
> la bañera, barrer, el cepillo de dientes, el cubo, el detergente, la ducha, la escoba, el fregadero, el lavabo*, la llave (el grifo), el inodoro, el jabón, la toalla, la cocina (la estufa), la lavadora, la plancha, secarse

* **el lavamanos**

En el baño

la alfombrita	bathroom rug
los azulejos	wall tile
el botiquín	medicine cabinet
el cesto de la ropa sucia	clothes hamper
el enchufe	electric outlet
los guantes	gloves
el limpiador	cleanser
las loseta[a]	floor tile
el toallero	towel rack
el trapeador[b]	mop

Higiene personal

el champú	shampoo
el enjuague bucal	mouth rinse

[a] **las baldosas, los mosaicos**
[b] **fregona, mapo, mopa**

la loción para después de afeitarse	aftershave
la máquina de afeitar[c]	electric shaver
los pañuelos desechables	tissues
el papel higiénico[d]	toilet paper
la pasta de dientes	toothpaste
la toallita	washcloth

En la cocina

el armario (de cocina)	kitchen cabinet
la banqueta	bar stool
la esponja	sponge
la lata	can, canister
el líquido de fregar	dishwashing liquid
la meseta	counter
la tabla de planchar	ironing board
las toallas de papel	paper towels

Utensilios de cocina

la agarradera	pot holder
el asa	handle (curved)
el baño maría	double boiler
el cazo	saucepan
la espátula	spatula
el mango	handle (straight)
la olla[e]	pot
la sartén	frying pan
la tapa	cover, lid
la taza de medir	measuring cup
el tazón	mixing bowl

Electrodomésticos

el abrelatas	can opener
la aspiradora	vacuum cleaner
el batidor (de mano)	(hand) beater
la cafetera	coffee pot
la campana extractora	hood
el horno (de microondas)	(microwave) oven
el lavaplatos[f]	dishwasher
la licuadora	blender
la secadora	clothes dryer
la tostadora	toaster

En el cuarto de lavar

el canasto[g]	clothes basket
el cubo de la basura[h]	garbage can
la lejía[i]	bleach
el recogedor	dust pan
el suavizador	fabric softener

Las acciones

afeitarse[j]	to shave
abrir una lata	to open a can
batir los huevos	to beat the eggs
enjabonar(se)	to soap (oneself)
fregar (ie) los platos	to wash the dishes
freír (í,i) las papas	to fry the potatoes
hervir (ie) el agua	to boil the water
hornear un pastel	to bake a pie
lavar / secar / doblar la ropa	to wash / dry / fold the clothes

[f] **el lavavajillas**
[g] **el cesto**
[h] **el latón de la basura**
[i] **el blanqueador**
[j] **rasurarse**

[c] **la afeitadora, la rasuradora**
[d] **el papel de inodoro**
[e] **la cazuela, el caldero**

limpiar el polvo	to dust	restregar (ie)		sacar (botar) la	to take out the
medir (i,i) la harina	to measure the flour	una olla / la bañera / el lavabo	to scrub a pot / the bathtub / sink	basura tostar (ue) el pan	garbage to\toast the bread
mezclar los ingredientes	to mix the ingredients	restregar(se)	to scrub (oneself)	trapear el piso	to mop the floor
pasar la aspiradora	to vacuum	revolver (ue) el arroz / el			
recoger	to pick up	guiso / la salsa	to stir the rice / stew / sauce		

Aplicación

A *Comentando la escena.* Conteste las preguntas.

Actividades caseras:

1. ¿Qué hace Azucena? ¿Qué usa ella?
2. ¿Cómo sabemos que Azucena está horneando?
3. ¿Qué está haciendo Arturo? ¿Qué le pasó?
4. ¿Qué tiene la madre en las manos? ¿Qué está diciéndole ella a Arturo probablemente?
5. ¿Qué hace Luisito? ¿Qué va a hacer después él probablemente?
6. ¿Qué persona de esta familia cuida sus manos? ¿Cómo lo sabe Ud.?
7. ¿Qué está haciendo el padre? ¿Qué usa él?
8. ¿Para qué va a usar el padre probablemente el limpiador y la esponja?

Aparatos y objetos:

9. ¿Qué aparatos de la cocina tienen una posición que no es buena para conservar energía? ¿Por qué no es buena?
10. ¿Cuáles de los objetos que hay en la meseta tienen tapa?
11. ¿De qué es el piso del baño? Y las paredes, ¿de qué son?
12. ¿Por qué no hay ahora una alfombrita en el piso del baño?
13. ¿Cuáles de los productos que se ven están hechos de papel?
14. ¿Cuáles de los aparatos y utensilios en estas escenas requieren un enchufe y cuáles son manuales?
15. ¿Qué objetos hay en el lavabo?
16. ¿Qué artículos para la higiene personal se guardan generalmente en el botiquín? ¿Y debajo del lavabo?

B *Las cosas y su uso.* Complete las oraciones.

1. Después de lavarme los dientes uso un...y después de afeitarme uso...
2. Una toalla se usa para...y una toallita se usa para...
3. Mi pelo está sucio. Voy a comprar...
4. Cojo una taza por el...y cojo una sartén por el...
5. Necesito una cafetera para...y una tostadora para...

6. Para limpiar las alfombras utilizo una...y para limpiar un piso de losetas utilizo un...

7. Si quiero cocinar un guiso uso una...y si quiero hervir agua uso un...

8. Friego los platos en el...y me lavo las manos en...

9. Guardo los platos en...y las medicinas en...

10. La meseta es alta. Para sentarme a comer necesito una...

C *Entre dos.* Un/a estudiante lee la descripción y otro/a estudiante da la palabra que corresponde.

En el baño:

1. Si el lavabo o la bañera están sucios, tengo que hacer esto para limpiarlos.

2. Si el agua de la ducha está fría, abro más ésta.

3. Cuelgo aquí las toallas.

4. Este aparato tiene un tanque lleno de agua.

5. Pongo varios en mi bolsa, porque tengo un resfriado.

En la cocina:

6. Mezclo aquí los ingredientes y los revuelvo.

7. Tiene dos partes y en su parte inferior se hierve agua.

8. Lo uso cuando quiero hornear algo muy rápidamente.

9. Mezclo aquí hielo, leche, chocolate. Aprieto un botón... ¡Mmm! ¡Delicioso!

D *¿Dónde lo pongo?* Diga dónde tengo que poner...

1. los papeles y la basura que quiero tirar

2. los platos sucios para lavarlos

3. la ropa sucia que no voy a lavar inmediatamente

4. la ropa sucia para lavarla

5. la ropa para secarla

6. la ropa seca que voy a doblar

E *¿Qué necesitan?* Diga lo que necesitan estas personas en cada caso.

1. El padre para...
   afeitarse / trapear el piso / limpiar el lavabo y la bañera

2. Azucena para...
   coger un mango o un asa muy calientes / medir la harina y el azúcar / freír un huevo

3. Luisito para...
   poner más blanca la ropa que está lavando / poner la ropa más suave

4. Arturo para...
   recoger la basura que tiró al piso

5. La abuela para...

planchar un vestido/ sacar el humo (*smoke*) de la cocina / fregar los platos a
mano / abrir una lata

F *Entre todos: ¿Qué estoy haciendo?* Un/a estudiante representa con mí-
mica las acciones de la lista y los otros estudiantes adivinan (*guess*) la acción en
cada caso.

DEL MUNDO HISPÁNICO (Perú)

Lea el anuncio y conteste las preguntas.

1. El signo $ en este anuncio significa **sol**, la unidad monetaria
del Perú. Aquí dice "Para mamá en su día". ¿Cuál es ese
día?

2. Varios hijos quieren hacerles un regalo a sus respectivas ma-
dres. Decida cuál(es) de estos aparatos va a comprar cada
uno, basándose en lo que dicen.

a) Mi madre no tiene tiempo de ir a la peluquería (*beauty
parlor*).

b) El desayuno favorito de mi madre es el jugo de naranja
con tostadas.

c) En casa todos tomamos mucho té y comemos muchos
sándwiches.

d) Mi madre cocina arroz con pollo muy frecuentemente y
también hace asado (*roast*).

e) Mi madre prepara muchos batidos de frutas.

f) Mi madre no tiene mucho tiempo y le gusta cocinarlo
todo rápido.

Gramática II

The subjunctive with expressions of will or wishing

1. As explained in Gramática I, the subjunctive is used for direct commands. If instead of giving a direct order we express our desire or preference that something be done, our will has the force of an indirect command and we must also use the subjunctive. This type of implied command has a main clause and a dependent clause introduced by **que** (*that*), which often is not expressed in English: **Prefiero que (tú) enciendas la luz.** (*I prefer (that) you turn on the light.*)

Verbs that express or imply command, wish, request, permission, advice, prohibition, suggestion, and the like, fall into this category and require the use of the subjunctive in the dependent clause. Some common verbs of this type are: **desear, insistir en[1], necesitar, preferir, querer.**

> Susana, **deseo** que (tú) planches toda la ropa.
> *Susana, I wish that you would press all the clothes.*

> **Insistimos** en que Uds. cierren la llave del agua caliente.
> *We insist that you turn off the hot water faucet.*

> La madre no **quiere** que el niño llene la tina.
> *The mother doesn't want her child to fill the tub.*

When there is no change of subject the infinitive is used as in English.

> La madre no **quiere llenar** la tina.
> *The mother doesn't want to fill the tub.*

> **Insistimos en cerrar** la llave del agua caliente.
> *We insist in turning off the hot water faucet.*

2. Many verbs that express advice, recommendation, request, etc. require the use of an indirect-object pronoun to represent the person to whom the advice or recommendation is given or from whom the request is made. Some common verbs of this type are:

aconsejar	*to advise*	**permitir**	*to allow*
decir	*to tell*	**prohibir (í)**	*to forbid*
impedir (i,i)	*to prevent from*	**recomendar (ie)**	*to recommend*
mandar	*to command, to order*	**rogar (ue)**	*to beg*
pedir (i,i)	*to ask*	**sugerir (ie)**	*to suggest*

Note the use of the indirect-object pronoun in all the examples.

> **Te** aconsejo que pintes tu cuarto de blanco.
> *I advise you to paint your room white.*

1. The preposition **en** is always used with **insistir** before **que**.

Mi madre siempre **me** manda que lave los platos y yo **le** pido que compre un lavaplatos.

My mother always orders me to wash the dishes and I ask her to buy a dishwasher.

El padre de Alicia no **le** permite que conduzca su coche.

Alicia's father doesn't allow her to drive his car.

El mecánico **nos** recomienda que compremos otro horno.

The mechanic recommends that we buy another oven.

Les sugiero que arreglen el calentador.

I suggest to them that they repair the heater.

3. When the expression of wish or will in the main clause is in the imperfect or the preterite tense, the verb in the dependent clause must be in the imperfect subjunctive.

La madre no **quería** que el niño **llenara** la tina.

The mother didn't want her child to fill the tub.

El padre de Alicia no le **permitía** que **condujera** su coche.

Alicia's father didn't allow her to drive his car.

El mecánico nos **recomendó** que **compráramos** otro horno.

The mechanic recommended that we buy another oven.

Les **sugerí** que **arreglaran** el calentador.

I suggested to them that they repair the heater.

4. The verbs **impedir, mandar, ordenar, permitir,** and **prohibir** allow an infinitive construction as an alternate to the subjunctive.

El jefe nos mandó que **saliéramos.**

El jefe nos mandó **salir.**

The boss ordered us to go out.

Te ordeno que te **calles.**

Te ordeno **callar.**

I order you to shut up.

No nos permitieron que **entráramos.**

No nos permitieron **entrar.**

They didn't allow us to enter.

Prohíben que **estacionemos** aquí.

Prohíben **estacionar** aquí.

They prohibit that we park here.

Aplicación

A *Los deseos de mamá.* Mamá habla con Azucena, Luisito y papá y les explica lo que deben hacer. Cambie las frases de la lista para expresar sus deseos.

1. A Azucena, en la cocina...
   Azucena, deseo que tú...

   a) medir la harina
   b) mezclar la leche y el azúcar
   c) hornear el pastel

   d) tostar el pan
   e) hervir el agua
   f) fregar las ollas

2. A papá en el baño...
   Pablo, quiero que tú...

   a) trapear el piso
   b) cerrar bien las llaves
   c) restregar la tina

   d) cambiar las toallas
   e) enjuagar el trapeador
   f) poner un rollo nuevo de papel higiénico

3. A Luisito, en el cuarto de lavar...
   Luisito, necesito que tú...

   a) pasar la aspiradora
   b) secar las sábanas
   c) poner detergente en la lavadora

   d) doblar la ropa
   e) sacar la basura
   f) traerme las gafas

B *¿Qué dijo?* Luisito oyó muy bien todas las órdenes de su madre, pero Azucena y el papá no. Ahora Luisito les repite a Azucena y al padre las órdenes que su madre dio en el pasado.

1. Azucena, mamá deseaba que tú...

2. Papá, mamá quería que tú...

C *La familia Miquis.* La familia prepara la cena de Navidad y planea lo que se debe hacer. Exprese sus opiniones, escogiendo expresiones de la columna que está a la derecha y poniendo en ellas los sujetos que Ud. prefiera.

La madre:	Insisto en que...	**1.** usar el horno de microondas
	Y quiero que...	**2.** combinar los ingredientes en la licuadora
El padre:	Yo sugiero que...	**3.** comenzar temprano a hornear el pavo
	Y deseo que...	**4.** preparar pastel de chocolate
Azucena:	Recomiendo que...	**5.** freír las papas en la sartén
	Es necesario que...	**6.** no poner el arroz en una olla de aluminio
	Aconsejo que...	**7.** hacer el café en la cafetera eléctrica
Luisito:	Pues yo digo que...	**8.** cocinar el postre al baño maría

D *Ignacio.* En su clase hay un estudiante, Ignacio, que siempre le da consejos a todo el mundo. Exprese lo que aconseja Ignacio y a quiénes, usando las claves que se dan.

MODELO: ¿A quiénes les aconseja Ignacio tomar apuntes?
           yo → *Ignacio me aconseja que tome apuntes.*

1. ¿A quiénes les aconseja Ignacio no salir la noche antes del examen?
     a. yo   b. todos nosotros   c. María y Eulalia
2. ¿A quiénes les aconseja Ignacio llegar temprano a clase?
     a. Raúl   b. Enildo y Rita   c. Ud.
3. ¿A quiénes les aconseja Ignacio hacer el Repaso Previo?
     a. tú   b. Uds.   c. yo   d. vosotros

E *Entre varios.* Hubo un crimen horrible en una casa y varios curiosos comentan las órdenes de la policía. Ellos usan el infinitivo en sus comentarios. Los estudiantes representarán este diálogo cambiando los infinitivos al subjuntivo.

SEÑORA 1:   Un policía me impidió entrar en la case.

SEÑORA 2:   Y a mí no me permitió hacer preguntas.

SEÑOR: El sargento les mandó a esos jóvenes callar.

JOVEN 1:   A mi amigo un policía le prohibió estacionar el auto frente a la casa.

JOVEN 2:   Finalmente, el inspector nos ordenó irnos.

Un poco de humor

Lea el chiste y conteste lo siguiente:

En su opinión, ¿quién le tira la plancha al hombre? ¿Por qué se la tira?

DEL MUNDO HISPÁNICO (Argentina)

SERVICIO MECANICO DE
LAVARROPAS
LAVASECARROPAS
ASISTENCIA TECNICA
HELADERAS
ATENCION RAPIDA
COMPUTADORAS COMODORE
TELEVISORES
SECARROPAS
MULTIPROCESADORAS
SERVICIO ESPECIALIZADO CON CERTIFICADO DE GARANTIA
VENTA DE REPUESTOS ORIGINALES
AIRE ACONDICIONADO
HORARIO DE ATENCION DE 7 A 22 HS.
TIPO

Drean

771-9907 • 773-5456
552-1795 • 775-8357
SUCURSAL BELGRANO: CONDE 1427
SERVICE DE LUJO PALERMO

En el mundo hispánico, los nombres de los objetos domésticos cambian frecuentemente de un país a otro. Ud. conoce otros nombres en español para los electrodomésticos que se mencionan en este anuncio.

1. ¿Puede adivinar (*guess*) lo que significa...?
   a. lavarropas   b. secarropas   c. lavasecarropas   d. heladeras

2. ¿Qué significa, en su opinión, "horario de atención"?

3. ¿De qué otra manera se puede decir "de 7 a 22 horas"?

4. Según el anuncio, ¿cómo puede estar seguro el cliente de que esta compañía va a arreglarle bien sus aparatos?

Unidad dos

VIDA DE CIUDAD Y VIDA DE CAMPO

Capítulo 5

LA CIUDAD

Una calle céntrica de Buenos Aires. Dos señoras bajan para tomar el subte. Los porteños llaman **subte**, que es una abreviatura de **subterráneo**, a su metro. El subte de Buenos Aires es antiguo, pero rápido y eficiente.

Presentación

La Argentina es el país hispánico que ha tenido mayor cantidad de inmigrantes en el siglo XX. Éstos han venido de diferentes países y Buenos Aires, su capital, es hoy una ciudad cosmopolita, con infinidad de restaurantes étnicos y costumbres muy europeas.

Una costumbre europea muy extendida es la de tomar el té a las cinco de la tarde. La palabra "confitería" significa *pastry shop* en la mayor parte del mundo hispánico, pero en la Argentina las confiterías son en realidad salones de té donde se pueden comer cosas ligeras y se toman, además de té, refrescos, cerveza y otras bebidas.

En la *Lectura* de esta lección, Ud. va a aprender algunas cosas interesantes sobre Buenos Aires. También leerá sobre la popularidad del tango, música típica de la Argentina. Aunque el tango tiene origen francés, fue en la Argentina donde se desarrolló y se hizo famoso. El instrumento principal del tango es el acordeón y sus temas son tristes y sentimentales. El tango tuvo su época de oro con el cantante y actor Carlos Gardel, que murió trágicamente en 1935 en un accidente de aviación.

Repaso previo   Verbs with changes in spelling, *Workbook*.

Lectura

Una ciudad cosmopolita

Buenos Aires es una ciudad donde se puede ir a comprar un libro después de medianoche° o ir a tomar un café a las tres de la mañana°. Buenos Aires es quizá° la ciudad del mundo con mayor densidad° de psicoanalistas y psicólogos; una ciudad donde siempre, en la radio del vecino°, en los bares, silbado° en los labios de un peatón°, se escucha° un tango.

La pasión por la conversación ha dado lugar a° una costumbre sin la cual es imposible conocer Buenos Aires: el café, una especie de santuario°, donde se habla de política, de economía, de literatura, de cine, de filosofía, del amor, de la vida. Hay bares, cafés, confiterías°, que vale la pena conocer°: el Tortoni, la Ideal, el Molino, que guardan tradiciones y reminiscencias de los cafés vieneses; el café La Paz, cita obligada de° los intelectuales; el café Jung, en el corazón de "Villa Freud", el barrio donde atiende° la mayoría de los 80,000 psicoanalistas porteños°; La Biela y los cafés de mesas en la vereda° de la Recoleta, el barrio elegante de la ciudad. La lista podría hacerse interminable°. El café porteño es casi un estado de ánimo°, y sus horas son el atardecer° y la noche.

Buenos Aires es una ciudad de abuelos italianos, gallegos°, rusos, árabes,

midnight / **de...:** A.M.

perhaps / **mayor...:** the largest percentage / neighbor / whistled / pedestrian / one hears
ha...: has given rise to
una...: some kind of institution

tearooms / **que...:** well worth knowing

cita...: a must as a meeting place for / they have their offices / persons who live in Buenos Aires / (**acera**) sidewalk / **podría...:** could go on and on / **estado...:** state of mind / early evening / from Galicia, in Northwestern Spain

El Café de la Paz en la Recoleta, uno de los cafés mencionados en la lectura, es cita obligada de los intelectuales.

polacos, catalanes°, judíos°, que no puede desembarazarse de° la nostalgia por Europa. Hay ejemplos obvios en su arquitectura: el centro de la ciudad está lleno de cúpulas de pizarra° negra, cuya función° —en Europa, claro— era que la
20 nieve resbalara° y no se acumulara en los techos. Buenos Aires no conoce la caricia° de la nieve, pero la espera°.

La estatua más importante de Colón° que hay en la ciudad, cerca del puerto°, está increíblemente mirando hacia el río, casi en un gesto de añoranza° por el viejo continente. A Buenos Aires le gusta observar ese horizonte despejado°.
25 A uno se le antoja° que sus edificios son cada vez más altos° sólo para tener un mejor panorama° de ese río, esperando divisar° en sus aguas quién sabe qué barco°. O qué pasado, porque de ese ancho° Río de la Plata llega también el pasado de los porteños: millones de inmigrantes europeos llegaron en menos de cien años por ese río. "Hacer la América° y regresar" era su intención, pero
30 echaron raíces° y nunca se fueron.

Los porteños han sintetizado esa historia en una frase que repiten cada vez que les hace falta° explicar su idiosincrasia: los mexicanos descienden de los aztecas, los peruanos descienden de los incas y los argentinos descienden de los barcos.

35 De *En vuelo*, Argentina.

from Cataluña, in Northeastern Spain / Jewish / **desembarazarse...:** shake off / slate / purpose / **que...:** to permit the snow to slide / tender touch / **la...:** is ready for it
Columbus
port / longing
open
A...: One fantasizes / **cada...:** higher and higher / view / make out
ship / wide
Hacer...: To make money in the New World / **echaron...:** they grew roots
les...: they need

Las calles del centro de Bogotá están siempre llenas de gente.

Comprensión

A *Sobre Buenos Aires.* Conteste las preguntas.

1. Buenos Aires es una ciudad ideal para algunos tipos de personas. Explique por qué va a sentirse bien allí un individuo a quien le gusta(n)...
   a) leer   b) acostarse tarde   c) los tangos   d) conversar
2. ¿Cuál es la razón del nombre Jung para un café y del nombre Villa Freud para un barrio de Buenos Aires?
3. ¿Qué es la Recoleta y qué clase de cafés hay allí?
4. ¿De qué manera se ve la influencia europea en la arquitectura?
5. Según el autor, ¿qué simbolismo hay en la estatua de Colón?
6. ¿Por qué es importante el Río de la Plata en la historia de Buenos Aires?

B *Sobre la gente.* Conteste las preguntas.

1. ¿Qué es un porteño?
2. ¿Cuáles son los orígenes étnicos de muchos habitantes de Buenos Aires?
3. ¿Con qué intención vinieron los inmigrantes? ¿Por qué no hicieron lo que pensaban hacer?
4. ¿Qué diferencia hay en los orígenes de los mexicanos, los peruanos y los argentinos?

Santiago, Chile. El estilo antiguo y ornamentado de la catedral contrasta con las líneas simples y ultramodernas del edificio vecino.

Una calle de La Paz, la capital de Bolivia. La ropa tradicional de la señora contrasta con los automóviles y los edificios.

Vocabulario

A *Los inmigrantes.* Diga cómo se llama una persona que nació en...

1. Viena
2. Polonia
3. Europa
4. el Perú
5. Galicia
6. Italia
7. Arabia
8. Rusia
9. Cataluña

B *Las horas del día.* Exprese de otra manera.

1. 3 A.M.
2. 12 P.M.
3. Aproximadamente entre las 6 y las 7 P.M.

C *Definiciones.* Identifique cada palabra con su definición.

_____ 1. Algo excesivamente largo.

_____ 2. Material que se usa en los techos de las casas.

_____ 3. Uso o propósito de una cosa.

_____ 4. Otra manera de decir *tal vez*.

_____ 5. Desprenderse o librarse de algo.

_____ 6. Nostalgia del pasado.

_____ 7. La persona que vive a mi lado.

_____ 8. Un hombre que camina por la calle.

_____ 9. Lo contrario de *estrecho*.

_____ 10. Un toque suave que expresa afecto.

_____ 11. Vehículo que viaja por mar.

_____ 12. Abierto, sin obstáculos.

a) ancho
b) añoranza
c) barco
d) caricia
e) desembarazarse
f) despejado
g) función
h) interminable
i) peatón
j) pizarra
k) quizá
l) vecino

Modismos

cada vez más *more and more*

Los edificios de Buenos Aires son **cada vez más** altos.

Buildings in Buenos Aires get taller and taller.

(no) valer la pena *(not) to be worthwhile, worth the trouble*

Vale la pena visitar Buenos Aires.

It is worthwhile visiting Buenos Aires.

Compré un vestido caro especialmente para la fiesta, pero **no valió la pena.**

I bought an expensive dress especially for the party, but it wasn't worth the trouble.

Aplicación

A *Descripciones*. Complete cada oración, usando **cada vez más** y la forma apropiada de un adjetivo de la lista.

caro / contaminado / estridente / frecuente / grande / interesante / lleno / nostálgico

MODELO: *El costo de la vida está cada vez más caro.*

1. El costo de la vida está...
2. Las conversaciones del café eran...
3. La radio del vecino se escuchaba...
4. El número de inmigrantes en las grandes ciudades es...
5. Seguía llegando gente y el café estaba...
6. Escuchando los tangos yo me sentía...
7. El aire de las grandes ciudades está...
8. Mis visitas al psicoanalista eran...

B *Opiniones*. Nombre, usando el modismo **(no) valer la pena** y según su experiencia personal, las siguientes cosas:

1. un lugar que vale la pena visitar
2. un esfuerzo que Ud. hizo una vez y que no valió la pena
3. una inversión (*investment*) que vale la pena hacer
4. un espectáculo al que asistió y que no valía la pena
5. un proyecto futuro que Ud. piensa que va a valer la pena

PUNTOS DE VISTA

A *Salud mental.* En Buenos Aires hay más de 80.000 psicoanalistas. ¿Significa esto que hay más personas con problemas mentales y emocionales que en otras partes? ¿O tal vez que hay muchas personas con educación suficiente para saber que necesitan ayuda? ¿Tiene alguna relación esta gran cantidad de psiquiatras con el nivel económico de la gente?

B *El café como pasatiempo.* Para los norteamericanos, acostumbrados a dar mucho valor al tiempo, es difícil comprender que en los países hispánicos las personas pierdan varias horas todos los días sentadas en un café o bar, hablando con sus amigos. ¿Qué aspectos negativos y qué aspectos positivos tiene esta costumbre? ¿Es mejor el sistema norteamericano de irse directo a casa? ¿Cómo se justifican ambas filosofías?

C   *Los inmigrantes.* Lo mismo que los Estados Unidos, la Argentina es un país con muchos inmigrantes. ¿Qué ventajas y qué desventajas tiene para un país una inmigración numerosa? ¿Son buenas todas las inmigraciones? ¿Qué diferencias hay entre las personas que llegaron a los Estados Unidos a principios de siglo y las que han llegado más recientemente?

D   *La identidad cultural.* Un problema que se presenta con las inmigraciones es el del idioma. ¿Pierde unidad un país cuando hay otras lenguas que compiten con el idioma oficial? ¿Deben los inmigrantes abandonar su lengua y su cultura y aculturarse totalmente en el proceso del *"melting pot"*? ¿Qué consecuencias tiene para una sociedad la insistencia de los que llegan en seguir siendo "diferentes"?

DEL MUNDO HISPÁNICO (Argentina)

Lea estos anuncios de confiterías y cafés de Buenos Aires y conteste las preguntas.

PALABRAS ÚTILES

canastos   *gift baskets*
empresas   *companies*
envíos a domicilio   *home delivery*
pedidos   *orders*
presupuestos   *estimates*
desfiles   *fashion shows*
sucursal   *branch (store)*

1. ¿Cuáles de estos cafés y confiterías se mencionan en la *Lectura?*
2. Según la *Lectura,* ¿cuál de estos sitios tiene mesas al aire libre?
3. ¿Cuál de estos establecimientos es más antiguo?
4. Diga cuál de estos lugares escogería Ud. en cada circunstancia y explique por qué.

    a) Ud. tiene de visita a un amigo francés a quien le gustan los cafés de ambiente europeo.

    b) Ud. no se siente muy bien y quiere comer en casa.

    c) La compañía donde Ud. trabaja va a tener una fiesta de fin de año y Ud. la organiza.

    d) Ud. quiere hacerle un regalo a su jefe.

DEL MUNDO HISPÁNICO (Argentina)

Los teléfonos públicos

Las cabinas de los teléfonos públicos en la Argentina tienen un extraño domo plástico de color naranja. Para usar estos teléfonos, se necesitan unas fichas (*tokens*) llamadas **cospeles** que pueden comprarse en los quioscos de periódicos o en la caja (*cashier*) de bares y restaurantes. El número de cospeles necesario para una llamada varía según la hora del día: se puede hablar dos minutos con un cospel en horas de trabajo y casi seis minutos por la noche.

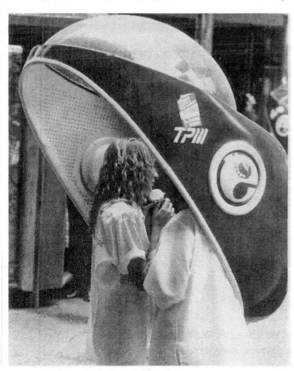

▓▓▓▓ *Un poco de humor*

Lea el chiste y conteste las preguntas.

1. ¿Es más común la sordera (*deafness*) en las grandes ciudades que en el campo? ¿Por qué?
2. ¿Cuáles son algunos de los ruidos de la ciudad?
3. Además del ruido de la ciudad, ¿qué otras cosas pueden causar sordera en la vida moderna?
4. ¿Cree Ud. que va a tener problemas para oír cuando sea viejo/a? ¿Por qué sí o por qué no?

Gramática I

A. Verbs of the *gustar* construction

1. The verb **gustar** means *to like* but it is used in a construction similar to that of *to be pleasing*. Whoever receives the action of being pleased is represented

in Spanish by an indirect-object pronoun (**me, te, le, nos, os, les**).

Children like chocolate. → *Chocolate is pleasing to children.*

El chocolate les gusta a los niños or, a more common order:

A los niños les gusta el chocolate.

- IMPORTANT THINGS TO REMEMBER ABOUT *GUSTAR*

  a) The verb agrees with its subject (the pleasing thing or things) and it is generally in the third person singular or the third person plural: **Me** *gusta* **ese gato.** / **Me** *gustan* **esos gatos.** If the pleasing thing is an infinitive, the verb is singular: **¿Te** *gusta* **bailar?**

  b) An indirect-object noun or a stressed form of the indirect-object pronoun (**a mí, a ti, a él/ella/Ud., a nosotros/as, a vosotros/as, a ellos/ellas/Uds.**) is often added to the sentence for clarification or emphasis, especially in the case of third persons: *A ella* **le gusta la ciudad, pero** *a su esposo* **le gusta el campo.**

  c) Both the indirect-object noun and the stressed form are always preceded by the preposition **a**.

  d) The indirect-object pronoun (**me, te, le,** etc.) is *never* omitted, regardless of whether one of the indirect-object forms mentioned in b) is present or not: *¿Le* **gustan los tacos?** / *¿Le* **gustan** *a Ud.* **los tacos?**

2. The verbs in the chart below are used like **gustar**.

Common verbs that are used like *gustar*

alcanzar	to have enough	**interesar**	to interest
doler	to hurt	**molestar**	to bother, be uncomfortable
encantar	to delight, charm	**parecer**	to appear, seem
hacer falta	to be necessary, be lacking	**quedar**	to remain, have left
		sobrar	to have left over, have in excess
importar	to be important, to matter		

—Pensé que al pintor no le iba a **alcanzar** la pintura azul que compré para la sala, pero le **sobró.** Me **queda** una lata. ¿Le **interesa** a Ud.?

"I thought that the painter wasn't going to have enough of the blue paint I bought for the living room, but he had more than enough. I have one can left. Are you interested?"

—Sí, claro, me **encanta** el azul.
"Yes, of course, I love blue."

MADRE: Jorgito, me **sobran** trescientos pesos de mi sueldo de este mes y a tu hermano y a ti les **hacen falta** zapatos. Creo que voy a comprarles unas botas.

JORGITO: Mamá, a Carlitos le **gustan** las botas, pero a mí no. Las últimas botas que tuve me **molestaban**. Siempre me **dolían** los pies con ellas. Yo quiero unos tenis.

MADRE: A mí me **parece** que las botas son más apropiadas para el invierno, pero lo que me **importa** es que andes cómodo, así que voy a comprarte un par de tenis.[1]

3. The verb **faltar,** used also like **gustar,** has different equivalents in English. When used with this construction, **faltar** may express *the distance one has to go to arrive at a certain point, the amount one needs to reach a definite limit or goal, the time left before a deadline,* etc. **Faltar** may also mean *to lack* or *to be missing.*

Nos **faltan** dieciocho kilómetros para llegar a Puebla.
We are eighteen kilometers away from Puebla.

Luisita necesita veinte dólares para comprar un boleto y tiene sólo cinco. Le **faltan** quince dólares.
Luisita needs twenty dollars to buy a ticket and she only has five. She is fifteen dollars short.

---

1. English equivalent:

MOTHER: Jorgito, I have three hundred pesos left from my salary this month and you and your brother need shoes. I think I'm going to buy you boots.

JORGITO: Mom, Carlitos likes boots but I don't. The last boots I had bothered me. My feet always hurt in them. I want sneakers.

MOTHER: It seems to me that boots are more appropriate for the winter but what matters to me is that you're comfortable, so I'm going to buy you a pair of sneakers.

A la Sra. Cruz le **falta** solamente un mes para dar a luz.
Mrs. Cruz only has one month to go before giving birth.

A este libro le **faltan** tres páginas.
This book has three pages missing.

Alguien abrió las taquillas y a Raúl y a mí nos **faltan** varias cosas.
Someone opened the lockers and Raúl and I are missing several items.

Aplicación

A *Hablando de gustos.* Complete las oraciones usando el tiempo y la persona apropiada de **gustar** en cada caso.

1. Jacinto dijo que no le _____ los macarrones, pero yo preparé anoche un plato especial que le _____ mucho.

2. ¿Te _____ la playa? No mucho; las montañas me _____ mucho más.

3. Me encanta el ballet, pero a mis hermanos no les _____; a ellos les _____ mucho más los bailes modernos. Como son más jóvenes que yo, espero que cambien. Cuando yo tenía su edad, me _____ mucho las películas de horror y ahora las detesto.

4. ¿Qué os pareció el artículo que escribí en el periódico? ¿Os _____? Espero que sí. A mí me _____ mucho escribir y espero ser periodista profesional.

5. Le advertimos al guía de la excursión que nos _____ los monumentos históricos y no nos _____ el arte moderno, pero nos llevó a un museo de Picasso.

B *Gustos y disgustos.* Las siguientes narraciones están en primera persona. Vuelva a contarlas cambiando a la persona que se indica en cada caso. Haga todos los cambios necesarios.

1. (mi amiga y yo) Me encanta viajar cada vez que tengo vacaciones. Como no gano mucho, el dinero no me sobra, mejor diré que apenas (*hardly*) me alcanza, pero a mí no me importa no tener dinero si puedo hacer lo que me interesa.

2. (Guillermo) El apartamento donde vivo con mis amigos es tan pequeño y tengo tantos muebles que no me queda espacio para mis libros. Aunque a mí me va a doler mudarme lejos de mis amigos, me hace falta conseguir un apartamento más grande. A mí me parece que es la única solución posible.

3. (Valentín y Pedro) Entra mucho sol en la sala y el sol me molesta. Me hace falta comprar persianas para las ventanas. Si me queda algún dinero este mes después de pagar los gastos, voy a comprar una persiana.

4. (tú) Mi novia prefiere ir al cine, pero a mí me encanta ir al parque. Cuando me queda tiempo a la hora de almuerzo, me gusta sentarme en un banco a mirar las flores. Mucha gente destruye los árboles y las plantas; a mí me duele ver esto porque me interesa mucho la naturaleza. También me molesta ver que hay tantas personas que son crueles con los animales.

C *Entre muchos.* ¿Conoce Ud. bien a sus compañeros? Cada estudiante hará una oración con la clave que le toque, aplicándola al miembro de la clase que quiera. Esta persona dirá entonces si es verdad o no y explicará por qué sí o por qué no.

MODELO: PAT: A Lou le encantan los tacos.
       LOU: *No es verdad, a mí no me gusta mucho la comida mexicana;*
           prefiero la comida italiana, porque mis padres son de Italia.

1. molestar / la música muy alta
2. parecer más importante / el dinero que el amor
3. interesar / las ciencias
4. sobrar / dinero esta semana
5. hacer falta / unas llantas nuevas para su coche
6. gustar muchor / las telenovelas
7. doler / los pies con mucha frecuencia
8. no importar / prestarles su coche a los amigos
9. disgustar / las personas que no son puntuales
10. faltar / dos años para graduarse
11. trabajar mucho y nunca quedarle / tiempo para fiestas
12. parecer muy importante / los problemas ecológicos

B. Familiar commands

1. The affirmative familiar (**tú**) command for regular verbs has the same form as the third-person singular of the present indicative.

> Ella **cruza** la calle → Migdalia, **cruza** la calle ahora.
> *Migdalia, cross the street now.*

> Él **corre** → ¡**Corre,** Miguelito!
> *Run, Miguelito!*

2. Object pronouns are attached to affirmative commands.

> Lláma**lo** y explíca**selo** todo.
> *Call him and explain everything to him.*

> Necesito esos videos. Prést**amelos**, por favor.
> *I need those videos. Lend them to me, please.*

3. The chart below lists irregular familiar commands.

Irregular familiar commands					
decir	**di**	poner	**pon**	tener	**ten**
hacer	**haz**	salir	**sal**	venir	**ven**
ver	**ve**	ser	**sé**		

4. Negative familiar commands are identical to the second-person singular (**tú**) form of the present subjunctive.

> Migdalia, **no cruces** la calle ahora.
> *Migadalia, don't cross the street now.*

> ¡**No corras,** Miguelito!
> *Don't run, Miguelito!*

Object pronouns precede negative commands.

> **No se lo expliques** a Juan.
> *Don't explain it to Juan.*

> ¿Los videos? **No se los prestes** a ella.
> *The videos? Don't lend them to her.*

Aplicación

D *Las peticiones de una madre.* Dé un mandato directo para cada una de estas peticiones indirectas.

MODELO: Hijo mío, quiero que estudies mucho.
> *Hijo mío, estudia mucho.*

1. Hijo mío, deseo que seas un hombre bueno.
2. Es necesario que vayas siempre a tus clases.
3. Te aconsejo que pongas tus papeles en orden y que tengas listos tus libros antes de ir a clase.
4. Te pido que salgas solamente con buenos compañeros.
5. Quiero que digas siempre la verdad.
6. Deseo que hagas todas las cosas lo mejor posible.
7. Te ruego que vengas a verme con frecuencia.

E *No hagas nada de esto.* Mario es un poco maniático y fastidioso. Tiene un nuevo compañero de apartamento, y le dice las cosas que no debe hacer. Exprese los deseos de Mario con mandatos negativos.

MODELO: —José, no debes...
traer demasiados amigos al apartamento.
José, no traigas demasiados amigos al apartamento.

—José, no debes...

1. poner tus libros en la mesa de la cocina.
2. salir sin decírmelo.
3. ser desordenado.
4. tener a tus amigos aquí a todas horas.
5. venir demasiado tarde.
6. hacer ruido por la noche.
7. decir que estoy en casa cuando estoy estudiando.
8. ir a mi cuarto si yo no estoy.

F *Entre tres.* Consejos para andar por el centro. El/La estudiante A da el mandato familiar correspondiente a cada infinitivo, el/la B reemplaza los nombres con pronombres y el/la C hace negativo el mandato.

MODELO: pagarle el periódico a la señora
A: Págale el periódico a la señora.
B: Págaselo.
C: No se lo pagues.

1. estacionar bien tu automóvil
2. esperar el autobús
3. llamar un taxi
4. tirar los papeles en el suelo
5. echar las cartas en el buzón
6. sujetar al perro
7. cruzar la calle corriendo
8. ponerle mucho dinero al parquímetro
9. darle tu licencia al policía
10. explicarle al policía lo que pasó
11. pagarle la tarifa al taxista
12. comprarle flores al vendedor

DEL MUNDO HISPÁNICO (México)

En las grandes capitales hispánicas la contaminación es un problema muy serio. México lucha contra esto aumentando el control sobre los automóviles, como verá Ud. en este anuncio. Léalo y después pruebe su comprensión contestando las preguntas.

PALABRAS ÚTILES

plomo *lead*
aporta *contributes*
calidad *quality*
avaladas *backed*
ley *law*
optativo *optional*
anteriores *older*
logro *accomplishment*

Petróleos Mexicanos aporta una respuesta ecológica al problema de la contaminación por combustión en automotores: **MAGNA SIN**, gasolina sin plomo, con calidad y características avaladas por estrictas normas internacionales.

MAGNA SIN es de uso indispensable para los vehículos modelo 1991 que, por ley, vienen equipados con convertidor catalítico; de uso optativo, no indispensable, para los modelos 1986 a 1990.

No es compatible con modelos 1985 y anteriores.

El beneficio ecológico que se deriva de esta nueva gasolina anticontaminante será un logro más de nuestra industria petrolera, siempre preocupada por mejorar la calidad de vida de los mexicanos de hoy y mañana.

Con su Alta Tecnología

Siempre con nosotros

1. ¿Qué es Magna Sin?
2. ¿Qué problema resuelve esta clase de gasolina?
3. ¿En qué años fue opcional el convertidor catalítico en México?
4. ¿Qué modelos de auto no pueden usar Magna Sin?
5. ¿Qué quiere mejorar la industria petrolera mexicana?
6. ¿Qué significa PEMEX?

Escena

El centro

Palabras conocidas

el autobús, el banco, el cine, la cortina, el hotel, la motocicleta, el periódico, la revista, el taxi

La calle

el buzón	mailbox
la cabina telefónica	telephone booth
el café al aire libre	sidewalk cafe
el cesto de la basura	wastebasket
la flecha	arrow
la infracción de tránsito	traffic violation
la mendiga	beggar
el parquímetro	parking meter
el poste de la luz	lamp post
el puesto (quiosco) de periódicos	newspaper stand
el semáforo	traffic light
la sombrilla	parasol
la toma de agua	fire hydrant

La joyería

el anillo (la sortija)	ring
la cadena	chain
el collar	necklace
la pulsera	bracelet

Los edificios

la bandera	flag
la campana	bell
la cruz	cross

133

la iglesia	church	**Los transportes**		pedir (dar) una limosna	to beg (to give alms)
el letrero	sign	el camión de		poner(le) una	
las persianas	venetian blinds	remolque	tow truck	multa	to give a ticket
el toldo	awning	el casco	helmet	remolcar	to tow
la vidriera (el escaparate)	store window	el cochecito (de bebé)	baby carriage	sacar al perro	to walk the dog
		la estación del metro	subway station	**La fotografía**	
El parque		la motocicleta	motorcycle	hacer una	to make an
el banco	bench	el motociclista	motorcyclist	ampliación	enlargement
el cantero de flores	flower bed	la parada de autobuses	bus stop	comprar un rollo	to buy a roll of film
la cerca	fence			revelar	to develop
el columpio	swing			sacar copias	to make copies
la fuente	fountain	**Acciones en la calle**			
la paloma	pigeon	cruzar la calle	to cross the street		
tejer	to knit				

Aplicación

A *Las cosas y su utilidad.* Diga para qué se usa...

1. un buzón
2. una cabina telefónica
3. un cesto de basura
4. un parquímetro
5. un poste de la luz
6. un semáforo
7. una toma de agua
8. una fuente
9. una campana
10. un camión de remolque

B *Comentando la escena.* Conteste las preguntas sobre la escena en general.

1. ¿Qué indican las flechas que están pintadas en la calle?
2. ¿A cuál de estos edificios voy si quiero...?
   a) comprar un vestido   b) revelar un rollo   c) ver una película
   d) comprar un collar   e) meditar un rato   f) cambiar un cheque
3. ¿Dónde hay...?
   a) una cerca   b) una bandera   c) toldos   d) escaleras
4. ¿Qué elementos identifican a...?
   a) la iglesia   b) el parque   c) el café al aire libre

C *En el parque.* Explique qué hacen...

1. los niños
2. una de las mujeres que están en un banco
3. el hombre que está de pie

4. el señor que está de espaldas, en el banco de la izquierda

5. las dos mujeres que están en la entrada

D *Conjeturas.* Haga conjeturas para contestar las siguientes preguntas, y explique en qué basa esas conjeturas.

1. ¿De dónde viene y adónde va la mujer con el cochecito de bebé?

2. ¿Por qué remolca el camión al automóvil?

3. ¿Por qué corre el hombre?

4. ¿A quién saluda el chico?

5. ¿Qué hace el hombre que está cerca de la entrada del metro?

6. ¿Qué beben los clientes del Café Royal?

7. ¿Por qué tomó un taxi la mujer?

8. ¿Con quién habla la señora por teléfono?

E *Escena con sonido.* Identifique a la persona que habla en cada caso.

1. Señora, ayúdeme, por favor, mi esposo está enfermo y yo no encuentro trabajo.

2. Este suéter es para mi hijo, que estudia en la universidad.

3. ¡Mira, subo más alto que tú!

4. ¿Puede darme cambio para el parquímetro?

5. Clarita, hay unas rebajas (*reductions*) formidables en Fifí.

6. ¡Cuántos accidentes! Cada día tenemos más trabajo.

7. A mí tráigame una limonada, por favor.

8. ¡Por fin viene! Espero que no esté muy lleno.

9. ¡Ay, doña Eulalia, mire qué bonitas están las flores!

10. Esta es la esquina de Olmo y Cruz, señora.

11. ¡No, Pelusa, no en la toma de agua!

F *Experiencia personal.* Conteste las preguntas.

1. ¿Qué debe hacer una persona antes de cruzar la calle?

2. ¿Cuáles son las infracciones por las que le ponen a uno una multa?

3. ¿Cuáles son las ventajas y desventajas de alojarse en un hotel como el Prado en cuanto a la ubicación?

4. ¿Qué tienen en común una cortina, un toldo, una persiana y una sombrilla?

5. ¿Cuáles son algunas de las cosas que se venden en una joyería?

6. ¿Por qué llevan casco los motociclistas?

7. ¿Qué puedo comprar en un quiosco de periódicos? ¿Y si estoy en la Argentina?

G *Entre varios.* Preparen los siguientes diálogos.

1. Un diálogo entre el chofer del auto y el policía que le pone una multa.
2. Un diálogo entre cuatro clientes que van a la tienda de fotos y una empleada: uno quiere comprar un rollo, otro, revelarlo, el tercero lleva unos negativos para sacarles copias y el cuarto cliente necesita varias ampliaciones. El empleado o empleada los atiende y contesta a sus preguntas.

DEL MUNDO HISPÁNICO (Estados Unidos)

Los grupos hispánicos son muy visibles en algunas ciudades de nuestro país, como puede Ud. ver en este anuncio. Léalo y conteste las preguntas.

Cubanos, pidamos a nuestros alcaldes, concejales, senadores y oficiales del Condado del Hudson, electos en su gran mayoría con el voto de cubano-americanos, que se nombra la Ave. Bergenline.

Avenida José Martí, Apóstol de Cuba admirado por toda América.

Campaña de EL TIEMPO DE N.Y. y N.J., con la cooperación de todos los medios hispanos del área del Condado del Hudson.

PALABRAS ÚTILES

alcalde   *mayor*
condado   *county*
concejal   *councilman*
medios   *media*

1. ¿A qué grupo hispánico va dirigido este anuncio?
2. ¿A quiénes deben dirigir su petición los miembros de este grupo?
3. ¿Qué deben pedir ellos?
4. ¿Quién tuvo importancia en la elección de estos alcaldes, senadores, etc.?
5. ¿Qué información se da aquí sobre José Martí? ¿Qué sabe Ud. de él?
6. ¿Es buena idea que las calles de la ciudad cambien de nombre según el origen de las personas que viven en ellas? ¿Por qué sí o por qué no?

Gramatica II

A. Demonstrative adjectives and pronouns

Demonstrative adjectives	
este, esta, estos, estas	*this, these* (near the speaker)
ese, esa, esos, esas	*that, those* (near the person spoken to)
aquel, aquella, aquellos, aquellas	*that, those* (away from both the speaker and the person spoken to)

1. A demonstrative adjective indicates the relative distance of an object from the speaker. Demonstrative adjectives agree in gender and number with the nouns they modify. **Ese, esa** and **aquel, aquella** are often used interchangeably.

> Siempre que vengo a **este** parque me siento en este banco.
> *Every time I come to this park I sit on this bench.*
>
> ¿Ves **ese** hombre que corre hacia **aquel** auto? Es el dueño.
> *Do you see that man running towards that car? It's the owner.*

2. Demonstratives can also express distance in time.

> ¿Quieres ir conmigo al cine **esta** noche?
> *Do you want to go to the movies with me tonight?*
>
> Nunca olvidaré 1985. **Aquel** año te conocí.
> *I'll never forget 1985. That year I met you.*

3. Demonstrative pronouns have the same forms as demonstrative adjectives but are very often distinguished from them by a written accent.

> —¿Le gusta esta pulsera?
> —No, **ésa** no; prefiero **aquélla.**
> *"Do you like this bracelet?"*
> *"No, not that one; I prefer that one (over there.)"*
>
> ¡Qué bien lo pasábamos en la secundaria! ¡Qué tiempos **aquéllos**!
> *What good times we had when we were in high school! Those were the days!*

4. **Este** and **aquél** are also used to express *the former* and *the latter.* Note that the order in Spanish is different from the order in English, and **éste** (the noun said or written last), is mentioned before **aquél** (the more distant noun).

> Tanto Lucía como sus primos son de la Argentina. Pero **éstos** emigraron a California y **aquélla** se quedó en Buenos Aires.
> *Lucía as well as her cousins were born in Argentina. But* the former *stayed in Buenos Aires while* the latter *emigrated to California.*

Aplicación

A *La escena de la calle.* Mire la escena en la página 132 y coloque adjetivos demostrativos antes de los objetos según la persona que habla.

1. El señor que espera el autobús refiriéndose a...
   a) la parada de autobuses: _____ parada   b) el quiosco de periódicos: _____ quiosco   c) la señora del cochecito y la que habla por teléfono: _____ señoras

2. Uno de los clientes del café Royal hablando con el camarero y refiriéndose a...
   a) la sombrilla: _____ sombrilla   b) el plato que lleva el camarero: _____ plato   c) la motocicleta: _____ motocicleta

3. La señora que teje en el parque hablando con la señora que está a su lado y refiriéndose a...

a) las palomas: _____ palomas   b) la fuente: _____ fuente   c) los columpios: _____ columpios

4. El señor del quiosco de periódicos refiriéndose a...

a) el dinero que paga el cliente: _____ dinero   b) un periódico que el cliente quería comprar y él no tiene: _____ periódico   c) los periódicos que se exhiben en la acera: _____ periódicos

B *Entre dos.* Un/a estudiante hace una pregunta original, usando un adjetivo demostrativo y uno de los nombres que se sugieren en la lista, y otro/a estudiante le contesta usando un pronombre como se hace en el modelo.

MODELO: asiento
  ¿Quieres sentarte en este asiento?
  No, gracias, prefiero aquél.

1. libros
2. resaltador
3. líquido corrector
4. mochilas
5. fila
6. sacapuntas
7. camisa
8. profesora
9. zapatos
10. pupitres

C *¿Éste o aquél?* Continúe cada oración añadiéndole la información que se da en cada caso y usando **éste** y sus formas y **aquél** y sus formas.

MODELO: (Ana es alta / Tomasita es pequeña)
  Ana y Tomasita son hermanas. Esta es pequeña y aquélla es alta.

1. (el automóvil rojo es un Cadillac / el automóvil negro es un Ford)
Mi novia tiene un automóvil rojo y uno negro...

2. (mis abuelos paternos nacieron en Italia / mi abuela materna nació en Francia)
Vivo con mis abuelos paternos y mi abuela materna...

3. (los tulipanes son multicolores / las rosas son rojas)
En los canteros del parque hay tulipanes y rosas...

4. (El Universal tiene una sección de deportes estupenda / El Correo trae muchas noticias internacionales)
Todos los días leo dos periódicos: El Universal y El Correo...

5. (el taxi es rápido y cómodo / el autobús es barato)
Mi amigo toma un taxi para venir a clase, yo tomo el autobús...

6. (los toldos son bonitos / las persianas me parecen más prácticas)
En las ventanas de mi edificio hay toldos y persianas...

B. Possessive adjectives and pronouns

Possessive adjectives			
mi, mis	*my*	**nuestro, nuestra, nuestros, nuestras**	*our*
tu, tus	*your* (familiar)	**vuestro, vuestra, vuestros, vuestras**	*your* (familiar plural)
su, sus	*your* (formal), *his, her*	**su, sus**	*your* (formal plural), *their*

1. Possessive adjectives are singular or plural according to the thing(s) possessed. **Nuestro** and **vuestro** also have feminine singular and feminine plural forms.

   El ladrón se llevó **nuestro** coche, pero no **nuestras** bicicletas.
   The thief took our car but not our bikes.

2. Since the meaning of **su, sus** is ambiguous, it is often replaced with **el** + [*thing(s) possessed*] + **de** + [possessor]: *Su* **casa** → **la casa de Rafael / de mis amigos / de Ud. / de Uds. / de ellas**, etc.

3. Stressed possessive adjectives are used after a noun or after the verb *to be.*

Stressed forms			
mío, mía **míos, mías**	*mine, of mine*	**nuestro, nuestra** **nuestros, nuestras**	*ours, of ours*
tuyo, tuya **tuyos, tuyas**	*yours, of yours* (familiar)	**vuestro, vuestra** **vuestros, vuestras**	*yours, of yours* (familiar plural)
suyo, suya **suyos, suyas**	*yours, of yours* (formal), *his, of his, hers, of hers*	**suyo, suya** **suyos, suyas**	*yours, of yours* (formal plural), *their, of theirs*

—Señora, ¿es **suyo** este niño? Me tiró una piedra.
—No, un hijo **mío** no haría tal cosa.
"Madam, is this child yours? He threw a rock at me."
"No, a child of mine wouldn't do such a thing."

4. Possessive pronouns are formed by adding a definite article to the forms given in 3 above. Note that these pronouns agree with the noun they are replacing.

   —¿Es **tuya** esa sombrilla?
   "Is that umbrella yours?"

—No, ésa es verde; **la mía** es roja y blanca.
"No, that one is green; mine is red and white."

No traje mis anteojos, préstame **los tuyos.**
I didn't bring my glasses, lend me yours.

Aplicación

D *Entre varios.* En los siguientes diálogos se han omitido los posesivos. Léanse estos diálogos en clase. Cada estudiante completará su papel con el posesivo más apropiado de la lista.

1. *En el parque:*

el de ella / el suyo / tu / nuestro / mío / el mío / el tuyo / tuyo

ÉL: Ya sé que viniste al centro con Juana. ¿Viniste en _____ coche o en _____?

ELLA: En ninguno de los dos. Decidimos usar el metro. Y tú, ¿trajiste _____?

ÉL: No, mi madre me prestó _____ porque _____ tiene problemas en el radiador.

ELLA: _____ coche también tiene problemas mecánicos. Cuando nos casemos, debemos vender los dos y comprar un solo coche más nuevo. Entre esposos no debe haber _____ ni _____, sólo _____.

2. *Pablín, Pepito y Pedro juegan al beisbol:*

el tuyo / las tuyas / el suyo / mi / nuestras / el tuyo / tu / mi /

PABLIN: Pepito, olvidé _____ guante en casa, préstame _____.

PEPITO: Pablín, nosotros siempre te prestamos _____ cosas y tú nunca nos prestas _____.

PEDRO: Sí, acuérdate de que no me dejaste usar _____ bate el sábado.

PABLIN: Porque yo sabía que Lalo iba a prestarte _____.

PEPITO: Bueno, te perdono, porque quiero jugar contigo. Usa _____ guante. Pero no tenemos bate, así que usaremos _____.

3. *Hablan dos señoras:*

los suyos / nuestras / sus / el suyo / su / mi / mía

TERESA: Comadre Eulalia, ¡qué grandes están _____ hijos! Van a ser tan altos como _____ padre.

EULALIA: Sí, comadre Teresa. Crecen y crecen. Pero...también _____ están grandes.

TERESA: Ay, amiga _____, no sabe cómo comen. Estoy buscando un trabajo para complementar con _____ sueldo (*salary*) el sueldo de Prudencio. Con _____ no cubrimos todas _____ necesidades.

📖 Lectura

Unas vacaciones estupendas

Mi amiga Rosario y yo llevábamos dos años ahorrando dinero para hacer un viaje a Hispanoamérica. Llegó junio, nos graduamos y nuestras respectivas familias engrosaron (increased) nuestros fondos con generosos regalos. ¡Ya teníamos suficiente para el viaje! Pero... ¿adónde ir? Una agencia de viajes nos dio un montón de folletos (a bunch of brochures). ¡Cuántos lugares fascinantes, cuántos festivales, qué cantidad de ciudades interesantes! A continuación verán Uds. algunos de ellos y comprenderán nuestras dificultades para decidirnos.

Yo siempre había soñado con ir a Chichén Itzá, en la Península de Yucatán, una de las ciudades mayas más grandes y suntuosas. La pirámide del Castillo, en la foto, es el edificio más conocido de Chichén Itzá. Esta pirámide es un templo a Kukulkán, el dios con figura de serpiente emplumada (feathered). Sobre todo, me gustaría ver el espectáculo de la serpiente. Dos veces al año, en los equinoccios de primavera y otoño, la sombra (shadow) del sol desciende por los estrechos escalones (steps) de la pirámide produciendo el efecto visual del movimiento de un reptil. Al pie de la escalinata (outside staircase) hay dos esculturas en forma de cabezas de serpiente. Cuando el sol llega a ellas, el efecto es total. Es un espectáculo asombroso (amazing). Sin embargo, Rosario y yo decidimos excluir a Chichén Itzá de nuestros planes, porque estamos en junio y Kukulkán aparece solamente en marzo y septiembre.

Chichén Itzá

También me parecía muy interesante un viaje a Chile. Santiago, la capital, es una ciudad preciosa, muy europea, y está llena de tentadoras tiendas y boutiques. (Éste es para mí un atractivo especial, porque soy adicta a las compras.) Pero además Rosario y a mí nos gusta mucho el teatro, a Santiago es famoso por sus representaciones teatrales. Miren Uds. aquí esta vista tan bonita de la ciudad.

De Santiago salen todos los días excursiones para Viña del Mar, un bello balneario (seaside resort). En Viña del Mar se celebra todos los años el festival de canciones en español llamado OTI, donde compiten los mejores cantantes y compositores. A las dos nos gusta mucho ir a la playa, pero... en junio es invierno en Chile. ¡Qué desastre! Otra posibilidad que hay que descartar (put aside).

A las dos nos llamó la atención esta foto de Machu Picchu, en el Perú. Las ruinas de esta ciudad inca están a unas 70 millas del Cuzco, antigua capital del imperio incaico, y fueron descubiertas en 1913 por Hiram Bingham, en una expedición de la universidad de Yale. Machu Picchu está en un valle profundo rodeado de montañas, lo cual le da un aspecto impresionante y sombrío. Nadie sabe por qué ni cómo se construyó Machu Picchu, pero una teoría dice que la hicieron los jefes incas fugitivos como refugio de los conquistadores españoles.

Pero, además de su pasado incaico, Perú ofrece a los amantes de la historia grandes bellezas de la época colonial. Lima, la llamada

Santiago, Chile

Machu Picchu, Perú

Museo del Oro, Peru

"ciudad de los reyes", es una metrópoli que combina lo moderno y lo antiguo. Tiene doce museos y el más famoso de ellos es el "Museo del Oro", con más de 8000 piezas del período precolombino. Miren sus famosos balcones coloniales de madera tallada.

La historia antigua del Perú siempre me ha atraído por sus misterios. Entre ellos están las líneas de Nazca en el sur, en un desierto de la costa. Turistas, arqueólogos y científicos van al Perú a estudiar estas figuras enormes dibujadas en el suelo del desierto. Muchas son geométricas, otras son animales enormes: la araña que ven Uds. en la foto, un mono, un cóndor... Estos "dibujos" se hicieron excavando. La superficie (surface) del suelo del desierto es oscura, porque se oxida al contacto con el aire: al excavar se descubre tierra de color claro. Como las figuras son tan grandes, no se ven cuando uno está junto a ellas: sólo se aprecian bien desde un avión. Se cree que eran un calendario gigantesco.

Dibujos en Peru

—Pero, Laura, —me dijo Rosario—, aunque el invierno es moderado en la América del Sur, acuérdate de que en junio es invierno en el Perú. Las dos disfrutamos mucho de la playa. ¿Porqué no vamos al Caribe? Puerto Rico, la República Dominicana... O tal vez alguna playa de México: Acapulco, Puerto Vallarta, Cancún. Por el día, mucho sol y mucho mar. Por la noche, discotecas, paseos con chicos a la luz de la luna...

Excursión en balsa por el río

—No, —le contesté—, tengo otra idea mejor. Vayamos a Costa Rica, que ofrece todo lo anterior, y además la aventura de su selva tropical. Hay excursiones ecológicas. Podemos cruzar en balsa (raft) los rápidos de los ríos, ver quetzales multicolores de larga cola, pájaros exóticos, perezosos (sloths) colgados de las ramas de los árboles...

Y, para convencerla, tomé uno de los folletos y le mostré estas fotos de un quetzal, un perezoso y una excursión en balsa por el río. ¿Saben? ¡La convencí! Salimos para Costa Rica mañana por la tarde.

Quetzal

Perezoso

C. *Pedir* and *preguntar*

Both **pedir** and **preguntar** are equivalent to *to ask* in English but they are not interchangeable.

1. Pedir means *to ask for* and it expresses a request.

> El policía me **pidió** mi licencia.
> *The policeman asked me for my driver's license.*

> ¿**Pediste** un turno en la peluquería?
> *Did you ask for an appointment at the beauty parlor?*

Pedir also means *to order* when one orders merchandise or orders at a restaurant.

> Vi un vestido muy bonito en el catálogo y lo **pedí,** pero no lo he recibido todavía.
> *I saw a very beautiful dress in thecatalog and I ordered it, but I haven't received it yet.*

2. Preguntar refers in most cases to a direct or indirect question. In the case of an indirect question, the presence of words like **si** (*if*), **cuándo** (*when*), **por qué** (*why*), **dónde** (*where*), etc. gives a hint that **preguntar** must be used.

> El policía me **preguntó**: ¿es suya esta licencia?
> *The policeman asked me: Is this license yours?*

> No le **preguntaste** al hombre del remolque cuánto iba a cobrarnos.
> *You didn't ask the tow-truck man how much he was going to charge us.*

3. Since the general meaning of **preguntar** is *to seek information,* it also expresses *to try to find out (about)* and *to inquire (after).*

> Llama a este número y **pregunta** por Benito.
> *Call this number and ask for Benito.*

> Sofía **preguntaba** por tu salud todos los días cuando estuviste enfermo.
> *Sofía inquired about your health every day when you were sick.*

Aplicación

E *¿Pedir o preguntar?* Decida si una persona **pide** o **pregunta** en los siguientes casos, completando la oración con la palabra más apropiada.

1. _____ si se puede estacionar en esa calle.

2. _____ cambio para el parquímetro.

3. _____ cuánto cuesta el pasaje en el autobús.

4. _____ un jugo de naranja en el café.

5. _____ dónde está la calle de Olmo.

6. _____ cómo se llama el río que hay en Buenos Aires.

7. _____ permiso para sentarme.

8. _____ un turno (*appointment*) para el médico.

9. _____ por un compañero que no vino ayer a clase.

10. _____ un favor a un amigo.

11. _____ gasolina sin plomo en la gasolinera.

12. _____ persianas a una tienda que vende por catálogo.

DEL MUNDO HISPÁNICO (México)

Por tierra y aire
la **experiencia** de Radio Red es su mejor elección

Red Vial de Monitor conoce el Distrito Federal mejor que nadie.
Lo hemos recorrido de arriba a abajo, a lo largo y a lo ancho,
en moto, automóvil y en helicóptero.
Son muchas nuestras horas de vuelo.
En el área metropolitana, en las horas más conflictivas,
Radio Red le guía y le hace llegar de buen humor a sus labores.

radio RED
1110 am
MARCA EL PASO EN LA RADIO

PALABRAS ÚTILES

red   *net; network*

elección   *choice*

recorrido...ancho   *gone all over*

moto   *motorcycle*

vuelo   *flight*

labores   *work*

marca el paso   *sets the pace*

Lea este anuncio y conteste las preguntas.

1. ¿Qué medios de transporte utiliza Radio Red?

2. ¿Para qué usan los helicópteros las estaciones de radio?

3. ¿Cuáles son las horas más "conflictivas" en una gran ciudad?

4. En su opinión, ¿por qué se dice que Radio Red hace llegar a la gente de buen humor a su trabajo?

5. ¿Cómo explicaría Ud. en español lo que significa "marcar el paso"?

▨▨▨▨ *Un poco de humor*

Lea el chiste y conteste las preguntas.

—POR FIN HE PODIDO COMPRARME EL COCHE MÁS GRANDE, MÁS POTENTE, MÁS VELOZ... PUEDO DECIR QUE TENGO EL MEJOR COCHE DE TODOS LOS EMBOTELLAMIENTOS.

1. ¿Presenta este chiste una situación real o cree Ud. que exagera?
2. ¿Por qué es inútil un coche potente y veloz en estas circunstancias?
3. ¿Es un problema el tráfico en el lugar donde Ud. vive?
4. En su opinión, ¿qué pueden hacer las grandes ciudades para resolver o aliviar el problema del exceso de coches en las calles?

Capítulo 6

MANERAS DE VESTIR

—Es una camisa bonita, ¿verdad?— Estos jóvenes están de compras en un centro comercial de Caracas.

Presentación

En el mundo hispánico la gente se viste como en los Estados Unidos y Europa, pero en los países donde hay muchos indios, éstos siempre han usado ropa típica. También en España hay trajes tradicionales, pero se usan solamente en ocasiones especiales como festivales y bailes regionales.

La *Lectura* de este capítulo se refiere a los indígenas de los Andes en la América del Sur. En el Perú, Bolivia, el Ecuador y, en menor grado, Colombia, gran parte de la población rural es de origen indio. Su ropa es muy pintoresca, de colores alegres y se hace a mano. Los sombreros son muy importantes y establecen una distinción clara entre los diferentes grupos étnicos.

Sin embargo, como Ud. verá en la *Lectura,* la civilización está cambiando mucho el estilo de vida de estas regiones. Por razones económicas y prácticas, los indios de los Andes están abandonando poco a poco el uso de la ropa tradicional.

En la *Escena* de este capítulo se presenta vocabulario relacionado con la ropa y se practican verbos y expresiones útiles para ir de compras en una ciudad donde se hable español.

Repaso previo   Spanish prepositions, *Workbook.*

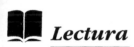 *Lectura*

Los indios andinos° cambian de ropa

En los Andes se está acelerando el hasta ahora lento° proceso de aculturación. Los indios, en la búsqueda° de dinero, han puesto en las tiendas para turistas la proporción más grande de° sus vestidos° tradicionales. Se mezclan° visualmente con las poblaciones de mestizos° usando ropas occidentales, y sus comunidades
5   van camino a° su extinción.

La monetarizada° sociedad moderna ha llevado a estos grupos a cambiar su vestimenta°; ahora es más ventajoso° producir ropa para los turistas y, con sus relativas altas ganancias°, comprar ropa occidental más barata. Los indios saben que un sombrero fabricado° por ellos llega a valer tanto como° un conjunto°
10   completo de ropa occidental.

El centenario° orden social y económico de los Andes rurales ha cambiado más en las últimas tres décadas que en toda su historia. Como muchos indios ahora buscan trabajo fuera de sus comunidades, la ropa como signo de identificación no sólo es innecesaria, sino que es un obstáculo serio para su aceptación
15   por la población° en general.

Los más viejos todavía utilizan los estilos tradicionales como manifestación de su unidad social, pues se sienten más unidos° a sus grupos tribales que los

of the Andes

slow
search
la...: most of / *attire* / *mix*
persons of mixed blood
camino...: *on their way to*

money-oriented
attire / *advantageous*
profits
made / **llega...:** *can cost as much as* / *outfit*

centuries-old

population

closer

Estos indígenas otavalos del Ecuador exhiben su mercancía en el mercado del sábado. Los otavalos son famosos por sus productos textiles.

jóvenes. Pero los jóvenes usan la misma ropa que está de moda° en Europa y Norteamérica. La vestimenta de los hombres consiste en pantalones azules de
20 mezclilla°, camiseta° y zapatos de lona°. Usan abrigo y a menudo° sacos deportivos°. La transición del estilo andino al occidental en los hombres consiste en no utilizar ponchos y sombreros. En las mujeres, consiste principalmente en la utilización de pantalones flojos° en vez de° falda y en no usar sombrero
    La movilidad es uno de los aspectos claves° en la aculturación. Hoy, los
25 caminos llegan a° casi todos los rincones° de los Andes. El mestizaje° es un factor para este cambio, especialmente cuando se combina con la movilidad.
    La educación también juega un importante papel° en la aculturación. Todos los indios se dan cuenta° de que ésta es una valiosa° clave para una vida mejor. Los padres analfabetos° insisten a sus hijos para que asistan° a la escuela,
30 esperando que así tengan mejores oportunidades.
    Los aspectos visuales de la cultura, como los estilos de ropa, están siendo afectados mucho más rápidamente que los no visuales, como el lenguaje, los mitos° y las creencias° tradicionales. Una vez que° el indio ha adoptado el vestido occidental, ya no° puede ser identificado como indio y se pierde para
35 siempre entre la población mestiza. Es por esto que los indios de los Andes literalmente están desapareciendo de nuestra vista°.

De *Geomundo*, Panamá.

está...: is in style

denim (jeans) / t-shirt / **zapatos**...: sneakers / **a**...: often / **sacos**...: sport jackets

loose / **en**...: instead

key

llegan...: reach / remote places / cross-breeding

role

se...: realize / valuable

illiterate / attend

myths / beliefs / **una**...: once

ya...: no longer

sight

Comprensión

El indio y su ropa.   Escoja la respuesta correcta en cada caso según la lectura.

1. El proceso de aculturación de los indios se ha acelerado en los últimos...
a) diez años b) treinta años c) cinco años

2. La ropa típica indígena es ahora un obstáculo para...
a) las mujeres indias b) los niños c) los indios que quieren trabajar fuera de sus comunidades

3. Económicamente, es mejor para los indios...
a) seguir usando la ropa típica b) vender la ropa típica a los turistas
c) comprar ropa típica en las tiendas

4. Un sombrero fabricado por los indígenas vale tanto como...
a) un sombrero occidental b) un conjunto completo de ropa occidental c) un poncho nuevo

5. Cuando los jóvenes de los Andes se visten al estilo occidental llevan...
a) sombrero b) pantalones de mezclilla c) poncho

6. Otro factor que ayuda a la aculturación es...
a) la abundancia de caminos que llegan a los lugares remotos b) el aumento en el número de analfabetos c) la creación de mitos

7. Los padres indios quieren que sus hijos...
a) trabajen más que ellos b) lleven sombreros típicos c) asistan a la escuela

8. Los indios que llevan ropa occidental...
a) siempre pueden ser identificados como indios b) se confunden con los mestizos c) ya no son analfabetos

Vocabulario

Sinónimos. Reemplace las palabras en cursiva por palabras sinónimas de la lista.

En el pasado, la aculturación de los indios *no era rápida.* Pero hoy, los caminos llegan a los *lugares remotos* de los Andes, y muchos indígenas *de los Andes* no llevan la *ropa* tradicional y *se confunden* con *las personas que tienen más de una raza.* Este cambio es *conveniente,* porque así son aceptados más fácilmente por el resto de la *gente.* Una sociedad *interesada en el dinero* está cambiando un orden social *de varios siglos.* Los indígenas conservan *su religión,* pero han cambiado exteriormente y ahora usan la misma ropa que *llevan todos* en *la América del Norte* y Europa. *Frecuentemente,* los hombres llevan *chaqueta* y las mujeres no llevan falda sino pantalones *anchos.* Como la ropa no los identifica, los indígenas desaparecen ante *los ojos* de los turistas. Además, los indios comprenden que la educación es un factor *muy importante* para el avance social, y los padres *que no saben leer y escribir* quieren que sus hijos *vayan* a la escuela.

> a menudo / analfabetos / andinos / asistan / centenario / clave / sus creencias / era lenta / está de moda / flojos / los mestizos / monetarizada / Norteamé- rica / población / rincones / saco / se mezclan / ventajoso / vestimenta / la vista

Modismos

estar de moda *to be in style*
estar pasado/a de moda *to be out of style*

> Los sacos largos y flojos **están de moda,** pero los tacones muy altos **están pasados de moda.**
>
> *Long and loose jackets are in style but very high heels are out of style.*

Los diseñadores hispanos presentan frecuentemente desfiles de modas. Éste es de Oscar de la Renta.

ya no *no longer*

> ¿Te acuerdas de que Adelita siempre llevaba minifaldas? Pues, **ya no** las usa.
>
> *Do you remember that Adelita always wore miniskirts? Well, she no longer wears them.*

a menudo *often*

> **A menudo** no comprendemos a las personas que se visten de manera diferente.
>
> *We often don't understand people who dress in a different way.*

Aplicación

A   *Hablando de modas*. Diga si las siguientes cosas están de moda o están pasadas de moda.

1. la ropa de poliéster
2. el pelo largo
3. los jeans
4. los sombreros
5. los zapatos de plataformas altas
6. los pantalones apretados (*tight*)
7. la ropa de hilo (*linen*) en el verano
8. las faldas largas

B   *Ya no*. Hábleles a sus compañeros de cuatro cosas que hacía y que no hace más, usando la expresión **ya no.**

C   *Acciones habituales*. Conteste las preguntas usando **a menudo** en su respuesta.

1. ¿Vas de tiendas frecuentemente?
2. ¿No lavas mucho tu ropa o la lavas con frecuencia?
3. ¿Usas a veces zapatos de lona?
4. ¿Usas tu paraguas frecuentemente en la primavera?

5. Si eres hombre, ¿usas corbata con frecuencia?

6. ¿Qué actividades tienen con frecuencia tú y tus amigos?

PUNTOS DE VISTA

A *La ropa como identificación cultural.*

1. ¿Cree Ud. que es buena idea el que los indios no sigan usando sus vestidos tradicionales? ¿Por qué sí o por qué no?

2. En las grandes ciudades de los Estados Unidos se ven a menudo personas que llevan la ropa de su país de origen. ¿Le molesta a Ud. esto? ¿Le gusta? ¿No le importa? ¿Por qué?

3. ¿Qué ropa típica de otros países ha visto? ¿Cuál ha usado? ¿Cuál (no) le gustaría usar? ¿Por qué no?

B *La ropa en nuestra sociedad.*

1. De la ropa que está de moda hoy, ¿cuál le gusta? ¿Cuál no le gusta?

2. ¿Le parecen atractivas algunas modas del pasado? ¿Cuáles?

3. Se dice que hay una gran relación entre la manera de vestir de una persona y su éxito profesional. Por otra parte, un refrán español dice "El hábito no hace al monje". (*Clothes don't make the man.*) ¿Cuál de las dos teorías le parece más cierta? ¿Por qué?

4. ¿Cómo iría vestido/a Ud. a una entrevista de trabajo? ¿Por qué?

C *El progreso.*

1. ¿Por qué son importantes los caminos y los transportes para el progreso de un país? ¿Qué otras cosas son más importantes?

2. El progreso lleva, sin duda, cosas muy buenas a un país, pero también tiene aspectos negativos. ¿Cuáles son algunos de ellos?

3. Si Ud. fuera presidente de un país, ¿qué haría para erradicar el analfabetismo en él? ¿Es más fácil aprender a leer en español que en inglés? ¿Por qué sí o por qué no?

DEL MUNDO HISPÁNICO (Los Andes)

En estas fotos se ven trajes típicos de diferentes países de Sudamérica. Identifique cada foto con la descripción que le corresponde.

___1. Los indios de Bolivia usan sombreros inspirados por los cascos (*helmets*) de los conquistadores españoles.

___2. En Pisac, Perú, sólo las mujeres viejas usan estos sombreros en forma de plato.

___3. Los aymará del lago Titicaca, en Bolivia, se distinguen por sus sombreros de tipo "derby" inglés.

___4. Los ponchos que se usan hoy en Cuzco, Perú, son de algodón tejido en máquinas modernas. El sombrero se llama **chullo**.

___5. Los trajes típicos de Colombia se distinguen por sus ruanas tejidas de rayas multicolores.

___6. Los otavalo del Ecuador son una tribu próspera y llevan buena ropa y muchos collares. El número de collares indica la situación económica del individuo.

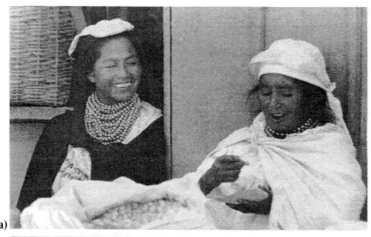

(a)

(b)

(c)

(d)

(e)

(f)

❖❖❖❖ *Un poco de humor*

Dos viejos hippies

Mire la ilustración y luego haga el ejercicio.

1. Describa la ropa de estos dos viejos.
2. Describa cómo cambiaría su ropa si fueran personas conservadoras.
3. ¿Cómo sabemos que son ricos?
4. Además de la ropa, ¿qué otros aspectos de la escena son anacrónicos?

PALABRAS ÚTILES

la banqueta *stool*

la barra *counter*

la cinta en la frente
  bandana

chillón/chillona *loud*
  (color)

la doncella *maid*

el mayordomo *butler*

el perro caliente *hot dog*

los tenis *sneakers*

DEL MUNDO HISPÁNICO (Uruguay)

TIENDAS MAGDALENA FABRICA

𝔄migos!!!

Cumplimos 30 años de vida comercial. Este año aparte de los saludos y deseos de bienestar, salud y suerte, enviamos nuestros profundos agradecimientos porque todo lo que hicimos y hacemos fue gracias a Uds.

Nuestros clientes son nuestros amigos.

Los años pasan y cada vez hacemos más amigos. Nos esforzamos para servirlos.

Ya funciona nuestra 4ª Casa en 18 de Julio 1231 y Yi. (Av . principal de Montevideo.)

Somos la Tienda de tejidos de punto (sweaters) más importante del Uruguay.

Nuestra fábrica la seguimos equipando con la maquinaria más moderna para la fabricación de sweaters marcas **BARROCCO • Fernand Pierre** y **Angoril** y como es tradicional distribuimos directo de Fábrica los mundialmente conocidos sweaters **BURMA®**

Buenos precios y buena mercadería es nuestro lema.

Además este año el cambio también favorece.

Hoteles, paseos, comidas y compras a precios muy razonables.

Para Uds., su Familia y sus amistades (si nos recomiendan !).

En cada punto de Montevideo hay una **Tienda MAGDALENA** a su servicio

Los esperamos

p. TIENDAS MAGDALENA S.A.

Peter Turn

| SORIANO 789 Y FLORIDA A 30 Mts. de Pza. Independencia | 18 DE JULIO 1231 Y YI | COLON 1471 y 25 DE MAYO | Montevideo Shopping Center Local 209 Nivel Superior | PLANTA INDUSTRIAL ☎ 94 05 71 / 73 |

MONTEVIDEO - URUGUAY

Lea este anuncio y conteste las preguntas.

1. ¿Cuántos años hace que existen las tiendas Magdalena?
2. ¿Qué les desean ellos a sus clientes?
3. ¿Cuántas tiendas Magdalena hay en Montevideo?
4. ¿Qué productos se venden en estas tiendas?
5. ¿Cuál es el lema de las tiendas Magdalena?
6. Gracias al cambio favorable, ¿qué ofrece este año Uruguay a sus visitantes?

Gramática I

A. Reflexive constructions

1. A verb is used in a reflexive construction when its subject and its object are the same person or thing.

> El niño **se** vistió sin ayuda.
> *The child got dressed (dressed* himself*) without help.*

2. Some verbs like **divertirse (ie)** (*to enjoy oneself*), **expresarse** (*to express oneself*), **preguntarse** (*to ask oneself*), and **prepararse** (*to prepare oneself*), are used reflexively in both Spanish and English. Many other verbs, however, are reflexive in Spanish but not in English. They are discussed in section 6 below. Reflexive constructions are formed with the reflexive pronouns **me, te, se, nos, os, se.**

3. Placement of reflexive pronouns follows the rules given in chapters 1 and 4 for direct- and indirect-object pronouns. They precede conjugated verbs and negative commands; they are attached to infinitives, affirmative commands, and present participles.

> Pepito, víste**te**, por favor, pero no **te** vistas con esa ropa.
> *Pepito, get dressed please, but don't get dressed in those clothes.*

> Pepito quería vestir**se** sin mi ayuda.
> *Pepito wanted to get dressed without my help.*

> Pepito está en su cuarto, vistiéndo**se**.
> *Pepito is in his room, getting dressed.*

4. Most verbs that take a direct object can be used reflexively.

> Acostó a los niños y después **se acostó** él.
> *He put the children to bed and then he (himself) went to bed.*

> Por favor, despiértame si **te despiertas** temprano.
> *Please, wake me up if you wake up early.*

> Tengo que secar esta toalla en la secadora para poder **secarme** con ella.
> *I have to dry this towel in the dryer in order to be able to dry myself with it.*

5. You learned in Chapter 4 that when the direct object of a verb is a garment, a personal belonging, or a part of the body, the indirect-object pronoun, combined with the definite article, can be equivalent to a possessive in English: **La madre *le* lavó *las* manos al niño.** (*The mother washed the child's hands.*) This rule also applies when the subject of the action and the possessor are the same person. In this case, a *reflexive pronoun* takes the place of the indirect-object pronoun.

> La madre **le** lavó **las** manos al niño primero, y entonces **se** lavó **las** manos.
> *The mother washed the child's hands first and then she *washed* her [*own*] hands.*

Los caballeros **les** quitan **el** abrigo a las damas antes de quitarse ellos **el** abrigo.[1]
Gentlemen remove the ladies' coats before taking off their own coats.
Me planchan los pantalones en la tintorería, pero yo **me** plancho **las** camisas.
They press my pants at the cleaners but I press my own shirts.

6. Many Spanish verbs are used reflexively although they do not have reflexive meanings. The following two charts contain lists of the most important verbs of this type. The verbs in the second chart are usually followed by the prepositions listed with them.

1. Note that a singular is used in Spanish when one item is involved regardless of the number of people doing the action.

caerse	*to fall down*	**preocuparse por**	*to worry about*
despertarse (ie)	*to wake up*	**ponerse +** [garment]	*to put on*
dormirse (ue, u)	*to fall asleep*	**quitarse +** [garment]	*to take off*
moverse (ue)	*to move*	**sentirse (ie, i)**	*to feel*
acercarse a	*to approach, get closer to*	**vestirse (i, i)**	*to get dressed*
casarse con	*to get married to*	**atreverse a**	*to dare to*
enojarse con	*to get angry at*	**parecerse (zc) a**	*to resemble*
aburrirse de	*to get bored with*	**reunirse con**	*to get together with*
acordarse de (ue)	*to remember*	**enamorarse de**	*to fall in love with*
alegrarse de	*to rejoice, be happy*	**irse de**	*to go away from, leave*
alejarse de	*to get away from*	**mudarse de (a)**	*to move from (to)*
arrepentirse de	*to repent; to regret, be sorry*	**olvidarse de**	*to forget about*
cansarse de	*to get tired of*	**quejarse de**	*to complain about*
darse cuenta de	*to realize*	**reírse (i, i) de**	*to laugh at*
despedirse (i, i) de	*to say good-bye to*	**vestirse (i, i) de**	*to dress as*
convertirse (i, i) en	*to become, turn into*	**fijarse en**	*to notice*

Aplicación

A *Entre dos: Hábitos irritantes*. Un/a estudiante hace una pregunta basada en las opciones que se dan y otro/a estudiante contesta escogiendo otra opción y explicando por qué.

MODELO: quejarse constantemente

—¿*Te irritan las personas que se quejan constantemente?*

—*Sí, pero me molestan más las personas que, cuando se reúnen con sus amigos, critican a los ausentes, porque sé que también hablarán mal de mí.*

1. irse sin despedirse de nadie
2. preocuparse por todo
3. dormirse cuando van contigo al cine
4. quitarse los zapatos en público
5. moverse constantemente cuando conversan
6. enojarse por cosas sin importancia
7. cansarse muy rápido de oír tus problemas
8. vestirse de manera muy extravagante
9. olvidarse de tu cumpleaños
10. ponerse tu ropa sin tu permiso

B *Narraciones*. Cambie los reflexivos para adaptarlos al sujeto cuando sea necesario. Añada una preposición donde hay puntos suspensivos.

1. *En el supermercado*:

Ayer sábado, (yo) *despertarse* temprano, *bañarse* y *lavarse* la cabeza. Llovía. *Preguntarme* por qué siempre llovía cuando yo *lavarse* la cabeza. Pero *acordarse*...que necesitaba urgentemente un par de pantimedias, *ponerse* el impermeable y *irse*...el lugar más cercano donde venden pantimedias: el supermercado de la esquina. Para llegar a las pantimedias, tenía que pasar por la sección de pastas. Cuando *acercarse*...esa sección, *fijarse*...una botella de aceite rota en el piso. Yo *cuidarse* mucho y siempre trato de evitar accidentes; por eso *no atreverse*...pasar y preferí *alejarse*...allí. Pronto *alegrarse*...esta decisión, porque una señora resbaló (*slipped*) y *caerse* unos minutos después. La señora *enojarse* mucho y *quejarse*...el accidente al gerente (*manager*).

2. *Mis actividades de verano*:

En el verano siempre (yo) *mudarse*...casa de mis padres. Para no (yo) *aburrirse*, *reunirse*...mis amigos. Aunque *acordarse*...los números de teléfono de todos mis amigos, consulto mi libreta para *asegurarse*...que *no olvidarse*...ninguno. Cada vez que (yo) *reunirse*...ellos, *sentirse* muy contento. Estos son mis amigos de siempre: (ellos) *parecerse*...mí en el carácter; fuimos juntos a la escuela; *enamorarse* por primera vez casi al mismo tiempo, y ellos *no cansarse*...estar conmigo. (Yo) *alegrarse*...sus triunfos y *preocuparse*...sus problemas cuando ellos *quejarse*...algo. ¡Hasta (yo) *reírse*...los chistes tontos que algunos cuentan! (Yo) *darse cuenta*...que estas reuniones pronto van a *convertirse*...una obligación, pero (yo) *no arrepentirse*...haber iniciado esta costumbre; al contrario, me gusta *acercarse*...los amigos y *divertirse* con ellos.

C *Tú.* Cambie los verbos en primera persona (yo) del ejercicio B a la segunda persona del singular (tú).

B. Special uses of reflexive constructions

1. A reflexive pronoun can be used to intensify the action of the verb. This happens very often in everyday usage.

> Ella **se** gasta mucho dinero en ropa, pero no **se** viste con gusto.
> *She (really) spends a lot of money on clothes but doesn't dress in good taste.*
> Ese chico **se** sabe siempre la lección.
> *That boy always knows the lesson very well (by heart).*

2. Another important function of reflexive constructions is to indicate unplanned or unexpected occurrences. In English this meaning is often conveyed with *to get* or *to slip*. As in the **gustar** construction, the person affected by the action is represented by the indirect-object pronoun. Some of the verbs that take this construction are:

acabársele	to run out of	**manchársele**	to get stained
caérsele	to slip away (out)	**morírsele (ue, u)**	to die
desteñírsele (i, i)	to fade, to run (colors)	**ocurrírsele**	to occur (to one)
		olvidársele	to forget, to slip one's mind
encogérsele	to shrink		
escapársele	to escape (from one)	**perdérsele (ie)**	to get lost
		quemársele	to get burned
írsele	to miss (a plane, a bus, etc.)	**rompérsele**	to get broken

A Ramón **se** le rasgó la camisa.
Ramón's shirt got ripped.

A la dependienta **se** le cayeron las perchas.
The hangers slipped out of the saleslady's hands.

Aplicación

D *Entre dos.* Un/a estudiante será Carmelo/a y otro/a estudiante será Juanito/a, dos campesinos/as de los Andes. Cada uno dirá lo que le ocurrio inesperadamente, adaptando las formas reflexivas que se indican.

CARMELO/A: ¿Por qué no fuiste al mercado ayer? No me digas que (rompérsele) el carretón (*cart*).

JUANITO/A: ¡Tuve un día terrible! No (rompérsele) el carretón, pero no pude usarlo porque (enfermársele) la mula.

CARMELO/A: ¿Y no (ocurrírsele) llevar la mercancía en el autobús?

JUANITO/A: Pues, traté de hacerlo. Pero el autobús (írsele) y, cuando corría a alcanzarlo, (caérsele) el dinero que traía en el bolsillo y (perdérsele). No pude encontrarlo.

CARMELO/A: ¡(Perdérsele) el dinero! ¡Qué mala suerte! Ayer había muchos turistas y a mí (acabársele) los sombreros y los ponchos. Los vendí todos.

JUANITO/A: Yo (ponerse) muy triste por mi mula enferma y pensé que iba a (morírsele). Entonces (acordarse) de que José Encarnación curaba animales y fui a buscarlo. Él me dio una medicina para mi mula.

E *Otra vez entre dos.* Ahora Carmelo/a le cuenta a Petronilo/a lo que le pasó a Juanito/a.

MODELO: PETRONILO/A: ¿Por qué Juanito/a no fue al mercado ayer? No me digas que...

CARMELO/A: Petronillo/a, Juanito/a no fue al mercado ayer porque...

PALABRAS ÚTILES

el hilo *thread*
el guante *glove*
la jaula *cage*
la soga *rope*
el canario *canary*

F *Situaciones: ¿Qué pasó aquí?* Haga una oración usando reflexivos en construcción especial para indicar lo que pasó en cada escena. Use más de una construcción reflexiva cuando sea posible.

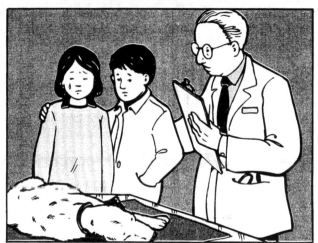

C. Reciprocal constructions

The plural reflexive pronouns **nos, os, se** express in Spanish reciprocal actions.

Alberto, Lucía y yo **nos** conocimos al mismo tiempo y Alberto y Lucía **se** enamoraron desde el primer momento. Yo les pregunté ayer: "Si **os** amáis tanto, ¿por qué no **os** casáis?"
Alberto, Lucía, and I met [each other] *at the same time and Alberto and Lucía fell in love with* each other *from the first moment. I asked them yesterday: "If you love* each other *so much, why don't you get married?"*

Aplicación

G *Entre tres: Cosas en común.* El/la estudiante A formará una oración con cada clave y se la dirá a el/la estudiante B, quien la cambiará usando una construcción recíproca. El/la estudiante C les hablará a los dos, usando también una construcción recíproca.

MODELO: conocer muy bien
         A: *Juan, yo te conozco muy bien.*
         B: *Nos conocemos muy bien.*
         C: *Uds. se conocen muy bien.*

1. ver frecuentemente
2. invitar a comer a veces
3. estimar mucho
4. prestar la ropa
5. ayudar en tus tareas
6. comprender muy bien
7. llamar por teléfono con frecuencia
8. felicitar por Navidad
9. decir siempre la verdad
10. no pelear nunca

DEL MUNDO HISPÁNICO (Chile)

Paula, una conocida revista chilena, anuncia aquí su número (issue) especial de modas. Escriba un anuncio similar, adaptándolo a lo que, en su opinión, va a usarse en la próxima estación. Si no tiene idea de lo que va a usarse, invente su propia moda. Puede referirse también a la moda masculina.

MODA

La "guerra de los largos" no tiene fin: gana el largo, pero el corto se queda. Los tejidos y el cuero serán obligatorios. Campearán negros y grises, mezclándose con los cafés, pardos, rojos y un toque de amarillo... Todo lo que viene en el especial Paula Moda Otoño - Invierno.

ES IMPRESCINDIBLE.
NO SE LA PIERDA.

PALABRAS ÚTILES

se queda *stays*
campearán *will dominate*
toque *touch*
imprescindible
  indispensable

Escena

En el almacén

> **Palabras conocidas**
> el abrigo, la blusa, las botas, la camisa, la chaqueta, la falda, los pantalones, el sombrero, el vestido, los zapatos

La ropa y otras prendas

la bata	housecoat, robe
la bufanda	scarf
los calcetines	socks
los calzoncillos	shorts (underwear)
la camiseta	t-shirt
la cartera[a]	handbag
el cinturón	belt
la corbata	necktie
el chaleco	vest
la gorra	cap
los guantes	gloves
el impermeable[b]	raincoat
las medias	stockings
las pantimedias	pantyhose
el pañuelo	handkerchief
el pijama	pajamas
la ropa interior	underwear
el suéter[c]	sweater
los yins[d]	jeans
las zapatillas	slippers

Artículos de costura

la aguja	needle
el alfiler	pin
el botón	button
el (carretel de) hilo	(spool of) thread
la cinta	ribbon
la cinta de medir	measuring tape

[a] **el bolso** (Spain), **la bolsa** (Mexico)
[b] **la gabardina**
[c] **el jersey** (Spain)
[d] **los jeans, los vaqueros, los mahones**

el patrón	pattern (to cut)
la tela	fabric
las tijeras	scissors
el zíper[e]	zipper

Telas y materiales

el algodón	cotton
el cuero[f]	leather
el encaje	lace
la gabardina	gabardine
la gamuza	suede
el hilo, el lino	linen
la lana	wool
la lona	canvas
las pieles	fur
el poliéster	polyester
el punto	knit
el raso	satin
la seda	silk
el tela de toalla	terrycloth
el terciopelo	velvet

Los dibujos de las telas

floreado/a

de bolitas, de lunares

[e] **la cremallera**
[f] **la piel** (see pp. 74)

de rayas, de listas	
de cuadros	
de un solo color, de color entero	

Otras palabras

el bolsillo	pocket
el cartel	sign
el cuello	collar
la etiqueta	tag
la escalera mecánica	escalator
el letrero	sign
la manga	sleeve
el maniquí	mannequin
el número	size (shoes)
la percha, el gancho	hanger
el perchero	clothes rack
el probador	fitting room
la talla	size (garments)

Verbos y modismos

coser	to sew
probarse (ue)	to try on

quedar(le)...(a uno) ancho/ estrecho / corto / largo / grande / pequeño	to be too...(on one) wide / tight / short / long / big / small	**quedar(le) bien / mal (a uno)**	to look good / bad (on one)
		(no) servir(le) (a uno)	(not) to fit (one); (not) to meet one's needs

Aplicación

A   *En el almacén.* Conteste, basándose en la escena.

1. *Tallas y números*:
   ¿Cómo le queda(n) o va(n) a quedarle...?
   a) los pantalones al niño
   b) la blusa a la niña
   c) el vestido a la mujer
   d) el chaleco de cuadros al hombre
   e) los zapatos a la mujer

2. *Los dibujos de las telas:*
   ¿Qué prendas son...?
   a) floreadas
   b) de cuadros
   c) de un solo color
   d) de lunares
   e) de rayas

3. *La gente y su ropa*:
   ¿Quién lleva una prenda con...?
   a) bolsillos
   b) botones
   c) cuello
   d) mangas cortas

4. *Compradores indecisos*:
   a) ¿Qué le muestra la dependienta a la clienta? ¿Qué está considerando ella, probablemente?
   b) ¿Por qué tiene la madre de la niña una percha en la mano?
   c) ¿Por qué mira la mujer las pantimedias?
   d) ¿Qué información contiene, probablemente, la etiqueta que lee el hombre?

e) ¿Qué mira la mujer que está cerca de la escalera mecánica?

f) ¿Qué está pensando, en su opinión, el hombre que tiene el chaleco en la mano?

5. *Andando por la tienda*:

a) ¿Qué prendas se exhiben en los maniquíes?

b) ¿Qué artículos se venden en el departamento de hombres?

c) ¿Cómo sabemos que los zapatos que se está probando la mujer no son caros?

d) ¿Cómo sabemos que la gorra que tiene puesta el joven no es de él?

e) Además del letrero, ¿cómo se indica donde está el departamento de costura?

f) Si quiero hacerme un vestido, qué artículos del departamento de costura necesito?

B *Otras preguntas*.

1. ¿Qué diferencias hay entre...?

a) un chaleco y una chaqueta

b) un pijama y una bata

c) unas zapatillas y unos zapatos

d) unos calcetines, unas medias y unas pantimedias

e) un impermeable y un abrigo

f) una talla y un número

2. ¿Para qué se usan...?

a) un probador

b) un perchero

c) una percha

d) unos guantes

e) unas tijeras

f) una aguja

g) una escalera mecánica

h) un maniquí

i) una cinta de medir

j) unos alfileres

k) un zíper

C *Minidiálogos.* Un/a estudiante leerá la parte del diálogo que se da y otro lo completará de manera lógica.

1. DEPENDIENTA: ¿No le gusta esta blusa floreada, señora? Es de seda.
   CLIENTA: ...
2. NIÑITA: Mira, mamá, casi no puedo levantar los brazos.
   MADRE: ...
3. SRA. GORDA: ¿Cómo me queda este vestido, Crisanto?
   CRISANTO: ...
4. MADRE: Arturito, no camines con los pantalones así, que los vas a ensuciar.
   ARTURITO: ...
5. MANIQUÍ 1: ¡Qué vida tan aburrida! Siempre inmóvil y mirando gente tonta
              (*foolish*).
   MANIQUÍ 2: ...

D *Entre dos.* El estudiante A combina un objeto con una tela o material y el estudiante B hace una oración con la combinación.

MODELO: abrigo/pieles
        A: *abrigo de pieles*
        B: *Los protectores de animales no usan abrigos de pieles.*

1. una cartera	**a)** algodón
2. unos calzoncillos	**b)** cuero
3. unas zapatillas elegantes de mujer	**c)** charol
4. un pijama	**d)** encaje
5. una bata de baño	**e)** gabardina
6. un vestido elegante de invierno	**f)** gamuza
7. unos zapatos de tenis	**g)** hilo
8. unos calcetines	**h)** lana
9. una camiseta	**j)** lona
10. un pañuelo	**k)** piel
11. una bufanda	**l)** poliéster
12. un cinturón	**m)** punto
13. un impermeable	**n)** raso
14. unos guantes	**o)** seda
15. un traje de novia (*bride*)	**p)** tela de toalla
16. una chaqueta	**q)** terciopelo

DEL MUNDO HISPÁNICO (México)

Lea y después conteste las preguntas.

1. Ud. conoce la palabra **chaqueta**. ¿Por qué se llama **chaquetón** la clase de chaqueta que se ve en la foto?

2. La palabra **generoso** está usada aquí en sentido figurado. ¿Por qué es generoso este chaquetón?

3. ¿Qué significa "un estilo muy urbano"?

4. ¿Cómo es la modelo que lleva el chaquetón? ¿Cómo va vestida?

5. ¿Qué es necesario hacer para tener una chaqueta clásica?

6. ¿Cuál de los dos estilos le parece más elegante o más interesante? ¿Por qué?

PATRON

LARGO Y GENEROSO

Chaquetón de color natural que tiene un estilo muy urbano. Llévelo sobre faldas y pantalones.

Disposición de piezas

Acórtelo para obtener una chaqueta clásica y utiliza un tejido a rayas de colores.

DEL MUNDO HISPÁNICO (Estados Unidos)

Estas cuatro personas tienen en común, además de su origen hispánico, el ser muy famosas en el mundo de la moda y el vivir en los Estados Unidos. ¿Las conoce Ud.? El primero es Oscar de la Renta, de la República Dominicana; la segunda es Carolina Herrera, de una distinguida familia venezolana; la número 3 es Paloma Picasso, la hija del pintor español. Paloma se especializa en el diseño de joyas y es la creadora de un famoso perfume que lleva su nombre. El número 4 es Adolfo, un cubano que comenzó su carrera como diseñador de sombreros. Adolfo es uno de los modistos preferidos de la ex primera dama, Nancy Reagan.

(1)

(2)

(3)

(4)

Gramatica II

Uses of *para*

1. Before an infinitive to indicate purpose or goal, conveying the idea of *in order to*.

Los indios hacen sombreros **para** ganarse la vida.
The Indians make hats to earn a living.

Para ir a Cuzco es mejor tomar el tren.
[In order to] To go to Cuzco it's better to take the train.

2. In the combination **para que** + *subjunctive* to express the will or purpose of the subject in the main clause.

Voy a darte dinero **para que** [tú] compres una bolsa.
I am going to give you money so (in order) that you buy a bag.

La madre lleva a su hija al probador **para que** se pruebe los pantalones.
The mother takes her child to the fitting room so (in order) that she tries on the pants.

3. To indicate use or destination.

—Todas esas cosas que compraste, son **para** ti o **para** tus amigos?
"All those things you bought, are they for yourself or for your friends?"

—Son **para** mí. Salgo **para** Cuzco mañana. Compré zapatos cómodos **para** caminar, un poncho **para** las noches frías y un sombrero **para** el sol. ¡Estoy listo **para** el viaje!
"They are for myself. I am leaving for Cuzco tomorrow. I bought comfortable shoes for walking, a poncho for chilly nights, and a hat for the sun. I'm ready for the trip!"

4. To compare, conveying the idea of *considering*.

Esta ruana es barata **para** ser hecha a mano
This ruana is cheap considering that it is hand-made.

La camisa era muy pequeña **para** mí. Era de talla 42 y yo uso la talla 43.
The shirt was too small for me. It was a size 42 and I wear a size 43.[2]

5. To refer to a certain point in time or to a deadline.

La tintorería tendrá mi vestido listo **para** las tres.
The cleaners will have my dress ready by three.

Algunos piensan que, **para** el siglo XXI, muchas comunidades indias ya no existirán.
Some people think that, by the 21st century, many Indian communities will no longer exist.

---

2. Most Hispanic countries use the European system for sizes. A size 42 in shirts is equivalent to a 16 1/2 but the speaker calls it small because he is comparing it to the 43 (17) he wears.

6. In the combination **estar para** + *infinitive* to express that an action is about to take place.[3]

> **Estaba para** pagar las botas cuando vi otras más bonitas.
> *I was about to pay for the boots when I saw others [that were] prettier.*

B. Uses of *por*

1. To express the cause or reason for an action as the equivalent of the English expressions *on account of, because of, out of, on behalf of, for the sake of.*

> Muchos países han hecho muy poco **por** sus indios.
> *Many countries have done very little for their Indians.*

> Tuve que ponerme un abrigo muy grueso **por** el frío.
> *I had to put a very heavy coat on because of the cold.*

> Mi amiga dijo que no le gustaba mi traje, **por** envidia.
> *My friend said she didn't like my gown out of jealousy.*

2. To express feelings toward someone or something.

> Siento gran admiración **por** mi profesor/a de español.
> *I feel great admiration for my Spanish professor.*

3. To express prices and the ideas *in exchange for, in someone's place.*

> —¿Cuánto pagaste **por** esa ruana?
> *"How much did you pay for that ruana?"*

> —Pues, al principio el vendedor me tomó **por** un turista y me pidió treinta dólares por ella; pero terminó cambiándomela **por** una bolsa de lona que yo llevaba.
> *"Well, the salesman took me for a tourist at first, and asked thirty dollars for it, but he ended by exchanging it for a canvas bag I was carrying."*

4. To indicate the means or manner of an action in expressions such as **por avión, por correo, por teléfono, por televisión, por adelantado** (*in advance*), **por la fuerza** (*by force*).

> —Si no tienes tarjeta de crédito y quieres comprar algo **por** catálogo, tienes que pagar **por** adelantado.
> *"If you don't have a credit card and you want to buy something by catalog you have to pay in advance."*

> —Lo sé. Pero es cómodo pedir la mercancía **por** teléfono y recibirla **por** correo.
> *"I know. But it is convenient to order the merchandise on the telephone and to get it by mail."*

---

3. This usage is mostly Peninsular. In many Spanish-American countries **por** is preferred in this case; in others, **al** is used. Estaba **por** pagar las botas...; Estaba **al** pagar las botas...

5. To convey the ideas *along, around, by, in,* and *through,* usually combined with verbs of movement.

Es difícil para las personas mayores pasar el hilo **por** el ojo de la aguja.
It is difficult for older people to pass the thread through the eye of a needle.

Me gusta caminar **por** el centro comercial mirando todos los escaparates.
I like to walk around the shopping center looking at all the windows.

6. Por precedes the agent of an action.

Esas telas son tejidas **por** los indios, pero los dibujos originales no son creados **por** ellos.
Those fabrics are weaved by the Indians but the original designs are not created by them.

7. To express how long an action lasted. **Por** is often omitted in this case and no preposition is used in Spanish.

Te esperé en el mercado **por** media hora.
I waited for you at the market for half an hour.

8. To refer to speed, rate, frequency. *Per* is often used in the English sentence in this case.

Lavo mi ropa dos veces **por** semana.
I wash my clothes twice a week.

Si viajamos diez horas **por** día a cincuenta millas **por** hora, recorreremos quinientas millas en un día.
If we travel ten hours per day at fifty miles per hour, we'll do five hundred miles in a day.

9. Before an infinitive, to refer to an action yet to be completed.

Salgo para el Perú mañana y mi maleta está **por** hacer.
I am leaving for Peru tomorrow and my suitcase is yet to be packed.

Aplicación

A **Minidiálogos.** Los estudiantes representarán estos diálogos, completándolos antes con **para** o **por**.

1. DEPENDIENTE/A: ¿Qué puedo hacer _____ Ud.?

CLIENTE/A: Busco un suéter _____ regalárselo a mi hermana _____ su cumpleaños, pero lo quiero de algodón _____ que pueda usarlo en el verano.

DEPENDIENTE/A: Este blanco es cien _____ ciento de algodón. El modelo fue diseñado _____ Bruno especialmente _____ nuestra tienda. Tiene un veinte _____ ciento de rebaja.

CLIENTE/A: Ud. me ha tomado _____ un/a millonario/a. Un modelo de Bruno es mucho _____ mí. Siento un gran cariño mi hermana, pero no puedo pagar seiscientos pesos _____ un suéter _____ ella.

DEPENDIENTE/A: Hay otra sección de ropa _____ damas con suéteres más baratos. Siga _____ ese pasillo y suba _____ la escalera mecánica hasta el segundo piso. Pase _____ el departamento de niños y doble a la derecha. Allí los va a ver.

CLIENTE/A: Muy bien. Muchas gracias _____ la sugerencia.

2. PEPITO/A: ¿No te gustan estos jeans, mamá/papá? Son como los que anuncian _____ televisión.

MAMÁ/PAPÁ: No, Pepito/a, son muy grandes _____ ti; debemos buscar otra talla. Creo que antes vi unos pequeños _____ aquí, en este perchero.

PEPITO/A: Sí, aquí están. Los llevaré al probador _____ ver cómo me quedan.

MAMÁ/PAPÁ: Bueno, pero date prisa. Quiero estar de regreso en casa _____ las cinco, porque la cena está _____ hacer.

B *Mi amiga Imelda.* Complete la siguiente narración decidiendo entre **para** y **por**.

Mi amiga Imelda salió el sábado _____ París y regresará _____ fines de mes. Iba _____ dos semanas y llevaba doce maletas. Como ahora voy a su casa todos los días _____ cuidar a sus seis perros, me doy cuenta de que mi amiga es víctima de una seria adicción _____ las compras. Un recorrido rápido _____ sus roperos lo demuestra. _____ el invierno, Imelda tiene abrigos, chaquetas y chalecos de todas clases. Tiene también muchos trajes de fiesta diseñados _____ diseñadores famosos y ha pagado una fortuna _____ ellos. Sus blusas son más de trescientas. El inventario completo de sus vestidos está _____ hacer pero, aunque se cambia de ropa varias veces _____ día, necesitará muchos años _____ poder ponerse todos sus vestidos. ¡Y los zapatos! ¡Estuve contando zapatos _____ media hora! Tiene docenas de sandalias _____ el verano, veinte pares de botas _____ la nieve, cuarenta pares de tenis _____ sus deportes y doscientos pares de tacón alto _____ sus actividades sociales. _____ toda esta abundancia, Imelda ha tenido que construir varios roperos adicionales. _____ supuesto, ella tiene dinero, pero sus compras son extravagantes, aun _____ una persona rica. Siento un poco de lástima _____ Imelda. Creo que necesita un psiquiatra y estoy _____ buscarle uno. Soy su amiga y debo hacer algo _____ ella.

DEL MUNDO HISPÁNICO (México)

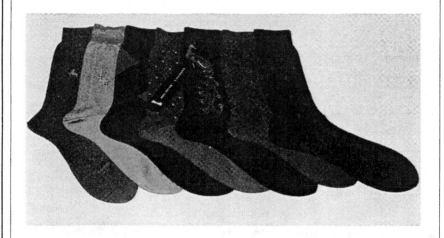

Lea el anuncio y diga si las siguientes afirmaciones son ciertas o falsas.

1. Estos calcetines no son hechos en México.
2. Los dibujos de los calcetines son hechos a mano.

3. Estos calcetines son cómodos y se adaptan muy bien al pie.

4. Hay también calzoncillos y camisetas de marca Donelli.

5. El zapato está entre el calcetín y el pantalón.

6. Los calcetines Donelli se venden exclusivamente en la tienda Liverpool.

Un poco de humor

Saldos y retazos (Clearance and Remnants)

Lea el chiste y haga el ejercicio.

1. En su opinión, ¿quién es este hombre? ¿Por qué piensa Ud. así?

2. Describa los dibujos de los retazos que lleva.

Capítulo 7

¡QUE APROVECHE!

¿Le gustan los mariscos? Muchos platos de la cocina española son a base de mariscos y este restaurante de Torremolinos, en el sur de España, atrae a los clientes con una variada exhibición de ellos.

Presentación

En este capítulo vamos a hablar de comida. La *Lectura* es un diálogo de tres chicas que son compañeras de universidad en Medellín, Colombia. La familia colombiana que aquí se presenta está en buena situación económica. Sus miembros cocinan solamente en ocasiones especiales porque tienen cocinera (*a cook*). En el pasado, las familias de las clases media y alta en los países hispánicos tenían uno o más sirvientes. Hoy, la situación ha cambiado mucho, especialmente en los países más prósperos. Es difícil encontrar empleados para los trabajos domésticos, y muchas familias de clase media contratan a una persona sólo varias horas a la semana.

En la *Lectura* se comenta sobre algunos platos típicos de Colombia. Ud. aprenderá que las tortillas de maíz se llaman **arepas** en Colombia y que cuando un colombiano dice "tortilla" se refiere a una tortilla de huevos (*omelette*).

En el diálogo se habla también del "día del santo". La religión católica dedica cada día del año a honrar (*honor*) varios santos. Una persona celebra el día de su santo en la fecha dedicada al santo cuyo nombre lleva. Por ejemplo, si Ud. se llama Juan, su santo es el 24 de junio; si se llama María, su santo es el 12 de septiembre; si se llama Catalina, el 29 de abril. En Hispanoamérica es común ponerles a los niños el nombre del santo correspondiente al día en que nacieron. Por eso, muchas personas celebran su santo y su cumpleaños el mismo día.

Repaso previo   Regular and irregular forms of the future and the conditional, *Workbook.*

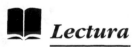

Lectura

Comida colombiana

Pat y Luz están en casa de Olga en Medellín, Colombia. Las chicas se conocieron en la universidad, donde Pat estudia español.

OLGA:	Chicas, las convido° a comer el domingo. ¿Vendrán?
LUZ:	¡Ya lo creo!° Estaré aquí sin falta°. ¿Cómo podría rehusar°? ¿Cocinará la cocinera° o lo hará doña Catalina? Espero que cocine tu madre, porque prepara cosas muy ricas°.
5 OLGA:	Pues, la cocinera está de vacaciones en su pueblo. Pero no cocinará mi madre tampoco, porque es su santo. Mi hermano Javier y yo lo haremos. No diré que somos grandes chefs, pero nos las arreglaremos° para preparar un menú sencillo°.

invite

¡Ya...: Of course! / without fail / refuse
cook
muy...: delicious

nos...: we'll manage
simple

La comunidad colombiana es muy numerosa en Nueva York, y esto lo demuestra la gran cantidad de restaurantes de este país que existe en la ciudad, sobre todo en el área de Queens

10	LUZ:	¿Harán platos internacionales o será una comida típicamente colombiana? ¿Tal vez una bandeja montañera°?

10 LUZ: ¿Harán platos internacionales o será una comida típicamente colombiana? ¿Tal vez una bandeja montañera°?   *(lit.) mountain tray*

PAT: Nunca he probado° la bandeja montañera. ¿Qué es?   *tasted*

LUZ: Pues consiste en frijoles°, plátanos fritos°, huevos fritos, chicharrones°, carne molida° y aguacates°, servidos juntos en una bandeja.   *beans / **plátanos...:** fried plantains / pork rinds / ground / avocados*

PAT: Parece un plato complicado.

15 OLGA: Sí, lo es. Yo quería preparar pimientos rellenos°, porque tengo una receta° muy fácil, pero Javier se empeñó en° que hiciéramos un plato de pescado típico, así que tendremos viudo de pargo[1] y además, no sé...tal vez una tortilla° de jamón o de chorizo°.   ***pimientos...:** stuffed peppers* / *recipe / **se...:** insisted on* / *omelet / sausage*

1. **Viudo de pargo** is a stew prepared with **pargo,** a fish very common in the waters of the Gulf of Mexico and the Caribbean Sea. Yucca and plantains are important ingredients in this dish. It is common to serve the broth separately as a soup and eat the solid part of the stew as the main dish.

PAT:	¿Tortilla como la mexicana?
OLGA:	No, Pat, tú estás pensando en tortillas de maíz°, parecidas° a las arepas° colombianas. Haremos una tortilla de huevos.
LUZ:	¿Y del postre, qué?° Acuérdate de que soy muy golosa°.
OLGA:	¿Qué te parecen brevas° en almíbar° con queso? ¿O mazamorra con bocadillo²?
LUZ:	¡Uy! ¡Se me hace la boca agua°! Los dos postres me encantan.
PAT:	Luz y yo podríamos llegar temprano para darles una mano°.
OLGA:	Gracias, no hace falta. No habrá otros invitados. Sólo estarán la familia inmediata y Uds., porque nos llevamos° tan bien, que las considero mis hermanas.
LUZ:	Eres muy amable°. Me arriesgaré° a venir, pero traeré bicarbonato de soda por si acaso°, porque con tales° cocineros...
PAT:	Yo también me arriesgaré, y sin el bicarbonato. Tu hermano Javier es tan guapo y simpático, que valdría la pena indigestarse con sus guisos°.

tortillas...: corn pancakes / similar / Colombian equivalent of Mexican tortillas

¿Y...: And, what about dessert? / sweet-toothed / figs (Colombia) / syrup

¡Se...: My mouth is watering

darles...: lend you a hand

nos...: we get along

kind / I'll risk

por...: just in case / such

sus...: the dishes he cooks

Comprensión

La comida en casa de Olga. Decida si las siguientes afirmaciones son ciertas o falsas y corrija las falsas.

Anfitriones (Hosts) e invitados:

1. Luz invita a Olga y a Pat a merendar el sábado.
2. A Luz le gusta cómo cocina la madre de Olga.
3. Olga y su hermano van a cocinar porque es el santo de doña Catalina.
4. Habrá muchos invitados en la comida del domingo.
5. Olga, Luz y Pat son muy incompatibles.
6. Pat llevará bicarbonato de soda para la indigestión.
7. Pat piensa que Javier es guapo y simpático.

Un menú colombiano:

8. El ingrediente principal de la bandeja montañera es el maíz.
9. La tortilla colombiana es similar a la mexicana.
10. El viudo de pargo es un postre.
11. Los higos se llaman brevas en Colombia.
12. La mazamorra con bocadillo se prepara con guayaba.

2. **Mazamorra con bocadillo** is made with corn and slices of guava paste (**pasta de guayaba**).

Vocabulario

A *Valentín.* Reemplace las palabras en cursiva con palabras de la lista.

amable / arriesgaba / convidó / dar una mano / goloso / muy rica / parecida / por si acaso / postre / la receta / rehusar / se empeñó / sencillo / sin falta / ya lo creo

Mi amigo Valentín me *invitó* a cenar. *Insistió* en ir a un restaurante elegante, y yo acepté. ¿Cómo iba a *no aceptar*? Le dije, "¡*Claro* que acepto! Eres muy *gentil.* Pasa a buscarme a las siete *seguro.*"

En el restaurante, pedí un plato *simple.* Era una carne *similar* al rosbif y estaba *deliciosa.* Le pedí al cocinero *las instrucciones*, porque quiero aprender a hacerla. Como soy muy *aficionado al dulce*, pedí dos clases de pastel para *final de la cena.*

Cuando trajeron la cuenta, Valentín descubrió con horror que se le había quedado la cartera en casa. Mi amigo pensó que tendríamos que *ayudar* en la cocina para pagar. Sentía mucho el incidente, porque sabía que con él *ponía en peligro* su reputación. Pero todo terminó bien, porque yo llevaba mi tarjeta de crédito *como precaución* y pagué con ella.

B *Entre dos.* Un/a estudiante leerá las definiciones y otro/a estudiante dará la palabra apropiada en cada caso.

1. Una comida mexicana que se hace con maíz.
2. Un pescado muy común en el Caribe.
3. El líquido dulce que tienen algunos postres.
4. Una comida colombiana parecida a las tortillas mexicanas.
5. Las instrucciones para preparar un plato.
6. Una fiesta relacionada con el nombre de una persona.
7. Un plato que se hace con pimientos y carne.
8. Un plato que se hace en una sartén con huevos, jamón, etc.

C *En el supermercado.* Haga una lista de los ingredientes básicos que necesito comprar para hacer: (a) pimientos rellenos, (b) una bandeja montañera, (c) mazamorra con bocadillo.

En México, los refrescos a base de jugos de frutas se llaman **aguas frescas**. Este vendedor de aguas frescas en la ciudad de México atiende a un cliente.

Modismos

llevarse bien (mal) *to get along well (badly)*

Pat y Luz **se llevan** muy **bien** con Olga.

Pat and Luz get along very well with Olga.

¡Ya lo creo! *Of course!*

—¿Quieres plátanos fritos?

—**¡Ya lo creo!** Me encantan.

"Do you want some fried plantains?"
"Of course! I love them."

¿Y de + *noun* + qué? *And, what about + noun?*

Cuando me felicitaron por mi trabajo, yo pregunté: **¿Y de** mi aumento de sueldo, **qué?**

When they congratulated me for my work I asked: And what about my raise?

Se me hace la boca agua *My mouth is watering*

A Luz **se le hacía la boca agua** pensando en el postre.
Luz's mouth was watering thinking of the dessert.

por si acaso *just in case*

Tendremos también pescado, **por si acaso** alguien no come carne.
We'll also have fish just in case someone doesn't eat meat.

Aplicación

Situaciones. Haga un comentario apropiado en cada caso, usando uno de los modismos anteriores. No use el mismo modismo dos veces.

1. Siento antipatía por Armando, y no lo invitaré a mi casa.
2. Si alguien te ofreciera un coche excelente a un precio muy bajo, ¿lo comprarías?
3. Hay 50% de posibilidades de lluvia. ¿Vas a llevar paraguas?
4. Si tienes mucha hambre y hueles una comida deliciosa, ¿cuál es tu reacción?
5. Le prestaste dinero a Fernando. Ahora él ha cobrado su sueldo y paga unas cuantas deudas, pero no te ha pagado a ti. ¿Qué le dices?

¿Qué frutas le gustan más? En este mercado de Montevideo hay una gran variedad y la clienta parece indecisa sobre cuáles comprar.

PUNTOS DE VISTA

A *Impresiones.* Basándose en el contenido del diálogo, dé su impresión sobre las siguientes personas y explíquela cuando sea necesario.

1. *la madre de Olga:* ¿Es una madre tradicional que se queda en casa o tiene una carrera y trabaja? ¿Son Olga y Javier sus únicos hijos o tiene más hijos? ¿Cómo es la relación de la madre con Olga y Javier?
2. *Olga y Javier:* ¿Quieren mucho a su madre? ¿Tienen novio/a? ¿Es Olga una buena amiga?
3. *Pat:* ¿Es colombiana también? ¿Vive con su familia en Medellín o está sola? ¿Tiene novio? ¿Es una chica tímida?

B *Conjeturas.* Conteste las preguntas sobre la familia de Olga.

1. ¿Será ésta una familia rica, de clase media, o más bien pobre?
2. ¿Por qué no se mencionará al padre?
3. ¿Quiénes serán los miembros de la familia inmediata que van a participar en la comida del domingo?

C *Entrevistas.* Hágales preguntas a sus compañeros relacionadas con la comida. Preguntas posibles: si cocinan bien; con cuánta frecuencia lo hacen; si

En los países hispánicos también hay supermercados grandes, aunque no abundan tanto como en los Estados Unidos. El que vemos aquí está en Madrid.

tienen alguna especialidad; si comen sólo comida norteamericana o también les gusta algún plato internacional; qué receta fácil conocen; cuál sería para ellos un menú delicioso.

DEL MUNDO HISPÁNICO (Colombia)

Lea el anuncio y después decida si las siguientes afirmaciones son ciertas o falsas.

PALABRAS ÚTILES

huevos pericos (Col.) =
   huevos revueltos
   scrambled eggs

vierta *pour*

aceite *oil*

pocillito *small bowl*

agregue *add*

batidos *beaten*

revolviendo *stirring*

fuego lento *low heat*

mazorca *(here) corn*

respaldo *back*

elija *choose*

1. Se necesita leche para estas recetas.
2. Hace falta un poco de aceite para la preparación de ambas recetas.
3. La base Maggi se agrega al final del proceso.
4. Los huevos revueltos se hacen a fuego lento y la tortilla a fuego alto.
5. Se puede usar carne o verduras en la preparación de la tortilla.
6. Las recetas de las tortillas están al frente del paquete.

Un poco de humor

El cocinero va al oculista

La siguiente lista contiene, en orden alfabético, los nombres de los objetos que aparecen en la tabla que tiene el oculista. Imagine que Ud. es un paciente y nómbrelos en el orden correcto. ¿Por qué es obvio que el cocinero necesita lentes más potentes?

apio	cazo	espátula
berenjena	colador	hachuela
bisté	coliflor	jamón

lechuga	pollo	rallador
pescado	queso	salchichón
pimiento	rábano	zanahoria

Gramática I

A. Uses of the future tense

1. In both Spanish and English, the future tense expresses an event that will (or will not) take place subsequent to a present reference point.

> La cena está lista; **pondré** la mesa.
> *Dinner is ready; I'll set the table.*

> El próximo sábado **comeremos** fuera.
> *Next Saturday we'll eat out.*

2. Future actions can be also expressed in Spanish in two other ways. These two alternatives are frequently used, especially in spoken Spanish.

  a) With the present of **ir + a +** infinitive (*to be going to* + infinitive).

  > La cena está lista; **voy a** poner la mesa.
  > *Dinner is ready; I am going to set the table.*

  b) With the present tense to express events in the immediate future.

  > Mañana **es** mi día libre y **voy a** disfrutarlo. Me **levanto** a las once, **voy** al cine por la tarde y **ceno** fuera por la noche.
  > *Tomorrow is my day off and I am going to enjoy it. I'll get up at eleven, I'll go to the movies in the afternoon, and I'll eat out in the evening.*

  > Me **gradúo** el año que viene, ¿y tú?[3]
  > *I'll graduate next year; what about you?*

3. As in English, the future can express commands in Spanish.

> ¡No **matarás**!
> *Thou shalt not kill!*

> ¡Paquito, te **comerás** los frijoles aunque no te gusten!
> *Paquito, you will eat your beans even if you don't like them!*

---

3. Note that the present can also refer to a not-so-immediate future. The speaker in this sentence is looking forward to his/her graduation and brings it to the present "to anticipate" it.

4. When *will* is used in English to ask a person to do something, *querer*, and not the future, is used in Spanish.

> Necesitamos más carne molida. **¿Quieres** traerla?
> *We need more ground meat. Will you bring it?*

> **¿Quiere** Ud. cargarme esta bolsa, por favor?
> *Will you carry this bag for me, please?*

5. Unwillingness to do something is indicated in Spanish with **no querer**.

> ¿Qué hago ahora? Paquito **no quiere** comerse los frijoles.
> *What shall I do now? Paquito won't eat his beans.*

> Luis nos invitó a su fiesta, pero mi novia **no quiere** ir.
> *Luis invited us to his party but my girl friend won't go.*

6. A very frequent function of the future forms in Spanish is to express probability or conjecture. In English, words like *probably, I wonder, must,* and *can* are used in this case.

> —Llaman. ¿Quién **será**?
> —**Será** Aurora. Dijo que vendría a las ocho.
> *"Someone is at the door. I wonder who it is."*
> *"It's probably Aurora. She said she would come at eight."*

> —¿Dónde **estarán** mis lentes? No puedo leer esta receta.
> —**Estarán** donde los dejaste.
> —¡Muy gracioso!
> *"Where can my glasses be? I can't read this recipe."*
> *"They must be where you left them."*
> *"Very funny!"*

Aplicación

A *Entre tres.* Mr. Winston y su esposa están en un restaurante de Montevideo y el camarero no sabe inglés. Dos estudiantes traducirán lo que ellos dicen. Otro/a estudiante les traducirá a los Winston lo que dice el camarero.

MR. WINSTON: My wife wants me to drink a diet coke but I won't. I am going to have (**tomar**) wine with my dinner. Will you bring me the wine list, please?

CAMARERO/A: ¡Ya lo creo! En seguida se la traigo, señor.

MRS. WINSTON:	Bill, wine has a lot of calories. You'll go on a diet tomorrow!
MR. WINSTON:	I will [do it], dear. (*Al camarero*) We'll order in a few minutes. Will you please come back later?
CAMARERO/A:	Muy bien, señor. Me llaman cuando decidan.
MR. WINSTON:	(*Hablándole a su esposa*) I wonder what **arroz con pollo** is.
MRS. WINSTON:	It's probably a fish dish.
CAMARERO:	No, señores, el arroz con pollo no lleva pescado, sino pollo y arroz.
MRS. WINSTON:	It must have a lot of calories too. Waiter, will you change my glass, please? It's dirty.
CAMARERO:	Lo siento mucho, señora, ahora le traigo otro.
MRS. WINSTON:	(*Buscando en su bolsa*) Where can my glasses be?
MR. WINSTON:	They must be in the car.
MRS. WINSTON:	Now I won't be able to read the menu.
MR. WINSTON:	That's no problem. I'll read (**No use el futuro**) it for you.

B. Uses of the conditional

1. In both Spanish and English, the conditional expresses an event that would (or would not) take place subsequently to a *past* reference point.

Javier **prometió** que me **daría** la receta.
Javier promised that he would give me the recipe.

2. You have learned that the present of **ir** + **a** + *infinitive* is an alternate for the future tense. Likewise, the imperfect of **ir** + **a** + *infinitive* can be used in this case as an alternate for the conditional.

Javier **prometió** que me **iba** a dar la receta.
Javier promised that he would give me the recipe.

3. Unwillingness to perform an action in the past is expressed with the preterite of **no querer**.

Les pedí a mis amigos que me ayudaran, pero **no quisieron.**
I asked my friends to help me but they wouldn't.

4. The Spanish equivalent of *would* when it means *used to* is the imperfect tense, not the conditional.

> Cuando yo era niña, mi padre **preparaba** el almuerzo los domingos y después toda la familia **iba** al parque.
> *When I was a child, my father would prepare supper on Sundays and, afterwards, the whole family would go to the park.*

5. The conditional expresses probability or conjecture in the past.

> Era medianoche cuando sonó el teléfono. ¿Quién **llamaría** tan tarde? **Sería** una llamada de larga distancia.
> *It was midnight when the phone rang. Who could be calling so late? It was probably a long distance call.*

> La muchacha era muy bajita. ¿Cuántos años **tendría?** (*or:* Me pregunté cuántos años **tendría.**)
> *The girl was very short and I wondered how old she was.*

6. The conditional is used with verbs such as **deber, desear, gustar, poder, preferir,** and **querer** to convey politeness or to soften a suggestion. Note that the English conditional can be used similarly.

> No **deberías** comer dulces. Tienen demasiadas calorías.
> *You shouldn't eat sweets. They have too many calories.*

> ¿**Podrían** Uds. ayudarme en la cocina? Me **gustaría** tener la cena lista a tiempo.
> *Could you help me in the kitchen? I would like to have dinner ready on time.*

7. The conditional is combined with the imperfect subjunctive to indicate unlikely or contrary-to-fact situations. This case is treated in Chapter 11.

> Si **fuera** rica, **bebería** champán con todas mis comidas.
> *If I were rich I would drink champagne with all my meals.*

Aplicación

B *Entre dos*. Ud. y su compañero o compañera conocen a Alberto, un chico que nunca cumple (*fulfills*) sus promesas. Su compañero o compañera dice que Alberto va a hacer algo y Ud. le explica que prometió hacer algo diferente.

MODELO: Alberto va a...llevar a su novia a la playa el sábado.
> *Pero él prometió que me acompañaría al supermercado.*

Alberto va a...

1. alquilar una película de horror

2. comer en casa de Armando

3. cocinar arroz con pollo el domingo

4. ver televisión toda la tarde

5. jugar tenis con su hermano

6. bailar a la discoteca

C *Conjeturas.* Un compañero o compañera comenta algo que sucedió en el pasado y Ud. hace una conjetura para explicar la causa.

MODELO: Alicia / tomar bicarbonato de soda ayer
             Alicia tomó bicarbonato de soda ayer.
             Tendría indigestión.

1. mi amiga / querer comer arepas

2. Javier / invitar a Pat al cine

3. la cocinera de los Aguirre / no cocinar el domingo

4. todos / pedir los mismos platos en el restaurante

5. la señora Winston / no poder leer el menú

6. la señora / beber Coca-Cola de dieta

7. el camarero / cambiar el vaso de la señora

8. un amigo mío / traducirle al camarero lo que decían los Winston

D *Sea diplomático.* Su compañero o compañera de apartamento es muy directo, pero Ud. es una persona muy diplomática. Cambie las palabras en cursiva al condicional para expresar de manera más suave lo que él/ella le dice a su casero (*landlord*) en la siguiente nota.

Señor Valdés: Le escribo para informarle que el horno de nuestro apartamento no funciona. Ud. *puede* reparar este horno, pero nosotros *preferimos* tener un horno nuevo. *Queremos* una cocina más moderna; por eso *deseamos* un horno de microondas. Ud. *debe* comprar uno, porque no *vale* la pena gastar en reparar un horno viejo.

E *Completando el menú.* Dé el nombre de la carne, ave omarisco que completa cada plato. Use todos los nombres del dibujo sin repetir ninguno.

Carnes y aves

la carne de cerdo (de puerco)

la carne de res (de vaca)

la carne de ternera

la carne de cordero

el pollo

el pato

el jamón

el chorizo

la tocineta
el tocino

Carnes y aves

el atún

los camarones

el cangrejo

las ostras

la langosta

los calamares

las almejas

Desayuno:

Huevos revueltos con _____

Huevos fritos con _____

Cena:

Sándwich de _____

Ensalada de _____

Coctel de _____

Tortilla de _____

Sopa de _____

Almuerzo:

_____ en su tinta

_____ Thermidor

Chuletas de _____

_____ Parmegiana

Pierna de _____

Bisté de _____

_____ asado (*roasted*) con salsa de naranja

Muelas (*Claws*) de _____

_____ en salsa verde (Si Ud. encuentra una perla, la cena es gratis.)

DEL MUNDO HISPÁNICO (Perú)

En este anuncio se ofrece una gran variedad de carnes, de todo para sus parrilladas. Las **parrilladas** son muy populares en los países sudamericanos. Este plato consiste en carnes de muchas clases que se cocinan en una parrilla (*grill*).

Lea el anuncio y conteste las preguntas.

1. ¿Cuál de estas carnes prefiere Ud. comer?
2. ¿Cuál es, generalmente, más barata / más cara en los Estados Unidos?
3. ¿Ha comido Ud. conejo? Si no lo ha comido, ¿le gustaría? ¿Por qué sí o por qué no?
4. ¿Tienen las carnicerías servicio a domicilio donde Ud. vive?
5. ¿Qué hace Ud. cuando quiere comprar carne?
6. ¿Qué ventajas y qué desventajas hay en pedir la carne por teléfono?

PALABRAS ÚTILES

pechuga *breast*
conejo *rabbit*
carne molida *ground meat*
embutidos *sausages*

Escena

En el restaurante

Palabras conocidas

la copa, la cuchara, la cucharita, el cuchillo, el helado (de chocolate, de fresa, de vainilla), el mantel, la mantequilla, la taza, el tenedor, el vaso

---

Las comidas		el arroz con		**el panecillo**	bun
el aceite y el		**leche**	rice pudding	**el pastel**[a]	cake
vinagre	oil and vinegar	**la carne asada**	roast meat		
el aderezo	dressing	**la ensalada**	salad	[a] la torta, la tarta, el queque	

el pastel (el pai)
de manzana — apple pie

el pedazo de
pan — the slice of bread

el puré de
papas — mashed potatoes

la sal — salt

la salsa (de
tomate) — (tomato) sauce

la sopa — soup

el vino tinto
(blanco) — red (white) wine

La vajilla y los utensilios

la aceitera y la
vinagrera — oil and vinegar cruet

la bandeja — tray

la botella — bottle

la copa (de
agua, de vino) — (water, wine) stem glass

los cubiertos — silverware

el cucharón — ladle

la fuente — serving dish

la jarra — pitcher

el jarrito — mug

el pimentero — pepper shaker

el plato (hondo,
llano) — (soup, dinner) plate

el salero — salt shaker

Otras cosas

el babero — bib

la caja — cashier's

el carrito de los
postres — dessert cart

la cesta del pan — bread basket

la cofia — waitress cap

la corbata de
lazo — bow tie

la cuenta — bill

el delantal — apron

el guardarropa — check room

las mentas — mints

la mesa
reservada — reserved table

los platos sucios — dirty dishes

la propina — tip

la sillita alta — high chair

La gente

el cajero, la
cajera — cashier

el camarero, la
camarera[b] — waiter, waitress

el/la cantante — singer

el cliente, la
clienta — customer

el/la guitarrista — guitar player

Las acciones

aceptar tarjetas
de crédito — to accept credit cards

(no) alcanzar — to (not) be able to reach (a high or distant point)

avergonzar (ue) — to embarrass

cobrar — to collect (a bill)

cogerse
(tomarse) las
manos — to hold hands

dar el cambio[c] — to give the change

dejar una
propina — to leave a tip

derramar(se) — to spill

guardar — to check (a coat, package, etc.)

hacerse pedazos — to break into small pieces

manchar — to stain

pagar en
efectivo — to pay in cash

pedir (i,i) — to order

quedarse con el
vuelto — to keep the change

servir (i,i) — to serve

tropezar(le)
(con) — to bump (into)

[b] el mesero/la mesera (Mexico)
[c] el vuelto, la vuelta

Aplicación

A *En el restaurante.* Conteste, basándose en la escena.

1. *Las cosas y su utilidad*:
   - ¿Para qué se usa(n)...?
     a) un salero y un pimentero
     b) una bandeja
     c) una sillita alta
     d) un aderezo
     e) un babero
     f) un delantal
   - ¿Dónde...?
     a) se paga la cuenta
     b) se guardan los abrigos
     c) se deja la propina
   - ¿Qué usamos para servir...?
     a) la sopa
     b) el aceite y el vinagre
     c) el agua
     d) el pan
     e) el vino

2. *Camareros y clientes:*
   - ¿Cómo podemos identificar a una camarera? ¿Y a un camarero?
   - ¿Qué postres llevará el camarero en el carrito?
   - ¿Cómo sabemos que el hombre del carrito de los postres va hacia alguna mesa que no se ve en la escena?
   - ¿Quiénes van a beber vino? ¿Cómo se sabe?
   - ¿Quién tiene un jarrito? ¿Qué irá a tomar en él?
   - ¿Qué hace el hombre que está junto al guardarropa?
   - El hombre que está en la caja, ¿paga su cuenta con tarjeta de crédito o de otra manera?
   - ¿Quiénes han terminado de comer? ¿Cómo se sabe?
   - ¿Qué hace el camarero?
   - ¿Qué lleva el hombre que está de espaldas y hacia dónde va él?

3. *Los clientes románticos*:
   - ¿Qué hacen ellos? ¿Qué se dirán, probablemente? En su opinión, ¿es ridícula esta actitud romántica a su edad? ¿Por qué sí o por qué no?

4. *Los accidentes*:

- ¿Qué le pasó al niño? ¿Qué le estará diciendo la madre? ¿Y el padre?
- ¿Que le pasó a la camarera con el hombre? ¿Cuál fue el resultado?
- ¿Qué quería la niñita? ¿Qué sucedió? ¿Por qué pasó esto?

B *Descripciones.* Describa...

1. la cesta del pan y su contenido
2. a la familia de la primera mesa
3. al guitarrista y al cantante
4. la mesa reservada

C *Entre tres*. Representen en clase este diálogo entre el señor, la señora y el camarero. Primero completen la parte del camarero.

SEÑOR: La carne asada, ¿tiene salsa de tomate? Soy alérgico al tomate.

CAMARERO: ...

SEÑOR: Entonces tráigame la carne asada con puré de papas, por favor.

CAMARERO: ...

SEÑORA: ¿Me recomienda la sopa de pollo o la de espárragos?

CAMARERO: ...

SEÑORA: Pensándolo bien, no me traiga sopa. Prefiero una ensalada mixta.

CAMARERO: ...

SEÑORA: Como aderezo quiero aceite y vinagre.

CAMARERO: ...

SEÑORA: ¿Cuál de los platos de mariscos está mejor hoy?

CAMARERO: ...

SEÑORA: No, la langosta es muy pesada. Mejor tráigame calamares como plato principal.

CAMARERO: ...

SEÑOR: Para beber, queremos un buen vino español o chileno. Pero a mí me trae tinto, que es más apropiado para la carne, y a mi esposa tráigale vino blanco, por favor.

CAMARERO: ...

D *Minidiálogos*. Un/a estudiante leerá la columna A y otro/a estudiante com
pletará el minidiálogo con la frase más apropiada de la columna B.

A	B

A

1. Mira lo que hiciste por no tener cuidado. La taza se hizo pedazos. Ahora tendremos que pagarla.

2. Papi, ¿me vas a pedir pastel de chocolate de postre?

3. ¡Qué horror, señorita! Le manchó Ud. el vestido nuevo a mi esposa.

4. No vienen a cobrar. Creo que hay que pagar al salir.

5. Dejaremos la propina en la mesa. ¿Cuánto crees que debo dejar?

6. ¡Esta niña! Se derramaron todas las mentas. Siempre me avergüenzas.

7. Va a tener que esperarme un minuto, señor. No tengo monedas pequeñas para completarle el cambio. Iré a buscarlas.

8. Mi amor, voy a pedirle que nos cante "Quiéreme mucho".

9. Esta sopa de hortalizas está muy rica.

B

a) —Papito, yo no tuve la culpa. Es que el mostrador está muy alto y no alcanzaba.

b) —¿Te sirvo un poco más, querido?

c) —Sí, pagaremos en la caja. ¿Aceptarán tarjetas de crédito?

d) —Sólo si te comes toda la carne con el puré de papas.

e) —No importa, señorita, son unos centavos, quédese con el vuelto.

f) —Yo no tuve la culpa, mamá, la taza se me resbaló.

g) —Sí, mi cielo, me pongo muy romántica cuando escucho esas canciones antiguas.

h) —Lo siento mucho, señor. Llamaré al gerente. La casa le pagará la cuenta de la tintorería.

i) —Creo que el quince por ciento, como de costumbre.

DEL MUNDO HISPÁNICO
(Colombia en los Estados Unidos)

En las grandes ciudades norteamericanas hay grupos representativos de todos los países hispánicos, y esto se refleja en la gran variedad de restaurantes. En Nueva York, por ejemplo, la comunidad colombiana es muy numerosa y hay muchos restaurantes con comidas típicas de este país, como el que aquí se anuncia. Algunos de estos platos ya Ud. los conoce. Los que no conoce son: **la sobre-barriga,** un corte de carne en forma de bisté, **la picada,** que se hace a la parrilla (*grill*) y contiene variedad de carnes y las **empanadas,** que son pasteles de carne. ¿Cuál de estos platos le gustaría probar?

Observe que el anuncio no dice la nacionalidad del restaurante, pero la indica de otra manera. ¿Cómo?

Gramática II

A. Substitutes for the passive voice in Spanish

1. THE SE-CONSTRUCTION

The sentences below are in the passive voice in English. Their subjects do not perform the actions of their respective verbs but rather, are acted upon.

Smoking is forbidden here.

Dinner will be served at the main dining room.

A cook was hired.

Children are not admitted.

The sentences above also share other characteristics: the agents of the actions are not mentioned and the speaker focuses on the subjects of the sentences which are either inanimate, an indefinite person, or a de-individualized group of people. ("A cook" is viewed here not as a particular individual, but as any member of that trade, and "children" are presented as a homogeneous group.) In Spanish, sentences of this kind are expressed with **se** and a verb in agreement with the thing acted upon.

> **Se prohíbe** fumar y también **se prohíben** las cámaras fotográficas.
> *Smoking is forbidden and cameras are forbidden also.*

> **Se servirá** la cena (**Se servirán** las comidas) en el comedor principal.
> *Dinner will be served (Meals will be served) in the main dining room.*

> **Se contrató** un cocinero. (**Se contrataron** varios cocineros.)
> *A cook was hired. (Several cooks were hired.)*

The construction **se** + verb + [thing acted upon][4] is called **pasiva refleja** and it is one of the most common constructions in Spanish. The **pasiva refleja** is the preferred form for ads and signs.

> **Se habla español.**
> *Spanish is spoken.*

> **Se alquila habitación.**
> *Room for rent.*

> **Se venden productos tropicales.**
> *We sell tropical products.*

> **Se necesitan camareros.**
> *Waiters needed.*

2. IMPERSONAL USE OF THE THIRD-PERSON PLURAL (*THEY*)

An alternate substitute for the passive voice when the agent is not expressed is the third-person plual of the verb. Note that the third-person plural (*they*) is used in English in a similar way.

> Se servirá la cena. = **Servirán la cena.**
> *Dinner will be served.* = *They'll serve dinner.*

> Se contrató un cocinero. = **Contrataron** un cocinero.
> *A cook was hired.* = *They hired a cook.*

---

4. The most common order is **se** + *verb* + *thing*. However, when the thing acted upon is preceded by a definite article, a possessive, or a demonstrative, the order may be inverted:
   Se servirá **la cena** *or* **La cena** se servirá; Se inauguró **este restaurante** el sábado *or* **Este restaurante** se inauguró el sábado.

Aplicación

A *Entre dos.* Varios viejos compañeros de la secundaria van a reunirse y Ud. y un amigo o amiga están preparado la cena. Su amigo o amiga le pide instrucciones cambiando los infinitivos a la pasiva refleja, y Ud. se las da, inventando respuestas originales y usando también esta forma.

AMIGO/A: Los huevos, ¿(mezclar) en la batidora con el azúcar, o el azúcar (añadir) después?

UD.: ...

AMIGO/A: ¿(Poner) mantequilla en los pollos antes de asarlos?

UD.: ...

AMIGO/A: ¿Dónde (colocar) las tarjetas con los nombres de los invitados?

UD.: ...

AMIGO/A: ¿Qué hortalizas (necesitar) para la ensalada?

UD.: ...

AMIGO/A: ¿Cómo (cortar) la cebolla?

UD.: ...

AMIGO/A: ¿Qué (hacer) con las frutas?

UD.: ...

AMIGO/A: ¿Qué (ir a servir) de postre?

UD.: ...

AMIGO/A: ¿(Ir a contratar) algún camarero?

UD.: ...

B *La inspección.* Después Ud. inspecciona las cosas para asegurarse de que todo está listo. Exprese el resultado de su inspección usando la pasiva refleja.

MODELO: Metieron el asado en el horno.
Se metió el asado en el horno.

1. Asaron varios pollos.
2. Prepararon la ensalada.
3. Sacaron la mantequilla del refrigerador.
4. Pusieron la mesa y colocaron tarjetas con nombres en ella.
5. Enfriaron los refrescos.

6. Adornaron el salón con globos.

7. Instalaron el tocadiscos y escogieron los casetes de música.

8. Asaron las papas y cocinaron las hortalizas.

9. Lavaron las manzanas y las uvas.

10. Distribuyeron canapés en las bandejas.

11. Compraron un pastel muy grande.

12. Compraron helado y lo guardaron en el refrigerador.

C *Anuncios clasificados.* Ud. tiene a su cargo la sección de anuncios de un periódico. Exprese de otra manera los siguientes títulos de anuncios usando la pasiva refleja.

1. Necesitamos secretarias bilingües.

2. Vendo bicicleta en muy buenas condiciones.

3. Alquilamos casa de cuatro dormitorios.

4. Solicito ayudante de cocina.

5. Servimos comidas 24 horas al día.

6. Reparamos neumáticos.

7. Vendo carro Ford del '93 y doy facilidades de pago.

8. Instalamos máquinas de video.

B. The impersonal construction with *se*

1. Also important, although not as frequently used as the **pasiva refleja**, is the impersonal construction with **se**, equivalent to *one, people*, or the colloquial *you* in English. The verb in this construction is always singular.

> —¿Cómo **se va** a ese restaurante?
> —La mejor ruta es la Avenida Reforma. Si **se va** en carro **se llega** en diez minutos.
> *"How does one get to that restaurant?"*
> *"The best route is Reforma Avenue. If one goes by car one gets there in ten minutes."*

2. When the verb is reflexive **uno/a** precedes **se**.[5]

> **Uno se avergüenza** cuando tropieza con otra persona.
> *One gets embarrassed when bumping into another person.*

5. In Spanish America, **uno** is usually the form used even when the speaker is a woman.

Aplicación

D *Un anuncio del restaurante Las Delicias.* Complete el anuncio de este restaurante usando construcciones impersonales para los infinitivos que se dan. (No olvide añadir **uno** en el caso de los verbos reflexivos.)

En toda la ciudad (hablar) del nuevo restaurante **Las Delicias.** ¡Venga a **Las Delicias** y compruebe que (comer) muy bien y (no pagar) mucho! En este restaurante, (disfrutar) de un ambiente familiar, (reunirse) con los amigos y (sentirse) cómodo. Nuestros platos son tan deliciosos, que (olvidarse) de las calorías. Al ver nuestro exquisito menú, (alegrarse) de haber venido. En **Las Delicias** (tratar) de complacer siempre al cliente. Nuestros clientes lo repiten: "En **Las Delicias** (levantarse) de la mesa satisfecho y (irse) a casa pensando en volver pronto".

C. Spanish equivalents of *but*

1. Although both **pero** and **sino** are equivalent to *but,* they are not interchangeable. After an *affirmative* statement, always use **pero.** After a *negative* statement, use **pero, sino,** or **sino que,** according to the following rules.

   a) **Pero** is used when *but* conveys the idea of *however.*

   No tengo hambre, **pero** comeré algo.
   I am not hungry but (however) I'll eat something.

   No me gustan las hortalizas, **pero** se las sirvo a mis invitados.
   I don't like greens but I serve them to my guests.

   b) **Sino** expresses the ideas: *but rather, on the contrary, instead.*

   No pedí pescado, **sino** carne.
   I didn't order fish but meat. (I ordered meat instead.)

   Ese restaurante no se especializa en comida colombiana, **sino** mexicana.
   That restaurant doesn't specialize in Colombian food but (rather) in Mexican food.

   c) **Sino que** expresses the same ideas as **sino** but it requires a different verb in each element it links.

   Ella no me pidió la receta, **sino que** me la robó.
   She didn't ask me for the recipe but (instead) she stole it from me.

   No dije que te invitaría a cenar, **sino que** quería ir al cine contigo.
   I didn't say I would invite you to dinner but rather that I wanted to go to the movies with you.

2. The expression *not only...but also...* is rendered in Spanish by **no sólo (solamente)...sino (que) también (además)...**

   No solamente me envió flores, **sino también** un regalo.
   He not only sent me flowers but a gift as well.

No sólo preparé la comida, **sino que además** fregué los platos.
I not only prepared the meal; I also washed the dishes.

3. When *but* means *except* it is rendered in Spanish by **menos, excepto**.

La ensalada ya lo tiene todo **menos (excepto)** aceite y vinagre.
The salad already has everything but oil and vinegar.

Comí todo lo que me sirvieron **menos (excepto)** el postre.
I ate everything they served me but (except) the dessert.

Aplicación

E *Sobre la comida mexicana.* Complete usando uno de los equivalentes de *but*.

Voy mucho a México y me encantan todas las cosas de ese país, _____ la comida. Es demasiado picante (*hot*) para mí. No me gustan los platos picantes _____ los dulces. La comida mexicana no es monótona _____ muy variada, _____ es difícil encontrar en ella platos sin picante. Por eso, en los restaurantes mexicanos no pido comida típica, _____ platos internacionales. Mi amiga Celia fue a la escuela conmigo en San Antonio, _____ no nació en los Estados Unidos _____ en México. Yo estaba con ella un día en un restaurante y, no sólo se comió todos los platos picantes, _____ además le pidió pimienta al camarero. ¡Y la pimienta no se la puso a los frijoles refritos _____ al helado!

F *Menú mixto.* Complete de manera original.

1. El viudo de pargo no se hace con carne, sino...
2. Cocino bien, pero mi novio...
3. No tengo suficiente dinero para pagar la cuenta, pero...
4. Las tortillas mexicanas no llevan huevos, sino...
5. Al hacer una tortilla española, no se añade el aceite a los huevos, sino que...
6. Me gustan todas las verduras, menos...
7. No sirvo el pan en una bandeja, sino...
8. Para hacer puré de papas las papas no se fríen, sino que...
9. No sólo le dejamos una propina al camarero, sino que también...
10. La camarera no me manchó el vestido cuando tropezó conmigo, pero...

DEL MUNDO HISPÁNICO (México)

Lea este anuncio y conteste las preguntas.

1. ¿Qué vitaminas contiene Fruti Lupis? ¿Qué mineral?
2. Considerando que el equivalente de "loops" es **rosquitas**, ¿sería más apropiado que el cereal se llamara **Frutirrosquitas**? ¿Por qué cree Ud. que lo llamaron **Fruti Lupis**?

3. ¿Por qué es este cereal el favorito de los niños?

4. ¿Cuáles son los principales ingredientes de Fruti Lupis?

5. ¿Qué sabores de frutas tiene? Según estas frutas, ¿cuáles son sus colores?

6. Si desayuna Ud. cereal, ¿qué cereal prefiere? ¿Desayuna otra cosa? ¿En qué consiste su desayuno?

PALABRAS ÚTILES

hierro *iron*
sabores *flavors*
olor *smell*
sabroso *tasty*
a base de *mainly from*
trigo *wheat*
rosquitas *loops*
cereza *cherry*
alimentación *nourishment*

⬛⬛⬛ *Un poco de humor*

Mire y lea este chiste y conteste.

1. ¿Qué hizo la niña? ¿Por qué lo hizo?
2. ¿Era verdad que la niña comía mucho? ¿Por qué piensa Ud. así?
3. ¿De quién hablaban los hombres?
4. ¿Por qué no sabía esto la niña?

DEL MUNDO HISPÁNICO (Puerto Rico)

Lea este anuncio y conteste después las preguntas.

1. De los productos que se anuncian aquí, ¿cuáles están listos para comer sin tener que cocinarlos?
2. ¿Cuáles son una parte importante de un desayuno tradicional?
3. ¿Qué productos han sido preparados en el supermercado?
4. ¿En cuál de los productos ahorraría más el comprador?
5. ¿Cuál de estos productos viene envasado en un paquete?
6. ¿Qué producto comprará una persona que está a dieta?
7. ¿Cuáles de estos productos son derivados del cerdo?
8. ¿Qué diferencias hay entre las dos clases de panes que se anuncian aquí? ¿Ha comido Ud. las dos clases? ¿Cuál le gusta más?

PALABRAS ÚTILES

frescura *freshness*

[plátanos] amarillos *ripe plantains*

lb. (libra) *pound*

batata *sweet potato*

c.u. (cada uno) *each*

envase *container*

costillas *ribs*

donas abizcochadas *glazed doughnuts*

descremada *skim*

de bola *round*

cocido *cooked*

oz. (onzas) *ounces*

tocineta *bacon*

pqte. (paquete) *package*

Capítulo 8

¡VAMOS AL CAMPO!

El mundo hispánico presenta una soprendente veriedad de climas, cultivos y paisajes. En los países del trópico, la vegetación es hermosa y exhuberante, como podemos ver en esta foto de El Yunque, un área de selva tropical (*rain forest*) en Puerto Rico.

Muchos españoles no viven en las fincas que cultivan, sino en pequeños pueblos como éste. Todos salen muy temprano a trabajar sus tierras y regresan por la noche a su casita del pueblo.

Presentación

La *Lectura* de este capítulo habla de una finca (*farm*) argentina famosa por sus caballos en miniatura y explica el origen y características de estos caballitos.

Los caballos son un elemento importante del campo argentino, por la gran abundancia de ganado (*cattle*) que hay en el país.

En la Argentina, las fincas se llaman **estancias**. Las estancias son el equivalente de los **ranchos** y **haciendas** mexicanos. Otra palabra en español para una finca es **granja**, pero las granjas son generalmente fincas pequeñas, dedicadas al cultivo de hortalizas y a la producción de aves y huevos.

En esta lección se presenta vocabulario relacionado con animales y con la vida rural en general.

Repaso previo   Regular and irregular past participles, formation of Spanish perfect tenses, *Workbook*.

📖 *Lectura*

Los mini-caballos Falabella

La historia de estos caballitos comenzó a mediados del° siglo XIX con Patrick Netwall, un argentino cuyo padre había emigrado de Irlanda. Netwall, que era aficionado a° la veterinaria, tuvo la idea de cruzar° caballos criollos° de pequeño tamaño con caballos ingleses de tipo *"pony"*. Años después, su nieto, Julio
5 César Falabella, logró°, tras muchos cruces° y generaciones, su obra maestra°: los hoy mundialmente famosos caballitos Falabella.

    No todos los experimentos equinos de don Julio César terminaron en triunfo. Fracasó°, por ejemplo, en su intento° de criar° caballos de más de siete pies de altura°. Ninguno de estos gigantes° sobrevivió° más de seis años, porque
10 su corazón y su cerebro° no se habían desarrollado° en la misma proporción que su estatura°.

    ¿Cómo habrá conseguido don Julio César su éxito° con los caballos enanos°? Muchos conjeturan que el primer paso° habrá sido dar a los caballos una alimentación° deficiente para reducir el crecimiento°, pero la fórmula exacta es

a...: in the middle of

aficionado...: fond of / breed / native

achieved / breedings / **obra...:** masterpiece

He failed / attempt / raise
height / giants / survived
brain / developed
height
success
dwarf / step
nourishment / growth

Esta yegua en miniatura es parte de la colección que se cría en la estancia Falabella. El caballito joven que come cerca de ella es su hijo.

15 un secreto de familia. Cuando un caballito se vende, se esteriliza antes, para evitar° que tenga descendencia y mantener así la exclusividad. prevent

Los mini-caballos tienen un promedio de vida° de treinta o cuarenta años y son muy fuertes, aunque miden° sólo veintiocho pulgadas° de altura y pesan entre cincuenta y sesenta libras. Son además muy dóciles; se adaptan a cualquier **promedio...:** life-span / measure / inches

20 clima y no requieren ni alimentación ni cuidados especiales. Estas características hacen que su mantenimiento° sea tan sencillo° como el de un perro o cualquier otro animal doméstico. María Falabella, la viuda de don Julio César, que hace varios años está al frente del° negocio, tiene un mini-caballo en su apartamento de Buenos Aires. upkeep / simple / **al...:** in charge of

25 Cientos de personajes° de fama internacional (miembros de la realeza°, presidentes, actores) han pasado por la estancia de la familia Falabella, a unos° sesenta kilómetros de Buenos Aires, para comprar estos animales. J.F. Kennedy, Jimmy Carter y el Rey Juan Carlos de España pueden mencionarse entre los propietarios de mini-caballos. VIPs / royalty / **a...:** some

30 Ud. sólo podrá ir a la estancia a comprar su caballo si ha obtenido una cita° previa. Verá allí miniaturas de distintas clases con características de pura-sangre°, excepto por el tamaño. Pero le advertimos° que lleve bastante dinero, porque un caballito cuesta muchos miles de dólares. appointment / thoroughbreds / warn

Comprensión

La familia Falabella y sus caballos. Diga cuáles de las siguientes afirmaciones son ciertas y cuáles son falsas según la lectura, y corrija las falsas.

1. Patrick Netwall había nacido en Irlanda.
2. Netwall cruzó caballos criollos pequeños con ponis ingleses.
3. El mayor éxito de don Julio César fue la creación de caballos gigantes.
4. Fuera de la familia Falabella, nadie conoce la fórmula para obtener los mini-caballos.
5. Muchas veces los caballitos que se venden tienen descendencia.
6. Los mini-caballos son muy frágiles y viven poco tiempo.
7. Los mini-caballos requieren cuidados muy especiales.
8. Reyes, presidentes y actores han comprado caballitos Falabella.
9. La estancia Falabella está a unos sesenta kilómetros de Buenos Aires.
10. Los mini-caballos son relativamente baratos.

Vocabulario

Antónimos y sinónimos. Reemplace las palabras en cursiva en el ejercicio 1 con palabras antónimas, y en el ejercicio 2 con sinónimas.

1. El Sr. Netwall y su nieto *detestaban* la veterinaria. El experimento de don Julio César para *evitar* tener caballos *gigantes* cruzando caballos *importados* no era *complicado*, pero fue un *fracaso*. Estos caballos *murieron*.

2. Los caballitos tienen una *altura* de *poco más de dos pies* y su *cuidado* es muy fácil. Se conjetura que el secreto de su tamaño tan pequeño está en la *nutrición*, que controla el *desarrollo*. Docenas de *personas importantes* han ido a la *hacienda* para comprar estos caballos. Si Ud. quiere ir, llame antes para pedir *un día y una hora*.

alimentación
una cita
crecimiento
criollos
enanos
eran aficionados a
estancia
estatura
éxito
lograr
mantenimiento
personajes
sencillo
sobrevivieron
unas veintiocho
    pulgadas

Modismos

a mediados de (a fines de, a principios de) (siglo, año, mes, semana) *in the middle of (at the end of, at the beginning of) (the century, the year, the month, the week)*

> Netwall comenzó sus experimentos **a mediados del** siglo XIX.
> *Netwall began his experiments in the middle of the 19th century.*

> Estaré en la estancia **a principios del** mes que viene.
> *I'll be at the farm at the beginning of next month.*

ser aficionado/a a *to be fond of*

> En mi familia, todos **somos** muy **aficionados** a los caballos.
> *In my family, we all are very fond of horses.*

estar al frente de *to be in charge of*

> La viuda del Sr. Falabella **está** ahora **al frente del** negocio.
> *Mr. Falabella's widow is now in charge of the business.*

María, la esposa del dueño de la finca, maneja un tractor y ayuda en el trabajo del campo.

Aplicación

Modismos. Conteste las preguntas usando en su respuesta el modismo que se indica en cada caso.

(a principios de / a mediados de / a fines de)

1. ¿Compra Ud. la comida a principios de semana?
2. ¿Nació Ud. a principios del siglo XX?
3. ¿Estamos a mediados de siglo?
4. Generalmente, ¿va la gente de excursión al campo a mediados de semana?

(ser aficionado/a a)

5. ¿Qué le gusta a Ud. más, los deportes o el cine?
6. ¿Le gusta a Ud. ir de excursión al campo?
7. ¿Le gustan los caballos? ¿Qué otros animales le gustan?
8. ¿Cuál es el pasatiempo favorito de su madre (su padre, su hermana, su hermano, su mejor amigo/a)?

(estar al frente de)

9. ¿Ha dirigido Ud. alguna vez una organización? ¿Una actividad? ¿Algún grupo?
10. En su familia, ¿quién es la persona que se ocupa principalmente de la casa?
11. ¿Quién es la persona que dirige el departamento de lenguas de esta escuela?

PUNTOS DE VISTA

A *Los experimentos con animales*.

1. Los mini-caballos se obtienen con cruces, poca alimentación y otros medios que no son "naturales". Sistemas similares se siguen para lograr razas especiales de perros y gatos. ¿Le parece a Ud. bien esto? ¿Tienen derecho los que comercian con animales a experimentar con ellos de esta manera? ¿Tienen derecho hasta cierto punto solamente? ¿Dónde pondría Ud. el límite? Explique su posición en este asunto.

2. Hace unos años, vimos en los periódicos de los Estados Unidos "unicornios" de un circo que resultaron ser cabras (*goats*) con un cuerno (*horn*) implantado en la frente. ¿Es lícito hacer este tipo de cosas para atraer al público? ¿Por qué sí o por qué no? ¿Son desgraciados los animales de los circos? ¿Debe hacerse algo para protegerlos? ¿Qué?

3. Los protectores de animales se quejan mucho de los experimentos en laboratorios que causan sufrimientos innecesarios en nombre de la ciencia. ¿Cuál es su posición en este caso?

B *El campo y la ciudad*.

1. La discusión sobre el campo vs. la ciudad es muy antigua. Hoy, los países hispánicos tienen urbes enormes, porque miles de campesinos dejan el campo buscando oportunidades en la gran ciudad. El resultado son los cinturones de miseria, cada vez más extensos, que rodean las grandes ciudades. ¿Qué puede hacerse? Si Ud. fuera presidente o presidenta de uno de estos países, ¿qué haría para evitar la migración campesina a las grandes ciudades?

2. ¿Vive Ud. en el campo? ¿En un pueblo pequeño? ¿En una ciudad grande? ¿Le gusta vivir aquí? ¿Por qué sí o por qué no? Si quisiera convencer a alguien para que (no) fuera su vecino, ¿qué cosas le diría?

3. Si no vive en el campo, ¿le gustaría vivir allí? ¿Qué aspectos positivos tiene la vida rural? ¿Qué aspectos negativos?

C *Los animales domésticos.*

1. ¿Tiene Ud. una o varias mascotas (*pets*)? ¿Prefiere Ud. los perros o los gatos? ¿Por qué? ¿Qué otros animales son buenos como mascotas? ¿Cuáles no deben tenerse en casa? ¿Por qué?

2. En la lectura dice que la Sra. Falabella tiene un caballito en su apartamento de Buenos Aires. ¿Piensa Ud. que ella hace esto como propaganda comercial o por otro motivo? ¿Qué dificultades presenta el tener un caballo, aunque sea muy pequeño, en un apartamento de la ciudad? ¿Es justo esto para el caballo? ¿Por qué sí o por qué no?

DEL MUNDO HISPÁNICO (España)

Todas las casas de esta lista tienen en común que están en el campo y tienen jardines o una extensión de tierra alrededor, pero son diferentes en sus detalles y en los materiales de que están construidas. Son diferentes, además, porque están en distintas regiones de España. En el mapa se ha colocado cada tipo de casa en la región rural que le corresponde. Encuentre Ud. en otro mapa el nombre de cada región.

DEL MUNDO HISPÁNICO (Argentina)

A *El lenguaje de los gatos.* La siguiente información ilustrada está tomada de *De todo un poco*, una revista argentina. Pruebe cuánto sabe Ud. sobre el lenguaje de los gatos. Encuentre la figura apropiada para cada descripción de la

cola del gato, y coloque la frase en cursiva en el espacio en blanco que le corresponde.

a. Levantada hacia la mitad y suavemente curvada: *Me interesa.*

b. Tiesa (*stiff*) y completamente erizada (*bristly*): *¡Cuidado!*

c. Toda hacia un lado: *Estoy enamorado.*

d. Quieta, sacudiendo la punta: *Estoy irritado.*

e. Erecta hacia arriba con la punta algo inclinada: *Somos amigos.*

f. Recogida entre las patas: *Estoy preocupado.*

g. Erizada y hacia abajo: *Tengo miedo.*

h. Recta y temblando: *Te adoro.*

i. Erecta con la punta bien recta (*straight*) hacia arriba: *Me alegro de verte.*

B *Más sobre el lenguaje animal.* ¿Sabe Ud. los nombres en español de los sonidos que hacen los animales? Trate de identificar cada animal con su sonido. Identifique también el sonido onomatopéyico de los seis últimos. (Las respuestas están en el apéndice.)

1. el burro	cacarea	pío-pío
2. el caballo	canta	quiquiriquí
3. la gallina	ladra	mu
4. el gallo	maúlla	cacaracá
5. el pollito	muge	guau-guau
6. la vaca	pía	miau
7. el gato	relincha	
8. el perro	rebuzna	

Este campesino de Honduras envuelve en plástico los grandes racimos (*bunch*); de plátanos que se van a exportar. En la América Central, los plátanos o bananas son un producto muy importante.

Gramática I

A. Uses of the present perfect

1. The use of the present perfect in Spanish corresponds, in most cases, to that of the English present perfect.

> **¿Has visto** alguna vez un mini-caballo?
> *Have you ever seen a mini-horse?*

2. The present perfect in Spanish often reveals that a past occurrence has had some emotional impact on the speaker.[1]

> Me siento muy solo. Mi madre **ha muerto** hace un mes.
> *I feel very lonely. My mother died a month ago.*

---

1. Remember that a similar effect is achieved by using the reflexive and indirect-object pronouns (pp. 159): **Pobre mujer; se le murió el hijo.**

3. In the central part of Spain (and especially in Madrid) the present perfect is used very frequently to refer to a recent past in cases when other Spanish-speakers would use the simple preterite.

> Esta mañana no **me he desayunado** (no me desayuné).
> *I didn't have breakfast this morning.*

> **He regado** (Regué) estas plantas hace dos días y la tierra está todavía mojada.
> *I watered these plants two days ago and the soil is still wet.*

Aplicación

A *Entre dos.* El Sr. o la Sra. Guzmán está al frente de la hacienda "El porvenir" y entrevista a un/a joven para un empleo de oficina en la hacienda. Lean el diálogo y sustituyan los infinitivos por la forma correcta del antepresente (*present perfect*).

SR./SRA. G.: ¿Ud. (decir) que deseaba hablar conmigo?

SR./SRTA.: Así es. (Venir) por el empleo de oficina.

SR./SRA. G.: Muy bien. Y, ¿cómo (saber) Ud. que tenemos una vacante?

SR./SRTA.: Pues (leer) el anuncio que Uds. (poner) en el periódico.

SR./SRA. G.: Ya veo. ¿(Tener) Ud. experiencia en un trabajo similar?

SR./SRTA.: Pues, no (trabajar) antes en la oficina de una hacienda, pero (criarse) en Zacatecas, en un pequeño rancho que mi padre tenía. Yo lo ayudaba con la contabilidad (*bookkeeping*). Ahora mi pobre papacito (morir) y, como tenía muchas deudas, mi madre y yo (perder) el rancho. Por eso (resolver) buscar empleo.

SR./SRA. G.: Además de esos conocimientos prácticos, ¿(estudiar) Ud. contabilidad?

SR./SRTA.: Sí, (asistir) tres años a una escuela de comercio.

SR./SRA. G.: Bueno, Ud. reúne los requisitos que (nosotros) (pedir) en el anuncio, pero (entrevistar) también a otros candidatos. Llene esta solicitud (*application*) y ya le avisaremos.

B. Uses of the pluperfect

The pluperfect expresses an action completed prior to another past action or point of reference in the past. The words **antes, nunca, todavía**, and **ya** are often present in the sentence.

> No podíamos usar el puente porque **todavía** no lo habían reparado.
> *We were unable to use the bridge because they hadn't repaired it yet.*

> Cuando llegué, **ya** todos se habían ido.
> *When I arrived, everybody had already left.*

Aplicación

B *Manolo.* Manolo es muy rápido y siempre lo hace todo antes que nadie. Cambie las oraciones y use el pluscuamperfecto para expresar la habilidad de Manolo.

MODELO: Emiliano se levantó a las seis de la mañana.
Cuando Emiliano se levantó, ya Manolo se había levantado.

1. Yo le escribí a mi madre anoche.
2. Patrica fue al correo ayer por la tarde.
3. El hermano de Manolo iba a ensillar (*was going to saddle*) el caballo muy temprano.
4. Yo regué las plantas.
5. Nosotros íbamos a cortar la hierba del jardín.
6. Yo iba a darles maíz a los pollos.

C. Uses of the future perfect

In both Spanish and English, the future perfect expresses an action that will have taken place by a certain point in time.

¿**Habrán instalado** la nueva cerca para el mes que viene?
Will they have installed the new fence by next month?

En junio ya las naranjas **habrán madurado.**
In June the oranges will have already ripened.

Aplicación

C *Alfredo y Teresa.* Alfredo ha conocido a Teresa, una joven de su pueblo que le gusta mucho. La ha invitado a salir, y sueña con la vida futura de los dos. Exprese los sueños de Alfredo inventando fechas y usando el futuro perfecto.

MODELO: yo / declararle mi amor
En dos o tres semanas, yo le habré declarado mi amor a Teresa.

1. nosotros / comprometerse (*get engaged*)
2. nosotros / casarse
3. un hijo / nacer
4. nosotros / tener un segundo hijo
5. nuestros dos hijos / terminar sus estudios
6. nuestro hijo mayor / enamorarse
7. nuestro hijo mayor / casarse
8. nuestro hijo mayor / darnos un nieto

D. Uses of the conditional perfect

In both Spanish and English, the conditional perfect expresses what would have taken place.

—¿No compraste el caballo? Yo lo **habría comprado.**

—Era muy caro. No creo que tú **habrías pagado** quince mil dólares por él.

"Didn't you buy the horse? I would have bought it."

"It was very expensive. I don't believe you would have paid ten thousand dollars for it."

Aplicación

D *¿Qué habría hecho Ud. en mi caso*? Aconseje a la persona que habla, diciéndole lo que Ud. habría hecho en cada circunstancia.

MODELO: Me encontré en la calle una billetera con mucho dinero. ¿Qué habría hecho Ud. en mi caso?

Yo habría averiguado quién era el dueño.

1. Gané el primer premio de la lotería.
2. Recibí una invitación para ir a la Casa Blanca.
3. Saqué una nota malísima en el último examen de español.
4. Me dijeron que mi novio/a salía con otro/a.
5. Me robaron el coche.
6. Por un error, el banco devolvió mis cheques sin pagarlos.
7. También por un error, la policía me arrestó recientemente.
8. El médico me dijo que tenía sólo un año de vida.

E. Using future perfect and conditional perfect to express probability

The future perfect and the conditional perfect may also express probability or conjecture.

Future perfect:

Nadie contesta. ¿Se **habrán ido** ya?

Nobody answers. I wonder if they have already left.

Prudencio **habrá comprado** ese tractor usado.

Prudencio has probably bought that tractor used.

Conditional perfect:

> Nadie contestaba. ¿Se **habrían ido** ya?
> *Nobody answered. I wondered if they had already left.*
> Prudencio **habría comprado** ese tractor usado.
> *Prudencio had probably bought that tractor used.*

Aplicación

E *Don Abelardo.* Don Abelardo vive en un pueblo pequeño y es muy curioso. Exprese las conjeturas de Abelardo sobre sus vecinos usando el futuro perfecto.

MODELO: ¿Quién marcaría sus iniciales en este árbol?
  ¿Quién habrá marcado sus iniciales en este árbol?

1. ¿Se mudarían ya los Pérez del rancho "Las Azucenas"?
2. ¿Cuánto le costarían a doña Asunción los muebles que compró?
3. ¿Se casaría la hija de Jiménez que fue a estudiar a la ciudad?
4. ¿Se pelearía Jesusita con su novio?
5. ¿Perdería su casa la viuda de Domínguez?
6. Y si la perdió, ¿decidiría mudarse con sus hijos?
7. ¿Quién robaría el dinero del banco?
8. ¿Quién cortaría las flores del parque?

F *Impresiones de viaje.* Un viajero que recorrió en automóvil varias regiones rurales de Sudamérica, anotó en su diario las cosas que le parecían extrañas. Exprese sus dudas, formulando preguntas con el condicional perfecto de los infinitivos que se dan en paréntesis.

1. En aquel pueblecito no había escuela, pero los doce hijos de Tomás sabían escribir. Me pregunté dónde (enseñarles).
2. Cuando la mujer de Tomás estuvo enferma, él la había llevado al hospital de la ciudad. ¡Eran tan pobres! ¿Cómo (pagar) el viaje?
3. La semana anterior, Tomás había vendido varias mantas en el mercado. Me preguntaba cuánto (ganar).
4. Un día, fui con Tomás al mercado y lo oí hablar unas palabras en inglés con los turistas. ¿Cómo (aprender) inglés en aquel lugar remoto?
5. En el mercado vi a dos jóvenes campesinos con camisetas que decían "New York". ¿Dónde (comprarlas)?
6. Todas las familias del pueblecito vivían muy pobremente. Me pregunté por qué el gobierno no (hacer) ya algo por ellos.

Un poco de humor

Estudie el dibujo y prepare un resumen oral o escrito de lo que pasó.

PALABRAS ÚTILES

los enamorados
    sweethearts
la mariposa   *butterfly*
la poesía   *poem*
el asco   *feeling of nausea*

DEL MUNDO HISPÁNICO (República Dominicana)

Lea este anuncio y conteste las preguntas.

1. ¿A quién se dirige el que escribe esto?
2. ¿Dónde quiere el autor que vaya el lector?

3. Aquí se habla de riqueza. ¿Es esta riqueza dinero? ¿Qué es?

4. ¿Cómo es posible que una persona descubra su propio país?

5. ¿Qué playas, ríos y montañas de su país conoce Ud.? ¿Qué regiones?

HAY ALGO TUYO EN CADA REGION DOMINICANA ESPERANDOTE ESTE FIN DE SEMANA

Es tuyo tu país, son tuyas tus playas, tus ríos, tus montañas, en cada región dominicana, hay una nueva parte de ti, un lugar que aún no conoces esperándote este fin de semana, para encontrarle sitio a tus mejores sonrisas.

Haz un viaje hacia lo tuyo. Disfruta tu riqueza, descubre tu país.

SECRETARIA DE ESTADO / República Dominicana DE TURISMO

PALABRAS ÚTILES

sonrisas *smiles*
lo tuyo *what's yours*
riqueza *wealth*

Escena

Vida rural

Palabras conocidas

el árbol, el caballo, el camino, el/la campesino/a, el cielo, el corral, cultivar, la hierba, el maíz, la mariposa, la mula, el pollo, el río, el tractor

---

La naturaleza

el arco iris   rainbow

el arroyo   brook

el bosque   forest

el campo   field

la cascada	waterfall
el cerro	hill
el estanque	pond
la inundación	flood
el lago	lake
la loma	hill, ridge
la margarita	daisy
la montaña	mountain
la nube	cloud
el prado	meadow
la rama	branch
la semilla	seed
el tronco	trunk

Las acciones

ahuyentar	to keep off
almacenar	to store
arar	to plow
cazar	to hunt
cosechar	to harvest
deshojar	to pull the petals off
domar	to break in
ensillar	to saddle
ordeñar	to milk

pescar	to fish
picar	to peck; to sting
sembrar	to sow, plant

Los animales

la abeja	bee
el buey	ox
el caballito del diablo	dragonfly
la cabra	goat
el cerdo	pig
la colmena	beehive
el conejo	rabbit
el cordero	lamb
el cuerno	horn
el cuervo	crow
la gallina	hen
el gallo	rooster
el gusano	caterpillar
la hormiga	ant
la oveja	sheep
el pájaro carpintero	woodpecker
el pichón	baby bird
el potro, el potrillo	colt

la rana	frog
el ternero	calf
el toro	bull
la tortuga	turtle
la trucha	trout
la vaca	cow
la yegua	mare

Otras palabras

el arado	plow
la carreta	cart
la cerca	fence
el espantapájaros	scarecrow
el granero, el silo	silo
la montura	saddle
el nido	nest
la paja	straw
el pozo	well
el puente	bridge
la puntería	aim
la red	net
el sembrado	sown field
el sendero	path
el tirapiedras, la resortera	slingshot

Aplicación

A *Actividades del campo*. Combine cada verbo de la izquierda con el complemento más apropiado de la columna derecha, y haga una oración con cada combinación.

1. ahuyentar	**a)** un caballo
2. almacenar	**b)** el campo
3. arar	**c)** un cerro
4. cazar	**d)** los cuervos
5. deshojar	**e)** granos
6. domar	**f)** hortalizas
7. ensillar	**g)** una margarita
8. ordeñar	**h)** mariposas
9. pescar	**i)** un potro
10. picar	**j)** el tronco de un árbol
11. sembrar	**k)** truchas
12. subir	**l)** una vaca

B *Diferencias*. ¿Qué diferencia(s) hay entre...?

1. un río / un arroyo / un estanque / un lago / una cascada / un pozo
2. una loma / una montaña / un cerro
3. un sendero / un camino / una carretera
4. una cabra / una oveja / un cordero
5. un caballo / un potro / una yegua
6. un caballo / un mulo / un burro
7. una gallina / un gallo / un pollo
8. una vaca / un toro / un ternero

C *Descripciones*. Complete con la palabra apropiada.

1. El cielo está claro, sin _____; dejó de llover y el _____ parece un puente multicolor.
2. La _____ cae de la montaña al río.
3. El tractor _____ la tierra y la campesina planta las _____. En unos meses, los campesinos _____ lo que siembran ahora.
4. Los niños hicieron un _____ con paja y ropa vieja para _____ a los cuervos.
5. Veo un árbol. Un _____ pica su tronco. Otro pájaro hizo su _____ en una _____ del mismo árbol y las abejas fabricaron allí su _____.
6. En el nido, los _____ abren la boca pidiendo comida.
7. La rana piensa que el _____ será un almuerzo delicioso, pero el _____ prefiere la zanahoria y las hormigas comerán el _____.
8. En el prado, una chica persigue las _____ con una _____.

D *Accidentes que podrían ocurrir*. ¿Qué pasará si...?

1. El niño del tirapiedras no tiene buena puntería.
2. Llueve mucho y el río sube.
3. La soga del pozo se rompe.
4. Viene un vehículo mientras la tortuga cruza el camino.
5. Se rompe la cerca del corral de los cerdos.
6. El hombre del tractor tropieza con el espantapájaros.

E *¿De qué hablo?*

Cosas del campo:

1. Un terreno donde hay muchos árboles muy juntos.
2. Se construyó para poder cruzar el río.

3. Es la base de un árbol.

4. Saco agua de él con un cubo y una soga.

5. Guardo aquí los granos y cereales.

6. Los campesinos la utilizan como transporte.

7. Aparece en el cielo después de la lluvia.

8. Es un terreno llano (*plain*) con hierba y sembrados.

Mundo animal:

9. Fabrican miel.

10. Es un pájaro negro que ataca los sembrados.

11. Se pesca mucho en los ríos.

12. Despierta a la gente cantando por la mañana.

13. Camina muy despacio y, cuando ve el peligro, esconde la cabeza y las patas.

14. Se usaban para arar la tierra antes de la invención del tractor.

F *Escena con sonido.* Diga quién habla en cada caso. Puede ser un ser humano o un animal.

1. Me quiere...no me quiere...

2. Domitila, no pongas tantas semillas en el mismo lugar.

3. ¿No te gustan las zanahorias?

4. ¿Cuándo terminará esta mujer? No va a quedar leche para mí.

5. Este potro es muy bravo. Tengo que sujetarme bien para no caerme.

6. Aquí está mi oportunidad de probar mi tirapiedras nuevo.

7. ¡Cómo pesa este gusano!

8. No viene nadie por el camino. Es mi oportunidad de cruzar.

9. ¡Quieta, Lucero! Ahora te pongo la montura y nos vamos al pueblo.

10. Me duele el pico. Este tronco es muy duro.

G *Adivinanzas.* Invente seis frases similares a las del ejercicio F. Sus compañeros adivinarán quién las dice.

DEL MUNDO HISPÁNICO (México)

Carlos Salinas de Gortari, durante su presidencia, propagó el concepto de solidaridad, incitando a los mexicanos a ayudarse mutuamente. Este anuncio sigue esas ideas.

Por nuestros campesinos...
Solidaridad

Para que nuestros campesinos vivan mejor y sus tierras produzcan más. . . hay que tenderles la mano.
Con el apoyo y solidaridad de la Lotería Nacional, la Asociación de Desarrollo Rural de Hidalgo, está logrando que miles de campesinos, al igual que muchos otros en el país, apliquen ahora modernos métodos de producción.
❝Usted también hágase solidario... apoye a quienes más lo necesitan❞

Por ellos y por México... Vamos a darnos la mano.

LOTERIA NACIONAL
PARA LA ASISTENCIA PUBLICA

Lea este anuncio y conteste las preguntas.

1. ¿Qué es necesario hacer para que los campesinos vivan mejor?
2. ¿Qué producto se anuncia aquí?
3. ¿Qué zona específica ayuda esta Asociación Rural?
4. ¿Qué se quiere lograr?
5. ¿Para qué se usa el dinero de la Lotería Nacional?

Gramática II

A. Weather expressions

1. Most weather expressions that have the verb *to be* in English have the verb **hacer** in Spanish.

> **Hace** mucho **frío (calor, viento, sol, fresco).**
> *It is very cold (hot, windy, sunny, cool).*
>
> **Hace** buen (mal) tiempo.
> *The weather is good (bad).*

2. Although **hace** is the most common form for weather expressions, an alternate form with **hay** (**haber**) is heard sometimes. This form with **haber** is the only one used to refer to the moon.

> La noche era muy oscura porque no **había** luna.
> *The night was very dark because the moon wasn't out.*

3. With some weather phenomena, such as **nevar (ie), llover (ue), lloviznar** (*to drizzle*), **tronar (ue)** (*to thunder*), **relampaguear** (*to be lightning*), the third-person singular of the verb is used.

> ¡Qué tormenta! **Relampagueó** y **tronó** toda la noche.
> *What a storm! There was lightning and thunder all night.*
>
> En algunas regiones de España **nieva** mucho.
> *In some regions of Spain it snows a lot.*
>
> En Lima **llovizna** frecuentemente. Es una llovizna fina que se llama garúa.
> *In Lima it drizzles frequently. It's a fine drizzle that is called **garúa**.*

Aplicación

A *Entre dos*. Un/a estudiante lee las frases y otro/a hace comentarios apropiados para cada una.

MODELO: Me quemé mucho en la playa.
> *Hoy hace mucho sol.*

1. Puse el aire acondicionado al máximo.
2. Estaba lloviendo mucho y abrí mi paraguas. No pude controlarlo. Ahora tengo el paraguas roto.
3. ¡Qué agradable temperatura! No hace ni mucho frío ni mucho calor.
4. El cielo, oscuro por la tormenta, se ilumina momentáneamente.
5. Todo se está poniendo blanco. ¡Qué bonita escena de invierno!
6. El ruido de la tempestad asusta mucho a mi gato.
7. Cae un poco de agua, pero no voy a llevar paraguas.
8. Colgué la ropa que lavé en el patio y se secó en seguida.
9. ¡Qué noche más clara y bonita! Me siento romántica en una noche así.
10. El cielo está oscuro. Llueve mucho. Han anunciado un ciclón.

B. *Hacer* in time expressions

1. To express how long an action has been in progress use the following expressions:

hace + *period of time* + **que** + *present tense*
(or)
present tense + **desde hace** + *period of time*

---

to have been + *-ing* + *for* + period of time

Hace media hora que Elena persigue mariposas.
Elena persigue mariposas **desde hace media hora**.
Elena has been chasing butterflies for half an hour.

2. To express how long an action had been in progress at a certain time in the past, use the following expressions:

hacía + *period of time* + **que** + *imperfect tense*
(or)
imperfect tense + **desde hacía** + *period of time*

---

had been + *-ing* + *for* + period of time

Hacía diez años que Romualdo cultivaba esas tierras cuando murió su mujer.
Romualdo had been cultivating those fields for ten years when his wife died.

El espantapájaros estaba en el campo **desde hacía varios meses**.
The scarecrow had been in the field for several months.

Note in the first example that the ongoing action was interrupted by another action (expressed in the preterite.) This is a very common case.

3. To ask how long an action or situation has been going on use the following expressions:

¿Cuánto tiempo (**Cuántos** años, meses, días, etc.)
hace (**hacía**) **que...?**
¿Hace (**Hacía**) mucho tiempo **que...?**

How long (How many years, months, etc.) have (had) + subject
+ *been* + *-ing*

¿Cuántos días hace que ese potro está en el corral?
How many days has that colt been in the corral?

¿Hacía mucho tiempo que Rafael vivía en el campo?
Had Rafael been living in the country for a long time?

4. To express in Spanish how long it has (had) been since a definite point in time, use the following expression:

---

present (imperfect) of main verb + **desde** + *point in time*

Aquí no llueve **desde** el mes pasado.
It hasn't rained here since last month.

El estaba en la estancia **desde** junio.
He had been on the farm since June.

5. To express in Spanish **how long ago** something happened use the following expressions:

---

preterite tense + **hace** + *period of time*
(or)
hace + *period of time* + **que** + *preterite tense*

---

preterite + period of time + *ago*

Mi abuelo excavó el pozo **hace veinte años.**
Hace veinte años que mi abuelo excavó el pozo.
My grandfather excavated the well twenty years ago.

Domé mi yegua **hace sólo dos meses**.
Hace sólo dos meses que domé mi yegua.
I broke my mare only two months ago.

Aplicación

B *Entrevista a un agricultor o agricultora.* Hágale preguntas a un compañero o compañera, quien contestará de manera original, usando la construcción **hace/hacía**.

UD.: ¿Cuántos años hace que vive en esta finca?

AGRICULTOR/A: ...

UD.: ¿Y hacía mucho tiempo que Ud. ahorraba dinero cuando por fin pudo comprar la finca?

AGRICULTOR/A: ...

UD.: Y este campo, ¿cuánto tiempo hace que lo cultiva?

AGRICULTOR/A: ...

    UD.: ¿Y cuánto tiempo hace que tiene Ud. este tractor?

AGRICULTOR/A: ...

    UD.: Ya veo. ¿Y cuánto tiempo hacía que araba Ud. con bueyes cuando lo compró?

AGRICULTOR/A: ...

    UD.: Ese ternero, ¿hace muchos meses que nació?

AGRICULTOR/A: ...

    UD.: La vaca madre del ternero es suya desde hace tiempo, ¿no?

AGRICULTOR/A: ...

    UD.: El puente que cruza el río parece nuevo. ¿Cuánto tiempo hace que está ahí?

AGRICULTOR/A: ...

C *Hace o hacía.* Complete de manera original.

1. El tirapiedras no es nuevo. El niño lo tiene desde...

2. El ranchero es viudo desde hace...

3. ¿Hace tiempo que tratas de domar ese potro? Sí, hace...

4. No comprendo por qué las gallinas tienen hambre. Hace...

5. El pozo no tenía agua. Hacía...

6. La tortuga caminaba muy despacio. Hacía...

7. Hace...el maíz está listo para cosecharse.

8. Esa chica está enamorada. Está deshojando margaritas desde hace...

9. Hacía diez minutos que las hormigas...

10. Cuando Falabella triunfó con los mini-caballos, hacía...

D *La historia del rancho "Los Limones".* Escriba oraciones sobre las cosas que pasaron en el rancho usando **hace**.

MODELO: 1945: Don Antonio compró el rancho.
    Hace más de medio siglo que don Antonio compró el rancho.

1. 1948: Nació Tomás, el hijo mayor de don Antonio.

2. 1955: Don Tomás agrandó el granero.

3. 1958: Hubo un ciclón y una gran inundación en el rancho.

4. 1960: Se terminó de construir el nuevo puente.

5. 1973: Don Antonio puso cercas nuevas en todos sus campos.

6. 1980: Los cerdos de "Los Limones" ganaron el primer premio en la Exposición Agrícola.

7. 1996: Don Antonio, ya muy viejo, vendió el rancho y se mudó con sus hijos a la ciudad.

C. Expressing states and conditions

The construction **estar** + *past participle* expresses a condition or state resulting from a previous action.

> Como me levanté muy temprano, ya **están hechas** mis tareas: la cerca **está reparada,** los nuevos arbustos **están plantados,** los huevos **están empaquetados** y listos para el mercado.
> *Since I got up very early, my tasks are already done: the fence is repaired, the new bushes are planted, the eggs are packed and ready for the market.*

> —¿Cuánto cuesta esta oveja?
> —Lo siento; **está vendida.**
> *"How much is this lamb?"*
> *"I am sorry; it's sold."*

Note that, combined with **estar,** the past participle works as an adjective describing the state or condition of the subject and, therefore, it agrees with the subject in gender and number.

Aplicación

E   *Entre dos.* Un/a estudiante lee las frases que se dan y otro/a estudiante contesta la pregunta final, usando las mismas estructuras y cambiando la terminación del participio pasado si es necesario.

MODELO: Los niños están cansados. ¿Y las niñas?
         Las niñas están cansadas también.

1. El cable se ha roto. ¿Y la soga?
2. El gallo está muerto. ¿Y los pollitos?
3. Habías ensillado el caballo. ¿Y la yegua?
4. El establo estaba pintado de blanco. ¿Y las cercas?
5. El bosque está habitado. ¿Y los campos?
6. Para mañana habremos compuesto el tractor. ¿Y la carreta?

F   *Tareas del campo.* Exprese estados resultantes con los elementos que se dan, añadiendo algo original.

MODELO: ordeñar / vacas
         Las vacas están ordeñadas y ahora llevaremos la leche al pueblo.

1. domar / potro
2. arar / campo
3. sembrar / frijoles
4. pescar / truchas
5. almacenar / granos
6. cortar / hierba
7. bañar / caballos
8. recoger y contar / huevos
9. encerrar en el corral / cabras
10. pintar / silo

DEL MUNDO HISPÁNICO (Costa Rica)

LIBANO:

Desde la antigüedad, cubierto de Cedros. Hoy sólo queda como emblema patrio en la bandera de ese país.

BRASIL:

Cuenca amazónica de 5 millones de Kilómetros cuadrados. Estimación anual por cortes e incendios: 300 millones de árboles. 250.000 especies de plantas conocidas. 65.000 directamente amenazadas. 11 millones de hectáreas de bosque tropical destruido cada año. Desde 1940 la mitad de los bosques tropicales han desaparecido del planeta.

COSTA RICA:

Áreas protegidas. Parques Nacionales, Áreas Silvestres, Reservas Biológicas, Refugios de Vida Silvestre.

¡POR COSTA RICA! DEMOS UN EJEMPLO AL MUNDO

Protejamos nuestros bosques. Digamos no a la corta irracional de los árboles.
Cuidemos nuestras cuencas hidrográficas.

"CUIDAR EL ARBOL ES CUIDAR EL AGUA"

PALABRAS ÚTILES

la antigüedad *ancient times*

cedros *cedars*

cuenca *basin*

incendios *fires*

amenazadas *threatened*

la mitad *half*

silvestre *wild*

la corta *cutting*

A y A (Acueductos y alcantarillados) *Water works and Sewers*

Lea este anuncio y conteste las preguntas.

1. ¿Qué pasó con los cedros del Líbano?
2. ¿Cuáles son las causas principales de la pérdida de árboles en el Brasil?
3. ¿Qué les ha pasado a los bosques tropicales desde 1940?
4. ¿Qué puntos positivos sobre la situación en Costa Rica se mencionan?
5. ¿Qué pide el anuncio que se haga en Costa Rica sobre los bosques? ¿Sobre la corta de árboles? ¿Sobre las cuencas de agua?
6. ¿Por qué es importante no destruir los árboles?

Un poco de humor

Merienda en el campo

Estudie este dibujo y conteste las preguntas.

1. ¿Quiénes son estas personas? ¿Cómo sabemos que se aman?
2. ¿Qué llevaron ellos al campo?
3. ¿Dónde están las hormigas? ¿Qué han comido?
4. ¿Por qué no se han dado cuenta de nada estas personas?

Unidad tres

TRABAJO Y DIVERSIONES

Capítulo 9

HAY QUE GANARSE LA VIDA

Estos hombres tienen un oficio (*trade*) interesante: fabrican instrumentos de percusión. Los tambores son instrumentos muy importantes en la música caribe de influencia africana.

Presentación

En los países hispánicos no es común que los jóvenes de clase media trabajen mientras estudian. A veces trabajan en las vacaciones ayudando en el negocio de la familia, pero rara vez son obreros (*blue-collar workers*) o hacen trabajos manuales. En el aspecto financiero, los jóvenes dependen de sus padres más tiempo que en los Estados Unidos y suelen vivir con ellos mientras están solteros.

En el diálogo que Ud. va a leer, hay un joven hispano, Arturo, que vive en los Ángeles. Aunque todavía es estudiante, ya ha tenido muchos empleos, lo mismo que muchos otros jóvenes norteamericanos.

Arturo lee los anuncios clasificados de *La Opinión*, un periódico en español publicado en los Ángeles. En los Estados Unidos circulan cientos de periódicos y revistas en español. Estas publicaciones pueden dividirse en tres grupos: (1) publicaciones creadas especialmente para el lector hispánico (*Más, Cristina, Vanidades, Temas, El Diario/La Prensa*, etc.), (2) revistas originalmente en inglés que, reconociendo la importancia del mercado hispánico, tienen versiones en español (*Cosmopolitan, Mecánica Popular*, etc.) y (3) publicaciones bilingües como *El Heraldo* de Miami.

Repaso previo   Review of present and imperfect subjunctive forms and perfect tenses of the subjunctive, *Workbook*.

 *Lectura*

Buscando empleo

ARTURO:	(*Lee*) Se solicitan...consejeros° para una escuela secundaria, taxistas°, mecánicos con herramientas propias°, expertos en mercadeo°, programadores de computadoras, secretarias bilingües... Nada que me sirva°.	counselors, advisors / taxi drivers **con...:** with their own tools / marketing **me...:** may suit me
5 MIGUEL:	Arturo, ¿todavía leyendo los anuncios clasificados de *La Opinión*? Me sorprende que no hayas encontrado ya empleo.	
ARTURO:	No tengo suerte como tú. A ti te ha ido bien°. Nunca has estado desempleado°. Comenzaste como mensajero° y llegaste a locutor° y periodista°.	**A...:** You have done well unemployed / messenger / radio and TV announcer / journalist
10 MIGUEL:	Pero tú tienes experiencia en diversos oficios°.	trades

Una joven arquitecta mexicana en su mesa de trabajo. Cada día hay más mujeres hispanas en profesiones que en el pasado se consideraban propias para hombres.

ARTURO: Sí, he sido lavaplatos°, ayudante de bibliotecario°, impresor°, vendedor de automóviles en la agencia° de mi tío y hasta limpiador de ventanas. Ahora que casi tengo mi título° de farmacéutico°, tal vez pueda emplearme en una botica° o de laboratorista.

dishwasher / librarian / printer
dealership
degree / pharmacist
*(**farmacia**) drugstore*

15 MIGUEL: No creo que te cueste trabajo° progresar en el ramo° farmacéutico. Es un buen campo°. Siempre hay gente enferma. Pero...¿dices que fuiste limpiador de ventanas? Eso no lo sabía.

***te...:** it will be hard for you / specialization / field*

ARTURO: Solamente trabajé dos semanas. Un compañero de trabajo se cayó de un andamio° y renunció° al empleo.

scaffold / resigned

20 MIGUEL: ¿Y se mató?

Dos locutoras transmiten noticias por Radio Televisión Española.

	ARTURO:	No. Tuvo suerte de que fuera sólo un tercer piso. Pero anduvo varios meses en silla de ruedas°. Todos los trabajos en lugares altos son peligrosos°. Piensa en los pobres tipos° que arman° los rascacielos° o en los que pintan los puentes.	**silla...:** wheel chair dangerous / guys / put together / skyscrapers
25	MIGUEL:	Ni hables de eso. Padezco de° vértigo. (*Camina hacia la puerta.*)	**padezco...:** I suffer from
	ARTURO:	¿Ya te vas?	
	MIGUEL:	Sí, debo irme. Hubo un asalto° en un banco y voy a tratar de entrevistar a una de las víctimas. Espero que encuentres algo pronto.	hold up
30	ARTURO:	Y yo me alegraré de que te elijan° el reportero del año. Te lo mereces°. Pero, cuidado con las balas°. Ser periodista puede ser tan peligroso como subirse a un andamio.	you are chosen deserve / bullets

Comprensión

Arturo y Miguel. ¿Cierto o falso? Corrija las afirmaciones falsas.

Sobre Arturo: Arturo...

1. trabajó como mecánico de automóviles.
2. estudia farmacia.
3. se cayó de un andamio cuando limpiaba una ventana.
4. ve varios empleos buenos para él en el periódico.

Sobre Miguel: Miguel...

5. se sorprende de que Arturo no haya encontrado trabajo.
6. está desempleado.
7. ha trabajado armando rascacielos.
8. piensa que no hay muchas oportunidades en el campo farmacéutico.
9. va a entrevistar al director de un banco.

Vocabulario

A ***Sinónimos y definiciones.*** Identifique cada palabra en la columna de la derecha con su sinónimo o definición en la columna de la izquierda.

1. Sinónimo de *seleccionar*.
2. Un edificio muy alto.
3. Persona que no tiene trabajo.
4. Sinónimo de *hombre* en lenguaje familiar.
5. Tener méritos.
6. Sinónimo de *especialidad.*
7. Lo que me dan cuando termino mis estudios.
8. Ataque, generalmente con intención de robar.
9. Otro nombre para una farmacia.
10. Lo que se usa para trabajar en lugares altos.
11. Lugar donde voy a comprar un coche.
12. Los instrumentos necesarios para un tipo de trabajo.

a) agencia
b) andamio
c) asalto
d) botica
e) desempleado
f) elegir
g) herramientas
h) merecer
i) ramo
j) rascacielos
k) tipo
l) título

B ***Entre dos: Profesiones y oficios***. Un/a estudiante lee lo que dice cada persona y otro/a estudiante adivina el oficio o la profesión de la persona que habla.

1. ¿No le gusta este bello modelo de dos puertas con asientos de piel?

2. Lo siento, señorita, ese libro no lo han devuelto todavía.

3. Srta. Quintana, si le gusta enseñar, le recomiendo que se matricule en estos cursos de pedagogía.

4. Espero que el andamio esté firme ahora.

5. Señoras y señores, escuchen nuestro próximo programa: "Música para recordar".

6. Ahora tengo que traducir esta carta al español.

7. Aquí es, señora. Estamos en la esquina de Monte y Cerro.

8. ¿Desea letra cursiva en los títulos?

9. Este líquido es excelente para cortar la grasa.

10. Y dígame, señorita, ¿qué hizo el bandido cuando Ud. gritó?

11. Traigo un paquete para el señor Héctor Pérez.

12. Señora, lo siento, no puedo venderle estas cápsulas sin una receta médica.

Este banco se especializa en cambiar dinero de diferentes países. Por eso su clientela se compone principalmente de viajeros.

Modismos

servirle (a uno) *to be good for one, suit one*

Te prestaré mis diskettes. Espero que **te sirvan.**

I'll lend you my diskettes. I hope they are useful to you (they are what you need.)

irle bien (mal) (a uno) *to do well (badly)*

Me ha ido mal. Estoy desempleado.

I haven't done well. I am unemployed.

costarle trabajo (a uno) *to be hard (for one)*

Me cuesta mucho **trabajo** levantarme temprano.

It is very hard for me to get up early.

Aplicación

A *Comentarios.* Haga un comentario para cada situación usando uno de estos modismos.

1. Tengo mucha suerte. Mi empleo me gusta y mi sueldo es excelente. Ud. me dice: ...
2. La pantalla (*monitor*) de su computadora está rota y un amigo le presta la suya, pero es de un sistema digital, diferente al de su computadora. Ud. le dice a su amigo: ...
3. A Ud. le gustaría ser locutor en la televisión, pero es muy tímido/a y es difícil para Ud. hablar en público. Ud. comenta con su consejero: ...
4. Ud. fue a una entrevista de empleo, pero estaba muy nervioso/a y no le hizo una buena impresión a su futuro jefe. Ud. comenta con sus amigos: ...
5. Mis amigos resuelven los problemas de matemáticas en un minuto, pero yo no puedo. ¡Me parecen tan difíciles!. Ud. me dice: ...
6. Ud. compró un texto para su clase de español, pero se llama *Mundo único* y Ud. necesitaba *Mundo unido*. Ud. devuelve el libro a la librería y explica: ...

PUNTOS DE VISTA

A *Empleo y desempleo.*

1. El desempleo es un gran problema en nuestro país. ¿Qué se ha hecho para erradicarlo? ¿Qué haría Ud. si fuera presidente o presidenta?

Este señor trabaja al aire libre, en un portal (*arcade*) del centro, en la ciudad mexicana de Morelia. Su trabajo consiste en hacer cartas y documentos a máquina para las personas que no tienen máquina de escribir. El cliente frecuentemente le dicta lo que quiere que escriba.

2. ¿En qué carreras es más fácil (o difícil) encontrar empleo después de graduarse? ¿Por qué? ¿Debe una persona escoger una carrera que no le gusta mucho, pero que ofrece oportunidades monetarias en el futuro? ¿O debe escoger la que le gusta más, aunque no ofrezca buenas oportunidades?

3. Arturo ha tenido empleos muy variados. En su opinión, ¿indica esto algo sobre la persona? Explique. Si Ud. fuera jefe de personal en una compañía, ¿emplearía a una persona así? ¿Por qué sí o por qué no? ¿Qué aspectos positivos y negativos puede haber en quedarse en el mismo empleo por muchos años?

B *Trabajos peligrosos.*

1. En la lectura se mencionan los limpiadores de ventanas, los hombres que construyen rascacielos y los que pintan los puentes. Pero hay muchos otros oficios peligrosos como policía, bombero, trapecista de un circo, torero, corredor de coches de carreras (*races*)... En su opinión, ¿en cuál de estos trabajos hay más peligro? ¿Por qué? ¿En cuál hay menos? Si Ud. tuviera que escoger uno de estos trabajos, ¿cuál escogería? ¿Por qué?

2. Arturo dice que el trabajo de reportero puede ser también peligroso. ¿En qué circunstancias puede serlo? ¿Han muerto o han tenido accidentes muchos periodistas por causa de su trabajo? ¿Es ésta una profesión interesante? ¿Por qué sí o por qué no?

3. ¿Qué otros oficios peligrosos puede Ud. nombrar? Explique por qué lo son.

C Experiencia personal.

1. ¿En qué trabaja o ha trabajado Ud.? ¿Cuáles son las obligaciones habituales de este empleo? ¿Qué es lo que más (menos) le gusta de su trabajo?

2. Su jefe, ¿es hombre o mujer? ¿Le importa a Ud. de qué sexo sea su jefe? ¿Por qué sí o por qué no? ¿Qué características debe tener un buen jefe?

3. ¿Qué es para Ud. un trabajo aburrido? ¿Qué trabajo le parece más interesante?

¿Quiere que le tomen una fotografía? El vehículo es antiguo, pero la cámara es moderna y el fotógrafo parece estar de buen humor.

EL MUNDO HISPÁNICO (Puerto Rico)

PALABRAS ÚTILES

empresa *company*

consejeros/as ocupacionales *career counselors*

maestría *masters*

dispuesto a *willing to*

estadía *stay*

ventas *sales*

escuela superior *high school*

habilidad *ability*

entrenamiento *training*

conducir *to drive*

conocimiento *knowledge*

beneficios marginales *fringe benefits*

Lea estos anuncios y conteste las preguntas.

1. ¿Qué significan: "trabajar a tiempo parcial", "igualdad de oportunidades" y "turnos rotativos"?

2. ¿En cuál(es) de estos empleos...?

   a) se requiere experiencia

   b) se especifica que la persona necesita tener automóvil

   c) es más importante ser sociable

   d) se viaja más

   e) hace falta un título universitario

   f) se necesita tener más de una licencia

3. ¿Qué empleo ofrece beneficios marginales? En su opinión, ¿cuáles pueden ser estos beneficios?

4. Si una persona no tiene experiencia ni entrenamiento, ¿cuál de estos empleos solicitará? ¿Por qué?

Gramática I

A. The subjunctive to express emotion

1. When the subject of a sentence views an action performed by another subject with pleasure, displeasure, anger, surprise, fear, etc. this action is expressed with the subjunctive. Some verbs that require the subjunctive in the dependent clause are:

   alegrarse (de)   *to be happy, glad*

   (dis)gustarle (a uno)   *to (dis)like*

   enojarlo (a uno)   *to make (one) angry*

   esperar   *to hope*

   estar contento/a (de)   *to be happy*

   lamentar   *to lament*

   molestarle (a uno)   *to bother (one)*

   sentir (ie)   *to regret, be sorry*

   preferir (ie)   *to prefer*

   sorprenderlo (a uno)   *to surprise (one)*

   sorprenderse (de)   *to be surprised*

   temer, tener miedo (de)   *to be afraid, fear*

   Todos se sorprendieron de que **cambiaras** de empleo.
   Everybody was surprised that you changed jobs.

Estoy contenta de que me **hayan trasladado** a esta oficina, pero lamento que **esté** tan lejos de mi casa.
I'm happy they transferred me to this office but I regret that it's so far from my home.

A mi jefe le disgusta que alguien **fume** cerca de él.
My boss dislikes it when someone smokes near him.

2. As explained on p. 107, the infinitive, not the subjunctive, is used when there is no change of subject.

Estoy contenta de **estar** en esta oficina.
I'm happy to be in this office.

Aplicación

A *Arturo y Miguel.* Complete las oraciones de manera original, pero usando la clave que se da y basándose en el contenido de la lectura.

1. A Arturo le enoja que no... (en el periódico)

2. A Miguel le sorprende que Arturo... (trabajo)

3. A Miguel también le sorprende que Arturo... (limpiar ventanas)

4. Arturo lamentó que su compañero de trabajo... (andamio)

5. Arturo se alegró de que la caída... (tercer piso)

6. Miguel espera que Arturo... (empleo)

7. Arturo se alegrará de que a Miguel... (reportero del año)

8. Arturo teme que Miguel... (víctima de una bala)

B *Y Ud. ¿qué piensa?* Imagine que varios amigos suyos le dan la siguiente información. Exprese su reacción de manera original, usando el verbo que se indica en cada caso.

MODELO: Voy a trabajar de limpiador de ventanas. (temer)
Ten mucho cuidado. Temo que te caigas.

1. Terminé ya mi curso de programador de computadoras. (esperar)

2. Me acaban de aumentar el sueldo. (estar contento/a de)

3. El único trabajo que he conseguido es para lavar automóviles. (sentir)

4. Aunque padezco de vértigo, voy a trabajar en la construcción de un rascacielos. (tener miedo de)

5. Solicité ese empleo, pero no me lo dieron porque soy mujer. (enojarle a uno)

6. Mañana decidirán si te contratan. Me dijeron que te llamarán por teléfono o te escribirán anunciándote la decisión. (preferir)

7. Pienso que yo merecía ser el reportero del año, pero eligieron a un tipo con más influencias. (molestarle a uno)

8. Mi tío tuvo un accidente de trabajo y está en una silla de ruedas. (lamentar)

C *Entre dos: Hablando de trabajo.* Un/a estudiante lee cada frase y otro/a estudiante da su reacción personal usando uno de los verbos de la lista.

alegrarse de / (dis)gustarle (a uno) / enojarle (a uno) / estar contento/a de / lamentar / preferir / sentir / sorprenderle (a uno) / temer / tener miedo de

1. Hay un alto porcentaje de desempleo en nuestro país.

2. Muchos inmigrantes sin documentos trabajan por muy poco dinero.

3. El balance de importación-exportación es negativo para nosotros.

4. El gobierno trata de crear nuevas fuentes (*sources*) de trabajo.

5. Hay más oportunidades de empleo para las personas que hablan español.

6. En clase practicamos mucho el español oral.

7. En esta universidad (no) nos preparan bien para encontrar trabajo al graduarnos.

8. Yo vi en el periódico muchos anuncios de empleo con un sueldo excelente.

9. Muchas compañías discriminan contra las mujeres y las personas de edad madura.

10. En la mayoría de las oficinas se prohíbe fumar.

DEL MUNDO HISPÁNICO

El trabajo femenino

Según un informe reciente del BID (Banco Interamericano de Desarrollo), la fuerza laboral (*labor force*) femenina en Hispanoamérica será de 53 millones en 1999. Este informe denuncia los obstáculos culturales que todavía existen contra la mujer, como la discriminación en el trabajo, la falta de entrenamiento tecnológico y las remuneraciones bajas. Estos datos no son nada nuevo: la situación social y laboral de la mujer hispanoamericana ha sido tradicionalmente mala, especialmente en las clases más pobres. En la clase media, sin embargo, la mujer comenzó a avanzar mucho antes. Por ejemplo, en los países hispánicos, era común encontrar mujeres médicas, dentistas, abogadas y hasta arquitectas e ingenieras (*engineers*), hace años, cuando todavía el número de mujeres norte-americanas en estas profesiones era mínimo.

También abundan en el mundo hispánico las mujeres en la política y en posiciones diplomáticas. Por ejemplo, San Juan de Puerto Rico ha tenido una alcaldesa (*mayor*) y la Argentina y Nicaragua han tenido mujeres presidentas.

Un poco de humor

Mire el dibujo y conteste las preguntas.

1. Además de ser madre, ¿qué otro trabajo hace esta mujer?

2. ¿Dónde tiene ella su escritorio? ¿Por qué?

3. ¿Cree Ud. que ella llevó el bebé a su oficina o que tiene la oficina en su casa? ¿Por qué lo cree?

4. En su opinión, ¿es difícil para una mujer cuidar bien a su bebé y además trabajar fuera?

5. Haga dos conjeturas de las razones que pudo tener ella para inventar este sistema.

Sin palabras

PALABRAS ÚTILES

el corral   *playpen*

B. The subjunctive to express doubt or uncertainty

1. When the subject of the sentence is uncertain about or negates the reality of an action performed by another subject, this action is expressed with the subjunctive. Some verbs that express doubt, uncertainty, or denial are:

dudar *to doubt*

no creer *not to believe*

negar *to deny*

no esperar *not to expect*

> Dudo (No espero, No creo) que me **den** a mí el empleo; hay muchos candidatos.
> *I doubt (I don't expect, I don't think) they'll give me the job; there are many applicants.*
>
> Ramón negó que lo **hubieran despedido** de su empleo anterior.
> *Ramón denied they had fired him from his previous job.*

2. **Creer** and **pensar**, when used interrogatively, may require the subjunctive or not, depending on whether the speaker wishes to imply doubt.

> Ahora que les dijiste que no hablas español, ¿crees que te **ofrezcan** el mismo sueldo?
> *Now that you've told them that you don't speak Spanish, do you think they'll offer you the same salary?*
> *(The speaker doubts it.)*
>
> ¿Crees que te **ofrecerán** el mismo sueldo?
> *(The speaker wants to know what the other person thinks and is not expressing any opinion.)*

3. **Creer** used affirmatively indicates a substantial degree of certainty and doesn't require the subjunctive.

> **Creo** que Ramón **trabaja** ahora en una farmacia.
> *I believe that Ramón now works at a drugstore.*

Aplicación

D *¿Qué crees y qué dudas?* Entreviste a un compañero o compañera presentándole los siguientes puntos en forma de preguntas. Su compañero o compañera debe elaborar sus respuestas.

MODELO: (creer) Es necesario ser bilingüe para conseguir un buen empleo.
> *¿Crees que es necesario ser bilingüe para conseguir un buen empleo?*
> *No creo que sea necesario ser bilingüe, pero sí creo que ser bilingüe puede ayudar a conseguirlo.*

1. (creer) Resulta más peligroso ser profesor que ser periodista.
2. (negar) Padeces de vértigo.
3. (no creer) El desempleo es el problema más serio de los Estados Unidos.
4. (dudar) Los vendedores de automóviles siempre mienten.
5. (no esperar) Te costará trabajo conseguir empleo cuando te gradúes.
6. (dudar) Ramón ha tenido más suerte que Miguel.
7. (creer) Es importante para todos los estudiantes hablar con su consejero.
8. ([no]pensar) Los anuncios clasificados son la mejor manera de conseguir trabajo.

E   *Creer o no creer.* Haga dos preguntas originales usando el verbo **creer**, para cada una de las siguientes frases. Use el indicativo en la primera pregunta y el subjuntivo en la segunda pregunta para expresar duda. Otro/a estudiante contestará según su opinión personal, usando **creer** o **no creer**.

1. En los Estados Unidos se publican más periódicos en español que en inglés.
2. Viven más puertorriqueños en Nueva York que en Puerto Rico.
3. Hay muchas oportunidades de progresar en el campo farmacéutico.
4. Algunos oficios no son apropiados para las mujeres.
5. La mayor parte de la gente desconfía (*mistrust*) de los abogados.
6. Una buena dicción es la cualidad más importante para un locutor.
7. Un mecánico siempre necesita herramientas propias.
8. Frecuentemente los taxistas se aprovechan (*take advantage*) de los turistas.

DEL MUNDO HISPÁNICO (Chile)

Lea este anuncio y conteste las preguntas.

1. ¿Por qué, en su opinión, hay aquí banderas?
2. ¿Qué hay que hacer para hablar por teléfono con una persona de otro país?
3. ¿Qué cosas puede hacer una asistente internacional?
4. ¿Cuántas asistentes internacionales hay?
5. Aquí dice que las asistentes están calificadas. En su opinión, ¿qué debe saber una persona para estar calificada para este trabajo?
6. ¿Le gustaría a Ud. hacer este tipo de trabajo? ¿Está Ud. calificado/a? Explique.

PALABRAS ÚTILES

ubicar *to locate*

lejano *remote*

aló *hello*

capacitada *trained*

llamada por cobrar *collect call*

calificadas *qualified*

Escena

En el banco

> **Palabras conocidas**
>
> la computadora, contar (ue), el interés, por ciento, el reportero

Personas

el/la administrador/a	manager
el/la cajero/a	teller

el/la cliente/a	client
el/la empleado/a bancario	bank employee

Vocabulario bancario

las acciones	stocks
al dorso	on the back
la caja de seguridad	safe-deposit box
el cambio	change; exchange rate
el capital	principal
el certificado de depósito	C.D.
la cuenta	bill (to be paid)
la cuenta corriente (de cheques)	checking account
la cuenta de ahorros	savings account
el cheque al portador	check made out to cash
el cheque cancelado	cancelled check
el cheque sin fondos	bad check
la chequera	check book
el dinero falso	counterfeit money
el estado de cuenta	statement
la garantía	collateral
el giro	draft
la hoja de depósito (de extracción)	deposit (withdrawal) slip
el saldo	balance
la (tarjeta de) identificación	I.D. card

Objetos que se ven

la alcancía	piggy bank
la bandeja de la correspondencia	mail tray
el billete	bill (money)
el cajero automático	automatic teller
la calculadora	calculator
el fax	fax machine
la grapadora	stapler
la moneda	coin; currency
la ventanilla	window

El asalto (Holdup)

la alarma	alarm
apuntar	to take aim
¡Arriba las manos!	Hands up!
el/la cómplice	accomplice
el enmascarado	masked man
el/la herido/a	wounded person
¡No dispare!	Don't shoot!
el rifle	rifle
el/la testigo	witness

Operaciones bancarias

abrir una cuenta corriente (de ahorros)	to open a checking (savings) account
ahorrar	to save
cambiar dinero extranjero	to exchange foreign money
cambiar un cheque	to cash a check
comprar cheques de viajero	to buy traveler's checks
deber dinero	to owe money
depositar, hacer un depósito	to deposit
endosar un cheque	to endorse a check
estar sobregirado	to be overdrawn
hacer una hipoteca	to take out a mortgage
hacer un pago	to make a payment
invertir	to invest
llenar una hoja de depósito (de extracción)	to fill out a deposit (withdrawal) slip
prestar	to lend
sacar dinero	to withdraw money
solicitar (pedir) un préstamo	to ask for a loan
transferir dinero	to transfer money

Aplicación

A *El asalto.* Mire la escena y conteste las preguntas.

1. ¿Qué hacen...?
   a) el niño   b) el señor que está cerca del niño   c) el hombre que está cerca del cajero automático
2. El niño, ¿ha venido solo al banco o es hijo de un/a cliente? ¿Por qué piensa Ud. así?
3. ¿Quién cree Ud. que es el joven a quien la mujer le cuenta sobre el asalto? ¿Qué hace él? ¿Con qué propósito?
4. ¿Cómo era el bandido que asaltó el banco?
5. ¿Cómo eran los dos clientes de quienes también habla la empleada?
6. ¿Qué transacción estará haciendo el cliente que está con el empleado en el otro escritorio?
7. ¿Con qué propósito han instalado una cámara de video cerca de la entrada?
8. ¿Por qué se arregla el pelo y el bigote el señor? ¿Son más vanidosos (*vain*) los hombres o las mujeres? ¿Por qué lo piensa Ud.?

B *En el banco.* Complete de manera lógica estas frases que se oyen en un banco.

Entre empleados bancarios:

1. Estos papeles están sueltos. Necesito una...
2. Esa información llegará en un minuto si la mandas por...
3. Escribí la carta y la puse en...para que el mensajero la lleve al correo.
4. Hay demasiados números aquí. No puedo sumar mentalmente; me hace falta la...

Entre clientes:

5. Necesitaba cambio. Le di un billete a la cajera y ella me devolvió...
6. Algunas...tienen cristales especiales para proteger a los cajeros.
7. No puedo hacer un cheque[1] ahora. Se me olvidó en casa la...

---

1. Note that to write a check is **hacer un cheque**, not **escribir**.

8. Cometí un error y estoy sobregirada. He dado un cheque sin...

9. Pagué esa cuenta el mes pasado. Aquí tengo la prueba: mi...

C *Entre muchos: Información, por favor.* Ud. es empleado o empleada de este banco y está en el mostrador de información. Conteste las preguntas de los clientes (otros estudiantes) sobre las operaciones bancarias.

—Voy a España. Por favor, ¿puede Ud. informarme sobre el proceso de comprar cheques de viajero?

—¿Qué pasos (*steps*) debo seguir para depositar dinero en el cajero automático?

—Además de depositar, ¿qué otras operaciones puedo hacer en el cajero automático?

—Quiero abrir una cuenta corriente, ¿qué tengo que hacer?

—Debo mucho dinero, pero soy propietaria de una casa. ¿Qué clase de operación debo hacer para recibir un préstamo usando mi casa como garantía?

—¿Qué hago para enviar dinero a un país extranjero?

—Tengo un certificado de depósito que madura el año que viene. ¿Puedo sacar ahora los intereses y dejar el capital en la cuenta?

—Este mes no recibí mi estado de cuenta. ¿Cómo puedo saber mi saldo?

Ahora, ¿puede Ud. inventar otras preguntas para el empleado o empleada del mostrador de información?

D *Entre dos: Diálogos breves.* Completen los diálogos con oraciones originales.

1. SEÑORA: Deseo alquilar una caja de seguridad.
EMPLEADO: ...
SEÑORA: Voy a necesitar una caja grande, porque tengo muchas joyas.
EMPLEADO: ...

2. CAJERO: Lo siento, señor, no puedo cambiarle este cheque, porque no está endosado.
CLIENTE: ...
CAJERO: Sí, ya sé que es un cheque al portador, pero tiene que firmarlo al dorso. Necesita además dos tarjetas de identificación.

CLIENTE: ...

CAJERO: ...

3. SEÑORITA: Hasta ahora siempre he ahorrado poniendo mi dinero en una alcancía, pero me gustaría abrir una cuenta de ahorros. ¿Qué interés pagan Uds.?

EMPLEADA: ...

SEÑORITA: Y cuando quiera sacar dinero de mi cuenta, ¿qué tengo que hacer?

EMPLEADA: ...

SEÑORITA: ¿Recibiré más interés si, en vez de abrir una cuenta de ahorros, invierto el dinero en acciones?

EMPLEADA: ...

SEÑORITA: Las acciones, ¿son una inversión segura, o tendré peligro de perder mi dinero?

EMPLEADA: ...

4. CLIENTE: ¿Cambian Uds. dinero extranjero?

CAJERA: ...

CLIENTE: Tengo unos pesos chilenos y quiero cambiarlos por dólares. ¿Tengo que pagar comisión?

CAJERA: ...

CLIENTE: Está bien, aquí tiene cien mil pesos. Deme billetes pequeños, por favor.

CAJERA: ...

5. CAJERO: Lo siento, señora, este dinero es falso. Tengo que notificar a la policía.

CLIENTA: ...

CAJERO: Bueno, lo primero que harán será confiscar el dinero.

CLIENTA: ...

CAJERO: Si Ud. es inocente, no tendrá problemas, pero tendrá que informarles dónde consiguió el dinero falso.

CLIENTA: ...

E   *Miguel entrevista a una testigo del asalto.* Complete lo que ella diría.

MIGUEL: Señorita, y cuando el bandido le apuntó con su rifle y dijo, "¡Arriba las manos!", ¿qué hizo y qué dijo Ud.?

TESTIGO: ...

MIGUEL: Y, ¿había muchos clientes en el banco a esa hora?

TESTIGO: ...

MIGUEL: Fue una suerte que no hubiera muertos ni heridos. ¿Y dónde estaba el administrador?

TESTIGO: ...

MIGUEL: Me gustaría saber cuánto dinero se llevó el bandido, y si les robó también a los clientes.

TESTIGO: ...

MIGUEL: ¿Tenía cómplices o estaba solo?

TESTIGO: ...

MIGUEL: Me dijeron que venía enmascarado. ¿Puede Ud. describirlo?

TESTIGO: ...

MIGUEL: Ah, un pañuelo y lentes oscuros, ya veo. Pero, ¿la cámara de video tomó su foto, ¿no?

TESTIGO: ...

MIGUEL: ¿Fue Ud. quien tocó la alarma?

TESTIGO: ...

MIGUEL: ¿Y cuánto tiempo tardó la policía en llegar?

TESTIGO:

MIGUEL: ¿Y qué otra información puede darme para mi reportaje?

TESTIGO: ...

MIGUEL: Mil gracias, señorita. El artículo se publicará en la edición del sábado.

F *El reportaje de Miguel.* Escriba una composición en forma de artículo de periódico como lo hubiera hecho Miguel, basándose en la entrevista anterior y contando el asalto al banco.

DEL MUNDO HISPÁNICO (México)

Lea este anuncio y decida si es cierto o falso que...

1. La mujer fue al banco a hacer un depósito.
2. Esta señora es experta en invertir su dinero.

"Entré como curiosa y salí como cliente".

"A mí no me gusta malgastar mi dinero y siempre he estado preocupada porque me rinda al máximo. Pero la verdad es que no conozco de cuestiones financieras. Por eso fui a Bancomer, a preguntar por Plancomer, porque me llamó la atención eso de los "Rendimientos Garantizados". Nunca imaginé que existiera una manera tan sencilla, tan flexible y tan segura de sacarle jugo a mi dinero. Es sorprendente: entré como curiosa y salí como cliente".

El sistema de inversión con rendimientos garantizados

PLANCOMER

Pregunte por Plancomer en la sucursal Bancomer más cercana.

Bancomer
Una decisión inteligente.

PALABRAS ÚTILES

malgastar *to waste*
rendir *to yield*
cuestiones *matters*
me llamó la atención *it caught my eye*
rendimientos *interest, profit*
sencillo *simple*
sacarle jugo a *to get juice out of*
sucursal *branch office*

3. Plancomer es un plan especial del banco Bancomer.
4. Cuando la mujer fue al banco, ya sabía que Plancomer era una manera simple y segura de invertir su dinero.
5. Bancomer tiene varias sucursales.

Gramática II

A. Sequence of tenses in the subjunctive

Both English and Spanish speakers use a variety of tenses to express that the action in a subordinate clause takes place at the same time, before, or after the action in the main clause.

1. Examples of actions in both clauses taking place *at the same time:*

> Me sorprende que tu hermana no **esté** aquí.
> *I am surprised that your sister is not here.*

> Todos sentíamos que Rafael **estuviera** enfermo.
> *All of us were sorry that Rafael was sick.*

2. Examples of action in a subordinate clause that took place *before* the action in the main clause:

> Lamento que **hayas perdido** tu empleo.
> *I regret that you have lost your job.*

> Nos alegrábamos de que Ana **se hubiera graduado** el año anterior.
> *We were happy that Ana had graduated the previous year.*

3. Examples of action in a subordinate clause that will or would take place *after* the action in the main clause:

> Dudo que ellos **lleguen** mañana.
> *I doubt that they'll arrive tomorrow.*

> Luis temía que el profesor Valdés lo **suspendiese** en el examen final.
> *Luis was afraid that Professor Valdés would fail him in the final exam.*

The following charts cover all possible combinations of tenses in Spanish when the subordinate clause requires the subjunctive.

Action in subordinate clause at same time or after action in main clause

Main clause	Subordinate clause
Present indicative	
Le **pido** al mensajero *I'm asking the messenger*	
Present-perfect indicative	
Le **he pedido** al mensajero *I have asked the messenger*	Present subjunctive que **venga** hoy (mañana) *to come today (tomorrow)*
Future indicative	
Le **pediré** al mensajero *I will ask the messenger*	
Command	
Pídale al mensajero *Ask the messenger*	
Imperfect indicative	
Le **pedía** al mensajero *I was asking the messenger*	
Preterite indicative	
Le **pedí** al mensajero *I asked the messenger*	
Pluperfect indicative	Imperfect subjunctive que **viniera** hoy (mañana) *to come today (tomorrow)*
Le **había pedido** al mensajero *I had asked the messenger*	
Conditional	
Le **pediría** al mensajero *I would ask the messenger*	
Conditional perfect	
Le **habría pedido** al mensajero *I would have asked the messenger*	

Action in subordinate clause before action in main clause

Main clause	Subordinate clause

Present indicative

Me alegro de
I am happy

Present-perfect indicative

Me he alegrado de
I have been happy

Future indicative

Me alegraré de
I will be happy

Command

Alégrese de
Be happy

Present-perfect subjunctive
que el mensajero **haya venido**
that the messenger has come

Imperfect indicative

Me alegraba de
I was happy

Preterite indicative

Me alegré de
I was happy

Pluperfect indicative

Me había alegrado de
I had rejoiced

Conditional

Me alegraría de
I would be happy

Conditional perfect

Me habría alegrado de
I would have been happy

Pluperfect subjunctive
que el mensajero **hubiera venido**
that the messenger had come

Aplicación

A *Un problema serio*. Cambie los infinitivos, entre paréntesis, de esta narración al tiempo apropiado del subjuntivo.

1. El jefe me había criticado frente a mis compañeros porque mi trabajo estaba retrasado. Me enojó mucho que (haberlo hecho) y le contesté muy bruscamente. Me molesta que (decirme) cosas negativas en público. Mis compañeros no esperaban que yo (reaccionar) de manera tan violenta. Ellos temían que yo (perder) mi empleo. Pero el jefe me dijo: "Romero, alégrese de que yo (estar) hoy de muy buen humor. De lo contrario, no creo que Ud. (conservar) su puesto. Espero que este desagradable incidente no (repetirse)". Yo le habría pedido que (perdonarme), pero me cuesta trabajo pedir perdón.

2. Por eso fui a la oficina el sábado por la tarde. Pensé que el terminar mi trabajo atrasado haría que el jefe (olvidarlo) todo. No quería que nadie (enterarse) de que yo trabajaba un sábado y usé la puerta de atrás para que el policía del edificio (no verme). Cuando entré, me sorprendió que el jefe (haber dejado) encendida la luz de su oficina privada. "Tal vez (haber estado) aquí la persona que limpia", pensé, y me puse a trabajar. Quería que todo (quedar) terminado para las cinco.

3. Cuando salí, me tropecé con el policía. Él se sorprendió de que yo (estar) allí a esa hora. En realidad, no me importó tanto en ese momento que el policía (haberme visto), pero sí me importó cuando leí en el periódico del domingo: "Un importante hombre de negocios fue asesinado en su oficina el sábado. Se duda que (haber sido) un caso de robo. Se sospecha que (ser) un empleado, porque muchos lo vieron discutir con el jefe y temieron que (atacarlo). La policía no cree que el criminal (haber salido) de la ciudad y preferiría que (presentarse) voluntariamente".

B *Entre tres*. Un compañero o compañera le informa a Ud. sobre sus asuntos financieros. Haga comentarios en cada caso usando el verbo que se da y el antepresente de subjuntivo (*present perfect*). Otro compañero o compañera le repetirá a la clase lo que Ud. dijo usando el pluscuamperfecto del subjuntivo.

MODELO: COMPAÑERO/A 1: **Perdí** dinero al vender mis acciones. (lamentar)
         UD.: *Lamento que **hayas perdido** dinero al vender tus acciones.*
    COMPAÑERO/A 2: *(Nombre) lamentó que (nombre) **hubiera perdido** dinero al vender sus acciones.*

1. En la tienda me dieron billetes falsos. (enojarlo a uno)
2. El giro que envié llegó en seguida. (alegrarse)
3. Mi novio/a y yo decidimos abrir una cuenta de ahorros. (gustarle a uno)
4. Me robaron todas las tarjetas de crédito. (sentir mucho)
5. El cajero no quiso cambiarme un cheque al portador. (sorprenderle a uno)
6. Creo que cometí un error al calcular el saldo de mi cuenta. (no creer)

B. Impersonal uses of *haber*

1. In the present tense, **haber** has a special third-person singular form, **hay**, that expresses *there is* and *there are*. The third-person singular forms of **haber** in other tenses can be used in a similar way.

> **Hay** seis secretarias en esta oficina.
> *There are six secretaries in this office.*
>
> **Hubo** una explosión en el laboratorio y murió uno de los técnicos.
> *There was an explosion in the lab and one of the technicians died.*
>
> El ladrón dijo: "No grite o **habrá** problemas".
> *The thief said: "Don't scream or there will be problems."*
>
> No creo que **haya** suficientes fondos en mi cuenta.
> *I don't believe there are sufficient funds in my account.*

2. **Hay** (**había, hubo, habrá**, etc.) **que** expresses *to be necessary, one must.*

> **Hay que** tener una cuenta en el banco para cambiar un cheque.
> *It is necessary to (One must) have an account in the bank to cash a check.*
>
> El negocio fracasó y **hubo que** hipotecar la casa.
> *The deal fell through and it was necessary to take a mortgage on the house.*

C. Other ways to express obligation

In addition to the impersonal forms presented in section B2, obligation can be expressed in a personal manner with the verbs **tener** and **deber**.

1. **Tener que** + *infinitive* is a forceful expression; the person *has to* or *must* do something.

> **Tienes que ser** más cortés si quieres conservar tu puesto de recepcionista.
> *You have to (You must) be more courteous if you want to keep your job as a receptionist.*

> Me sorprendió que **tuvieras que identificarte** en el banco.
> *I was surprised you had to identify yourself at the bank.*

2. **Deber** + *infinitive* expresses that a person *should* or *ought to* perform a certain action. It often suggests duty or moral obligation.

> Siempre **debes decir** la verdad en las solicitudes de empleo.
> *You should always tell the truth in job applications.*

> Mi amigo estaba retrasado en su trabajo y pensé que **debía ayudarlo.**
> *My friend was behind in his work and I thought I ought to help him.*

3. In the case of advice and suggestions, the imperfect subjunctive or the conditional are often used to soften the expression.

> Sé que no quieres mucho a tu jefe, pero está en el hospital y **deberías (debieras)** visitarlo.
> *I know you don't care too much for your boss but he is in the hospital and you ought to visit him.*

> *Note:* Using **debes** in the above sentence would make it sound like a command.

Aplicación

C *Conversaciones entre bancarios*. Exprese estas oraciones de otra manera, reemplazando el verbo en cursiva con la forma impersonal de **haber**. Use el tiempo de **haber** correspondiente al tiempo del verbo que reemplaza.

1. Ayer *tuvimos* muchas llamadas telefónicas, pero hoy *tenemos* pocas.
2. Dudo que *quede* mucho dinero en esa cuenta.
3. Me sorprendió que *estuvieran presentes* tantas personas en la reunión de accionistas.
4. *Instalaremos* cuatro cajeros automáticos en la nueva sucursal.
5. Por suerte no *hemos tenido* heridos en el asalto.
6. En el suelo *estaban* cientos de monedas.
7. La clienta confesó que ya *tenía* dos hipotecas en la casa.
8. Pensé que no *quedarían* suficientes fondos en la cuenta para cubrir tantos cheques.

D *Entre tres: ¿Quién va a hacerlo?* El jefe superior da las órdenes que se indican a su asistente. El/La asistente repite las órdenes a otro/a asistente, usando la forma impersonal **hay que.** Este/a asistente, repite las órdenes a una tercera persona usando **tener que.** Fíjense en que los números 7, 8 y 9 están en el futuro.

MODELO: JEFE: Busque información sobre ese cliente en la computadora.

ASISTENTE 1: *Hay que buscar información sobre ese cliente en la computadora.*

ASISTENTE 2: **Tiene** *Ud.* **que** *buscar información sobre ese cliente en la computadora.*

1. Lleve estos depósitos al banco.
2. Envíe un giro a nuestra oficina de Morelia.
3. Esta grapadora está vacía. Póngale grapas.
4. Mande los documentos del Sr. Castillo por fax.
5. Ponga esas cartas en la bandeja de la correspondencia.
6. Cuente estos pedidos (*orders*) de mercancía.
7. Mañana pondrá Ud. en orden todos los cheques cancelados.
8. Por la tarde conseguirá una cita con el administrador de la compañía "Muchomás".
9. Comenzará a trabajar en las listas de inventario.

C *Dos hermanas.* Eulalia es una joven decidida, pero Eufemia es tímida e indecisa. Exprese lo que dice Eulalia de manera más indirecta, como lo diría Eufemia. Use dos formas en cada caso.

MODELO: Creo que debes trabajar más.
         Creo que **deberías (debieras)** *trabajar más.*

1. Debemos comprar otra computadora.
2. Los jefes deben llegar al trabajo tan temprano como los empleados.
3. Trabajo mucho y creo que deben aumentarme el sueldo.
4. Creo que nuestra tía debe vender las acciones de esa compañía.
5. He pensado pedir un préstamo, pero no sé si debo hacerlo.
6. El dinero que encontraste no es tuyo; debes devolverlo.
7. Debes ahorrar una parte de tu sueldo.
8. Debemos ayudar más a nuestros padres.

DEL MUNDO HISPÁNICO (Chile)

PALABRAS ÚTILES

al contado *cash*

monto *amount*

junto con *together with*

abono *payment*

Lea este anuncio y conteste y conteste las preguntas.

1. Este anuncio, ¿va dirigido al comprador o al comerciante? ¿Cómo se sabe?

2. ¿Qué representa el billete dividido? ¿Y el billete entero?

3. ¿Qué pueden ofrecer ahora los establecimientos comerciales a los clientes?

4. ¿En cuántas cuotas puede vender el comerciante?

5. ¿Cómo recibe el comerciante su pago? ¿Cuándo lo recibe?

6. ¿Cómo sabemos que varios bancos ofrecen la tarjeta MasterCard en Chile?

▨▨▨▨ *Un poco de humor*

El primero de mayo se celebra en los países hispánicos el Día del Trabajo. Es un día de fiesta en que no se trabaja. ¿Por qué menciona el primero de mayo el hombre del chiste? ¿Por qué es una maravilla el robot? Si Ud. tuviera un robot así, ¿qué le mandaría hacer? ¿Cree Ud. que en un futuro próximo los trabajadores serán reemplazados por robots? ¿Por qué sí o por qué no?

Capítulo 10

LOS DEPORTES

Juan Carlos I de España, el rey deportista, esquiando. Aunque practica muchos deportes, esquiar es probablemente el deporte preferido del monarca.

Presentación

En este capítulo vamos a hablar de deportes y de los accidentes que pueden sufrirse al practicarlos.

En la *Lectura* se habla del amor que sienten por los deportes el Rey de España, Juan Carlos II, y sus hijos. (El rey Juan Carlos y la reina Sofía tienen tres hijos: Elena, Cristina y Felipe.) Como todos los deportistas activos, el rey Juan Carlos ha tenido varios accidentes, pero éstos no han disminuido su estusiasmo deportivo.

La gran afición del Rey y su familia, sin embargo, no es muy típica en el mundo hispánico. La práctica individual de deportes es menos frecuente allí que en los Estados Unidos, aunque hay algunos hispanos muy famosos en los deportes, como los tenistas Fernando Vilas de la Argentina y Arantxa Sánchez-Vicario de España y los golfistas Severiano Ballesteros de España, y Nancy López, mexicano-americana.

Entre los hispanos son mucho más populares los juegos de equipo (*team*), y la mayoría de las personas prefieren ser espectadores. El deporte más popular es el fútbol o balompié (*soccer*), excepto en la zona del Caribe, donde predomina el beisbol o pelota. En los equipos profesionales de beisbol de los Estados Unidos hay muchos jugadores de origen hispánico, como José Canseco y Roberto Ojeda (cubanos), Fernando Valenzuela (mexicano) y Pedro Guerrero y George Bell (dominicanos).

Repaso previo   Indefinite and negative expressions, *Workbook*.

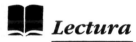

Lectura

| **Un rey deportista°**

°sportsman

En Baqueira, la conocida estación° de esquí leridana°, Juan Carlos II, el Rey de España, mantiene su costumbre de madrugar°. Tras el desayuno familiar, sale junto con sus amigos en dirección a las pistas°. Cuando se desliza° por las laderas nevadas°, hace gala° de la habilidad y destreza° de un hombre ágil que 5 a sus años conserva la forma de un gran deportista.

 Don Juan Carlos ha heredado° de su abuelo la pasión por la velocidad. (Alfonso XIII organizaba carreras° a principios de siglo, cuando el automovilismo estaba aún en pañales°.) El Rey es un gran aficionado a pilotear todo tipo de vehículos de motor, desde potentísimos coches, motos° de gran cilindrada° y 10 velocísimas embarcaciones°, hasta cualquier modelo de helicóptero o avión.

°resort / in the province of **Lérida**
°getting up early
°trails / slides
laderas...: snowy slopes / **hace...:** shows / dexterity

°inherited
°car races
en...: in its early stages / motorcycles / **de...:** with many cylinders
°sea vessels

El Príncipe Felipe representó al equipo español de vela en los Juegos Olímpicos. Igual que su padre y sus hermanas, Felipe es entusiasta de los deportes.

El vehículo favorito del Monarca es su Porsche 959 plateado°. En este vehículo, regalo de un magnate árabe en las Navidades, sufrió un accidente en compañía de su hija Cristina. Ambos salieron ilesos°, pero no ha sido así con otros siete accidentes que el Rey ha sufrido en los últimos años.

 Don Juan Carlos había acabado un partido° de squash. El agua estaba tentadora° ese primer día de verano. El Soberano, sin dudarlo°, echó a° correr pensando en la zambullida° y tropezó con una cristalera° que saltó hecha añicos°. Dos horas tuvo que estar Su Majestad en el quirófano°.

Otro incidente serio sucedió cuando el Monarca tuvo una fisura de pelvis mientras esquiaba en la estación suiza° de Gastaad. Tuvo que guardar cama° un mes y usar bastones°, además de un corsé pélvico, durante el período de convalescencia.

En una ocasión, el Rey apareció en público con unas gafas de sol que cubrían el ojo que se le amorató° durante una cacería° en unos bosques de Suecia° al golpearse° con unos arbustos.

Right margin glosses:

silver

without harm

match

tempting / **sin...:** without hesitating / **echó...:** started to / dive / large glass door / **saltó...:** was shattered / operating room

Swiss / **guardar...:** stay in bed
canes

se...: got black / hunting expedition
Sweden / getting hit

Don Juan Carlos sufrió otra caída°, más aparatosa que importante°, en la estación francesa de Courchevel y, el mismo año, una tormenta° en el lago Garda, Italia, hizo temer por la seguridad° del velero° Bribón V. Finalmente, barco y tripulantes° llegaron sanos y salvos° al puerto.

30 A pesar de° todos estos incidentes, el Monarca, con un encomiable° espíritu deportivo, lejos de amedrentarse°, no ha perdido la afición° a ninguno de los deportes que practica.

El amor por el deporte de don Juan Carlos continúa en sus descendientes. Elena, la mayor de sus hijos, es una experta amazona° que practica, además del
35 tenis, la vela° y la natación°. Cristina, especialista en deportes náuticos, es miembro del equipo olímpico de vela. Y el más joven, el príncipe Felipe, tampoco se queda atrás°: practica la acampada°, montañismo°, atletismo, esquí, fútbol, vela y vuelo sin motor°.

De *Panorama*, España

fall / más...: which looked worse than it was / storm

hizo...: made everyone fear for the safety / sailboat / crew / **sanos...:** safe and sound
A...: In spite of / praiseworthy / getting scared / fondness

horsewoman

sailing / swimming

se...: stays behind / camping / mountain climbing / **vuelo...:** gliding

Comprensión

La familia real y los deportes. Seleccione la respuesta apropiada según la *Lectura*.

1. Don Juan Carlos se desliza por las laderas para...
   a) madrugar b) esquiar c) caminar

2. El abuelo del rey Juan Carlos era aficionado a...
   a) los aviones b) el esquí c) las carreras de autos

3. Algo que tienen en común todos los vehículos que el Rey pilotea es que son...
   a) terrestres b) de motor c) importados

4. El Rey corría cuando tropezó con la cristalera porque iba a...
   a) nadar b) ganar un partido de squash c) esquiar

5. El Rey llevaba gafas de sol en una ocasión porque...
   a) no quería ser reconocido b) estaba en la playa c) tenía un ojo morado

6. Bribón V es el nombre de...
   a) un barco b) un pariente del Rey c) un lago de Italia

7. Después de tantos accidentes, el rey Juan Carlos...
   a) ha seguido practicando los mismos deportes b) está amedrentado c) sólo practica dos o tres deportes

8. En la *Lectura* se dice que Elena...
   a) es experta en deportes náuticos b) monta muy bien a caballo c) juega al golf

9. La *Lectura* no dice que Elena practique...
   a) el tenis b) la vela c) el montañismo

10. Un deporte que no se incluye en la *Lectura* entre los que practica Felipe es...
    a) el esquí b) el montañismo c) la natación

Vocabulario

Definiciones o sinónimos. Identifique cada palabra en la columna de la derecha con su definición o sinónimo en la columna de la izquierda.

1. Levantarse temprano.
2. Vehículo para la navegación.
3. Juego de competencia entre rivales.
4. Acción de tirarse al agua.
5. Adjetivo para una persona que no tiene heridas ni lesiones.
6. Ponerse morado.
7. Sinónimo de *tempestad.*
8. Barco de vela.
9. Sinónimo de *número.*
10. Mujer que monta bien a caballo.
11. Grupo de personas que juegan juntas un deporte.
12. Competencia de automóviles.

a) amazona
b) amoratarse
c) carrera
d) cifra
e) embarcación
f) equipo
g) ileso
h) madrugar
i) partido
j) tormenta
k) velero
l) zambullida

Modismos

estar en pañales *to be in its early stages* (literally *"in diapers"*)

El automovilismo **estaba** aún **en pañales** a principios de siglo.

The automotive industry was in its early stages at the beginning of the century.

echar a correr *to start to run*

El Rey **echó a correr** hacia el agua.

The king started to run toward the water.

echar a andar *to start to walk; to start a motor*

El acumulador estaba malo y no pude **echar a andar** el motor del coche.

The battery was dead and I couldn't start the car.

guardar cama *to stay in bed* (because of an illness or accident)

Don Juan Carlos sufrió un accidente mientras esquiaba y tuvo que **guardar cama** un mes.

Don Juan Carlos suffered a skiing accident, and he had to stay in bed for a month.

Aplicación

Modismos. Conteste las preguntas usando uno de estos modismos en su respuesta.

1. ¿Cuáles de los inventos de la tecnología moderna estaban todavía en pañales en 1940? ¿En 1960? ¿En 1980?
2. ¿Se ha perfeccionado ya el sistema que combina la televisión con el teléfono?
3. ¿Cuáles de sus proyectos personales están todavía en pañales?
4. Si Ud. está a una cuadra de distancia y ve que viene su autobús, ¿qué hace?
5. ¿Es más fácil echar a andar el motor de un coche en verano o en invierno? ¿Por qué?
6. Los corredores que compiten en una carrera, ¿echan a correr todos al mismo tiempo o uno por uno?
7. ¿Qué debe hacer una persona que tiene fracturas serias?
8. ¿Cuál fue la última vez que guardó Ud. cama? ¿Por qué tuvo que hacerlo?

PUNTOS DE VISTA

A *Sobre los deportes.*

1. ¿En cuál de estas actividades hay más peligro: las carreras de autos, el pilotear aviones, el montañismo, el vuelo sin motor? Los estudiantes explicarán las bases de su opinión.
2. ¿Cuáles son los deportes que Ud. practica? Explique por qué le gustan.
3. Muchas universidades son famosas por un deporte. ¿Debe ser esto tan importante como el aspecto académico o menos importante que él? ¿Debe dárseles tratamiento especial a los atletas en los cursos que toman? ¿Excusar sus ausencias? ¿Ayudarlos con profesores privados? ¿Hasta qué punto son importantes los atletas en una universidad?

B *Sobre los reyes.*

1. Es evidente que para practicar todos los deportes que practica la familia real española, se necesita, además de dinero, mucho tiempo libre. ¿Puede hacer esto una persona común que tiene que ganarse la vida? ¿Y el presidente de una república?
2. En la mayoría de las monarquías de hoy, el rey o la reina son figuras decorativas que le cuestan mucho dinero al pueblo. Desde el punto de vista financiero, ¿es mejor para un país tener presidente o tener rey?

DEL MUNDO HISPÁNICO

Un deporte español

El jai-alai es un deporte originario del País Vasco, en el norte de España. Es un juego muy rápido y el lugar donde se juega se llama **frontón.** La pelota, que es muy dura, se lanza contra las paredes del frontón con una cesta especial de mimbre (*wicker*) que llevan los jugadores en la mano. El País Vasco tiene casi el monopolio de los jugadores profesionales de jai-alai, porque allí los niños lo juegan mucho y éste es un deporte que hay que comenzar a jugar de niño.

En los Estados Unidos se practica el jai-alai en algunos estados, como Connecticut y la Florida.

DEL MUNDO HISPÁNICO (Argentina)

Cuando los minutos cuentan, cuente con nosotros.

Cuente con:

- Atención médica **inmediata** en casos de emergencia.
- Las 24 horas, los 365 días del año.
- Con equipos médicos especializados en medicina de urgencia.
- Con Unidades Móviles de Terapia Intensiva de la más avanzada tecnología.
- En todo el país a través del SIEM (Sistema Integrado de Emergencias Médicas).
- Y con el costo mensual equivalente a una entrada de cine.

Asóciese al **449-4444**

o a los teléfonos **785-3633, 782-4251, 781-9493** y **781-5154.**
Cabildo 308 y bases operativas en toda la ciudad.

PALABRAS ÚTILES

Sociedad Anónima (S.A.) *Inc.*
a través de *through*
mensual *monthly*
entrada *ticket*
asociarse *to become a member*

Lea este anuncio y corrija las afirmaciones falsas.

1. Esta organización es para personas que tienen que hospitalizarse por mucho tiempo.
2. Los servicios se reciben todos los días y a cualquier hora.
3. Emergencias S.A. solamente tiene centros en la capital.
4. Asociarse a esta organización es caro.
5. La única manera de asociarse a Emergencias S.A. es ir a Cabildo 308.

Gramática I

A. The subjunctive with impersonal expressions

1. Impersonal expressions are so called because their subject is *it*. Most impersonal expressions convey the ideas of advice, necessity, judgment, emotion, or probability and thus require the subjunctive in the dependent clause in Spanish.

Comon impersonal expressions	
ser conveniente, convenir (ie)	*to be advisable*
ser (poco) probable	*to be (un)likely, (im)probable*
ser necesario, ser preciso	*to be necessary*
ser (im)posible	*to be (im)possible*
ser mejor, valer más	*to be better*
ser importante	*to be important*
ser urgente	*to be urgent*
ser increíble, parecer mentira	*to be unbelievable*
ser triste	*to be sad*
ser (una) lástima	*to be a pity*
¡Qué lástima!	*What a pity!*
(no) importar	*(not) to matter*

Será conveniente (Convendrá) que revisemos los frenos antes de la carrera.
It will be advisable that we check the brakes before the race.

Es triste (Es una lástima) que yo no tenga ni un Porsche ni un velero.
It's sad (It's a pity) that I don't have either a Porsche or a sailboat.

Era increíble (Parecía mentira) que el Rey y la Princesa salieran ilesos del accidente.
It was unbelievable that the king and the princess came out of the accident unharmed.

2. The following impersonal expressions do not take the subjunctive:
Ser... cierto / evidente / obvio / verdad.

Es evidente (obvio) que el Rey es un gran deportista.
It is evident (obvious) that the king is a great sportsman.

Es verdad (cierto) que al rey Juan Carlos le gusta madrugar.
It is true that King Juan Carlos enjoys getting up early.

Aplicación

A *Conversaciones que se escuchan en una carrera de autos.* Exprese estas frases usando una expresión impersonal de significado similar.

MODELO: Dudo que el auto rojo sea el primero en llegar.
    Es poco probable que el auto rojo sea el primero en llegar.

Los espectadores dicen...

1. Creo que va a llover.
2. No puedo creer que ese corredor no lleve casco.
3. Sentiría que el auto número 10 perdiera.
4. Estoy seguro de que mi auto favorito ganará.
5. Siento mucho no poder quedarme hasta el final de la carrera.

Los corredores dicen...

6. Te aconsejo que revises bien las gomas.
7. Afirmo que el motor de este auto se inspeccionó bien.
8. Recomiendo que no des entrevistas a los periodistas.
9. No puedo creer que este coche sea tan potente.
10. Insisto en que te pongas el casco.
11. Yo sentiría que te pusieras nervioso.
12. No creo que haya autos más rápidos que éste en la carrera.

B *Entre dos: Y, sin embargo, es verdad.* Un/a estudiante leerá una oración y otro/a estudiante inventará una oración original, basada en la *Lectura,* que indique certeza (*certainty*).

MODELO: Es extraño que un deportista siga practicando deportes después de varios accidentes.

Y, sin embargo, es cierto (verdad, evidente, obvio) que el rey Juan Carlos no ha perdido su afición al deporte.

1. Parece increíble que el Rey haya tenido siete accidentes.

2. Es imposible que el Rey y su hija salieran ilesos del accidente automovilístico.

3. Es muy difícil que un velero llegue sano y salvo al puerto en una tormenta.

4. Es poco probable que una persona herede las mismas aficiones de su abuelo.

5. Es increíble que a un rey le guste madrugar.

6. Parece mentira que una persona tropiece con una cristalera.

B. The subjunctive to refer to unknown people, places, or things

1. When a clause refers back to a person or thing that is indefinite, non-existent, or unknown, the subjunctive must be used in Spanish.

Buscaban a[1] alguien que **supiera** jugar jai-alai, pero no encontraron a nadie.
They were looking for someone who could play jai-alai but they didn't find anyone.

¿Hay alguna tienda en esta zona donde **vendan** artículos deportivos?
Is there any store in this area where they sell sports equipment?

Para ganar la carrera, necesito un coche que **esté** en condiciones excelentes.
To win the race I need a car that is in excellent condition.

2. On the other hand, if the existence of the person or thing is known to the speaker, the indicative is used in the clause.

---

1. Note that when an indefinite or negative expression is the direct object it is generally preceded by the preposition **a**.

Encontraron a dos personas que **sabían** jugar jai-alai.
They found two people who could play jai-alai.

Hay una tienda en esta zona donde **venden** artículos deportivos.
There is a store in this area where they sell sports equipment.

Ganaré la carrera, porque tengo un coche que **está** en condiciones excelentes.
I'll win the race because I have a car [that is] in excellent condition.

3. When the verb in the clause expresses an action or state that is future or whose outcome is unknown to the speaker, the subjunctive must be used.

Prometí hacer lo que el instructor de esquí me **dijera**.
I promised to do what the ski instructor would tell me [to do]. (He hadn't told me to do anything yet when I promised.)

Necesito un compañero de tenis. Invitaré a la primera persona que me **encuentre**.
I need a tennis partner. I'll invite the first person I run into. (Unknown outcome.)

En el campo de verano, Ud. puede practicar cualquier deporte que **quiera**.
At the summer camp, you can practice any sport you wish [to practice]. (The speaker doesn't know what sport the other person may wish to practice.)

4. However, if the action is presented as customary or as an accomplished fact in the past, the indicative is used.

• CUSTOMARY ACTION

Generalmente hago lo que el instructor de esquí me **dice**.
I generally do what the ski instructor tells me [to do].

Cada vez que necesito un compañero de tenis, invito a la primera persona que me **encuentro.**
Every time I need a tennis partner, I invite the first person I run into.

• ACCOMPLISHED FACT IN THE PAST

Hice lo que el instructor de esquí me **dijo**.
I did what the ski instructor told me [to do].

Necesitaba un compañero de tenis, e invité a la primera persona que me **encontré.**
I needed a tennis partner and I invited the first person I ran into.

Aplicación

C *En busca de deportistas.* Ud. es responsable de reclutar deportistas de ambos sexos. Para cada deporte, escoja la cualidad o cualidades que le parezcan más apropiadas de la lista que se da, e incorpórela(s) a una oración original.

MODELO: *Para el equipo de basquetbol busco (necesito) un jugador que mida un mínimo de seis pies y se mueva con gran agilidad.*

Para...

1. la competencia de tenis
2. el equipo de fútbol
3. hacer montañismo
4. el equipo de natación
5. la competencia de esquís
6. un grupo que va de cacería

a) conocer mucho de armas de fuego
b) estar en excelentes condiciones físicas
c) gustarle la nieve
d) mostrarse agresivo/a
e) moverse con gran agilidad
f) nadar muy bien
g) no sufrir de vértigo
h) poder coordinar bien sus movimientos
i) seguir órdenes y tener espíritu de grupo
j) ser muy rápido/a
k) tener buenos músculos
l) tener las piernas muy fuertes

D *Entre tres.* Haga preguntas usando **¿Hay...?** / **¿Conoces...?** / **¿Tienes...?** y las claves que se dan. El/La estudiante 1 hará la pregunta; el/la estudiante 2 contestará de manera afirmativa con una oración original; el/la estudiante 3 hará lo mismo, pero de manera negativa.

MODELO: parque / tener cancha (*court*) de tenis
¿Hay algún parque por aquí que tenga cancha de tenis?
Sí, hay un parque al final de esta calle que tiene una cancha de tenis.
No, no hay ningún parque por aquí que tenga cancha de tenis.

1. estación de esquí / estar al norte de esta ciudad
2. un amigo / organizar carreras de automóviles
3. alguna persona / usar bastón
4. alguien / saber pilotear un helicóptero
5. una tienda / vender pelotas de fútbol
6. algún deportista / pertenecer al equipo olímpico de vela

Arantxa Sánchez-Vicario y Guillermo Vilas, campeones de tenis, el lanzador de los Philies, Fernando Valenzuela, y Guillermo Induraín, ciclista (p. 289), son figuras deportivas conocidas en todo el mundo.

E *Entre dos: En la tienda de artículos deportivos.* Un/a estudiante leerá lo que compraron las personas y otro/a estudiante dirá que eso era lo que buscaban o necesitaban.

MODELO: Cristina compró unos zapatos para caminar que son muy cómodos.
Cristina buscaba unos zapatos para caminar que fueran muy cómo-dos.

1. Arturo compró una bicicleta que tiene 21 velocidades.
2. María compró un equipo de gimnasia que no pesa mucho.
3. Lupita compró una mesa de tenis que está garantizada por diez años.
4. Pepe compró una bolsa de dormir donde caben dos personas.
5. Manuel compró unos binoculares que le costaron menos de $50.
6. Clara compró una tienda (*tent*) de acampar que es de lona.

F *Entre dos: Siempre pasa lo mismo.* Un/a estudiante lee cada situación y otro/a estudiante hace un comentario indicando que el caso es acostumbrado.

MODELO: Iré a la playa que mis amigos *escojan*.
*Tú siempre vas a la playa que tus amigos **escogen**.*

1. Mi madre me comprará el carro que yo le pida.
2. Iré a esquiar con cualquier amigo que me invite.
3. Los tripulantes del barco deberán hacer lo que el capitán ordene.
4. En la carrera ganará el caballo al que yo le apueste (*bet*).
5. Mi familia irá de acampada adonde yo prefiera ir.
6. A cualquier lugar que vaya de vacaciones, llevaré una raqueta y pelotas de tenis.

G *Entre dos: Yo haré lo mismo.* Ud. le cuenta a un compañero o compañera sus experiencias del invierno pasado en una estación de esquí. El/Ella siempre lo/la imita en todo, y comenta en cada caso que va a hacer lo mismo que Ud. hizo.

MODELO: Me quedé en el hotel más barato que encontré.
Me quedaré en el hotel más barato que encuentre.

1. Compré el equipo que los expertos me recomendaron.
2. Llevé solo ropa que era apropiada para el frío.
3. Fui con personas que ya habían esquiado antes.
4. Me levantaba a la hora que se levantaban los otros miembros del grupo.
5. No estaba en las pistas más tiempo del que me aconsejaron los expertos.
6. Escogí el mejor instructor que había en la estación.
7. Seguía siempre todas las instrucciones que me daba el instructor.
8. Nunca salía a esquiar cuando nevaba mucho.

DEL MUNDO HISPÁNICO (España)

Lea el anuncio y conteste las preguntas.

1. ¿A qué se refiere la cantidad de 15.000 que aparece aquí?
2. ¿Quién debe pagar esa cantidad? ¿Por qué?
3. ¿Qué simboliza la motocicleta que se ve en la calle?
4. ¿Por qué el pagar una imprudencia con dinero puede salvar la vida de un motociclista?
5. Además de los motociclistas, ¿qué otros deportistas deben usar casco?

Cuando pague imprudencias con dinero...

piense que podía haberlas pagado con la vida.

NO LLEVAR CASCO HASTA **15.000** PTAS. DE MULTA.

AL FINAL, LAS IMPRUDENCIAS SE PAGAN.

Dirección Gral. de Tráfico   Ministerio del Interior

PALABRAS ÚTILES

imprudencias *carelessness*

casco *helmet*

ptas. (pesetas) *Spain's monetary unit*

multa *fine*

Escena

Deportes y accidentes

> **Palabras conocidas**
>
> el basquetbol, el beisbol, la bicicleta, el boxeo, las carreras de automóviles, el esquí, el fútbol, el golf, los guantes, la motocicleta, el motociclista, la natación, el polo, la raqueta, el surf, el tenis, la vela

Deportes acuáticos

el/la ahogado/a	drowned/drowning person
el bote (de remos)	(row) boat

el bote de vela, el velero	sailboat
el gorro de baño	bathing cap

el/la nadador/a	swimmer
el nivel del agua	water level
la ola	wave
el/la remero/a	rower
el remo	oar
el salvavidas	life jacket
el/la salvavidas	lifeguard
la tabla de surf	surfboard
el trampolín	diving board

Otros deportes

el alpinismo (montañismo)	mountain climbing
la caída	fall
el casco	helmet
las carreras a pie	tracking
el ciclismo	cycling
la equitación	horseback riding
el/la esquiador/a	skier
el hielo	ice
la lucha libre	wrestling
la meta	finish line
el patín	skate
el/la patinador/a (en hielo)	(ice) skater
rajado/a	cracked

Acciones y accidentes en los deportes

ahogarse	to drown
chocar (contra)	to bump (into)
dar(le) respiración artificial (boca a boca)	to give mouth-to-mouth resuscitation
flotar	to float
hundirse (una embarcación)	to sink (a vessel)
nadar	to swim
patinar (en el hielo)	to (ice-)skate
resbalar	to slip
tirarse del trampolín	to jump from the diving board

Los problemas de los pacientes

el ataque al corazón	heart attack
el chicón	bump
la congelación	frostbite
la cortada	cut
la herida	wound
la nariz rota	broken nose
el ojo morado	black eye
la quemadura (de sol)	(sun) burn
la rodilla rota (dislocada)	broken (dislocated) knee

Acciones en la sala de urgencias

arder	to burn
dar(le) oxígeno	to give oxygen
dar puntos	to stitch
inyectar, poner(le) una inyección	to inject
sangrar	to bleed
vendar	to bandage

Equipo y tratamientos

la camilla	stretcher
el/la enfermero/a	nurse
enyesado/a	in a cast
la inyección	injection
la muleta	crutch
la pomada, el ungüento	ointment
los puntos	stitches
la radiografía, los rayos X	X-rays
la silla de ruedas	wheelchair
la venda	bandage
el yeso	cast

Otras palabras

congelado/a	frostbitten
hondo/a	deep

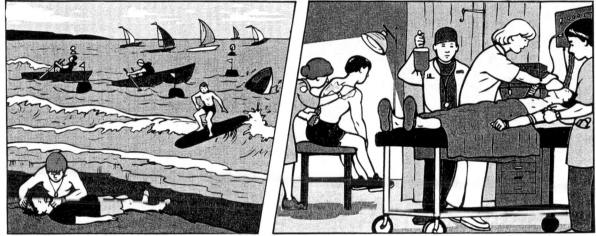

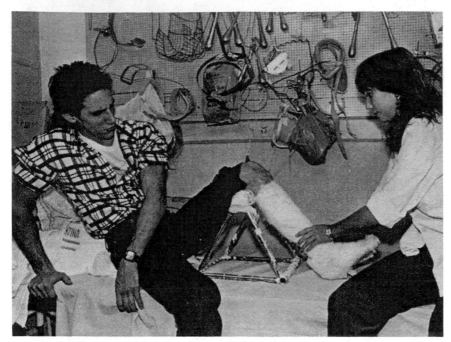

—¿Le duele mucho?— Una joven médica ayuda a un paciente que tiene una pierna rota en Bariloche, una famosa estación de esquí argentina.

Aplicación

A *El deporte y sus peligros.* Conteste, basándose en las escenas.

1. *¿Qué pasa?*
   - ¿Qué competencias hay en la escena del mar?
   - ¿En cuál de ellas tiene más importancia el viento? ¿Por qué?
   - ¿Qué hace el salvavidas? ¿Por qué lo hace?

2. *¿Qué le pasó...*
   - a la mujer? ¿Por qué le pasaría eso?
   - al bote? ¿Cree Ud. que las olas influyeron en esto? ¿Por qué sí o por qué no?

3. *¿Qué pasará?*
   - ¿Por qué está en peligro la persona que se tira del trampolín?

- ¿Cuál de los esquiadores va a tener un accidente? ¿Por qué?
- ¿Por qué es peligroso patinar en este lago?
- ¿Qué pasará si el hielo se rompe?

4. *La sala de urgencias*
   - ¿Qué le hicieron al hombre en la primera escena? ¿Qué le están haciendo?
   - ¿Por qué le van a dar puntos a la mujer en el brazo?
   - ¿Por qué usa muletas esta mujer?
   - ¿A quién trajeron en la camilla de la segunda escena?
   - ¿Qué tratamiento le están dando al hombre que tuvo un ataque al corazón? ¿Por qué, en su opinión, tiene quemaduras de sol el otro hombre?
   - ¿Cómo cura la enfermera las quemaduras de sol del hombre?
   - ¿Qué deporte practicaba probablemente la persona que tiene congelados la cara y los dedos?
   - ¿Cuáles fueron los resultados del accidente que tuvo la esquiadora?
   - ¿Quién usa la silla de ruedas? ¿Cómo se dislocó él la rodilla, probablemente?

B *Hablando de deportes.* Ud. es experto en deportes y su sobrinito de siete años le hace preguntas. Contéstele.

1. Tío/a, ¿por qué prefieres practicar la natación en una piscina a nadar en el mar?
2. ¿Por qué dices que no debo patinar si el hielo está rajado?
3. ¿Por qué insistes en que yo nade en la parte menos honda de la piscina?
4. ¿Qué diferencias hay entre el boxeo y la lucha libre? ¿En qué se parecen?
5. ¿Cuál es la diferencia entre una pelota de tenis, una de fútbol y una de fútbol americano?

C *Definiciones y explicaciones.*

1. ¿Qué es...?
   a) el alpinismo b) el ciclismo c) la equitación d) el polo
2. ¿Para qué sirve(n)...?
   a) un salvavidas (la persona y el objeto) b) una camilla c) las muletas d) una silla de ruedas e) una venda f) una radiografía g) la pomada h) los puntos i) el yeso j) un gorro de baño k) un trampolín

D *Equipo deportivo.* Ud. trabaja en una tienda de artículos deportivos y varios clientes compraron los artículos de la lista. Diga el nombre del deporte o del deportista en cada caso, basándose en el artículo que compró. (A veces hay más de una posibilidad.)

1. unos patines
2. un casco
3. un gorro de baño
4. un remo
5. unos guantes
6. un par de esquíes
7. una bicicleta
8. una soga (*rope*)
9. unos zapatos muy cómodos
10. una raqueta

Un hospital del estado de New Mexico de la bienvenida a sus pacientes de habla española. En las regiones de E.E.U.U. donde hay muchos hispanos, es común que los hospitales tengan letreros en español.

E   **Requisitos.** Identifique el deporte (los deportes) que corresponde(n) a cada requisito.

Para este deporte se requiere...

1. que la persona tenga un caballo
2. que haya olas
3. que el jugador sea muy alto
4. que el que lo practica camine mucho
5. que la persona no sufra de vértigo
6. que haga mucho frío
7. que haya viento
8. que el jugador tenga las piernas muy fuertes

F   *En otro hospital.* Ud. es doctor o doctora en la sala de urgencias. Encuentre a la izquierda la causa más lógica para cada uno de los resultados a la derecha.

1. hizo movimientos bruscos mientras remaba
2. hacía surf y vino una ola enorme
3. se tiró del trampolín y no había agua en la piscina
4. le dieron un pelotazo en la frente
5. estuvo muchas horas al sol en la competencia de vela
6. participó en una carrera a pie y no estaba en buenas condiciones físicas
7. se cayó de un caballo
8. resbaló mientras patinaba
9. pasó muchas horas esquiando
10. el otro boxeador le dio muchos golpes en la cara

a) ojo morado y nariz que sangra
b) congelación en los dedos
c) hombro dislocado
d) ataque al corazón
e) contusión en la cabeza
f) una pierna rota
g) un/a ahogado/a
h) fractura del cráneo (*skull*)
i) un chichón enorme
j) la piel le arde por las quemaduras

G   *Sea Ud. médico.* Explíquele a un amigo o amiga que no sabe nada de medicina, en qué casos...

1. se hacen radiografías
2. se usan vendas
3. el doctor receta una pomada
4. se enyesa un brazo o una pierna
5. se da respiración boca a boca
6. es bueno aplicar hielo
7. hay que darle oxígeno a una persona

DEL MUNDO HISPÁNICO (España)

Ud. es un experto. Un compañero a compañera será la víctima. Explíqueles a otros compañeros lo que hay que hacer para ayudarlo/a, basándose en las instrucciones que se dan aquí.

PALABRAS ÚTILES

aflojar *to loosen*

tirar *to pull*

primeros auxilios *first aid*

experimentado *with experience*

el accidentado *the victim*

boca abajo *face down*

ladeado/a *to a side*

arropado/a *kept covered*

Gramática II

A. Comparisons of equality

1. To make comparisons of equality with adjectives and adverbs, Spanish uses **tan** + *adjective or adverb* + **como**.

Aunque no soy **tan ágil como** mi amigo, puedo saltar **tan alto como** él.
Although I am not as agile as my friend, I can jump as high as he [can].

2. The formula **tanto/a** + *noun* + **como** expresses *as much... as.*
Tantos/as + *noun* + **como** means *as many... as.*

Yo no me quejaba, pero tenía **tanto dolor como** tú.
I wasn't complaining but I had as much pain as you.

—El médico puso **tantos puntos** en mi herida **como** en la tuya.
"The doctor put as many stitches in my wound as he put in yours."

—Sí, pero no te puso **tantas inyecciones como** a mí.
"Yes, but he didn't give you as many injections as he gave me."

3. Tan before an adjective means *so*; **tanto/a/os/as** before a noun means *so much, so many.*

No me dijiste que esa piscina era **tan honda**.
You didn't tell me that swimming pool was so deep.

No sabía que había **tanto hielo** en el lago.
I didn't know there was so much ice on the lake.

Había **tantas olas,** que me mareé.
There were so many waves that I got seasick.

B. Comparisons of inequality

1. To compare adjectives, adverbs, or nouns that are unequal, Spanish uses **más / menos** + *adjective, verb,* or *noun* + **que**.

• ADJECTIVE

Una caída en la nieve es **menos peligrosa que** una caída en el hielo.
A fall in the snow is less dangerous than a fall on ice.

• ADVERB

Uno flota **más fácilmente** en una piscina **que** en el mar.
One floats easier in a pool than in the ocean.

• Noun

> Los hospitales tienen **más enfermeras que** médicos.
> *Hospitals have more nurses than doctors.*

2. The chart below shows some adjectives that have special comparative forms.

bueno/a/os/as (*good*)	→	**mejor(es)** (*better*)
malo/a/os/as (*bad*)	→	**peor(es)** (*worse*)
pequeño/a/os/as (*small*)	→	**menor(es)** (*minor, unimportant*)
joven (jóvenes) (*young*)	→	**menor(es)** (*younger*)
grande(s) (*big*)	→	**mayor(es)** (*major, important*)
viejo/a/os/as (*old*)	→	**mayor(es)** (*older*)
mucho/a/os/as (*many, much*)	→	**más** (*more*)
poco/a/os/as (*few, little*)	→	**menos** (*less*)

a) The regular forms **más bueno** and **más malo** refer to moral characteristics.

b) **Más pequeño** and **más grande** refer to size; **menor** and **mayor** indicate importance when applied to things. On the other hand, **menor** and **mayor** are the preferred forms to express *younger* and *older*, although the regular forms **más joven** and **más viejo** are heard also.

> Esta parte del mar es **peor** que aquélla para practicar el surf.
> *This part of the ocean is worse than that one to surf.*

> Ayer había **pocos** veleros en la competencia, pero hoy hay todavía **menos**.
> *Yesterday there were few sailboats in the competition but today there are still fewer.*

> El nuevo luchador es **mayor** que "Demonio Rojo", pero es **mejor** y más fuerte que él.
> *The new wrestler is older than "Red Demon" but he is better and stronger [than he].*

3. The forms **mejor, peor, más**, and **menos** are also used as comparatives for the adverbs **bien** (*well*), **mal** (*bad/badly, sick*), **mucho** (*a lot*), and **poco** (*a little*).

> Me duele mucho la cortada, pero la pierna rota me duele todavía **más**.
> *The cut hurts a lot but my broken leg hurts even more.*

> El ahogado estaba mal ayer pero hoy está **mejor**.
> *The man who almost drowned was doing very badly yesterday but today he is doing better.*

4. The equivalent of *more than* + [number] is **más de** + [number].

No... **más que** means *only, but.*

> **Más de treinta** motocicletas participaron en la carrera.
> *More than thirty motorcycles took part in the race.*
>
> No pagué **más que** cincuenta dólares por esta bicicleta.
> *I paid just fifty dollars for this bicycle.*

Aplicación

A *Hablando de deportes.* Decida si, en su opinión, son ciertas o falsas las siguientes afirmaciones. Explique su opinión con una comparación cuando sea necesario.

1. Un bote de remos puede avanzar más rápidamente que un velero.

2. Es más fácil aprender a esquiar que aprender a patinar sobre el hielo.

3. La equitación es más apropiada para una persona muy gorda que para una persona delgada.

4. Hay tantos jugadores en un partido de fútbol como en un juego de beisbol.

5. Una bicicleta es tan cara como una motocicleta.

6. Se requiere más energía para jugar al golf que para jugar al tenis.

7. Es más probable que un bote se hunda cuando hay muchas olas y viento que cuando el mar está tranquilo.

8. Entre los espectadores de un partido de boxeo, hay generalmente menos hombres que mujeres.

9. Se gastan tantas calorías en una carrera a pie como en una carrera de autos.

10. Los jugadores de basquetbol son generalmente más altos que los jugadores de otros deportes.

B *Entre dos: En el hospital.* Un/a estudiante lee una oración y otro/a estudiante la cambia, usando una forma especial del adjetivo o adverbio en cursiva.

1. Hace dos días, este paciente estaba mucho *más mal* que hoy.

2. El tratamiento que le puse es *más bueno* que el que le dio el doctor Ramírez.

3. Todavía tiene algunos problemas respiratorios, pero son problemas *más pequeños.*

4. Si no se pone *más malo,* podrá salir del hospital en unos días.

5. El doctor Ramírez es mucho *más joven* que yo y le falta experiencia.

6. Pero creo que, cuando sea *más viejo,* Ramírez será un médico *más bueno* que yo.

C *Pedro y José.* Conteste las preguntas con comparaciones completas basándose en los dibujos.

1. ¿Quién es más fuerte? ¿Más delgado? ¿Más alto?
2. ¿Tiene Pedro el pelo más largo que José?
3. ¿Quién tiene menos músculos?
4. ¿Tiene cada atleta más de un trofeo?
5. ¿Quién corre más rápido? ¿Menos rápido?
6. ¿Cuál de los jóvenes está más cerca de la meta?
7. ¿Está Ernesto más lejos de la meta que Pedro?
8. ¿Cuál de las aceras tiene más espectadores?
9. ¿Qué trampolín está más alto, el de Pedro o el de José?
10. ¿Cuál de los saltos será más peligroso?

D *Entre dos.* Ahora asuman Ud. y un/a compañero o compañera los papeles de Pedro y José y describan el contenido de estos dibujos de manera personal.

MODELO: (José) *Pedro y yo usamos camisetas con nuestras iniciales.*
La mía tiene una J.
Soy tan alto como Pedro, pero soy más...

C. Superlative of adjectives

1. A superlative statement compares several elements and indicates that one of them excels over the others. A superlative is formed in English by adding *-est* to the adjective or with the formula *the most/the least + adjective + in.* In Spanish, the formula is *definite article + noun +* **más/menos** *+ adjective +* **de**.

> **La menos grave** de sus heridas es **la de la cara.**
> *The least serious of his wounds is the one in the face.*

> Compré los patines **más caros de la tienda.**
> *I bought the most expensive skates in the store.*

2. The irregular comparative forms given in section A2 are used also for superlatives.

> ¡Increíble! El **peor** equipo del país ganó la copa internacional.
> *Unbelievable! The worst team in the country won the international cup.*

> El **mayor** de los hermanos Sánchez es el **mejor** jugador de nuestra escuela.
> *The oldest of the Sanchez brothers is the best player in our school.*

D. The absolute superlative

The endings **-ísimo/a/os/as** added to adjectives indicate a high degree of the quality expressed by the adjective. English achieves this with words like *extremely, exceptionally, remarkably.* In Spanish, the absolute superlative is formed according to the following rules:

1. If the adjective ends in a vowel, this vowel must be dropped before adding **-ísimo: malo > malísimo; rápido > rapidísimo.**

2. If **-c, -g,** or **-z** precede the final vowel, some changes in spelling are necessary, **c > qu; g > gu; z > c: Rico > riquísimo; largo > larguísimo; feliz > felicísimo.** A limited number of adjectives have other irregularities, such as **antiguo > antiquísimo; amable > amabilísimo.**

Aplicación

D *Un tipo exagerado.* Un/a compañero o compañera leerá cada afirmación y Ud. la exagerará, usando en su superlativo la palabra que se da.

MODELO: Pilar Rivas es una buena esquiadora. (los Estados Unidos)
Sí, es una esquiadora buenísima; es la mejor esquiadora de los Estados Unidos.

1. La competencia de remo fue interesante. (el campeonato)
2. Este lago es hondo. (Sudamérica)
3. Las luchas de "Demonio Rojo" y "El Tornado" siempre son emocionantes. (todas)
4. Los salvavidas de esta playa son valientes. (el país)
5. La caída que sufrió la patinadora fue mala. (su vida)
6. La arena de esta playa es blanca. (el continente)
7. El partido de beisbol del domingo fue largo. (la historia)
8. Las próximas peleas de boxeo serán importantes. (el siglo)
9. El ciclismo es un deporte antiguo. (el mundo)
10. La pelota de fútbol es grande. (las pelotas)

Un poco de humor

Las conjeturas del pollo. Explique lo que piensa el pollo al mirar la fotografía del futbolista.

DEL MUNDO HISPÁNICO (México)

Lea el anuncio y conteste las preguntas.

1. ¿En qué ciudad de México está este hotel?
2. ¿Cuál es su dirección?
3. ¿Dónde están los parques?
4. ¿Cuál está más lejos?
5. ¿Qué ruta seguirá la persona que quiera correr la mayor distancia?
6. ¿Qué preparación se recomienda para los corredores?
7. ¿Qué horas del día son preferibles para correr?
8. En su opinión, ¿por qué se recomienda correr sobre las aceras?

PALABRAS ÚTILES

ubicado *located*
se hospeda *you stay*
recorrido *run (noun)*
calentamiento *warming-up*
seguridad *safety*

RUTA DE JOGGING

La zona en que se encuentra ubicado nuestro Hotel le ofrece rutas ideales, que aquí le indicamos, para que usted continúe practicando el jogging mientras se hospeda con nosotros.

Ave. Providencia

PARQUE

Ave. Rubén Darío

800 m. Río de Janeiro

Ostia

Sicilia

Nápoles PARQUE

Ontario

Eulogio Parra 3,400 m. 2,300 m.

N

Av. López Mateos

Manuel Acuña

Yaquis

Av. México

Hernán Cortés

Av. Vallarta

HOTEL

Ruta 1 _____ 3,400 metros
Ruta 2 _____ 2,300 metros
Opción _____ 800 metros

Extensión al 2o. parque en
Río de Janeiro

SUGERENCIAS:
— Prepárese para el recorrido haciendo ejercicios de calentamiento.
— Preferentemente corra mientras el sol no es muy fuerte.
— Por su seguridad corra sobre las aceras.

FIESTA AMERICANA
GUADALAJARA

Donde cada detalle cuenta

LOS ESPECTÁCULOS

Un poster anuncia el Festival Internacional de la Canción en Viña del Mar, Chile. En este festival se premian todos los años los mejores cantantes y canciones del mundo hispánico. El premio que se da es una gaviota (*sea gull*) de plata; este pájaro se ha convertido en el símbolo del evento.

Presentación

La palabra **espectáculo** en español no tiene necesariamente la idea de algo sensacional como la tiene la palabra *spectacle* en inglés. Cualquier programa, función o evento que entretenga o divierta al público es un espectáculo. Y cuando se habla de espectáculos en el mundo hispánico, todos piensan primero en la televisión, la también llamada "pantalla pequeña" que es, para muchos, la fuente principal de entretenimiento.

En este capítulo vamos a hablar de televisión, pero también hablaremos de música, que es para muchos un elemento esencial en sus momentos de descanso o diversión.

En la lectura de este capítulo se habla del programa de televisión "Sábado gigante", producido en Miami y visto por más de 40 millones de personas en diferentes países. Miami se ha convertido en un punto central de la televisión en español de los Estados Unidos. En los últimos años, a la variedad de programas producidos en Miami, se han añadido las telenovelas. Las cadenas (*networks*) de televisión en español de los Estados Unidos importaban en el pasado telenovelas de los países hispánicos, principalmente de México y Venezuela. Ahora existe un fenómeno opuesto: ¡los Estados Unidos exportan programas y telenovelas en español! En 1994 la telenovela "Guadalupe", producida en Miami, se presentó al mismo tiempo en países tan diversos como el Salvador, Costa Rica, Venezuela, Bolivia y el Perú, y en todas partes fue una verdadera sensación.

Repaso previo   Review of common verbs that are irregular in the subjunctive. *Workbook.*

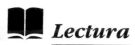 *Lectura*

Los sábados de Don Francisco

Mejor que Ed Sullivan, Phil Donahue y Arsenio Hall para algunos; una combinación de los tres para otros, lo cierto es que Don Francisco, Mario Kreutzberger en la vida real, es hoy el más famoso y aplaudido° animador° de la televisión hispana de Estados Unidos. Su programa, "Sábado Gigante", es visto semanal-

5 mente por unos 6 millones de televidentes° en Estados Unidos y transmitido por vía satélite a diecisiete países de Centro y Suramérica; próximamente° también se verá en México donde, sin duda, alcanzará el pináculo de la fama. En total, más de 40 millones de personas ven sábado a sábado este show, hazaña° que ningún otro animador de habla hispana° ha realizado° hasta ahora.

popular / presenter

viewers

soon

feat

de...: Spanish speaking / accomplished

Don Francisco, el popular presentador del programa "Sábado Gigante".

10   Hijo de judíos alemanes que huyeron° del nazismo, Mario Kreutzberger   flee
nació cerca de Talca, en el sur de Chile. Desde los dieciséis años se dedicó al
trabajo, promocionando los productos textiles que fabricaba su padre. Ya en esta
época era un excelente vendedor. Poco después viajó a Nueva York para estudiar
una profesión, pero se dio cuenta de que lo suyo° era el espectáculo.   lo...: his thing

15   Su primer programa en la televisión chilena fue de una hora de duración y
se transmitía los sábados; al año siguiente el programa era ya de dos horas,
después de tres, hasta llegar a las maratónicas° ocho horas en el año 1978,   marathon
cuando organizó el primer teletón de Chile en pro de los niños con impedimentos físicos°.   con...: physically impaired

20   Pero él no se sentía satisfecho, sabía que podía aportar° más, abrir nuevos   contribute
caminos. Esta inquietud° lo llevó a Estados Unidos, donde presentó el proyecto   ambition
"Sábado Gigante" a Univisión, la más importante cadena° de televisión hispana   network
en este país. Según Don Francisco, la clave° del éxito° de su show radica en la   key / success

sabia° combinación de tres elementos: entretenimiento, participación e interac-   ° wise
25 ción con la audiencia.

Don Francisco domina a la perfección la magia de la animación televisada,
pero también es un sabio administrador de las finanzas° que su programa repor-   ° earnings
ta°. Sus anunciantes° son firmas° reconocidas mundialmente. Los espacios pu-   ° produces / advertisers / companies
blicitarios de "Sábado Gigante" están completamente vendidos°.   ° sold out

30 "El Rey del Espectáculo" habla cinco idiomas: español, portugués, ita-
liano, inglés, alemán y algo de yiddish. Vive en Miami y en Chile y, parale-
lamente° a su actividad televisiva —que es la más conocida— no descuida   ° simultaneously
detalle° de sus actividades empresariales°, sobre todo en el área° de la agri-   **no...:** he doesn't overlook any
cultura, como exportador de uvas. Él es uno de los principales exportadores de   aspect / business / field
35 frutas de Chile.

Don Francisco nunca se duerme en los laureles°... hombre inquieto° y em-   **se...:** rests on his laurels / dynamic
presario nato°, está elaborando un nuevo y jugoso° proyecto. "Mi sueño es   **empresario...:** a born businessman /
producir y conducir un programa noticioso° para todos los países latinoameri-   profitable / news
canos. Esto nos ayudaría a estrechar° aún más nuestros lazos° culturales", en-   bring closer / bonds
40 fatiza, siempre optimista. Y no cabe duda de que° este sueño también puede ser   **no...:** there is no doubt that
realidad a corto plazo°. ¡Capacidad° y empuje° le sobran!   **a...:** in a short time / ability / drive

De *Hombre internacional,* Puerto Rico.

Comprensión

"Sábado gigante". Un amigo suyo lo/la visita cuando Ud. está viendo "Sábado
Gigante". Déle a su amigo una explicación sobre este programa, usando datos
de la *Lectura.* Puede basarse en la guía siguiente:

1. *El programa:* (a) qué clase de programa es; (b) los programas de la televisión
   norteamericana con los que se ha comparado; (c) el número de personas que
   lo ven en los Estados Unidos y el total de televidentes que lo ven en el
   mundo; (d) por qué esto es una hazaña; (e) en qué país hispánico se presen-
   tará en el futuro "Sábado Gigante"; (f) el éxito financiero del programa y la
   causa de este éxito, según Don Francisco.

2. *Don Francisco:* (a) su verdadero nombre, su origen, su nacionalidad; (b) su
   carrera en la televisión chilena; (c) los idiomas que habla; (d) dónde vive
   ahora; (e) otros negocios que tiene, además de la televisión; (f) sus planes
   para el futuro.

Vocabulario

Sinónimos. Alguien habla sobre "Sábado Gigante" y su creador. Cambie cada palabra o expresión en cursiva por otra de la lista que signifique lo mismo.

1. Don Francisco, un hombre muy famoso y *popular*, nació en Chile porque sus padres *escaparon* de la Alemania nazi.

2. *El secreto* del *triunfo* de "Sábado Gigante" está principalmente en su *presentador* y en la *inteligente* interacción con el público.

3. Don Francisco *contribuye con* su *dinamismo* y con el talento *con que nació* a su programa.

4. Él ha realizado *algo importante y muy difícil de hacer* con "Sábado Gigante".

5. Este es un programa que *une* los lazos de los países hispánicos por medio de los millones de *personas que ven la televisión*.

6. Don Francisco realiza también muchas actividades *de negocios* en el *campo* agrícola.

a) animador
b) aplaudido
c) aporta
d) área
e) la clave
f) empresariales
g) estrecha
h) éxito
i) innato
j) inquietud
k) sabia
l) una hazaña
m) huyeron
n) televidentes

Modismos

algo de *some (a little bit of)*

> Todos los programas necesitan **algo de** humor.
> *All programs need a little bit of humor.*

no cabe duda de que *there is no doubt that*

> **No cabe duda de que** al público le gustan los programas musicales.
> *There is no doubt that the public likes musical programs.*

a corto plazo *in a short time*

próximamente *in the near future, soon*

> El nuevo programa de noticias en español se presentará **a corto plazo (próximamente)**.
> *The new Spanish news program will be shown in the near future.*

Aplicación

Modismos. Reemplace las palabras en cursiva con el modismo más apropiado.

1. *Lo cierto es que* la televisión en español es hoy muy importante en los Estados Unidos.
2. Los hispanos serán *muy pronto* la minoría más grande del país.
3. Cada día es más necesario para las personas de negocios saber *un poco de* español.
4. *Es indudable que* "Sábado Gigante" es un programa muy popular. Y el éxito lo consiguió *en poco tiempo*.
5. Hay *un poco de* magia en la hazaña de Don Francisco.
6. Hablo inglés y español y estoy también aprendiendo *un poco de* francés. Pienso viajar por Europa *muy pronto*, y *es evidente* que estas tres lenguas me ayudarán a comunicarme con la gente.

PUNTOS DE VISTA

Debate. La clase se dividirá en dos grupos: unos atacarán y otros defenderán las siguientes ideas.

La televisión:

1. En los Estados Unidos la televisión es muy mediocre. Necesitamos más programas educativos y menos comedias superficiales.
2. La televisión tiene un efecto muy negativo en la vida familiar y, en general, en la sociedad. Cuando los miembros de la familia se reúnen frente a la pantalla, no están reunidos, sino aislados. Otra influencia negativa de la televisión: ya la gente no lee.
3. La televisión es un invento estupendo. Gracias a él, los niños de hoy saben mucho más que los niños de generaciones anteriores. Por la televisión, los niños conocen sitios interesantes del mundo y aprenden sobre otras culturas y maneras de vivir.

Las telenovelas:

4. Hablen sobre las razones por las cuales las telenovelas tienen tantos aficionados. ¿Son las mujeres más adictas a las telenovelas que los hombres? ¿Por qué sí o por qué no?

La televisión como adicción:

5. Los psicólogos hablan hoy de la adicción a la televisión, que consideran tan seria como la dependencia del juego y las drogas. Muchos individuos usan la televisión como escape y sufren problemas emocionales cuando alguna circunstancia les impide verla según acostumbran. Para los expertos, mirar la televisión más de 30 horas a la semana, constituye una adicción seria.

Los niños y la televisión:

6. El niño se identifica con los héroes y los imita. Ventajas y desventajas de esto. Es opinión general que las escenas de violencia son malas para la salud mental del niño, pero algunos piensan que el niño puede distinguir entre la realidad y la ficción en los programas violentos y que no tratará de imitar necesariamente la violencia que ve. ¿Es esto cierto?

Los programas de conversación:

7. ¿Van demasiado lejos los presentadores y sus invitados en sus temas audaces o presentan realidades sociales? ¿Deben exponerse las situaciones y problemas íntimos en público?

Una escena de "Escalona", popular telenovela producida en Colombia. Como Ud. puede ver por la ropa, la acción de esta novela se sitúa en el pasado. Este vestíbulo de entrada con una puerta de reja es común en la arquitectura colonial española y se llama *zaguán*.

DEL MUNDO HISPÁNICO (Estados Unidos)

Caras hispanas en la televisión

¿Conoce Ud. a estas personas? Sus nombres son: Rafael Pineda, Cristina, María Laria, Charitín, Jacobo Zabludowsky, y Raúl Pembert. Todos ellos tienen en común el que con frecuencia aparecen en los canales de televisión en español de los Estados Unidos. Trate de identificar el nombre con la información sobre cada persona que se da a continuación.

1. Cubana radicada en Miami, tiene un programa similar a los de Oprah, Donahue y Geraldo, donde se habla de temas interesantes, pero al mismo tiempo muy atrevidos (*daring*).

2. Esta cubana es también muy popular como la número 1 y también presentadora en un programa de temas interesantes y atrevidos.

3. Abogado mexicano, transmite todas las noches desde México noticias internacionales. Galavisión, un canal de California, hace posible que su noticiero se vea en todos los Estados Unidos.

4. De origen dominicano, esta dinámica actriz canta, baila y entretiene al público de diversas maneras con sus programas musicales.

5. Este cubano es una figura importante en el mundo noticioso desde hace muchos años. Ud. puede verlo todas las tardes a las seis en la cadena Univisión.

6. Comenzó su carrera como reportero de televisión en México, pero desde 1991 trabaja en la televisión de los Estados Unidos. Fue presentador del programa "Noticias y más" de la cadena Univisión. En la actualidad, se puede ver dos veces al día en el Noticiero Telemundo, que se transmite a 53 ciudades. Ha hecho entrevistas exclusivas con varios presidentes hispanoamericanos y con el Presidente Clinton.

(a)

(b)

(c)

(d)

(e)

(f)

DEL MUNDO HISPÁNICO (Estados Unidos)

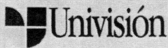

Tan popular como el programa de Don Francisco y anterior a él es "Siempre en domingo", producido en México y transmitido también en los Estados Unidos. Tiene a Raúl Velasco como animador.

Lea la descripción del programa que se hace en el anuncio, y conteste las preguntas.

1. ¿Qué es "Siempre en domingo" para algunos televidentes?
2. ¿Qué presenta Raúl Velasco en su programa?
3. ¿Cuántos años tiene "Siempre en domingo" y cómo es?
4. ¿Por qué se dan dos horas diferentes en el anuncio?

Gramática I

A. The subjunctive in adverbial clauses

An adverbial clause modifies the action in the main clause as an adverb would. An adverbial clause can express dependency, purpose, concession, time, etc. and it is joined to the main clause by a conjunction.

1. Example of an adverbial clause expressing purpose:

    El programa se trasmite vía satélite para que pueda verse en otros países. *The program is transmitted via satellite so that it can be seen in other countries.* (Clause answers the question: *What's the purpose in transmitting the program via satellite?*)

2. Example of adverbial clause expressing dependency:

    No podré grabar ese programa, a menos que me prestes un videocasete. *I won't be able to record that program unless you lend me a videocassette.* (The action in the main clause [*recording the program*] depends on the action in the adverbial clause [*lending a videocassette*].)

3. Example of adverbial clause expressing time:

    Apagaré el televisor cuando termine la telenovela. *I'll turn off the TV when the soap opera ends.* (Clause explains when the main action will take place.)

B. The subjunctive after certain conjunctions

The subjunctive must be used in an adverbial clause introduced by a conjunction denoting proviso, supposition, purpose, or denial. The following chart contains the most common expressions of this kind.

a condición de que, con tal de que	*provided that*
a fin de que, para que	*so that, in order that*
a menos que	*unless*
en caso de que	*in case that*
sin que	*without*

Regresaré a casa en tu auto **con tal de que (a condición de que)** no bebas mucho en la fiesta.
I'll go home in your car provided that you don't drink too much at the party.

Nunca monto en un coche **a menos que** esté seguro de que el chofer está sobrio.
I never ride in a car unless I'm sure that the driver is sober.

En caso de que bebas, no debes conducir, sino decírselo a un amigo **para que (a fin de que)** él te lleve a casa.
In case you drink, you shouldn't drive but rather tell a friend so that he takes you home.

No pasa un día **sin que** sucedan accidentes por los choferes borrachos.
Not a day goes by without accidents [happening] because of drunk drivers.

C. Subjunctive vs. indicative after *aunque*

The conjunction of concession **aunque** *(even if, although)* is followed by the subjunctive when the clause refers to an unaccomplished act or an indefinite, unknown, or hypothetical action. Otherwise, the indicative is used.

Aunque no te **gusten** las telenovelas, te recomiendo que veas telenovelas en español, para que practiques tu comprensión del idioma.
Even if you don't like soap operas, I recommend that you watch Spanish soap operas so that you practice your comprehension of the language.
(The speaker doesn't know whether the other person likes soap operas or not.)

Aunque no **tuviera** su programa de televisión, Don Francisco ganaría dinero con su negocio de uvas.
Even if he didn't have his TV program, Don Francisco would make money with his grape business.

(Don Francisco not having his TV program is a hypothetical situation; the speaker knows that he has it.)

But:

Aunque no me **gustan** mucho las telenovelas, estoy viendo ahora "Guadalupe", una telenovela producida en Miami.
Although I don't care much for soap operas, I am now watching Guadalupe, *a soap opera produced in Miami.*
(The speaker not liking soap operas is presented as a fact.)

D. Subjunctive vs. indicative after conjunctions of time

Conjunctions of time are followed by the subjunctive when the action they introduce is future or uncertain. If the action is in the past or it is a customary action, the indicative is used.

antes (de) que	*before*	**hasta que**	*until*
cuando	*when*	**mientras (que)**	*while, as long as*
en cuanto	*as soon as*	**tan pronto como**	*as soon as*
después (de) que	*after*		

1. Future or uncertain actions (subjunctive):

Voy a producir un programa de noticias cuando (en cuanto / tan pronto como) **consiga** un patrocinador.
I'll produce a news program when (as soon as) I get a sponsor.

El concurso continuará hasta que alguien **gane** el premio.
The contest will continue until someone wins the prize.

Después que **den** todos los premios, comenzarán un concurso nuevo.
After they give away all the prizes, they'll begin a new contest.

2. Past or customary actions (indicative):

Mi programa de noticias comenzó a trasmitirse cuando (en cuanto / tan pronto como) **conseguí** un patrocinador.
My news program began its transmissions when (as soon as) I got a sponsor.

El concurso continuó hasta que alguien **ganó** el premio.
The contest continued until someone won the prize.

Siempre comienza un concurso nuevo después que **se dan** todos los premios.
A new contest always begins after all prizes are given away.

The conjunction of time **antes (de) que** always introduces an action that is future to that of the main clause; therefore, it is *always* followed by the subjunctive.

1. Future action:

Haré mi tarea antes que **comience** la telenovela.
I'll do my homework before the soap opera begins.

2. Past action:

Hice mi tarea antes que **comenzara** la telenovela.
I did my homework before the soap opera began.

3. Customary action:

Todas las noches hago mi tarea antes de que **comience** la telenovela.
Every night I do my homework before the soap opera begins.

Aplicación

A *Un concurso de televisión.* Complete lo que dice el animador de "Gánelo todo". Escoja en cada caso la frase más apropiada en la columna de la derecha, y cambie los infinitivos al tiempo y persona correctos. Puede haber más de una posibilidad.

1. Señoras y Señores: Hagan silencio, por favor, a fin de que la señora Guzmán...y...

2. Han pasado tres semanas sin que un concursante ...Nuestra concursante de hoy lo ganará, a condición de que...

3. Sra. Guzmán, Ud. será propietaria de este precioso automóvil con tal de que...

a) haber ganado el automóvil

b) poder también contestar las mismas preguntas

c) contestar bien sólo dos preguntas

4. En caso de que Ud...recibirá una bicicleta, a menos que nuestro otro concursante, el Sr. Pérez,...

5. Mire ahora la pantalla, para que...

d) no distraerse

e) acumular los puntos necesarios

f) escoger la categoría que preferir

g) conseguir ganar el primer premio

h) saber la respuesta correcta de todas las preguntas

B *Mis amigos.* Tengo muchas clases de amigos, y los clasifico según su personalidad. Complete de manera original lo que cada uno diría.

1. Mi amigo que adora el baile: Saldré contigo a condición de que...

2. Mi amiga la precavida: Nunca salgo a la calle sin paraguas. Así estoy preparada en caso de que...

3. Mi amiga la adicta a los dulces: Iré a comer con Uds. a ese restaurante con tal de que...

4. Mi amiga la estudiosa: No podré salir esta noche, a menos que...

5. Mi amigo el tacaño (*stingy*): Debes ahorrar por lo menos la mitad de tu sueldo para que...

6. Mi amigo el adicto al cine: Me entretengo mucho viendo películas. No pasa un día sin que...

C *Entre dos: La telenovela de Mariana y José Luis.* Un compañero o compañera leerá la parte A (una situación conocida), cambiando cada infinitivo al tiempo correcto; Ud. hará lo mismo con la parte B (una condición hipotética).

1. A: La madre de José Luis no acepta a Mariana, aunque ella (ser) una joven muy buena.

   B: Pero, aunque Mariana (ser) la mejor chica de la tierra, esa señora no la aceptaría.

2. A: Aunque Mariana (vivir) en una casa pobre, su casa está siempre muy limpia.

   B: En realidad, una casa puede ser agradable aunque (ser) pobre.

3. A: Aunque Mariana (no saberlo), el hermano de José Luis también la ama.

    B: Pero, aunque (amarla) muchos hombres, ella sólo pensaría en José Luis.

4. A: Aunque varias personas (oponerse) a su amor, los jóvenes quieren casarse.

    B: Ellos afirman que se casarían aunque (oponerse) el mundo entero.

5. A: La madre de José Luis le habla siempre mal de Mariana, aunque él (no creer) las cosas que ella dice.

    B: Aunque su madre (decirle) cosas horribles, él no la creería.

6. A: Me encanta ver tanto amor, aunque (no haber) amores como éste en la vida real.

    B: Y a mí me encantaría vivir un idilio así, aunque (sufrir) tanto como José Luis y Mariana.

D   *Vocación musical*. Víctor, un fanático del rock, cuenta su historia en el pasado. Hágala futura, haciendo los cambios necesarios en los verbos en cursiva.

Cuando me *gradué* en la escuela secundaria, me *regalaron* una guitarra Gibson. En cuanto *tuve* mi guitarra, *comencé* a tomar lecciones. Todos los días *practicaba* hasta que me *sentía* exhausto, y *conseguí* tocar bastante bien antes de que *pasara* un año. Tan pronto como *supe* tocar bien, *formé* el conjunto (*group*) "Los extraterrestres" con varios amigos. No *tuvimos* mucho éxito al principio para conseguir contratos, pero mientras *pude*, *seguí* luchando por triunfar. *Estaba* seguro de que alguien me *daría* una oportunidad antes de que me *desilusionara* con la carrera musical. *Sabía* que tan pronto como el público *tuviera* la oportunidad de vernos en la televisión, "Los extraterrestres" *serían* famosos.

Cuando me *gradúe* en la universidad...

E   *Mi compañero el rápido*. Andrés, su compañero de apartamento, siempre se anticipa a todos. Exprese la situación, terminando las oraciones de manera original.

1. Ayer me levanté a las seis y media, porque quería el primer turno en el baño, pero Andrés ya se estaba bañando antes de que... Él siempre se baña antes que...

2. El despertador de Andrés siempre suena antes de que... Si mañana pongo mi despertador a las cinco, sé que Andrés se habrá levantado antes de que...

3. Por supuesto, Andrés ayer se desayunó antes de que... Él siempre termina de desayunar antes de que...

4. Cuando quiero ver televisión por la noche, Andrés está sentado viendo su programa preferido antes que...
5. Si suena el teléfono, Andrés lo descuelga antes de que...
6. Vivir con Andrés, sin embargo, tiene ventajas. El sábado, por ejemplo, había muchos platos sucios y Andrés los lavó antes de que... Él siempre limpia la casa antes que... Mañana habrá que ir al supermercado, pero sé que Andrés irá antes de que...

▓▓▓▓ *Un poco de humor*

Lea el chiste y conteste las preguntas.

1. Es evidente que esta niña es una teleadicta. ¿Cuántas horas cree Ud. que pasa ella frente al televisor?
2. ¿Dónde cree Ud. que leerá ella los programas de la tele? Y Ud., ¿cómo se entera de los programas que dan?

DEL MUNDO HISPÁNICO (Puerto Rico)

Lea este anuncio y conteste las preguntas.

1. ¿Qué información da esta guía sobre las películas?
2. ¿Cómo se ve la influencia del inglés en este anuncio?
3. ¿Qué programas se incluyen también en este guía, además de los programas generales?
4. ¿Por qué se dan aquí dos números de teléfono?
5. Además de la televisión, ¿qué otras áreas se cubren en esta guía?

LA GUIA DE PROGRAMACION TELEVISIVA Y DE ENTRETENIMIENTO MAS SOLICITADA EN LA ACTUALIDAD:

GUIA de televisión
ENTRETENIMIENTO Y COMPRAS

- Listado de programación en todos los canales, las 24 horas, por día y por hora
- Descripciones completas de películas, sus clasificaciones y protagonistas
- Listado diario especial de programación "Prime Time" (7:00 PM a 11:30 PM)
- Programación deportiva en canales de cable
- Programación de los canales "Premium"
- ... y mucho más.

¡Subscríbase hoy mismo!

¡Llámenos!
Desde el Area Metropolitana de San Juan: **728-7670**.
Desde la Isla, SIN CARGOS: **800-981-2185**.

DEL MUNDO HISPÁNICO

Hablando de música

La música de los países hispánicos es tan variada como los países mismos y tiene influencias relacionadas con su historia. En Sudamérica, por ejemplo, los instrumentos y ritmos de los indígenas se han combinado frecuentemente con melodías importadas de España en la época de la conquista; en el Caribe, los ritmos de la **conga** cubana y el **merengue** dominicano tienen raíces africanas.

La música mexicana se caracteriza por el diverso uso instrumental según la región. El arpa, por ejemplo, es característica de la música tropical de Veracruz y la marimba (*xylophone*) expresa las melodías de Tehuantepec.

La variedad de la música mexicana más conocida en todo el mundo es la originaria de la región de Jalisco, que es interpretada por grupos llamados **mariachis**. Nadie sabe exactamente el origen de la palabra **mariachi**, pero una teoría dice que se originó en el siglo XIX durante la ocupación francesa y que es una corrupción de la palabra francesa **mariage**, porque estos músicos tocaban siempre en las bodas. Los instrumentos típicos de los mariachis son la guitarra, la trompeta y el violín.

En el oeste y suroeste de los Estados Unidos la música mexicana siempre ha sido popular, pero esta popularidad se extendió en la década de los ochentas por todos los Estados Unidos gracias a Linda Ronstadt que, en honor de su origen mexicano, grabó "Canciones de mi padre" con acompañamiento de mariachi.

Escena

Pantallas y escenarios

> ### Palabras conocidas
> aburrido, el amor, bailar, el billete (el boleto, la entrada), el/la cantante, el cartel, cruel, divertido, divertir(se), el/la mariachi, el micrófono, romántico, la trompeta, el violín

El concierto de rock

el amplificador	amplifier
los audífonos	earphones
el bajo	bass guitar (player)
la batería	drum set
el/la baterista	drummer
la discusión	argument
los fanáticos	fans
la grabadora	recorder
el guardia	guard
la guitarra principal	lead guitar
la muchedumbre, el gentío	crowd
la pancarta	placard
la pelea	fight

los reflectores	spotlights
los silbidos	cat calls
el teclado	keyboard

Verbos

abrazar	to hug, embrace
asistir (a)	to attend
dar una bofetada	to slap
emocionarse	to be thrilled, excited
ensayar	to rehearse
fingir	to pretend
secar(le) las lágrimas	to wipe (someone's) tears

El ballet folklórico

el/la acomodador/a	usher
los aplausos	applause
el baile regional	regional dance
la butaca	theater seat
el ensayo	rehearsal
el escenario	stage
la función	show (performance)
la localidad (numerada)	numbered seat
el palco	box, balcony
la platea	orchestra seat
la taquilla	box office
el telón	curtain
el traje regional	regional attire

La telenovela

el actor/la actriz	actor/actress
el argumento	plot
la bofetada	slap in the face

la cámara	camera
el/la camarógrafo/a	camera man
el castigo	punishment
el enredo	plot, intrigue
el final	end
el galán	hero, leading man
el guión	script
las lágrimas	tears
el llanto	weeping
el papel	role
el personaje	character
el/la protagonista	main character

Los sentimientos

la antipatía	antipathy, dislike
la bondad	kindness
la calumnia	slander
el cariño	affection
los celos	jealousy
la crueldad	cruelty
la duda	doubt
el goce	pleasure, enjoyment
el juramento	oath
la maldad	wickedness
el odio	hatred
el olvido	oblivion
el perdón	forgiveness
el recuerdo	memory
el rencor	rancor, bitterness
el sufrimiento	suffering
la venganza	revenge

Las cualidades

bondadoso/a	kind
cursi	flashy; corny, cheesy

emocionante	thrilling; touching; stirring	**lento/a**	slow
ensordecedor/a	deafening	**malvado/a**	wicked, evil, villainous
entretenido/a	entertaining	**ruidoso/a**	noisy
		tranquilo/a	quiet

Aplicación

A *Entre dos: ¿De qué hablo?* Un/a estudiante lee una definición y otro/a estudiante dice la palabra correspondiente. El/La estudiante que dijo la palabra inventa entonces otra definición y el primer o la primera estudiante adivina a qué palabra corresponde.

1. una gran cantidad de gente
2. la práctica de una escena o número antes de presentarlos al público
3. una promesa muy solemne
4. un adjetivo para un sonido excesivamente alto
5. el lugar donde compro los boletos
6. las palabras que tienen que memorizar los actores
7. los personajes que hacen los papeles principales de una obra
8. el hombre que filma una escena
9. un golpe fuerte con la mano en la cara
10. las complicaciones en el argumento de una obra
11. una pelea en la que se usan sólo palabras
12. un sentimiento que tenemos por los amigos

B *¿Qué hacen...?*

1. un acomodador
2. una actriz
3. un bajo
4. un baterista

C *¿Para qué se usan...?*

1. un amplificador
2. unos audífonos

3. un micrófono

4. una grabadora

5. un reflector

6. un telón

7. una butaca

D *Sentimientos opuestos*. Dé el sentimiento contrario en cada caso.

1. simpatía

2. crueldad

3. odio

4. goce

5. recuerdo

6. perdón

7. seguridad

8. verdad

E *Entre dos: No estoy de acuerdo.* Un compañero o compañera comenta sobre una película que Uds. vieron, pero Ud. tiene una opinión totalmente opuesta a la de él/ella. Cambie sus palabras por otras de sentido contrario.

"Entre la vida y la muerte" es una película de acción *rápida* y *entretenida*, que sucede en un ambiente *ruidoso*. Los decorados son *elegantes* y *sobrios*. El galán es un hombre *bondadoso*, y es justo su *premio* al *principio* de la película. Su *perdón* de su enemigo le ganó los *aplausos* del público. La protagonista *estuvo ausente en* esta escena.

F *Más preguntas.* Conteste, basándose en las escenas.

1. *En el concierto de rock:*

   a. ¿Qué instrumentos se utilizan en el concierto?

   b. ¿Qué dicen las pancartas y los carteles?

   c. En su opinión, ¿cuál es la razón de los silbidos de los fanáticos?

   d. ¿Cuál será la razón de la pelea?

e. ¿Por qué le llama la atención (*is rebuking*) el guardia al joven?

f. ¿Qué persona no parece interesada en oír el concierto? ¿Por qué lo piensa Ud.?

2. *En el ballet folklórico:*

a. ¿Cómo sabemos que al público le gusta este número?

b. ¿Qué clase de asiento tiene el señor que llegó tarde? ¿Por qué no podrá él usarlo?

c. ¿Cómo es la ropa de los que bailan?

d. ¿Qué instrumentos tocan los mariachis?

e. ¿Qué es mejor, sentarse en la platea o en un palco? ¿Por qué?

f. ¿Qué diferencias hay entre este escenario y el escenario del concierto de rock?

3. *La telenovela:*

a. ¿Cuál es el motivo del llanto de la protagonista?

b. ¿Qué hace el hombre para consolarla?

c. ¿Qué va a pasar después?

G *Un guión de telenovela.* En el guión de esta escena se han omitido muchas palabras. Complételas y después represente la escena con un compañero o compañera.

ELSA: (*Llora*) ¡Ay, Armando, fue horrible! Sabía que esa mujer sentía _____ por mí, pero no imaginaba que sintiera tanto _____ y _____. Cuando demostré que lo que decía sobre mí era falso, que todo era una _____, se puso furiosa. ¡Qué mujer tan _____! Me dio una _____.

PABLO: Mi amor, es difícil creer que exista tanta _____ en el mundo. Te confieso que cuando oí sus calumnias, tuve _____ de ti, pero fue sólo por un momento. En seguida volví a creer en tu inocencia y en el _____ de amor eterno que me hiciste en la tumba de tu padre. (*La abraza.*)

ELSA: Pablo, Brunilda _____ indiferencia hacia ti, pero te ama. Ella actuó así por _____. La calumnia fue su _____ porque no la amas.

PABLO: (*Le seca las* _____.) No llores más, Elsa. Tu _____ me produce mucho _____. Nuestros _____ terminarán pronto y seremos felices.

ELSA: No, Armando, tengo una premonición de algo horrible.

H *Conjeturas.* ¿Qué pasará ahora? ¿Será cierta la premonición de Elsa? Prepare una escena de continuación con uno o más compañeros, y represéntenla en clase.

I *Preguntas personales.*

1. ¿Se emociona Ud. frecuentemente viendo telenovelas? ¿Qué clase de programas lo/la emocionan? En general, ¿cuál es su opinión de las telenovelas? ¿Le parecen conmovedoras? ¿Emocionantes? ¿Cursis? ¿Románticas? ¿Divertidas?
2. ¿Ha asistido Ud. a un concierto recientemente? ¿Cuál es su grupo preferido? ¿Le gusta la música ruidosa o prefiere la música suave?
3. ¿Le gusta bailar? ¿Con cuánta frecuencia baila Ud.? ¿Qué clase de música le parece mejor para bailar? ¿Sabe bailar algún baile regional?

DEL MUNDO HISPÁNICO (México)

Lea el anuncio y conteste las preguntas.

1. ¿A quién persigue el criminal en "Cabo de miedo"? ¿Por qué?
2. Esta es una segunda versión. ¿De qué año es la primera?
3. ¿Cuál es el tema principal de "Buenos muchachos"?
4. ¿Cómo se presentan los mafiosos en esta película?
5. ¿Qué papel hace aquí Joe Pesci y qué recibió por su actuación?
6. ¿Quién es el protagonista de "Manuel" y qué hace?
7. ¿A quién encuentra él y con qué resultado?
8. ¿Por qué es apropiado que "Blanca Nieves y los siete enanos" se presente en función de matiné?

CINETECA

688-32-72

Cabo de miedo

Una trhiller realizado por Martin Scorsese, en el que Robert DeNiro, protagoniza a un criminal psicópata, que al cumplir su condena inicia una persecución implacable sobre el que fuera su abogado defensor, incluyendo a esposa e hija. Se trata de la segunda versión, fílmica de la novela de John D. McDonald, la primera fue dirigida por Jack Lee Thompson en 1962.

Dir. Martin Scorsese, con Nick Nolte, Jessica Lange y Robert DeNiro. (Cape fear, Estados Unidos-1991)

SALA 1 Hor. 20.00.

Buenos muchachos

En este filme, Scorsese aborda el tema de la mafia, de quienes la integran, de una manera intimista. Exhibe a sus hombres en su mundo familiar, en su círculo de amigos, como ciudadanos comunes, sólo con la gran diferencia de que sus negocios son ilícitos. Sin duda se trata de una de las mejores realizaciones del cineasta norteamericano que le mereció varias nominaciones al Oscar, una de ellas la consiguió Joe Pesci, como mejor actor de reparto en su interpretación de un psicópata.

Dir. Martin Scorsese, con Ray Liotta, Robert DeNiro y Joe Pesci. (Goodfellas, Estados Unidos-1990)

SALA 1 Hor. 16.30.

Manuel

Se trata de un medianometraje, realizado por Francois Labonté, en el que narra las aventuras de un niño, el cual huye de su casa y en la calle encuentra a un anciano -Francisco Rabal-, el cual lo regresa al buen camino y lo convence a regresar a la escuela.

Dir. Francois Labonté, con Francisco Rabal, Nuno Da Costa y Luiz Sarava. (Manuell, le fils emprunté, Canadá, 1990)

SALA 3 Hor. 16.30 y 18.45.

Blanca Nieves y los síete enanos

En función de matiné se presenta este clásico de Walt Disney, sobre una jovencita que por un hechizo esta condenada a dormir toda la vida, hasta que llega un príncipe y la rescata de su sueño.

SALA 4 Hor. 11.00 y 13.00.

Gramática II

A. Subjunctive and indicative in *if*-clauses

Conditional sentences combine an *if*-clause (If I have enough money...) and a resultant clause (...I'll buy tickets for the concert.) The *if*-clause most often precedes the resultant clause, but it may also follow it. Conditional sentences may express real or possible situations, improbable situations, or situations that are contrary to fact.

1. When the action expressed by the *if*-clause is customary, possible, or likely to happen, the indicative mood is used.

   Si se **llega** temprano al cine, se consigue un buen asiento.
   If one gets to the movies early one gets a good seat.

   Un concursante **quedaba** fuera del concurso si fallaba dos preguntas.
   A contestant was out of the contest if he/she missed two questions.

   Si me **prestas** un casete, te traigo uno nuevo mañana.
   If you lend me a cassette I'll bring you a new one tomorrow.

2. When the action expressed in the *if*-clause is perceived by the speaker as false (contrary to fact) or unlikely to happen, a past subjunctive form must be used.[1] The imperfect subjunctive is used for present or future time, and the pluperfect subjunctive is used for past time. Spanish, like English, uses the conditional or the conditional perfect in the resultant clause.

   Te aceptarían en el coro si **cantaras** bien.
   They would accept you in the choir if you sang well. (You don't sing well.)

   Si **ganara** el automóvil en el concurso, me pondría muy contento.
   If I were to win the car in the contest I would be very happy. (It is unlikely that I'll win the car.)

   Si me **hubieras invitado,** habría ido contigo al concierto.
   If you had invited me I would have gone to the concert with you. (You did not invite me.)

B. Use of *como si*

Como si *(as if)* always presents a false or hypothetical situation. **Como si** takes the imperfect subjunctive when the action or state it introduces coincides in time or is future to the main verb; it takes the pluperfect subjunctive when the action or state is previous to the main verb.

---

1. The present subjunctive is not used in Spanish after **si** when **si** means *if*. It may be used when **si** means *whether:* **No sé si deba ir o no.** (*I don't know whether I should go or not.*)

1. Contemporary or future to main verb:

> El señor se iba a sentar como si la butaca no **estuviera** rota.
> *The gentleman was going to sit down as if the seat weren't broken.*

> Brunilda apuntaba el revólver como si **fuera** a disparar.
> *Brunilda was pointing the gun as if she were going to shoot.*

2. Previous to main verb:

> El bajo tocaba como si no **hubiera ensayado.**
> *The bass was playing as if he hadn't rehearsed.*

C. Use of the subjunctive to soften statements

The imperfect subjunctive **-ra** forms of **deber, querer,** and **poder** are frequently used instead of the indicative mood to soften a request.[2]

> Señora, esta butaca está rota. ¿**Quisiera** Ud. moverse y dejarme la suya?
> *Ma'am, this seat is broken. Would you move and leave me yours?*

> —¿**Pudieras** trabajar por mí esta noche? No quiero perderme el capítulo final de mi telenovela.
> *"Could you work for me tonight? I don't want to miss the final chapter of my soap opera."*

> —Bien, te haré el favor, pero creo que **debieras** comprarte una videograbadora.
> *"O.K., I'll do you the favor, but I think you ought to buy a VCR."*

Aplicación

A *Situaciones reales o posibles.* Haga oraciones condicionales basándose en los datos que se dan. Use el presente de indicativo en la cláusula resultante del 1 al 3, para indicar un hecho habitual, y el futuro de indicativo en los otros casos.

MODELO: una persona / ser malvada / yo / no ser su amigo
     Si una persona es malvada, yo no soy su amigo.

1. la música / ser ensordecedora / yo / usar mis audífonos
2. dos hombres / pelear / el guardia / separarlos
3. una novela / parecerme cursi / yo / no leerla más
4. la acomodadora / estar enferma / nosotros / llamar a un sustituto
5. yo / perder mi boleto / yo / no poder entrar en el teatro

---

2. As in English, the conditional is also possible in this case. (See page 190.)

6. tú / invitarme a tu palco / yo / ponerme muy contento

7. los bailarines / no ensayar / el número / no ser bueno

8. tú / ir temprano a la taquilla / tú / conseguir buenos boletos

B *¿Qué pasaría si...?* Haga conjeturas sobre las siguientes situaciones, imitando el modelo.

MODELO: ¿Qué pasaría si...?
la actriz / olvidar una parte de su papel
Si la actriz olvidara una parte de su papel, tendría que improvisar.

¿Qué pasaría si...?

1. *En el concierto:*
 a. los amplificadores / no funcionar
 b. el guardia / no haber visto la grabadora
 c. llover en un concierto al aire libre
 d. a la guitarra principal / rompérsele una cuerda

2. *En el teatro:*
 a. la butaca rota / ser el único asiento vacío del teatro
 b. haber un fuego en el teatro durante la función
 c. en la taquilla / acabarse las entradas para la función

3. *En la telenovela:*
 a. Pablo / haber creído las calumnias de Brunilda
 b. Brunilda / matar a Elsa
 c. Pablo / llevar también un revólver

C *"El Sr. Perfecto".* Su amigo Gonzalo lo sabe todo y se cree perfecto. Ponga a Gonzalo "en su lugar" usando **como si** y basándose en las situaciones que se indican.

MODELO: Dices que mi conversación es aburrida. / La tuya no es entretenida.
Dices que mi conversación es aburrida como si la tuya fuera entretenida.

1. Hablas del concierto. / Tú no has asistido.

2. Criticas la coreografía del show. / Tú no sabes bailar.

3. También criticas al camarógrafo. / Tú no puedes manejar una cámara.

4. Me pides que perdone a mis enemigos. / Tú no has perdonado a los tuyos.

5. También me dices que sea bondadosa. / Tú no eres bondadoso.

6. Llamas cursi a mucha gente. / Tú no eres elegante.

7. Dices que oír música ruidosa es malo para los oídos. / Tú no oyes exclusivamente música clásica.

8. Me dices que lea en vez de ver telenovelas. / Tú no lees mucho.

D *Elsa.* Elsa, la heroína de la novela, es una joven tímida. Cambie al imperfecto del subjuntivo las palabras en cursiva para indicar esto.

Estoy muy triste. *Quiero* seguir llorando, pero sé que no *debo* llorar más. Pablo sufrirá si me ve llorar. Creo que *puedo* sonreír si hago el esfuerzo. Tampoco *debo* contarle a Pablo que Brunilda me dio una bofetada. No *quiero* causarle problemas. Él *puede* intentar vengarse y eso traería desgracias.

▓▓▓▓ *Un poco de humor*

Este chiste se publicó en un periódico mexicano. ¿Cree Ud. que podría aplicarse a los Estados Unidos? ¿Por qué sí o por qué no?

Lea el chiste y después complete las oraciones, basándose en su memoria y sin mirar el texto.

Los rateros se llevaron... y el... y mataron... Solamente dejaron...

PALABRAS ÚTILES

rateros   *thieves*
nomás   **nada más**
   (Mexico)
menos mal   *What a relief!*

Capítulo 12

VIAJANDO
POR EL MUNDO
HISPÁNICO

En los pueblos de México es común celebrar fiestas como ésta, con trajes y bailes indígenas, el día del santo patrón o la santa patrona de la localidad.

Comprensión

A *El viaje de Laura y Rosario.* Conteste las preguntas.

1. ¿Qué les pasó a estas chicas en junio?
2. ¿Cómo obtuvieron ellas información para su viaje?
3. ¿Por qué era tan difícil decidir adónde irían?
4. ¿Qué atractivos tiene para Rosario un viaje al Caribe?
5. ¿Qué playas de México sugirió ella? ¿Están en el Caribe estas playas? (Busque en un mapa si no lo sabe.)
6. ¿Qué se puede ver en Costa Rica? ¿Qué se puede hacer?

B *Entre dos: Rosario y el/la agente de viajes.* Rosario no entendió las explicaciones de los folletos, y dice frases que contienen errores. Ud. es agente de viajes. Explíquele a Rosario sus errores.

México:

1. Chichén Itzá es un dios que tiene forma de serpiente.
2. Hay dos cabezas de serpiente en la parte superior de la pirámide.
3. El mejor mes para visitar Chichén Itzá es junio.

Chile:

4. La capital de Chile es Viña del Mar.
5. El nombre OTI se refiere a representaciones teatrales.
6. El festival de la OTI se celebra en Santiago.

Perú:

7. La capital del imperio incaico era Lima.
8. El Cuzco es famoso por sus balcones coloniales.
9. En el Museo del Oro se exhiben piezas antiguas y modernas.
10. Los conquistadores españoles construyeron Machu Picchu.
11. Nazca es una montaña al norte del Perú.
12. Uno de los animales dibujados en Nazca es un quetzal.

Vocabulario

A *Al contrario.* A Rosario le gusta contradecir a la gente. Cada vez que su amiga Laura dice algo, ella afirma lo contrario. Decida qué palabras usaría ella para contradecir las palabras en cursiva.

a la sombra / descartar / un montón de / la superficie / valle

1. Esas ruinas están en *una montaña*.
2. En la playa es agradable sentarse *al sol*.
3. Voy a *considerar* un viaje al Perú.
4. Tenemos *muy pocas* oportunidades de divertirnos.
5. Hay mucha corriente en *el fondo* del río.

B *Ayudando a un turista.* Ud. va en una excursión con un turista que no sabe mucho español. Ayúdelo, completando las preguntas que él quiere hacerle al guía.

balnearios / una balsa / emplumada / escalones / folleto / talladas

1. ¿Es éste el río que se describe en el...?
2. ¿Cómo se llama el dios que tiene forma de serpiente...?
3. ¿Cuántos...tiene la pirámide?
4. ¿En qué país de sudamérica hay mejores...?
5. ¿Dónde puedo alquilar...?
6. ¿A qué cultura pertenecen esas piedras...?

Modismos

a continuación *next; in the following lines (pages, etc.)*
   A continuación, van Uds. a ver una película sobre el Ecuador.
   Next, you are going to see a movie about Ecuador.

sobre todo *above all, especially*
   Me gusta much el campo, pero **sobre todo** me gusta la playa.
   I like the country very much but I especially like the beach.

Modismos. Complete las oraciones de manera original.

1. El guía nos llevó a ver los quetzales y a continuación...
2. Ya contesté las preguntas del vocabulario y a continuación...
3. Escribí el título de mi composición arriba en la página y a continuación...

4. Me gustó mucho la excursión por el río, sobre todo...
5. Me intrigan los misterios de América del Sur y sobre todo...
6. Soy adicta a las tiendas y sobre todo...

PUNTOS DE VISTA

A *Muchas clases de viajeros.* Cada estudiante se autoclasificará según su interés predominante al visitar un país, de manera que la clase quede dividida en siete grupos. Los miembros de cada grupo se harán entre sí las preguntas que corresponden a ese grupo, intercambiando también comentarios.

1. **Los interesados en la historia y la arqueología:**

   ¿Qué período de la historia y qué civilización te interesa más? ¿Qué clase de ruinas? ¿Preferirías visitar Chichén Itzá o Machu Picchu? ¿Por qué? ¿Qué opinas de la teoría de que muchas ruinas del pasado son producto de visitantes extraterrestres? ¿Cuál es para ti la explicación de los dibujos de Nazca?

2. **Los amantes de la naturaleza:**

   Para unas vacaciones, ¿escogerías las montañas, los bosques, la selva tropical o el mar? ¿Por qué? En los viajes, ¿tomas fotos solamente de escenarios naturales o fotos donde aparecen también personas? ¿Por qué? ¿Te interesa observar a los animales? ¿Qué especies? ¿Te atraen más los animales exóticos o las especies que conoces? ¿Por qué?

Molinos de viento en La Mancha, patria de Don Quijote. Al ver molinos así, Don Quijote pensó que eran gigantes que movían sus enormes brazos.

La mezquita (*mosque*) de Córdoba, en Andulucía, es visitada por turistas de todo el mundo. Los cientos de columnas que soportan los arcos de rayas rojas la hacen parecer un gran bosque.

3. **Los amantes del arte:**

   ¿Qué clase de museos te atrae más? ¿Qué objetos de arte: pinturas, esculturas, arquitectura, cerámica, joyas? ¿Por qué? ¿Te parece interesante el arte religioso? ¿Qué aspectos del arte de las catedrales o de otros templos te interesan? ¿Por qué?

4. **Los interesados en la gente del país:**

   Cuando hablas con la gente de un país, ¿de qué te gusta hablar? ¿Qué les preguntas? ¿Qué te interesa más: tradiciones, leyendas, ceremonias religiosas, ritos extraños, costumbres funerarias, baile, música...? ¿Por qué?

5. **Los gastrónomos:**

   ¿Qué aspectos de la cocina de un país prefieres conocer: sus salsas, sus platos de carne y pescado, sus dulces, sus postres? ¿Sus vinos? ¿Sus frutas? ¿Por qué? De cada producto culinario mencionado, ¿cuál es tu favorito? Si estás viajando por un país, ¿comes en restaurantes "del pueblo" o en restaurantes más elegantes? ¿Cómo es, para ti, un restaurante ideal?

6. **Los amantes del sol, el ejercicio y los deportes:**
   ¿Cuál(es) de estos deportes practicarías en un viaje: el esquí, el alpinismo, la excursión a pie (*hiking*), la navegación...? ¿Prefieres los deportes de invierno o los de verano? ¿Qué haces en la playa? Si fueras Laura y Rosario, ¿hubieras ido como ellas a Costa Rica o habrías preferido las playas del Caribe o México? ¿Por qué?

7. **Los coleccionistas y compradores natos** (*born*):
   ¿Qué coleccionas y por qué? ¿Qué objetos de Hispanoamérica y de España tienes o te gustaría tener? ¿Qué clase de artículos compras o comprarías en un viaje? Cuando viajas, ¿prefieres comprar en los mercados típicos o en las tiendas grandes? ¿Por qué? ¿Eres bueno/a regateando (*bargaining*)? Si lo eres, explica los trucos que usan los compradores y vendedores al regatear.

B *Para atraer turistas*. Los estudiantes se dividirán en pequeños grupos y prepararán anuncios describiendo los puntos de interés turístico de su ciudad, estado o región. Pueden imitar el anuncio de Puerto Vallarta en la página 346 o usar ideas originales.

Un poco de humor

Haga un resumen de este chiste y cuénteselo a sus compañeros. Puede usar estas preguntas como punto de partida: ¿Dónde están la mujer y el hombre? ¿Qué le pasó a ella? ¿Por qué? ¿Por qué no va a estar encantada la mujer de haber perdido el avión?

PALABRAS ÚTILES

por culpa mía *it was my fault*

has perdido *you have missed*

consuélate *cheer up*

DEL MUNDO HISPÁNICO (México)

PUERTO VALLARTA EN 158 PALABRAS.

IMAGINE UN PUEBLITO TÍPICO A ORILLAS DEL MAR. VÉASE EN SUS CALLES EMPEDRADAS CAMINANDO SIN PREOCUPACIONES.

CUANDO SE CANSE, DESE UN CHAPUZÓN EN EL MAR Y AGARRE COLOR.

DESPUÉS, ABORDE SU AUTO RENTADO, EN AVIS POR SUPUESTO, Y RECORRA EL MALECÓN PARA DISFRUTAR DE SUS HERMOSAS PLAYAS.

QUIZÁS PARA ESE MOMENTO LA BRISA LE PRODUZCA UNA DELICIOSA SENSACIÓN DE SUEÑO.

DIRÍJASE ENTONCES AL **KRISTAL VALLARTA** Y TOME UNA SIESTA EN SU AGRADABLE HABITACIÓN.

UNA VEZ RECARGADAS LAS BATERÍAS, VÁYASE DE COMPRAS A **ACA-JOE** Y CONSIÉNTASE CON LA ROPA CASUAL MÁS FRESCA.

SI SU ENTUSIASMO SE PASA DE LA CUENTA, NO SE PREOCUPE. UTILICE SU TARJETA AMERICAN EXPRESS.**

Y PARA TERMINAR EL DÍA, ¿QUÉ TAL UNA EXQUISITA CENA ACOMPAÑADA CON MUSICA DE JAZZ EN **LE BISTRO**?

Y POR SI ESTO FUERA POCO, USTED CUENTA CON EL SERVICIO DE AMERICAN EXPRESS CON SÓLO LLAMAR A LOS TELÉFONOS 468-76 Y 77.

SI TODO ESTO LO PUDIMOS PLATICAR EN SÓLO 158 PALABRAS, IMAGINE LO QUE TENDRÁ QUE DECIR CUANDO REGRESE DE **PUERTO VALLARTA**.

VISÍTELO. SE QUEDARÁ SIN PALABRAS.

NUNCA SALGA SIN ELLA.
PARA INFORMACIÓN: 326-26-79 Y 91 (800) 00-555.

ACAPULCO • IXTAPA • PUERTO VALLARTA • MAZATLAN • MANZANILLO • CANCUN • LOS CABOS

SAN MIGUEL DE ALLENDE • GUANAJUATO • ZACATECAS • PUEBLA • MORELIA • TAXCO • SAN MIGUEL DE ALLENDE

PALABRAS ÚTILES

a orillas del mar *on the seashore*

empedradas *with cobblestones*

chapuzón *dip*

recorrer el malecón *drive along the shore*

brisa *breeze*

recargadas *recharged*

consiéntase *pamper yourself*

se pasa de la cuenta *exceeds your budget*

si esto fuera poco *if all this was not enough*

platicar *say*

se quedará sin palabras *you'll be left speechless*

Entre dos. Ud. acaba de regresar de Puerto Vallarta. Otro/a estudiante le va a hacer un mínimo de dos preguntas sobre cada punto del anuncio que se indica a continuación. Contéstelas, basándose también en la información que contiene el anuncio.

1. el pueblito
2. el auto
3. el hotel

4. las compras
5. la cena
6. las tarjetas de crédito

Gramática I

A. Placement of descriptive adjectives

1. Descriptive adjectives very often follow the noun but they may also precede it. Descriptive adjectives that differentiate between a noun and others of its kind follow the noun. Adjectives that refer to color, size, shape, condition, nationality, group, or any type of classification are differentiating adjectives: **flores multicolores, figuras gigantescas, país estrecho y largo, jefes incas**.

2. Past participles (-**ado**, -**ido**) used as adjectives generally follow the noun. So do adjectives modified by adverbs (**muy**, **tan**, etc.) and adjectives formed with **de** + *noun*.

   El símbolo de Kukulkán era una serpiente **emplumada.**
   The symbol of Kukulkán was a feathered serpent.

   Santiago es una ciudad **muy cosmopolita.**
   Santiago is a very cosmopolitan city.

   En Lima hay muchos balcones **de madera.**
   In Lima there are many wooden balconies.

3. When an adjective expresses a quality that is expected of a noun or when it is subjective, it loses its differentiating function and it precedes the noun. This type of adjective is really an ornament and is used in writing more often than in spoken Spanish.[1]

   In **densa selva tropical, densa** is an expected adjective. (It is a well-known fact that rain forests are dense.) Likewise, in **los estrechos escalones de la pirámide, estrechos** is expected because all pre-Colombian pyramids have very narrow steps. When Laura describes Santiago's shops she says **tentadoras tiendas y boutiques** because she is a shopping addict. *Tempting* is a subjective adjective in this case; a person who dislikes to go shopping wouldn't consider stores tempting.

---

1. In written Spanish, position of descriptive adjectives is very flexible and it is often used as a device for emphasis, a better balance of the sentence, etc.

Note that the adjectives **densa, estrechos,** and **tentadoras** could be removed without any loss of meaning; this is a good way to tell whether an adjective classifies or it is a mere ornament.

4. Some adjectives change their meaning according to position.

Este es el **único** templo que no me gusta.
This is the only *temple I don't like.*

La pirámide del Sol es un templo **único**.
The pyramid of the Sun is a unique *temple.*

El **antiguo** nombre de Lima era Rimac.
Lima's former *name was Rimac.*

Me interesan las civilizaciones **antiguas**.
I'm interested in ancient *civilizations.*

Laura y Rosario son **viejas** amigas.
Laura and Rosario are old (long-standing) *friends.*

En el centro de Lima hay edificios modernos, pero también hay muchos edificios **viejos**.
In downtown Lima there are modern buildings but there are also many old *buildings.*

El **pobre** turista tenía hambre, pero nadie lo entendía en ese pueblo.
The poor (pitiful) *tourist was hungry but nobody understood him in that town.*

Hágame una rebaja, por favor, soy un turista **pobre**.
Reduce the price for me, please, I am a poor (penniless) *tourist.*

Before a singular noun, **grande** (*big, large*) changes to **gran** and means *great*. The plural **grandes** changes its meaning but not its form.

Costa Rica no es un país **grande**.
Costa Rica is not a large *country.*

Nuestro viaje por los rápidos fue una **gran** aventura.
Our trip along the rapids was a great *adventure.*

En el festival de la OTI compiten **grandes** compositores.
Great composers compete in the OTI festival.

As explained in Chapter 1, **bueno** and **malo** drop the final **-o** before a masculine noun. They may either precede or follow the noun without any significant change of meaning.

un **buen** ejemplo, un ejemplo **bueno**
a good *example*

un **mal** consejo, un consejo **malo**
a bad *piece of advice*

5. When several adjectives modify the same noun and they are all differentiating, they generally follow the noun and are separated by commas except for the last two, which are joined by **y**.

>   Las ruinas de Machu Picchu tienen un aspecto **triste, misterioso y sombrío**.
>   *The Machu Picchu ruins have a sad, mysterious, and somber look.*

If one of the adjectives is expected or is more subjective than the other(s), this adjective precedes the noun.

>   La sombra del sol produce un **curioso** efecto **visual**.
>   *The shadow of the sun produces a curious visual effect.*

>   En la selva vi **hermosos** pájaros **multicolores**.
>   *In the forest I saw beautiful multicolored birds.*

Aplicación

A *El viaje de Rosario y Laura*. Coloque cada adjetivo en la posición apropiada. A veces ambas posiciones son posibles.

1. (interesantes / históricos / alegres) Rosario y Laura vieron muchos _____ folletos _____ que describían _____ lugares _____ y _____ festivales _____.

2. (más conocido / visual) La pirámide del Sol es el _____ edificio _____ de Chichén Itzá, porque la sombra del sol en su escalinata produce el _____ efecto _____ de un reptil.

3. (muy europea / teatrales) Santiago es una _____ ciudad _____, famosa por sus _____ representaciones _____.

4. (fugitivos / inaccesible / muy alto) Los _____ incas _____ construyeron esa _____ ciudad _____ en un _____ terreno _____.

5. (valiosas / artísticos) En el museo se pueden ver _____ piezas _____ de oro, y en la ciudad, _____ balcones _____.

6. (desolado) Los nazca hicieron muchos dibujos en ese _____ desierto _____.

7. (románticos / plateada [*silvery*]) Rosario quiere dar _____ paseos _____ con un chico bajo la _____ luz _____ de la luna.

8. (venenosas / larga / lentos / turbulentos / peligrosos) En la selva vimos _____ serpientes _____, quetzales de _____ cola _____, _____ perezosos y _____ ríos _____ con _____ rápidos _____.

9. (cálido / azules / inclemente) A las chicas les encanta disfrutar del _____ sol _____ de esta playa tropical y mirar las _____ aguas _____ del mar.
   Cuando pienso en el _____ invierno _____ del norte, no quiero regresar a mi país.

B *Oraciones.* Forme frases adjetivales con **de** combinando de manera lógica los nombres de ambas columnas y creando oraciones.

MODELO: regalo de graduación
La familia de Laura le dio dinero para su viaje como regalo de graduación.

1. regalo   **a)** canciones
2. folletos   **b)** exploración
3. cabeza   **c)** graduación
4. equinoccio   **d)** oro
5. función   **e)** primavera
6. festival   **f)** serpiente
7. viaje   **g)** teatro
8. objetos   **h)** viajes

C *Puerto Rico.* Complete esta narración, colocando los adjetivos que están entre paréntesis antes o después del nombre en cursiva. Cambie la forma del adjetivo si es necesario.

Mi (viejo) *profesor* de español, Filomeno Rivera, es puertorriqueño. Ahora es un (viejo) *hombre* y está retirado, pero de joven fue un (grande) *profesor*. El profesor Rivera siempre me hablaba de Puerto Rico que, según él, es una (única) *isla*. —Aunque Puerto Rico no es un (grande) *país* en extensión —me decía—, está muy poblado. El (antiguo) *nombre* de su capital, San Juan, era Puerto Rico y este nombre se extendió después a toda la isla. Los (antiguos) *edificios* le dan a San Juan un aire tradicional. En la sección moderna de la ciudad hay (grandes) *hoteles*. En Puerto Rico hace calor todo el año, y los (pobres) *turistas* que viven en un (malo) *clima*, entre nieve y hielo, lo visitan en invierno. —Tienes que pasar unas vacaciones en Puerto Rico —me dijo un día el profesor Rivera—. —Ese parece un (bueno) *consejo*, profesor, —le contesté—, el (único) *problema* es que soy un (pobre) *estudiante* y no tengo dinero para viajar.

D *Un viaje por Hispanoamérica.* Ud. acaba de regresar de un viaje. Coloque los adjetivos en el lugar apropiado y descríbales a sus compañeros los lugares que visitó.

1. (artísticos / coloniales) Lo que más me gustó de Lima fueron sus *edificios*.
2. (interesantes / precolombinas) El Museo del Oro tiene 8000 *piezas*.
3. (antigua / incaica) Machu Picchu está en el Cuzco, la *capital*.
4. (geométricas / gigantescas) En Nazca vi unas *figuras*.

A la catedral de Santiago de Compostela, en Galicia, llegan constantemente peregrinos (*pilgrims*) de todo el mundo. La construcción de esta iglesia única comenzó en el siglo XI. En Compostela se honra al apóstol Santiago (*James*) que, según la tradición, predicó (*preached*) y fue enterrado en España. Su supuesta tumba se descubrió en el siglo IX en este lugar.

5. (chileno / famoso) Me gustó mucho Viña del Mar, el *balneario*.

6. (muy europea / preciosa) También estuve en Santiago, una *ciudad*.

7. (blanca / fina / suave) Fui a una playa de *arena*.

8. (exóticos / inquietos / muy bonitos) En la selva tropical vi *pájaros*.

B. Adjectives used as nouns

1. Adjectives and past participles are often used with accompanying articles to form nouns.

> —¿Iban en el autobús **los franceses?**
> —No, sólo vi a **un viejo** y a **una joven.**
> —¿No había más pasajeros?
> —No, ellos eran **los únicos.**

"Were the French couple (group) in the bus?"
"No, I only saw an old man and a young woman."
"Weren't there any more passengers?"
"No, they were the only ones."

Los interesados en visitar las ruinas mañana deben hablar con **el encargado.**

People interested in visiting the ruins tomorrow should talk to the man in charge.

2. **Lo** + the masculine singular form of an adjective functions as an abstract noun. **Más** or **menos** may precede the adjective.

No me gusta lo antiguo, prefiero **lo moderno.**
I don't like old things, I prefer new things.

Lo más atractivo de ese viaje es el precio.
The most attractive thing about that trip is the price.

Aplicación

E *Recordando un viaje.* Descríbales a sus compañeros los aspectos positivos y negativos de un viaje real o imaginario, usando **lo (más / menos)** y los adjetivos que se indican.

MODELO: *Lo más divertido del viaje fueron las noches en las discotecas.*

1. asombroso	**5.** extraño	**8.** interesante
2. desagradable	**6.** fascinante	**9.** malo
3. difícil	**7.** increíble	**10.** mejor
4. divertido		

F *Los viajeros.* La siguiente lista se refiere a diferentes clases de viajeros. Haga un comentario sobre cada grupo, basándose en su experiencia personal.

MODELO: los tacaños
       Los tacaños nunca les dan propina a los guías.

1. los dinámicos	**7.** los miedosos
2. los entusiastas	**8.** los nerviosos
3. los inconformes	**9.** los obsesionados con las compras
4. los interesados en la arqueología	**10.** los perezosos
5. los interesados en la gente	**11.** los tacaños *(stingy people)*
6. los intrépidos	

DEL MUNDO HISPÁNICO (Perú)

El Inti Raymi

Ya vimos en la *Lectura* la importancia del sol para los mayas en el espectáculo de Kukulkán en Chichén Itzá. También vimos que los dibujos de Nazca son un calendario solar. En las culturas precolombinas el culto al sol tenía especial importancia. Esta importancia era máxima en el caso de los incas.

La festividad de adoración del sol se llamaba Inti Raymi en quechua, la lengua de los incas. El Inti Raymi se celebraba en el Cuzco, capital del imperio, el 21 de junio, que en el Perú es el solsticio de invierno. Ese día se encendía (*they lit*) el fuego sagrado y había sacrificios de animales y diversiones variadas. En los días siguientes la gente bailaba, comía y bebía mucho.

Los conquistadores prohibieron el festival de adoración del sol en el siglo XVI porque lo consideraban demasiado pagano, pero siguió celebrándose por mucho tiempo extraoficialmente en las regiones más remotas del Perú. Hace aproximadamente cincuenta años se volvió a establecer esta costumbre, con la intención de mantener viva en el pueblo peruano la memoria de sus raíces (*roots*) culturales.

Escena

En el aeropuerto

Palabras conocidas

el avión, besar, el cigarrillo, el cochecito de bebé, darse la mano, la escalera, fumar, el paraguas, la propina, el sombrero, el uniforme

---

La salida

la aduana	customs	**la casa de cambio**	currency exchange office	**la tienda libre de impuestos**	duty-free shop
el asiento de pasillo (de ventanilla)	aisle (window) seat	**el detector de metales**	metal detector	**el tipo de cambio**	rate of exchange
el baño de damas (de caballeros)	ladies' (men's) room	**la línea aérea**	airline	**el vuelo**	flight
		el mostrador	counter		
		la tarjeta de embarque	boarding pass		

El equipaje (Luggage)

la balanza	scale
el baúl	trunk
la bolsa de mano	handbag
la jaula	pet carrier
la maleta	suitcase
el maletero	porter
el maletín	overnight bag; attaché case

La gente y sus cosas

el/la auxiliar de vuelo la azafata[a]	flight attendant
la azafata	female flight attendant
la ceniza	ashes
el ciego	blind man
el fumador	smoker

el globo	balloon
las huellas	tracks
el humo	smoke
el fango, el lodo	mud
el mecánico	mechanic
el niño malcriado (majadero)	spoiled (cranky) boy
la pareja	couple
el perro guía	guide dog
el piloto	pilot
las vasijas de barro	clay vases; pottery

Las acciones

aterrizar	to land
comprar un boleto (billete, pasaje) de ida (de ida y vuelta)	to buy a one-way (round-trip) ticket
confirmar (escoger, reservar) un asiento	to confirm (choose, reserve) a seat
despedir (i, i) (a alguien)	to see (someone) off
despedirse (i, i) (de)	to say good-bye to
despegar	to take off (a plane)
facturar (reclamar) el equipaje	to check (to claim) the baggage
gotear	to drip
pagar aduana	to pay customs
pagar exceso de equipaje	to pay for excess baggage
pedir (i, i) (dar) información	to request (give) information
pesar las maletas	to weigh the baggage
pilotear un avión	to fly a plane
recibir (a alguien)	to meet (someone) (who is arriving)
secuestrar un avión	to hijack a plane

[a] **la aeromoza, la cabinera**

Aplicación

A *Entre dos: ¿De qué hablo?* Un/a estudiante lee las definiciones y otro/a estudiante da la palabra correspondiente. Después, el primer o la primera estudiante inventa definiciones para otras palabras.

1. Personas:
   a) el hombre que maneja un avión
   b) alguien que no puede ver
   c) el adjetivo que se usa para un niño desobediente y caprichoso
   d) la persona que atiende a los pasajeros durante el vuelo

2. Cosas:
   a) los residuos de un cigarrillo
   b) una maleta pequeña
   c) un objeto de goma que se infla
   d) una mezcla de agua y tierra

3. Acciones:
   a) lo contrario de despedir a alguien
   b) cuando el agua cae poco a poco
   c) cuando el avión se eleva en el aire
   d) cuando el avión baja a tierra
   e) lo contrario de reclamar el equipaje

B *Hablando de la escena.* Conteste las preguntas.

1. ¿Cómo sabemos que algunas personas acaban de llegar y que está lloviendo?
2. ¿Por qué le pondrá el hombre el abrigo al niño? ¿Acaban de llegar o salen de viaje?
3. Dos parejas se están despidiendo. ¿Cómo se despiden?
4. ¿Cree Ud. que es peligroso que una pareja esté tan cerca de la escalera? ¿Por qué sí o por qué no?
5. ¿Cómo sabemos que una familia acaba de llegar de México?
6. ¿Qué quiere el niño de esta familia?
7. ¿Quién es el hombre que pasa cerca de los turistas de México? ¿Cómo lo sabe Ud.?
8. ¿A quién ha venido a recibir la mujer del abrigo de cuadros? ¿Cómo lo sabemos?
9. ¿Con quién viene la niña del globo?
10. ¿Quién hace algo que probablemente es ilegal?

11. En su opinión, ¿tendrá que pagar exceso de equipaje la mujer de las tres maletas? ¿Por qué sí o por qué no?

12. ¿Cómo sabemos que este aeropuerto es internacional?

C *Miradas.* ¿A quién miran y por qué?

1. el perro

2. la mujer de información

3. el hombre que lleva el abrigo en el brazo

4. el niño que va en el cochecito

D *Acciones.* ¿Qué hacen y por qué lo hacen?

1. el hombre que está subido en la escalera

2. el empleado de Sudamericana de Aviación

3. el hombre que dejó sus huellas en el suelo

4. el señor del baúl

E *Otras preguntas.* ¿Qué necesito para ...?

1. ser admitido/a como pasajero/a en un avión

2. transportar a un bebé

3. caminar solo/a por la calle si soy ciego/a

4. llevar mucha ropa en un viaje si no quiero llevar varias maletas

5. que mi perro o mi gato viaje en avión

6. pesar mi equipaje

F *Viajes.* ¿Adónde voy si quiero ...?

1. comprar un boleto de ida y vuelta para Buenos Aires

2. escoger mi asiento en un vuelo

3. preguntar el número de un vuelo

4. cambiar dólares por pesos colombianos

5. comprar un perfume sin pagar impuestos

G *Una sobrinita preguntona.* Ud. tiene una sobrina de siete años que pregunta mucho. Conteste sus preguntas, ampliando su respuesta con una explicación cuando sea apropiado.

1. Tío/a, ¿qué hay que hacer para que yo viaje solita en avión?
2. ¿Por qué deben pasar los viajeros por el detector de metales?
3. ¿Por qué las líneas aéreas quieren asegurarse de que los viajeros no llevan armas?
4. ¿Qué hace una persona para secuestrar un avión?
5. ¿Qué información reciben de la computadora los empleados de las líneas aéreas?
6. ¿Por qué hay varias salas de espera en los aeropuertos?
7. Si una persona no sabe español, ¿cómo puede saber cuál es el baño de las damas y cuál es el de los caballeros?
8. ¿Por qué está prohibido fumar en el aeropuerto?
9. Tío/a, ¿y por qué hay dos pantallas de televisión colgadas en la pared?
10. ¿Qué se puede comprar en una tienda libre de impuestos?

H *¿Quién habla en cada caso?* Identifique a la persona que habla.

1. ¿Podría decirme a qué hora llega el vuelo 503 de Santiago?
2. ¡Qué barbaridad! Aquí sólo hay malas noticias.
3. Lo siento, señora, sólo puede llevar 40 kilos de equipaje.
4. Déme un asiento de ventanilla, por favor.
5. Gracias, señor, ahora le doy el comprobante de su maleta.
6. Niño malcriado, espera a que lleguemos a casa. ¡Ya verás!
7. Mira, niña, ésa debe de ser tu abuelita, que te viene a recibir.
8. Mi vida, te voy a echar mucho de menos.
9. Canelo, perrito lindo, llévame al mostrador de información.
10. Tienes que ponértelo, afuera hace frío.

DEL MUNDO HISPÁNICO (Uruguay)

Un balneario sudamericano que atrae a millares de turistas es Punta del Este, en Uruguay. En este anuncio de un banco hay cuatro frases claves que indican a quiénes está dirigido: "vacaciones", "como todos los años", "en todas las monedas" y "al llegar a Uruguay". Examine estas frases en su contexto y explique lo que ellas nos dicen de las personas para quienes se escribió el anuncio. ¿Qué servicios ofrece este banco a esas personas? En su opinión, ¿cuál de estos servicios es más útil? ¿Por qué?

Gramática II

A. ¿Qué...? *and* ¿cuál...?

1. **¿Qué** ...? expresses *what ...?*, or *which ...?* when followed by nouns and verbs other than **ser.**

   > **¿Qué** asiento te dieron?
   > *What seat did they give you?*

   > **¿Qué** línea aérea tiene las tarifas más bajas?
   > *Which airline has the lowest rates?*

   > **¿Qué** te dijo la mujer de información?
   > *What did the woman at the information desk tell you?*

2. **¿Cuál(es)**...? is the equivalent of *which one(s)...?* when indicating a selection among specific things. **¿Cuál(es)**...? is often followed by **de.**

   > Hay un asiento en la segunda fila y otro en la sexta. **¿Cuál** prefieres?
   > *There is a seat in the second row and another one in the sixth.* Which one *do you prefer?*

   > **¿Cuáles** de las maletas vas a llevar?
   > *Which [of the] suitcases are you taking?*

3. When followed by **ser, ¿cuál(es)...?** is the equivalent of *what...?* except for the two cases explained in sections 4 and 5 below.

   > **¿Cuál** es la fecha de expiración de su pasaporte?
   > *What's the expiration date on your passport?*

   > **¿Cuál** es la diferencia entre un banco y una casa de cambio?
   > *What's the difference between a bank and a currency exchange office?*

4. **¿Qué + ser**...? asks for a definition or explanation.

   > **¿Qué es** un perezoso?
   > *What's a sloth?*

   > **¿Qué son** esas plantas de hojas grandes?
   > *What are those plants with big leaves?*

5. **¿Qué + ser**...? inquires about someone's profession, nationality, or any other classification.

   > **¿Qué es** el novio de Rosario, piloto o auxiliar de vuelo?
   > *What is Rosario's boy friend, a pilot or a flight attendant?*

Aplicación

A *¿Qué preguntaron?* Un empleado de Sudamericana de Aviación contesta el teléfono en el aeropuerto. Ud. oye lo que él responde, pero no ha oído lo que preguntó la persona que llamó. Invente preguntas lógicas usando **¿Cuál es?** o **¿Cuáles son?**

1. El aeropuerto donde aterriza el avión es Exeiza.
2. El precio del pasaje de un niño de siete años es la mitad del de un adulto.
3. El peso máximo del equipaje son 25 kilogramos.
4. Los requisitos para llevar un perro son un certificado de un veterinario y que viaje en una jaula.
5. La diferencia principal entre la primera clase y la clase turista es que los asientos de primera clase son más amplios.
6. Algunas de las otras diferencias son, por ejemplo, que se sirven vino y bebidas sin costo adicional.
7. Lo siento. No puedo decirle el tipo de cambio del austral. Tiene que preguntar en una casa de cambio.
8. El teléfono de nuestra oficina central es el 223-3000.

B *Entre tres.* Escojan el interrogativo correcto en cada caso y representen este diálogo entre el empleado o empleada de una línea aérea (E); el supervisor o supervisora (S); y un pasajero o pasajera (P).

E: (*Tomando un sobre que le da el pasajero o pasajera.*) (¿Qué / ¿Cuál) es esto?

P: Mi pasaje. (¿Qué / ¿Cuál) es el asiento 2B, ventanilla o pasillo?

E: Espere, voy a mirar en la computadora... No veo su nombre. Hay otra persona en ese asiento.

P: Pero...yo reservé... En fin, (¿qué / ¿cuál) otro asiento tiene?

E: Lo siento, señor/señorita, pero el avión está lleno. (¿Qué / ¿Cuál) prefiere, esperar una cancelación de última hora o tomar el próximo vuelo?

P: ¡Pero esto es increíble! ¡Quitarme el asiento que tenía reservado! (¿Qué / ¿Cuál) es Ud., supervisor/a o empleado/a? Yo necesito hablar con un/a supervisor/a.

E: Yo soy sólo un/a empleado/a, señor/señorita.

P: Y (¿qué / ¿cuál) de las personas que están aquí es el/la supervisor/a?

S: (*Acercándose.*) (¿Qué / ¿Cuál) es el problema? (*El/La estudiante que hace de empleado/a debe explicárselo ahora todo al/a la supervisor/a.*)

S: Lo siento mucho. Cálmese, señor/señorita. Le voy a dar un asiento en primera clase por el mismo precio en el próximo vuelo. (¿Qué / ¿Cuál) asiento prefiere?

P: Cualquiera. (¿Qué / ¿Cuál) es el vuelo más próximo?

S: Es el vuelo 108, que sale a las tres.

P: Bueno, esperaré. (¿Qué / ¿Cuál) es el número de la puerta de salida y (qué / cuál) es la hora de llegada a San José?

S: El vuelo sale por la puerta 15 y llega a las 7 de la noche. Le deseo un buen viaje.

P: Gracias. Adiós.

B. Uses of *que* and *quien(es)*

1. Que is the most frequently used relative pronoun. It may mean *who, that, which,* and *whom*. **Que** may refer to either people or things; it is never omitted in Spanish.

> La excursión **que** hicimos fue muy divertida, porque las personas **que** fueron eran muy simpáticas y el guía **que** contratamos era excelente.
> *The excursion* [that] *we took was fun because the people* who *went were very nice and the guide* [whom] *we hired was excellent.*

2. Quien(es) refers only to people and it is an alternate for **que** in clauses set off by commas. **Quien(es)** rather than **que** is used after prepositions.

> El guía, **que (quien)** era muy culto, me dijo cosas interesantes sobre la historia de Costa Rica.
> *The guide, who was very well educated, told me interesting things about the history of Costa Rica.*
> Todas las personas **con quienes** viajaba eran norteamericanas.
> *All the people with whom I was traveling were American.*
> *But:*
> Todas las personas **que** viajaban conmigo eran norteamericanas.
> *All the people who were traveling with me were American.*

Aplicación

C *En el aeropuerto.* Identifique a las personas y animales de la escena usando las claves que se dan.

MODELO: Pepito se está poniendo la chaqueta. (niño)
　　　　　　 Pepito es el niño que se está poniendo la chaqueta.

1. Juan Rodríguez está sentado en un baúl. (hombre)
2. Nicolás Salazar pesa las maletas. (empleado)
3. Miguelín quiere el sombrero mexicano. (chico majadero)
4. Max y Canelo están con sus dueños. (perros)

5. Doña Luisa espera a su nieta. (señora)
6. Lilian Pérez lleva a su bebé en un cochecito. (mujer)
7. Abelardo y Eloísa se están besando. (novios)
8. Eulalio Valdés le da una propina al maletero. (señor)
9. Clara Acosta da información a los pasajeros. (empleada)
10. Evaristo Tosetose está fumando. (viajero)

D *Entre dos.* Un/a estudiante pregunta **¿Quién es?** y otro/a estudiante contesta basándose en la información que se da.

MODELO: El empleado le pesa las maletas *a Rita Olazábal.*
 ¿Quién es Rita Olazábal?
 *Rita Olazábal es la pasajera **a quien** el empleado le pesa las maletas.*

1. Un viajero se queja *de Evaristo Tosetose.*
2. Doña Luisa vino al aeropuerto *por Susanita.*
3. Su padre no le quiere dar el sombrero *a Miguelín.*
4. El ciego camina *con Canelo.*
5. La empleada confirma una reservación *para la señorita Jiménez.*
6. La señorita Jiménez está *delante de Rodrigo Rodríguez.*

E *Cómo conocí a los Compramucho.* Sustituya **que** por **quien(es)** en la siguiente narración cuando sea posible. Añada preposiciones si es necesario.

Cuando Margarita, *que* es una vieja amiga mía, me vio en el aeropuerto, me llamó para presentarme al Sr. y a la Sra. Compramucho, *que* acababan de llegar de México con su hijo Miguelín, *que* también me presentó. —Estos son los amigos de *que* tanto te he hablado —me dijo—. Me acordé entonces de *que* Miguelín era el chico malcriado *que* quería desde hacía un rato el sombrero *que* su padre había comprado. Los Compramucho me parecieron simpáticos, aunque generalmente no simpatizo con los padres *que* crían a sus hijos sin disciplina, y era evidente *que* Miguelín era un chico que no sabía el significado de esa palabra.

C. Uses of *lo que* and *lo cual*

1. Both **lo que** and **lo cual** mean *which.* They refer back not to a specific noun but rather to an idea, a statement, or a situation.

 Rosario dijo que no sabía nadar, **lo que (lo cual)** me sorprendió.
 Rosario said that she couldn't swim which (= fact) surprised me.

Los dibujos de Nazca son enormes, lo que (lo cual) impide verlos cuando se está cerca.

The Nazca drawings are enormous, which (= fact) prevents one from seeing them when one is close.

2. In addition to the use explained above, **lo que** is the equivalent of the English relative pronoun *what.* **Lo cual** can *never* be used in this case.

Lo que más me gustó de la excursión fue **lo que** el guía explicó sobre los monumentos.

What I liked best about the excursion was what the guide explained about the monuments.

Lo que se aprende en los libros acerca de un país no puede compararse con **lo que** se aprende visitando el país.

What you learn in books about a country can't compare to what you learn visiting the country.

Aplicación

F *Clases de viajeros.* Sustituya en estas narraciones **lo que** por **lo cual** cuando sea posible.

1. *Habla un miedoso:*

Para ir a Sudamérica hay que pasar muchas horas en un avión, *lo que* me pone muy nervioso. Siempre pienso en *lo que* sucedería si alguien secuestrara el avión, *lo que*, aunque no es muy probable, sucede a veces. En los aeropuertos hay detectores de metales, *lo que* me da cierta seguridad, pero no me tranquiliza totalmente.

2. *Habla un comprador compulsivo:*

Cuando viajo llevo pocas maletas, *lo que* es muy conveniente en el viaje de ida, pero es un problema en el viaje de regreso. Compro todo *lo que* veo y al regreso no tengo espacio para poner *lo que* compré. Un amigo me dijo que *lo que* debo hacer es no llevar mucho dinero, *lo que* parece una buena idea. *Lo que* me dijo otro amigo tampoco está mal: —Lleva el dinero en dólares—me aconsejó—, y evita las casas de cambio—. A mí, sin embargo, *lo que* me parece todavía mejor es llevar más maletas.

3. *Habla un perro:*

Mi dueño me dijo: —Capitán, vamos de viaje—, *lo que* me puso muy contento. *Lo que* no sabía es que no viajaría con él. Me pusieron en una jaula y me tiraron al compartimiento de equipajes, *lo que* me pareció bastante cruel. No voy a describir *lo que* sufrí en ese vuelo. Pero, por fin, llegué y pasé todo el verano con mi amo, *lo que* me compensó por lo incómodo del viaje.

DEL MUNDO HISPÁNICO (Ecuador)

Entre dos: Diálogo telefónico. Un/a estudiante será empleado o empleada del hotel Savoy Inn y otro/a estudiante será un/a turista. El/La turista llamará preguntando sobre los puntos que se indican y el empleado o empleada le dará información, basándose en el anuncio.

1. los baños
2. las facilidades para recepciones
3. los servicios de comidas y bebidas

HOTEL

S

savoy inn

Recepciones
Compromisos y
Banquetes

HABITACIONES CON BAÑO PRIVADO, ELEGANTES
Y AMPLIOS SALONES DE RECEPCIONES,
ATRACTIVO LOBBY, SERVICIOS DE BAR, COMEDOR
Y CAFETERIA. HERMOSA VISTA A LA CIUDAD,
BELLOS JARDINES, ESTACIONAMIENTO PROPIO,
PRECIOS COMODOS Y LO MAS IMPORTANTE
El Servicio, la cortesía, la amabilidad y la experiencia
que sólo nuestro hotel le puede brindar
Y TODO ESTO A SOLO DOS MINUTOS
DEL AEROPUERTO
PRECIOS ESPECIALES PARA GRUPOS
246263 • 247222 • 248902 • 248984
YASUNI 304 (EL INCA) • APARTADO 238 - QUITO

4. la vista (*view*) que tienen las habitaciones

5. las facilidades para automovilistas

6. los precios

7. el lugar donde está situado

Un poco de humor

Este mendigo (*beggar*) está muy bien preparado para los turistas. ¿Puede Ud. decir en qué idiomas está él dando las gracias? ¿Cuál sería su reacción personal si viera en la calle a un mendigo con un cartel similar?

Appendix

I. Possessives (with Corresponding Subject Pronouns)

SUBJECT PRONOUNS	UNSTRESSED FORMS OF ADJECTIVES	STRESSED FORMS OF ADJECTIVES	PRONOUNS
yo	mi, mis	mío (os / a / as)	el (los la, las) mío (os / a / as)
tú	tu, tus	tuyo (os / a / as)	el (los, la, las) tuyo (os / a / as)
él, ella, Ud.	su, sus	suyo (os / a / as)	el (los, la, las) suyo (os / a / as)
nosotros, -as	nuestro (os / a / as)	nuestro (os / a / as)	el (los, la, las) nuestro (os / a / as)
vosotros, -as	vuestro (os / a / as)	vuestro (os / a / as)	el (los, la, las) vuestro (os / a / as)
ellos, ellas, Uds.	su, sus	suyo (os / a / as)	el (los, la, las) suyo (os / a / as)

There are also invariable neuter pronouns: **lo mío (tuyo, suyo, nuestro, vuestro, suyo).**

Después de la boda, **lo mío** será **tuyo** y **lo tuyo** será **mío.**	*After the wedding, what is **mine** will be **yours** and what is **yours** will be **mine.***

II. Personal Pronouns

PERSON		DIRECT OBJECT OF VERB		INDIRECT OBJECT OF VERB	
Singular					
1 **yo**	I	**me**	me	**me**	to me
2 **tú**	you	**te**	you	**te**	to you
3 **él**	he	**le, lo*; lo**	him; it		
ella	she	**la**	her, it	**le (se)**	to him, to her, to you, to it
usted (Ud.)	you	**le, lo***	you *m.*		
		la	you *f.*		
Plural					
1 **nosotros, -as**	we	**nos**	us	**nos**	to us
2 **vosotros, -as**	you	**os**	you	**os**	to you
3 **ellos**	they	**los**	them		
ellas	they	**las**	them	**les (se)**	to them, to you
ustedes (Uds.)	you	**los**	you *m.*		
		las	you *f.*		

* The majority of modern writers in Spain prefer **le** in this case (**leísmo**). The Spanish Academy and the majority of Spanish-American writers prefer **lo** in this case (**loísmo**).

OBJECT OF PREPOSITION		REFLEXIVE (DIRECT/INDIRECT OBJECT OF VERB)		REFLEXIVE OBJECT OF PREPOSITION	
(para) mí**	(for) me	**me**	(to) myself	**(para) mí****	(for) myself
(para) ti**	(for) you	**te**	(to) yourself	**(para) ti****	(for) yourself
(para) él	(for) him	**se**	(to) himself, herself, yourself, itself	**(para) sí****	(for) himself,
(para) ella	(for) her				
(para) usted	(for) you				
(para) nosotros/as	(for) us	**nos**	(to) ourselves	**(para) nosotros/as**	(for) ourselves
(para) vosotros/as	(for) you	**os**	(to) yourselves	**(para) vosotros/as**	(for) yourselves
(para) ellos	(for) them	**se**	(to) themselves, yourselves	**(para) sí**	(for) themselves yourselves
(para) ellas	(for) them				
(para) ustedes	(for) you				

After the preposition **con, the pronouns **mí, ti,** and **sí** become **-migo, -tigo,** and **-sigo.**

Position of object pronouns (direct, indirect, reflexive):

1. They precede conjugated verb forms.
2. They follow and are attached to (a) the affirmative command, (b) the infintive, and (c) the **-ndo** form.
3. If a conjugated verb is combined with an infinitive or **-ndo** form, the pronoun may either precede the conjugated verb form or be attached to the infinitive or **-ndo** form.

III. Verbs

A. Regular Verbs

Principal parts:	Infinitive	Present participle*	Past participle
1st conjugation (**-ar**):	**llamar**	**llamando**	**llamado**
2nd conjugation (**-er**):	**correr**	**corriendo**	**corrido**
3rd conjugation: (**-ir**)	**subir**	**subiendo**	**subido**

Present indicative
(Infinitive stem + endings)

llamo, -as, -a, -amos, -áis, -an
corro, -es, -e, -emos, -éis, -en
subo, -es, -e, -imos, -ís, -en

Present subjunctive
(Infinitive stem + endings)

llame, -es, -e, -emos, -éis, -en
corra, -as, -a, -amos, -áis, -an
suba, -as, -a, -amos, -áis, -an

Imperfect indicative
(Infinitive stem + endings)

llam**aba, -abas, -aba, -ábamos, -abais,
-aban**

corr ⎫
sub ⎬ **-ía, -ías, -ía, -íamos, -íais, -ían**

Imperfect subjunctive
(Preterite 3 plural. *Drop -ron, add
endings.*)

llama ⎫ **-ra, -ras, -ra, ́ramos,**
corrie ⎬ **-rais, -ran** *(or)*
subie ⎭ **-se, -ses, -se, ́semos, -seis,
-sen**

Preterite
(Infinitive stem + endings)

llam**é, -aste, -ó, -amos, -asteis, -aron**

corr ⎫
sub ⎬ **-í, -iste, -ió, -ímos, isteis, ieron**

Future
(Infinitive + endings)

llamar ⎫
correr ⎬ **-é, -ás, -á, -emos, -éis, -án**
subir ⎭

Imperative
(Applies also to stem-changing verbs.)

Usted: **llame, corra, suba**
Ustedes: **llamen, corran, suban**
Singular: **llama, corre, sube** *(This is
usually the same as 3rd
singular indicative.)*
Plural: **llamad, corred, subid**
(Change r of infinitive to d.)

Conditional
(Infinitive + endings)

llamar ⎫
correr ⎬ **-ía, -ías, -ía, -íamos,**
subir ⎭ **-ísia, -ían**

* In the following tables the conventional term *present participle* is used to refer to the Spanish **gerundio.**

Perfect tenses

Present perfect
(I have called) he, has, ha, hemos, habéis, han

Past perfect
(I had culled) había, habías, había, habíamos, habíais, habían

Preterite perfect
(I had called) hube, hubiste, hubo, hubimos, hubisteis, hubieron

Future perfect
(I shall have called) habré, habrás, habrá, habremos, habréis, habrán

Conditional perfect
(I should have called) habría, habrías, habría, habríamos, habríais, habrían

Present perf. subj. haya, hayas, haya, hayamos, hayáis, hayan

Past perfect subj. ⎧ hubiera, hubieras, hubiera,
⎨ hubiéramos, hubierais, hubieran *(or)*
⎪ hubiese, hubieses, hubiese,
⎩ hubiésemos, hubieseis, hubiesen

⎫
⎪
⎪
⎪
⎬ + Past
⎪ participle:
⎪ **llamado,**
⎪ etc.
⎭

B. Stem-Changing Verbs

(Verbs that change the vowel of stem)

1. First class

All belong to 1st and 2nd conjugations.
Rule: Stem vowel changes **e > ie; o > ue** in 1, 2, 3 singular and 3 plural in:

Present indicative

1st conj.
- **cerrar:** cierro, cierras, cierra, cerramos, cerráis, cierran
- **encontrar:** encuentro, encuentras, encuentra, encontramos, encontráis, encuentran

2nd conj.
- **querer:** quiero, quieres, quiere, queremos, queréis, quieren
- **resolver:** resuelvo, resuelves, resuelve, resolvemos, resolvéis, resuelven

Present subjunctive

1st conj.
- **cerrar:** cierre, cierres, cierre, cerremos, cerréis, cierren
- **encontrar:** encuentre, encuentres, encuentre, encontremos, encontréis, encuentren

2nd conj.
- **querer:** quiera, quieras, quiera, queramos, queráis, quieran
- **resolver:** resuelva, resuelvas, resuelva, resolvamos, resolváis, resuelvan

2. Second class

All belong to 3rd conjugation.
Rule: Same changes as 1st class, plus **e > i, o > u** in:

1, 2 Plural present subjunctive

mentir: mienta, mientas, mienta, mintamos, mintáis, mientan
morir: muera, mueras, muera, muramos, muráis, mueran

3 Singular and plural preterite

mentir: mentí, mentiste, mintió, mentimos, mentisteis, mintieron
morir: morí, moriste, murió, morimos, moristeis, murieron

Imperfect subjunctive, all persons

mentir:
- mintiera, mintieras, mintiera, mintiéramos, mintierais, mintieran
- mintiese, mintieses, mintiese, mintiésemos, mintieseis, mintiesen

morir:
- muriera, murieras, muriera, muriéramos, murierais, murieran
- muriese, murieses, muriese, muriésemos, murieseis, muriesen

Present participle

mentir: mintiendo   **morir:** muriendo

3. Third class

All belong to 3rd conjugation.
Rule: Change **e > i** in each place where ANY change occurs in 2nd class.

Example: **servir**

Present indicative: sirvo, sirves, sirve, servimos, servís, sirven
Present subjunctive: sirva, sirvas, sirva, sirvamos, sirváis, sirvan
Preterite: serví, serviste, sirvió, servimos, servisteis, sirvieron

Imperf. subjunctive: $\left\{\begin{array}{l} \text{sirviera, sirvieras, sirviera, sirviéramos, sirvierais,} \\ \text{sirvieran/sirviese, sirvieses, sirviese, sirviésemos,} \\ \text{sirvieseis, sirviesen} \end{array}\right.$

Present participle: sirviendo

C. Other Irregular Verbs*

andar *(to walk, go, stroll)*

Preterite	anduve, anduviste, anduvo, anduvimos, anduvisteis, anduvieron
Imp. subj.	anduviera, anduvieras, anduviera, anduviéramos, anduvierais, anduvieran
	anduviese, anduvieses, anduviese, anduviésemos, anduvieseis, anduviesen

caber *(to fit into, be contained in)*

Pres. ind.	quepo, cabes, cabe, cabemos, cabéis, caben
Pres. subj.	quepa, quepas, quepa, quepamos, quepáis, quepan
Future	cabré, cabrás, cabrá, cabremos, cabréis, cabrán
Conditional	cabría, cabrías, cabría, cabríamos, cabríais, cabrían
Preterite	cupe, cupiste, cupo, cupimos, cupisteis, cupieron
Imp. subj.	cupiera, cupieras, cupiera, cupiéramos, cupierais, cupieran
	cupiese, cupieses, cupiese, cupiésemos, cupieseis, cupiesen

caer *(to fall)*

Pres. ind.	caigo, caes, cae, caemos, caéis, caen
Pres. subj.	caiga, caigas, caiga, caigamos, caigáis, caigan
Preterite	caí, caíste, cayó, caímos, caísteis, cayeron
Imp. subj.	cayera, cayeras, cayera, cayéramos, cayerais, cayeran
	cayese, cayeses, cayese, cayésemos, cayeseis, cayesen
Pres. part.	cayendo
Past part.	caído

dar *(to give)*

Pres. ind.	doy, das, da, damos, dais, dan
Pres. subj.	dé, des, dé, demos, deis, den
Preterite	di, diste, dio, dimos, disteis, dieron
Imp. subj.	diera, dieras, diera, diéramos, dierais, dieran
	diese, dieses, diese, diésemos, dieseis, diesen

decir *(to say, tell)*

Pres. ind.	digo, dices, dice, decimos, decís, dicen
Pres. subj.	diga, digas, diga, digamos, digáis, digan

* Only tenses that have irregular forms are given here.

Future	diré, dirás, dirá, diremos, diréis, dirán
Conditional	diría, dirías, diría, diríamos, diríais, dirían
Preterite	dije, dijiste, dijo, dijimos, dijisteis, dijeron
Imp. subj.	dijera, dijeras, dijera, dijéramos, dijerais, dijeran
	dijese, dijeses, dijese, dijésemos, dijeseis, dijesen
Imperative	di
Pres. part.	diciendo
Past part.	dicho

estar *(to be)*

Pres. ind.	estoy, estás, está, estamos, estáis, están
Pres. subj.	esté, estés, esté, estemos, estéis, estén
Preterite	estuve, estuviste, estuvo, estuvimos, estuvisteis, estuvieron
Imp. subj.	estuviera, estuvieras, estuviera, estuviéramos, estuvierais, estuvieran
	estuviese, estuvieses, estuviese, estuviésemos, estuvieseis, estuviesen

haber *(to have)*

Pres. ind.	he, has, ha, hemos, habéis, han
Pres. subj.	haya, hayas, haya, hayamos, hayáis, hayan
Future	habré, habrás, habrá, habremos, habréis, habrán
Conditional	habría, habrías, habría, habríamos, habríais, habrían
Preterite	hube, hubiste, hubo, hubimos, hubisteis, hubieron
Imp. Subj.	hubiera, hubieras, hubiera, hubiéramos, hubierais, hubieran
	hubiese, hubieses, hubiese, hubiésemos, hubieseis, hubiesen

hacer *(to make, do)*

Pres. ind.	hago, haces, hace, hacemos, hacéis, hacen
Pres. subj.	haga, hagas, haga, hagamos, hagáis, hagan
Future	haré, harás, hará, haremos, haréis, harán
Conditional	haría, harías, haría, haríamos, haríais, harían
Preterite	hice, hiciste, hizo, hicimos, hicisteis, hicieron
Imp. subj.	hiciera, hicieras, hiciera, hiciéramos, hicierais, hicieran
	hiciese, hicieses, hiciese, hiciésemos, hicieseis, hiciesen
Imperative	haz
Past part.	hecho

ir *(to go)*

Pres. ind.	voy, vas, va, vamos, vais, van
Pres. subj.	vaya, vayas, vaya, vayamos, vayáis, vayan
Preterite	fui, fuiste, fue, fuimos, fuisteis, fueron
Imp. subj.	fuera, fueras, fuera, fuéramos, fuerais, fueran
	fuese, fueses, fuese, fuésemos, fueseis, fuesen
Imp. indic.	iba, ibas, iba, íbamos, ibais, iban
Imperative	ve
Pres. part.	yendo

oír *(to hear)*

Pres. ind.	oigo, oyes, oye, oímos, oís, oyen
Pres. subj.	oiga, oigas, oiga, oigamos, oigáis, oigan

Preterite	oí, oíste, oyó, oímos, oísteis, oyeron
Imp. subj.	oyera, oyeras, oyera, oyéramos, oyerais, oyeran
	oyese, oyeses, oyese, oyésemos, oyeseis, oyesen
Pres. part.	oyendo
Past. part.	oído

poder *(to be able, can)*

Pres. ind.	puedo, puedes, puede, podemos, podéis, pueden
Pres. subj.	pueda, puedas, pueda, podamos, podáis, puedan
Future	podré, podrás, podrá, podremos, podréis, podrán
Conditional	podría, podrías, podría, podríamos, podríais, podrían
Preterite	pude, pudiste, pudo, pudimos, pudisteis, pudieron
Imp. subj.	pudiera, pudieras, pudiera, pudiéramos, pudierais, pudieran
	pudiese, pudieses, pudiese, pudiésemos, pudieseis, pudiesen
Pres. part.	pudiendo

poner *(to put)*

Pres. ind.	pongo, pones, pone, ponemos, ponéis, ponen
Pres. subj.	ponga, pongas, ponga, pongamos, pongáis, pongan
Future	pondré, pondrás, pondrá, pondremos, pondréis, pondrán
Conditional	pondría, pondrías, pondría, pondríamos, pondríais, pondrían
Preterite	puse, pusiste, puso, pusimos, pusistéis, pusieron
Imp. subj.	pusiera, pusieras, pusiera, pusiéramos, pusierais, pusieran
	pusiese, pusieses, pusiese, pusiésemos, pusieseis, pusiesen
Imperative	pon
Past part.	puesto

querer *(to want, love)*

Pres. ind.	quiero, quieres, quiere, queremos, queréis, quieren
Pres. subj.	quiera, quieras, quiera, queramos, queráis, quieran
Future	querré, querrás, querrá, querremos, querréis, querrán
Conditional	querría, querrías, querría, querríamos, querríais, querrían
Preterite	quise, quisiste, quiso, quisimos, quisisteis, quisieron
Imp. subj.	quisiera, quisieras, quisiera, quisiéramos, quisierais, quisieran
	quisiese, quisieses, quisiese, quisésemos, quisieseis, quisiesen
Imperative	quiere

saber *(to know)*

Pres. ind.	sé, sabes, sabe, sabemos, sabéis, saben
Pres. subj.	sepa, sepas, sepa, sepamos, sepáis, sepan
Future	sabré, sabrás, sabrá, sabremos, sabréis, sabrán
Conditional	sabría, sabrías, sabría, sabríamos, sabríais, sabrían
Preterite	supe, supiste, supo, supimos, supisteis, supieron
Imp. subj.	supiera, supieras, supiera, supiéramos, supierais, supieran
	supiese, supieses, supiese, supiésemos, supieseis, supiesen

salir *(to leave, go out)*

Pres. ind.	salgo, sales, sale, salimos, salís, salen
Pres. subj.	salga, salgas, salga, salgamos, salgáis, salgan
Future	saldré, saldrás, saldrá, saldremos, saldréis, saldrán
Conditional	saldría, saldrías, saldría, saldríamos, saldríais, saldrían

Imperative   sal

ser *(to be)*

Pres. ind.	soy, eres, es, somos, sois, son
Imp. ind.	era, eras, era, éramos, erais, eran
Pres. subj.	sea, seas, sea, seamos, seáis, sean
Preterite	fui, fuiste, fue, fuimos, fuisteis, fueron
Imp. subj.	fuera, fueras, fuera, fuéramos, fuerais, fueran
	fuese, fueses, fuese, fuésemos, fueseis, fuesen
Imperative	sé

tener *(to have, possess)*

Pres. ind.	tengo, tienes, tiene, tenemos, tenéis, tienen
Pres. subj.	tenga, tengas, tenga, tengamos, tengáis, tengan
Future	tendré, tendrás, tendrá, tendremos, tendréis, tendrán
Conditional	tendría, tendrías, tendría, tendríamos, tendríais, tendrían
Preterite	tuve, tuviste, tuvo, tuvimos, tuvisteis, tuvieron
Imp. subj.	tuviera, tuvieras, tuviera, tuviéramos, tuvierais, tuvieran
	tuviese, tuvieses, tuviese, tuviésemos, tuvieseis, tuviesen
Imperative	ten

traer *(to bring)*

Pres. ind.	traigo, traes, trae, traemos, traéis, traen
Pres. subj.	traiga, traigas, traiga, traigamos, traigáis, traigan
Preterite	traje, trajiste, trajo, trajimos, trajisteis, trajeron
Imp. subj.	trajera, trajeras, trajera, trajéramos, trajerais, trajeran
	trajese, trajeses, trajese, trajésemos, trajeseis, trajesen
Pres. part.	trayendo
Past part.	traído

valer *(to be worth)*

Pres. ind.	valgo, vales, vale, valemos, valéis, valen
Pres. subj.	valga, valgas, valga, valgamos, valgáis, valgan
Future	valdré, valdrás, valdrá, valdremos, valdréis, valdrán
Conditional	valdría, valdrías, valdría, valdríamos, valdríais, valdrían

venir *(to come)*

Pres. ind.	vengo, vienes, viene, venimos, venís, vienen
Pres. subj.	venga, vengas, venga, vengamos, vengáis, vengan
Future	vendré, vendrás, vendrá, vendremos, vendréis, vendrán
Conditional	vendría, vendrías, vendría, vendríamos, vendríais, vendrían
Preterite	vine, viniste, vino, vinimos, vinisteis, vinieron
Imp. subj.	viniera, vinieras, viniera, viniéramos, vinierais, vinieran
	viniese, vinieses, viniese, viniésemos, vinieseis, viniesen
Imperative	ven
Pres. part.	viniendo

ver *(to see)*

Pres. ind.	veo, ves, ve, vemos, veis, ven
Pres. subj.	vea, veas, vea, veamos, veáis, vean

Preterite	vi, viste, vio, vimos, visteis, vieron
Imp. ind.	veía, veías, veía, veíamos, veíais, veían
Past part.	visto

Answers to puzzles

Chapter 6, p. 152
1e - 2d - 3b - 4c - 5f - 6a

Chapter 8, p. 219
1d - 2f - 3h - 4b - 5g - 6i - 7a - 8e - 9c

Chapter 11, p. 314
1b - 2c - 3e - 4d - 5a - 6f

Spanish–English Glossary

List of abbreviations

abbrev.	abbreviation	*indef. pron.*	indefinite pronoun	*poss.*	possessive
adj.	adjective	*inf.*	infinitive	*p.p.*	past participle
adv.	adverb	*i.o.*	indirect object	*prep.*	position
Arg.	Argentina	*irreg.*	irregular	*pres. part.*	present participle
Col.	Colombia	*m.*	masculine*	*pret.*	preterite
conj.	conjunction	*Mex.*	Mexico	*pron.*	pronoun
d.o.	direct object	*n.*	noun	*refl.*	reflexive
f.	feminine*	*obj. of prep.*	object of preposition	*s.*	singular
fam.	familiar	*pl.*	plural	*Sp.*	Spain
form.	formal				

*Noun gender is not indicated for masculine nouns ending in **o** and feminine nouns ending in **a**.

A

a   to
abajo   below
abandonar   to abandon
abandono   abandonment
abanicarse   to fan oneself
abeja   bee
abierto/a *p.p.*   open, opened
abogado/a   lawyer
abrazar   to embrace, hug
abrazo   embrace, hug
abrigo   coat
abrelatas *m.*   can opener
abril   April
abrir   to open
abuelo/a   grandfather/grandmother
aburrido/a (ser)   boring; **(estar)** bored
aburrimiento   boredom
aburrirse (de)   to get bored (with)
acabar de + *inf.*   to have just (done something)
acabársele (a uno)   to run out of
acampada   camping
acaso: por si acaso   just in case
acceso   access
acción *f.* **(acciones)**   stock
aceite *m.*   oil
acelerador *m.*   gas pedal
aceptar   to accept

acera   sidewalk
acercarse (a)   to approach, to get closer
acidez *f.*   heartburn
acomodador/a   usher
acomodar   to accommodate
acompañar   to accompany
acondicionado: aire acondicionado   air conditioner; air conditioning
acontecimiento   event
acordarse (ue)   to remember
aconsejar   to advise
acordarse (de)   to remember
acostarse (ue)   to go to bed
acostumbrarse   to get used to
acreedor/a   (check) payee
actitud *f.*   attitude
actor/actriz   actor/actress
actualmente   currently
actuar; actuar como   to act; to work as
acuático/a   water *adj.*
acuerdo: de acuerdo a/con   according to; **estar de acuerdo** to be in agreement; **ponerse de acuerdo** to agree on
acusar   to accuse
adaptarse   to adjust to
adecuado/a   appropriate, adecuate
adelantar   to get ahead

adelante   forward; **de ___ en adelante** from ___ up (prices)
adelgazar   to lose weight
además (de)   besides
adiestramiento   training
adivinar   to guess
adivinador/a   fortune-teller
adjunto/a   enclosed
administrador/a   manager
admirar(se)   to admire (oneself)
admitir   to admit to
adonde   where; **¿adónde?** (to) where?
adorar   to worship
adornado/a   ornamented, adorned
adornar   to adorn; decorate
adorno   ornament; **adorno floral** flower arrangement
adquirir (ie)   to buy, to get
aduana   customs
advertir (ie, i)   to warn, to inform; to notice
aéreo/a   air *adj.*; **línea aérea** airline
aerolínea   airline
aeromoza   stewardess
aeropuerto   airport
afectuosamente   affectionately
afeitarse   to shave oneself
aficionado: ser aficionado/a   to be fond of
afincado/a   residing

afirmación *f.* affirmation, statement

aflojar to loosen up

afortunado/a fortunate

agarradera pot holder

agencia agency; **agencia de viajes** travel agency; **agencia de automóviles** car dealership

agente *m. f.* agent

agitar to agitate

agosto August

agotado/a sold out

agradable *adj. m. f.* pleasant

agradecer (zc) to thank

agradecimiento gratitude

agregar to add

agua *f.* (but: **el agua**) water

aguacate *m.* avocado

aguantar to endure

aguinaldo bonus or gift given at Christmas time

aguja needle

ahí there

ahogamiento drowning

ahogarse to drown

ahora now; **ahora mismo** right now

ahorrar to save

ahorros savings

ahuyentar to keep off; to drive or scare away

aire *m.* air; look; **al aire libre** outdoor(s)

aireador *m.* aerator

ajustado/a snug, tight (attire)

ajustar to adjust (mechanical)

ajuste *m.* adjustment

al + inf. upon (doing something)

ala wing

albañil *m. f.* bricklayer

alcalde/alcaldesa mayor

alcancía piggy bank

alcoba bedroom

alegrarse (de) to be happy (about)

alegre (ser) of happy, cheerful disposition; **(estar)** to be in a happy mood

alegría joy, happiness

alejarse (de) to get away (from)

alemán *m.* German language; **alemán/alemana** German man/ woman

alfiler *m.* pin

alfombra rug, carpet; **alfombra de pared a pared** wall-to-wall carpet

alfombrado/a carpeted

alfombrita bathroom rug

algo something; somewhat; **¿algo más?** anything else?

algodón *m.* cotton

alguien someone

algún (alguno/a/os/a) some; any

alimentación *f.* nourishment, food

alimento food

aliviar to relieve

alivio relief

allí there

almacén *m.* (also **almacenes**) department store

almacenar to store

almíbar *m.* syrup

almohada pillow

almorzar (ue)(c) to eat lunch

almuerzo lunch

alojamiento lodging

alpinismo mountain climbing

alquilar to rent

alrededor de around, about

alto/a tall

altura height

alumbrado lighting

aluminio aluminum

alumno/a student

amable *m. f.* pleasant, polite, kind

amante *m. f.* lover

amar to love

amarillo/a yellow

amarrar to tie

ambos/as both

ambiente *m.* environment, atmosphere (indoors)

ambulancia ambulance

amedrentarse to get scared

amenazar to threaten

ameno/a pleasant

amigo/a friend

amistad *f.* friendship

amor *m.* love

amoratarse to turn black and blue (as a result of a blow)

amoroso/a love *adj.*

ampliación *f.* (photo) enlargement

ampliar to expand

amplificador *m.* amplifier

amplificar to amplify

amplio/a ample

analfabeto/a illiterate

análisis *m. s.* analysis, test

ananá pineapple (*Arg.*)

ancho/a wide

andamio scaffold

andar (*irreg.*) to walk; **andar en bicicleta** to ride a bike

andino/a from the Andes

angustia anguish

anillo de boda/ de compromiso wedding/engagement ring

anillo de brillantes diamond ring

animados: dibujos animados cartoons

animarse to cheer up

anoche last night

antepasado/a ancestor

anterior *m. f.* previous

antes (de) que before; **lo antes posible** as soon as possible

anticipar to advance (money)

antiguo/a old; former

antipatía antipathy, dislike

antipático/a nasty, unpleasant

antoja: a uno se le antoja one fantasizes

anunciante *m. f.* advertiser

anunciar to advertise; to announce

anuncio advertisement

añadir to add

añicos: hacerse añicos to shatter

año: el año pasado last year; **tener ___años** to be ___years old

añoranza longing

apagar (gu) to turn off; to extinguish

apañárselas to manage

aparato appliance, fixture

aparcar to park

aparecer (zc) to appear

apariencia appearance

apartado: apartado postal post office box

aparte (de) in addition (to)

apasionadamente passionately

apellido last name

apiadarse (de) to have pity (on)

apio celery

aplanado/a flattened

aplastado/a flattened, crushed

aplaudido/a popular

aplaudir to applaud

aplauso applause

aplazar to postpone

aportar to contribute

apoyar to support

apoyo *n.* support

apreciar to appreciate

aprender to learn

aprendizaje *m.* learning

aprobar (ue) to approve of

apropiado/a appropriate

aprovechar to take advantage of

apto. *abbrev. of* **apartamento** apartment

apuntes *m. pl.* notes

aquel, aquella/os/as *adj.* that, those

aquél, aquélla/os/as *pron.* that (one), those; the former

aquello *indef. pron.* that, that thing

aquí here

arado plow

arar to plow

árbol *m.* tree

arbusto bush

archivo filing cabinet

arco iris *m.* rainbow; *pl.* files

arder to burn

arena sand

área field (of endeavor)

arepa (*Col.*) cornmeal pancake

arete (de plata) *m.* (silver) earring

argumento plot

armar to assemble

armario closet, wardrobe; kitchen cabinet

arrastrar to drag

arreglar to arrange; to fix

arreglarse to work out, be all right; **arreglárselas (para)** to manage (to)

arreglo tidying up

arriba de over

arriesgarse to risk

armar to assemble

arroyo brook

arropado/a warmly dressed

arroz *m.* rice

arpa harp

arterial: presión arterial alta/ baja high/low blood pressure

artículos de costura *m. pl.* sewing needs, notions

artista *m. f.* actor/actress; artist

asa *f.* (but **el asa**) handle (cup, pot, etc.)

asado roast

asaltante *m. f.* robber

asalto hold up

ascensor *m.* elevator

asco feeling of nausea, strong disgust

asegurar to assure

asentado/a situated

así in this manner, thus; as follows; **así que** so

asiento seat; **asiento de pasillo/ de ventanilla** aisle/window seat

asignatura school subject

asistir (a) to attend

asomado/a a la ventana looking out of the window

asombroso/a amazing

aspecto look, appearance; aspect

aspiradora vacuum cleaner; **pasar la aspiradora** to vacuum

aspirante *m. f.* applicant, candidate

asunto matter

atacar to attack

ataque *m.* **al corazón** heart attack

atar to tie

atardecer *m.* night fall

atención: llamar(le) la atención to catch (one's) eye

atender (ie) to take care of, to help (in a store); to have a doctor's office

aterrizar to land

atrapar to trap

atrás: de atrás *adj.* back

atrasado/a delayed

atravesar (ie) to cross

atreverse (a) to dare (to)

atrevido/a daring

atropellar to run over (with a car)

atún *m.* tuna

audífonos earphones

aumentar to increase

aunque although

aurora dawn

autobús *m.* bus

autopista expressway

auxiliar de vuelo *m. f.* flight attendant

auxilios: primeros auxilios first aid

avance(s) *m.* preview (movie/ TV); advance

avanzar to advance

ave *f.* (but: **el ave**) bird; **aves** *f. pl.* poultry

a veces sometimes

aventajar to surpass

aventura adventure

avenida, avda. avenue

averiguar to find out, to ascertain

avión *m.* airplane

avisar to give notice, to warn

aviso ad, notice, warning

ayudante *m. f.* helper

ayudar to help

azafata stewardess

azafrán *m.* saffron (spice)

azúcar *m.* sugar

azul blue
azulejo wall tile

B

bachiller *m. f.* high-school
 graduate
bachillerato high-school studies
bailar to dance
baile *m.* dance
bailarín/bailarina dancer
bajar to go down; to reduce (a
 price)
bajarse to get off (a vehicle)
bajo/a short (person); low
bajo *n.* bass
bala bullet
balanza scale
balcón *m.* balcony, window
baldosa floor tile
balneario resort
balsa raft
bancario/a bank *adj.*
banco bank; bench
bandeja tray; **bandeja
 montañera** Colombian dish
 made with beans, eggs, meat,
 and other ingredients served on a
 tray
bandera flag
banqueta (*Mex.*) sidewalk; bar
 stool
banquero/a banker
bañador *m.* **(de dos piezas)**
 (two-piece) swimming suit
bañarse to bathe oneself
bañera bathtub
baño: cuarto de baño bathroom;
 traje de baño swim suit; **baño
 maría** double boiler
barato/a inexpensive, cheap
barba beard
barco ship
barra curtain rod; bar, counter
barrer to sweep
barrio neighborhood
base: a base de based on
basílica type of church
bastante quite, rather; enough
bastón *m.* walking cane

basura garbage
bata lab coat; housecoat, robe
batería drum set
baterista *m. f.* drummer
batido shake
batidor (de mano) (hand) beater
batir (los huevos) to beat (the
 eggs)
baúl *m.* trunk
beber to drink
bebida drink
belleza beauty
bello/a beautiful
bendecir (like **decir**) to bless
berenjena eggplant
besar to kiss
beso kiss
biblioteca library
bibliotecario/a librarian
bicarbonato de soda *m.*
 bicarbonate of soda
bienestar *m.* well-being
bienvenido/a welcome
bigote *m.* mustache
billete *m.* ticket; lottery ticket;
 billete de ida/de ida y vuelta
 one-way/round-trip ticket
bisabuelo/a great-grandfather/
 great-grandmother
bisté *m.* steak
bisturí *m.* surgeon's knife
biznieto/a great-grandson/great-
 granddaughter
blanco: espacio en blanco blank
blando/a soft
blusa blouse
boca abajo face down
boca mouth; **hacérsele (a uno) la
 boca agua** to be watering (one's
 mouth)
bocaditos *m. pl.* hors d'oeuvres
bocina (loud)speaker
boda wedding
bofetada slap in the face; **dar
 una bofetada** to slap
boina beret
boleto ticket
bolígrafo ballpoint pen
bolitas: de bolitas polka-dotted

bolívar (bs.) *m.* monetary unit of
 Venezuela
bolsa bag; shopping bag; **bolsa
 de mano** hand bag; **bolsa de
 playa** beachbag
bolsillo pocket
bolso bag, purse
bombero/a firefighter
bombilla lightbulb
bombón *m.* chocolate
bondad *f.* kindness
bondadoso/a kind
bonito/a pretty, beautiful
borde *m.* edge; **al borde de** on
 the verge of
bordo: a bordo on board
borracho/a drunk
borrador *m.* eraser
borrar to erase
bosque *m.* forest
bota boot
bote de remos (de vela) *m.* row
 (sail) boat
breva (*Col.*) fig
botella bottle
botica pharmacy
boticario/a pharmacist
botiquín *m.* medicine cabinet
botón *m.* button
botones *m. s.* bellboy
brazo arm; **brazo roto** broken
 arm
brazo: con el brazo extendido
 with one's arm extended
breve *m. f.* brief
**brevedad: a la mayor brevedad
 posible** as soon as possible
brillante *n. m.* diamond
brillar to shine
brindar to toast; to offer
brisa breeze
broncearse to get a tan
buen, bueno/a good
buey *m.* ox
bufanda scarf
bulto bundle
burlarse to make fun of, to mock
buscar to look for;

buscarse la vida to make a living
búsqueda search
butaca seat (at theater, movies)
buzón *m.* mailbox

C

caballero gentleman; knight
caballito del diablo dragonfly
caballo horse; **montar a caballo** to ride a horse
cabaña hut, cabin
cabe: no cabe duda there is no doubt
caber to fit
cabecera headboard
cabeza head
cabina telefónica telephone booth
cabra goat
cacarrear to cackle
cacería hunting expedition
cada each, every
cadena chain
caer(se) (caigo) to fall (down); **caérsele (a uno)** to slip away
café *m.* coffee; café, restaurant; **café al aire libre** sidewalk cafe; **café con leche** coffee with milk; **café solo** black coffee
cafetera coffee pot
cafetería coffee shop
caída fall
caja box
cajero/a teller; cashier
calcetín *m.* sock
calculadora calculator
calefacción *f.* heating
calentador *m.* heater
calidad *f.* quality
cálido/a warm
calle *f.* street
caliente *m. f.* hot
calmante *m.* tranquilizer
calor *m.* heat, warmth; **hacer calor** to be hot (out); **tener calor** to be (feel) warm
calumnia slander
calvo/a bald

calzoncillos *m. pl.* boxer shorts (underwear)
cama bed; **guardar cama** to stay in bed
camarero/a waiter/waitress
camarógrafo/a cameraman/-woman
camarón *m.* shrimp
cambiar to change; **cambiar un cheque** to cash a check
cambio change; exchange rate; **en cambio** instead
camello camel
camilla stetcher
caminar to walk
camino road; **camino de/a +** *place* on one's way to + *place*
camión *m.* truck; **camión de remolque** tow truck
camionero/a truck driver
camioneta station wagon
camisa shirt
camiseta T-shirt
campana bell; **campana extractora** (kitchen) hood
campear to dominate
campeonato championship
campesino/a peasant
campestre *m. f.* country *adj.*
campo countryside, country; field
canal *m.* TV channel
canapés *m. pl.* hors d'oeuvres
canasto clothes basket
cancha tennis court
canción *f.* song
candelabro candlestick
canoso/a gray-haired
cansado/a tired
cansarse to get tired
cantante *m. f.* singer
cantar to sing
cantero de flores flower bed
cantidad *f.* amount, quantity
caoba mahogany
capa layer
capacidad *f.* capability, ability
capitán/capitana captain
capítulo chapter
cara face

carbón *m.* coal
cárcel *f.* jail
carecer (zc) to lack
cargar to carry
caricia caress, tender touch
caridad *f.* charity
cariños (closing a letter) affectionately
carne *f.* meat; **carne de cerdo/de cordero/de res** pork/lamb / beef meat; **carne molida** ground meat
carnicería meat market
caro/a expensive
carpeta folder; loose-leaf binder
carpintero/a carpenter
carrera career; race; **carreras a pie** track meet, footrace
carreta cart
carrete *m.* **de hilo** spool of thread
carretera highway
carro car
carroza float
carta letter; playing card
cartel *m.* sign
cartera purse, handbag
cartón *m.* cardboard
cartulina thin cardboard
casa house, home; **en casa** at home
casa de cambio currency exchange office
casado/a married
casarse (con) to get married to
cascada cascade
casco helmet
casero/a *adj.* home
casete *m.* cassette
casetera cassette player
casi almost
caso: en caso (de) que in case that; **hacer caso a/de** to pay attention to
catalán/catalana from Cataluña, in northeastern Spain
castaño/a brown
castigo punishment
castillo castle

catarro cold (illness)

catedral *f.* cathedral

catedrático/a high-school teacher or university professor

causa: a causa de because of

caza hunting

cazar to hunt

cazo saucepan

cebolla onion

celebrar to celebrate

celos *m. pl.* jealousy; **tener celos de** to be jealous of

cena dinner, supper

cenar to eat dinner, to dine

cenicero ashtray

ceniza ash, ashes

centenario/a centuries old

céntrico/a centrally located

centro downtown

cepillo brush; **cepillo de dientes** toothbrush **cepillo de pelo** hairbrush

cerca *n.* fence

cerca (de) near

cerdo pig

cerebro brain

cerquillo bangs

cerro hill

cerrar (ie) to close, shut

cerveza beer

cesta basket

cesto de la basura (de los papeles) wastebasket; **cesto de la ropa sucia** clothes hamper

chaleco vest

champán *m.* champagne

champú *m.* shampoo

chaqueta jacket

chaquetón *m.* long, loose jacket

charlar to chat

charro Mexican cowboy

chequear (also **checar**) to check

chequera checkbook

chichón *m.* bump

chico/a boy/girl

chicharrones *m. pl.* pork rinds

chillón/chillona loud (color)

chisme *m.* piece of gossip

chiste joke

chocar (contra) to collide, crash (into)

chofer *m. f.* driver

choque *m.* collision

chorizo sausage

chorro (water) jet

chuleta chop, cutlet

ciclismo cycling

ciego/a blind

cicatriz *f.* scar

cielo sky; heaven

científico/a scientist

ciento one hundred; **por ciento** percent, percentage

cierto/a certain; **es cierto** it's true

cifra figure (numerical)

cinta ribbon; **cinta de medir** measuring tape

cintura waist

cinturón *m.* belt

cirugía surgery

cirujano/a surgeon

cita appointment; **cita obligada** a must as a meeting place

ciudad *f.* city

ciudadano/a citizen

claro/a clear; light; **¡claro!** of course; **¡claro que no!** of course not

clase *f.* class; **compañero/a de clase** classmate

clavar to nail

clave *f.* key, clue

clavo nail

cliente/a client, customer

clima *m.* climate, weather

clínica clinic, hospital

cobertor *m.* blanket

cobrar to charge; to collect

coche *m.* car

cochecito de bebé *m.* baby carriage

cocina kitchen

cocina (eléctrica/de gas) (electric/gas) range

cocinar to cook

cocinero/a cook

cocinita toy stove

coger to grab; to take hold of

cognado/a cognate, similar

cojín *m.* decorative pillow

cola tail; line (of people); **hacer cola** to stand in line

cola de caballo ponytail

colador *m.* strainer

colchón *m.* mattress

coleccionar to collect

colegio school, (in some countries) high school

colgado/a hanging

colgar (ue) to hang

coliflor *f.* cauliflower

colina hill

collar *m.* necklace

colmena beehive

colocar to place

colón *m.* monetary unit of Costa Rica

Colón Columbus

colonia colony; residential neighborhood

colonia: agua de colonia cologne

color café brown

color: de color entero, de un solo color solid-colored

colorete *m.* rouge, blush

colorido color

columpio swing

comedor *m.* dining room

comentar to comment

comenzar (ie) (c) to begin

comer to eat

comercial: anuncio comercial ad, (TV) commercial

comerciante *m. f.* merchant

comercio commerce, business

comestibles *m. pl.* food items, provisions

cometer un error to make a mistake

comida food; (midday) meal; dinner

como since, as, like; **como si** as if

¿cómo? how?; what?; **¿cómo es/son?** what is/are ... like?

cómoda dresser, chest of drawers

comodidad *f.* comfort

cómodo/a comfortable

compañero/a (de clase); classmate; **compañero/a de cuarto** roommate

compañía, *abbrev.* **Cía** company

compartir to share

competencia competition

complacer (zc) to please

complejo/a complex, complicated

cómplice *m. f.* accomplice

componerse de to consist of

comportamiento behavior

compositor/a composer

comprar to buy

compra purchase; **ir de compras** to go shopping

comprender to understand

comprensivo/a understanding

compromiso commitment, engagement; **anillo de compromiso** engagement ring

compuesto: estar compuesto por to consist of

computadora computer

computarizado/a computerized

común *m. f.* common, ordinary

comunicación *f.* communication, connection

comunicar convey

comunicarse to get in touch, call

comunidad *f.* community, group

con with; **con tal (de) que** provided that

concebir (i, i) to conceive

concejal *m.f.* councilman; town concilor

concertar (ie) to arrange

condado county

condensada: leche *f.* **condensada** condensed milk

conducir (zc) to drive; to lead to

conductor/a driver; conductor

conectar to connect

conejo rabbit

conferencia conference, convention

confiar to trust

confirmar to confirm, reconfirm

confitería pastry shop; (*Arg.*) tearoom

congelación *f.* frostbite

congelador freezer

congreso congress, convention

conjetura conjecture, guess

conjugar (gu) conjugate

conjunto (musical) group; (dress) outfit

conmigo with me

conocer (zc) to know (to be aquainted with); **conocerse** to meet

conocimientos *m. pl.* knowledge

conquistar to conquer

conseguir (i,i) to get, obtain

consejero/a advisor

consejo piece of advice

conservar to preserve, keep

consigo with you/him/her/them

consistir en to consist of

consolarse (ue) to cheer up

constantemente constantly

constituir (y) to constitute

construir (y) to construct, build

consulta doctor's office; consultation

consultorio doctor's office

consumir to use

contabilidad *f.* bookkeeping

contador/a accountant

con tal (de) que provided that

contaminación *f.* pollution

contar (ue) to relate, tell; to count

contemplar to contemplate, examine

contener (ie) to contain

contenido contents

contento/a happy, satisfied

contestar to answer, respond

contigo with you

continuación: a continuación next

contradecir (like **decir**) to contradict

contraer (like **traer**) to contract, get (a disease); **contraer matrimonio** to marry

contrariado/a upset

contrario/a contrary, opposite

contrario: al contrario on the contrary

contratar to contract, hire

contratiempo mishap, disappointment

contribuir (y) to contribute

convenir (like **venir**) to be convenient, to suit

convertirse (en) to become, turn into

convidar to invite

copa wine glass, goblet

copia copy

copiadora copying machine

corazón: ataque *m.* **al corazón** heart attack

corbata necktie

cordel *m.* (**cordelito**) string

cordero lamb

cordillera mountain range

cordón *m.* cord, rope

coro choir

coronel/a colonel

corregir (i,i) (j) to correct

correo post office, mail

correr to run

corriente *f.* current (water); **corriente** *adj. m.f.*; current; **cuenta** *f.* **corriente** checking account

cortada cut

cortar to cut

corte *m.* cut

cortejo nupcial bridal party

cortés *m.f.* courteous

corto/a short

cosa thing

cosechar to harvest

coser to sew

costa coast

costar (ue) to cost; **costarle trabajo (a uno)** to be hard (for one)

costarricense *m. f.* Costa Rican

costo cost

costumbre *f.* custom

creación *f.* creation

crear to create
crecer (zc) to grow
crecimiento growth
crédito credit; **tarjeta** *f.* **de crédito** credit card
creencia belief
creer (y) to think, believe
creyón de labios *m.* lipstick
criar to raise (animals or children)
criollo/a native
cristal *m.* glass
cristalera large glass window
criticar (qu) to criticize
cruce *m.* breeding
crucero cruise
crueldad *f.* cruelty
cruzar to cross; to breed
cruz *f.* (*pl.* **cruces**) cross
cuaderno notebook
cuadrado/a square
cuadro picture, painting; **de cuadros** plaid, checkered
¿cuál(es)? what (is)?; which?, which one?
cual: el/la cual, los/las cual(es) which, who, whom
cualidad *f.* quality, attribute
cualquier(a) (just) any, whichever (one)
cuando when; **aun cuando** even though
¿cuándo? when?
¿cuánto? how much?; **¿cuánto cuesta?** how much does it cost?
¿cuánto/a/os/as? how much/how many?
cuanto: en cuanto as soon as
cuarto room; quarter (hour); *adj.* fourth
cuarto de baño *m.* bathroom
cubeta dishpan
cubierto/a *p.p.* covered
cubiertos *m. pl.* silverware
cubo pail, bucket
cubo de basura garbage pail
cubrecama bedspread
cubrir(se) to cover (oneself)
cuchara spoon

cucharita teaspoon
cuchillo knife
cuello collar (in a garment)
cuenta: abrir una cuenta de ahorros/corriente to open a savings/checking account; **darse cuenta (de)** to realize **tener en cuenta** to take into account
cuenta (a largo plazo) long-term account; **cuenta corriente/de cheques** checking account
cuento story; short story
cuerno horn
cuero leather
cuerpo body
cuervo crow
cuesta: ¿cuánto cuesta? how much is it?
cuestionario questionnaire
cuidado: con cuidado with care, carefully; **tener cuidado** to be careful; **¡Cuidado!** Watch out!
cuidar(se) to take care (of) (oneself)
culpa: ¿quién tiene/tuvo la culpa? whose fault is/was it?
cumbia dance from Colombia
cumpleaños *m. s. pl.* birthday
cumplir + años to turn + *years*
cuñado/a brother-/sister-in-law
curar to cure; **curarse** to cure oneself; to heal, get well
curita band-aid
cursi flashy, corny, cheesy
cursiva italics
curso course, class; school year
cuyo/a/os/as whose

D

dama lady
danés/danesa Danish
daño: hacer daño to damage
dar (*irreg.*) to give; **dar las gracias** to say thanks; **dar (una) limosna** to give alms; **dar un paseo** to take a walk **dar(le) oxígeno** to give (one) oxygen

darse: darse cuenta de to realize; **darse la mano** to shake hands
dato information
de of; from; in; about; than (before numeral)
de nada you are welcome
de vacaciones on vacation
debajo de underneath, beneath
deber to owe; must, ought to
débil weak
década decade
decano dean
decidir to decide; **decidirse (a)** to make up one's mind (about)
décimo/a tenth
decir (*irreg.*) to say, tell
declarar to declare, state
decorar to decorate
dedicar (qu) to dedicate, devote
dedo finger
dedo *m.* **del pie** toe
definir to define
dejar to allow, permit; to leave (behind); **dejar de +** *inf.* to stop (doing something)
delante de in front of
delantero/a front
delgado/a thin
demás: los demás the others, the rest
demasiado/a *adj.* too, too many; *adv.* too much, excessively
demostrar (ue) to show, prove
dentro (de) inside, within
departamento apartment
dependiente/a salesclerk
deporte *m.* sport
deportista *m. f.* sportsman (woman)
deportivo/a sport *adj.*
depositar to deposit
depósito deposit; **hoja de depósito** deposit slip
derecha right; **a la derecha** on/to the right
derecho/a straight; **derecho:** law (career); **todo derecho** straight

ahead; **facultad de derecho** law school

desafío challenge

desarmar to take apart

desarrollar(se) to develop

desarrollo development, improvement

desayunar(se) to eat breakfast

desayuno breakfast

descansapiés *m.* footrest

descansar to rest

descanso *n.* rest

descarga (water) flush

descartar to put aside

desconocido/a stranger; *adj.* unknown

descontento/a discontented, dissatisfied

descubrimiento discovery

descubrir to discover

descuento discount

desde since; from; **desde luego** of course

desear to desire, want

desembarazarse (de) to shake off

desempleado/a unemployed

(des)enrollar to (un)roll

deseo desire, wish

desfile *m.* parade

desgracia: por desgracia unfortunately

desgraciadamente unfortunately

deshojar to pull the petals off

desierto desert

deslizarse to slide

desodorante *m.* deodorant

despedir (i) to see (someone) off

despedirse (i) (de) to say good-bye (to)

despegar to take off

despejado/a open, clear

desperdiciar to waste

despertador: reloj despertador *m.* alarm clock

despertarse (ie) to wake up

después afterward, later ; **después de** *prep.* after; **después de + inf.** after (doing

something); **después (de) que** *conj.* after

destacar(se) to stand out

desteñírsele (a uno) to fade, to run (colors)

destino destination

destreza dexterity

destruir (y) to destroy

detalle *m.* detail; **no descuida detalle** doesn't overlook any aspect

detector de metales metal detector

detener (like tener) to detain, stop

determinado/a certain

detestar(se) to detest (each other)

detrás (de) behind

deuda debt

deudora payer (in a check)

devolver (ue) to return (something)

día *m.* day; **hoy día** nowadays; **por el día** during the day; **todos los días** every day; **un día** some day

diagnóstico diagnosis

diálogo dialogue

diario diary

diario/a daily

dibujo drawing

dictar to dictate

diente *m.* tooth; **cepillo de dientes** toothbrush; **pasta de dientes** toothpaste

difícil *m.f.* difficult

dificultad para respirar difficulty in breathing

dinero money

Dios *m.* God; **¡Dios mío!** my goodness!; **¡por Dios!** for heaven's sake!

dirección *f.* address

dirigir (j) to direct; **dirigirse (a)** to address (oneself) (to) to go to

disco record; **disco compacto** compact disc

disculparse to excuse oneself, apologize

discurso speech

discusión *f.* argument

discutir to argue; to discuss

diseñador/a designer

diseño design

disfraz (*pl.* **disfraces**) costume

disfrutar (de) to enjoy

disminuir diminish, decrease

disparar to shoot

disparejo/a odd, uneven

dispuesto/a (a) ready/willing (to)

distinto/a different

distraído/a absent-minded

disturbio disturbance

diversidad *f.* diversity

diversión *f.* diversion, amusement

divertido/a amused

divertirse (ie, i) to have a good time

divisar to make out

divorciado/a divorced

divorciarse (de) to get divorced (from)

doblar to turn; to bend; to fold

docena dozen

doler (ue) to ache, hurt, give pain

dolor *m.* pain, ache; **dolor de cabeza** headache; **dolor de estómago** stomachache; **dolor de garganta** sore throat

domar to break in

domicilio: envíos a domicilio home delivery

dominante domineering

don title of respect before male first names

doncella maid

donde where; **de donde** from where; **en donde** where, in which

¿dónde? where?; **¿de dónde?** from where?

doña title of respect before female first names

dormido/a asleep

dormilón/ dormilona sleepyhead

dormir (ue, u) to sleep; **dormir una/la siesta** to take a nap
dormirse (ue, u) to fall asleep
dormitorio bedroom
dorso: al dorso on the back
dos: los/las dos both
doscientos/as two hundred
ducha shower
duda doubt; **sin duda** undoubtedly
dudar to doubt; to hesitate
dueño/a owner
dulce *m. f. adj.* sweet; *n. m.* candy
durante during
durar to last
duro/a hard

E

echar: echar a correr to start running; **echar de menos** to miss, long for; **echar raíces** to grow roots
edad *f.* age
edificio de apartamentos apartment building
efectivo: en efectivo *adj.* cash; **hacer efectivo un cheque** to cash a check
egoísta *m. f.* selfish
ejemplo example; **por ejemplo** for example
eléctrico/a electric; **aparato eléctrico** appliance; **cocina eléctrica** electric stove
elegir (i) (j) to elect, choose
elevado/a high
elevador *m.* elevator
embarazada pregnant
embargo: sin embargo nevertheless, however
embarcación *f.* sea vessel
embarque: tarjeta de embarque boarding pass
emergencia: sala de emergencia emergency room
emocionante *m. f.* thrilling, touching, stirring
emocionarse to be thrilled

empanada meat turnover
empapado/a soaked, soaking
empeñarse (en) to insist (on)
empezar (ie) to begin, start
empleado/a employee, clerk
emplear to employ, hire
empleo job, position
empleado/a de banco/bancario banker, bank employee
emplumado/a feathered
empollón/empollona (*Sp.*) bookworm
emprendedor/a enterprising
empresa company, business
empresarial *m. f. adj.* business
empresario/a businessman (woman)
empuje *m.* drive
en in, on; **en seguida** at once
enamorado/a; in love; **estar enamorado/a (de)** to be in love (with)
enamorarse (de) to fall in love (with)
enano/a dwarf
encaje *m.* lace
encantado/a delighted
encantador/a charming
encender (ie) to turn on
enchufado/a (*Sp.*) string puller
enchufar to plug in
enchufe *m.* plug
encima de on top of
encogérsele (a uno) to shrink
encomiable *m. f.* praiseworthy
encontrar (ue) to find
encuentro *n.* encounter
encuesta poll, survey
enemigo/a enemy
enfermedad *f.* illness
enfermero/a nurse
enfermo/a ill
enfrente (de) in front (of)
engañar to deceive
engrosar to increase
enjabonar(se) to soap
enjuagar to rinse
enjuague bucal *m.* mouthwash
enojado/a angered

enojar to make angry
enojarse (con) to get angry (at)
enredo plot, intrigue
ensalada salad
ensayar to rehearse
ensayo rehearsal
enseñar to teach; to show
ensillar to saddle
ensordecedor/a deafening
entender (ie) to understand
entonces then
entrada entrance, entry
entrar (en) to enter
entre between, among
entregar to deliver, hand in
entrenamiento training
entretenido/a entertaining
entretenimiento entertainment
entrevista interview
entrevistar to interview
envase *m.* container
en vez de instead of
enviar to send
envuelto/a wrapped
enyesado/a in a cast
época epoch, time
equipaje *m.* baggage, luggage
equipo team
equitación *f.* horseback riding
equivaler to be equivalent
equivocado/a mistaken, wrong
equivocarse to make a mistake, to be wrong
erizado/a bristly
escalera ladder; **escalera(s)** stair(s); **escalera mecánica** escalator
escabinata outside staircase
escalón *m.* step
escándalo scandal
escaparate *m.* store window
escapársele (a uno) to escape (from one)
escena scene
escenario stage
escoba broom
escoger to choose, pick up
escolar *m. f. adj.* school
esconder to hide

escondido/a hiding, hidden

escondite: jugar al escondite to play hide and seek

escrito *p.p.* written

escritorio desk, writing table

escuadra square

escuchar to listen, hear

ese/a/os/as *adj.* that, those

ése/a/os/a *pron.* that (one), that fellow/character; those

esforzarse to make an effort

esfuerzo effort

esmeralda emerald

esmero care, neatness

eso that, that thing

espacio space

espalda back (of person); **de espaldas** with one's back toward

espantapájaros *m.* scarecrow

espátula spatula

especialidad *f.* specialty

especializarse (en) to specialize (in)

espectáculo show, pageantry

espectador/a spectator, person in the audience

espejo mirror

esperar to hope; to wait (for), to expect

espía *m. f.* spy

espléndido/a generous (in money matters)

esponja sponge

esposo/a husband/wife

espuma foam rubber

esquí *m.* skiing

esquiador/a skier

esquiar to ski

esquina corner

establecer to establish

establo stable

estación *f.* season

estación *f.* **de autobuses** bus station; **estación del ferrocarril** railroad station; **estación de esquí** ski resort; **estación del metro** subway station

estacionar to park

estadio stadium

estado state; **estado de ánimo** state of mind

estampilla (postage) stamp

estancia Argentinian farm

estanque *m.* pond

estante *m.* shelf; bookcase

estar (*irreg.*) to be

estatua statue

estatura height

este, oriente *m.* east

este/a/os/as *adj.* this/these

éste/a/os/as *pron.* this(one), these; the latter

estereotipo stereotype

estética aesthetics

estilo style

estirar to stretch

esto this, this thing

estrechar to tighten; to bring closer

estrecho/a narrow

estrella star

estrenar to use something for the first time; to premiere (a play, movie, etc.)

estreno premiere (of a play, movie, etc.)

estuche *m.* case

estudiante *m. f.* student

estudioso/a studious

estufa (*Mex.*) stove

estupendo/a stupendous, wonderful

etapa stage (of a project, etc.)

evidente: es evidente it's evident

evitar to prevent

excursión: de excursión on an excursion

excusado toilet

exhausto/a exhausted

exigente *m. f.* demanding

exigencia demand

exigir (j) to demand, insist on

éxito success

exitoso/a successful, popular, famous

explorador/a explorer

exposición exposition, exhibit

expresar(se) to express (oneself)

exprimidor (de jugos) (juice) extractor

exprimir to squeeze

extranjero/a foreigner

extraño/a *adj.* strange; *n.* stranger

F

fabricar to manufacture, to make

fácil *m. f.* easy

facilidad: con facilidad easily

facilitar to facilitate

facturar el equipaje to check the baggage

facultad *f.* university school

falda skirt

fallar to fail

falso/a false

falta: hacer(le) falta (a uno) to be necessary (for one), to be lacking; **sin falta** without fail

faltar to be absent

faltar(le) (a uno) to be necessary (for one), to be missing (something), to need

familiar *adj. m. f.* family

familiarizarse to familiarize (oneself)

fanático/a fan

fango mud

farmacéutico/a pharmacist

farmacia pharmacy, drugstore

fatigar to tire

favor: a favor (de) in favor of; **por favor** please

fecha date

felicidad *f.* happiness

felicitación *f.* congratulation

felicitar to congratulate

feliz *m. f.* (*pl.* **felices**) happy, joyful

feo/a ugly

ferrocarril: estación *f.* **del ferrocarril** railroad station

fértil *m. f.* fertile, rich

ficción: ciencia ficción science fiction

fiebre *f.* fever

fiesta party
figura (human) figure
fijo/a fixed, steady
fijarse (en) to pay attention, to notice
fila row (of seats)
fin end, conclusion; **fin de semana** weekend; **por fin** finally
final *m.* end; **al final** at the end
financiero/a *adj.* financial; **asuntos financieros** financial matters
finanzas earnings
finca land, farm
fingir to pretend
firma signature; company
firmar to sign one's name
flan *m.* custard
flecha arrow
fleco fringe
flojo/a loose
flor *f.* flower
floreado/a flower-printed, flowered
florería flower shop
florero vase
flotar to float
folleto pamphlet, brochure
foco (*Mex.*) lightbulb
fondo bottom; fund; **al fondo** in the back (of a room)
forma shape
fotografía: tomar fotografías to take photographs
fracasar to fail
franqueo postage
frasco flask, bottle
frase phrase
frazada blanket
frecuencia: con frecuencia frequently
fregadero (kitchen) sink
fregar (ie) los platos to wash the dishes
freír (i) to fry
freno(s) brake(s)
frente *n. f.* forehead
frente a in front of; **al frente** in the front (of a room) **al frente**

de in charge of (a business); **en frente de** in front of
fresa strawberry
fresco: hacer fresco to be cool (weather)
frijoles *m. pl.* beans
frío/a cold; **hacer frío** to be cold (out); **tener frío** to be (feel) cold
frito/a fried; **papas/patatas fritas** French fries
fruta fruit
frutería fruit stand
fuego fire; (from a stove) heat; **a fuego lento** low heat
fuente *f.* fountain; serving dish; source
fuerte *m. f.* strong
fuerza strength; force
fumador/a smoker
fumar to smoke
función *f.* purpose; show
funcionar to run, work, function
funda pillow case
fútbol *m.* soccer; **fútbol americano** football

G

gafas de sol *f. pl.* sunglasses
gala: hacer gala to show (one's abilities or qualities)
galán *m.* hero, leading man
gallego/a from Galicia in Northwestern Spain
gallina hen
gallo rooster
gamuza suede
ganado cattle
ganancia profit
ganar to earn; to win
ganarse la vida to earn a living
ganas: tener ganas de to feel like (doing something)
ganga bargain
garantía guarantee
gastar to spend
gato cat
gavetero chest of drawers
gemelo/a twin
general: por lo general generally

generalmente generally
generoso/a generous
gente *f.* people
gerente *m. f.* manager
gigante/a giant
gigantesco/a gigantic
giro postal money order
globo balloon
gobernador/a governor
goce *m.* pleasure, enjoyment
goloso/a sweet-toothed
golpearse to get hit
goma tire
gordo/a fat
gorra cap
gorro de baño swimming cap
gota drop
gotear to drip
gozar (de) to enjoy
grabadora recorder
grabar to record
gracias thank you; **dar las gracias** to say thanks
gracioso/a funny
grado degree
graduarse to graduate
gran (shortened form of **grande**, used before nouns) great
grande large, big
granero, silo silo
granja small farm
grapar to staple
grasa fat
gratis free, at no cost
grave *m. f.* serious
gripe *f.* flu
gris *m. f.* gray
gritar to shout, scream
grueso/a thick; fat
guante *m.* glove
guapo/a handsome
guardar(se) to guard (oneself)
guardería childcare
guardia *m. f.* guard; **estar de guardia** to be open all night
guerra war
guía manual (book); **guía de teléfonos** telephone book
guía *m. f.* (person) guide

guión *m.* script
guisante *m.* pea
guiso cooked dish; stew
guitarra (principal) (lead) guitar
gusano caterpillar
gustar(le) (a uno) to be pleasing (to one), to like
gusto taste; **con gusto** gladly; **mucho gusto** (I am) pleased to meet you

H

haber (*irreg.*) to have (*auxiliary verb*); to be (*inf. form of* **hay**)
habilidad *f.* skill, ability
habitación *f.* room; **habitación de servicio** room for the maid
habitante *m. f.* inhabitant
hábito habit
habituarse to get used to
habla: de habla hispana Spanish-speaking
hablar to speak
hacer (*irreg.*) to do; to make; **hacer buen/mal tiempo** to be good/bad weather; **hacer calor/fresco/frío/sol/viento** to be hot/cool/cold/sunny/windy (weather) **hacer caso a/de** to pay attention to; **hacer cola** to stand in line; **hacer efectivo** to cash (a check) **hacer falta** to be lacking, necessary; **hacer preguntas** to ask questions; **hacer un viaje** to take a trip; **hace diez minutos/una hora que llegué** I arrived ten minutes/one hour ago; **hace cinco años que vivo aquí** I have been living here for five years; **hazme un favor** do me a favor
hachuela hatchet
hacia toward; about; **hacia abajo/arriba** downward/upward; **hacia adelante/atrás** forward/backward; **hacia la derecha/la izquierda** toward/to the right/the left
hadas: cuentos de hadas fairy tales

hallar to find
hambre *f.* (but: **el hambre**) hunger; **tener hambre** to be hungry
hamburguesa hamburger
harina flour; **harina de maíz** cornflour
hasta until; even; **hasta luego/mañana** until later, soon/tomorrow; **hasta que** (*conj.*) until
hazaña feat
hecho/a *p.p.* done; made
heladera (*Arg.*) refrigerator
helado ice cream
heredar to inherit
herida wound
herido/a wounded person
hermano/a brother/sister
hermoso/a beautiful, lovely, handsome
héroe/heroína hero/heroine
herraje *m.* hardware (in furniture)
herramienta tool
hervir (ie) to boil
hielo ice
hierba grass; herb
hijo/a son/daughter
hilo thread; linen
hispano/a Hispanic
hispanoamericano/a Spanish American
historia story; history
hogar *m.* home
hoja leaf; **hoja de depósito** deposit slip
hombre *m.* man
hondo/a deep
honrado/a honest
honrar to honor
hora hour; time; **¿a qué hora?** at what time? **es hora de** + *inf.* it's time (to do something) **¿qué hora es?** what time is it?
horario schedule
horizonte *m.* horizon
hormiga ant

hornear (un pastel) to bake (a pie)
horno oven; **horno de microondas** microwave oven
hortalizas *f. pl.* vegetables, greens
hospedarse to stay (at a hotel)
hoy today; **hoy día** nowadays; **hoy mismo** today without fail
huellas tracks
huevo egg; **huevos pericos** (*Col.*) scrambled eggs
huír (y) to flee
humilde *m. f.* humble
humo smoke
humor: ponerse de mal/buen humor to get in a bad/good mood
hundirse to sink
huracán *m.* hurricane

I

ida: ida y vuelta round-trip
identidad *f.* identity
identificación: tarjeta de ID card
identificar (qu) to identify
idioma *m.* language
iglesia church
ignorante *m. f.* ignorant; unaware
igual *m. f.* equal; **igual de** + *adj.* as ___as; **igual que** the same as, just like
igualdad *f.* equality
igualmente equally
ileso/a without harm
iluminar to light up
imagen *f.* image
imaginar(se) to imagine
imitar to imitate
impedimento: con impedimentos físicos physically impaired
impedir (i, i) to prevent (from)
imperfecto imperfect (grammar)
impermeable *m.* raincoat
imponer (like **poner**) impose

importante: es importante it's important

importe *m.* total amount

imprescindible *m. f.* indispensable

impresionante *m. f.* impressive

impreso *p. p.* printed; *n.* printed material

impresora printer; **impresor/a** printer (person)

imprimir to print

improbable *m. f.* improbable, unlikely

imprudencia carelessness

impuesto tax; **libre de impuestos** duty free

incendio fire

incluir (y) to include

incluso *adv.* even

incómodo/a uncomfortable

inconforme *m. f.* discontent

increíble *m. f.* incredible

indicaciones *f. pl.* indications, directions

indicar (qu) to indicate

indicativo indicative (grammar)

indígena *m. f.* indigenous, native

indigestarse to get indigestion

individuo *n.* individual

inesperado/a unexpected

inevitable *m. f.* inevitable, unavoidable

infanta Spanish princess

infinitivo infinitive (grammar)

inflar to inflate

influir (y) to influence

informar to inform

infracción de tránsito *f.* traffic violation

ing. *abbrev. for* **ingeniero/a** engineer

ingeniería engineering

Inglaterra England

ingrediente *m.* ingredient

ingresar to enter (as employee, student, etc.)

ingreso entry into, admission to

iniciar(se) to begin

ininterrumpido/a uninterrupted

inmediatamente immediately

inmediato: de inmediato immediately

inmigrante *m. f.* inmigrant

innecesario/a unnecessary

inodoro toilet

inolvidable *m. f.* unforgetable

inquieto/a dynamic

inquietud *f.* ambition

inscribir(se) to enroll, register, sign up

insistir (en) to insist (on)

instalar to install; **instalarse** to settle (down)

instrucciones *f. pl.* instructions, directions

intentar to try (to do something), to attempt

intento attempt

intercambiar to interchange, exchange

intercomunicador *m.* intercom

interés *m.* interest

interesados: los interesados those interested

interesante *m. f.* interesting

interesar to interest; **interesarse (en)** to be interested (in)

interiormente inside

interminable *m. f.* never ending

íntimo/a intimate

inundación *f.* flood

inútil *m. f.* useless

inventar to invent

invernadero: efecto invernadero greenhouse effect

inversión *f.* investment

investigador/a researcher

invierno winter

invitado/a *n.* guest; *adj.* invited

invitar to invite

inyección *f.* injection; **poner(le) una inyección** to give a shot (injection)

ir (*irreg.*) to go; **ir de compras** to go shopping; **irse (de)** to go away (from), to leave

Irlanda Ireland

irlandés/irlandesa Irishman/ Irishwoman

irle bien (mal) a uno to do well (badly)

irritado/a irritated

írsele (a uno) to miss (a plane, a bus, etc.)

isla island

itinerario itinerary, route

izquierdo/a *adj.* left; **a la izquierda** to/on the left; **de la izquierda** on the left

J

jabón *m.* soap

jaula cage, pet carrier

jamás ever, never

jamón *m.* ham

jardín *m.* garden, yard

jarra pitcher

jarrón *m.* vase

jeans *m. pl.* jeans

jefatura de policía police headquarters

jefe/a boss

jornada working day; **jornada continua** full-time work

joven *m. f.* young man/woman; *adj.* young

joya a piece of jewelry; **las joyas** jewelry

judío/a Jewish

juego game, match; set

jugador/a player

jugar (ue) (gu) to play (a game, sport, etc.)

jugo juice; **jugo de naranja/ tomate** orange/tomato juice

jugoso/a juicy

juguete *m.* toy

junto/a/os/as together; **junto a** next to

juramento   oath
justo/a   just, fair
juvenil *m. f.*   youthful
juventud *f.*   youth

K

kilo *abbrev. of* **kilogramo**
   kilogram
kilómetro   kilometer

L

la *f. art.* the; *f. s. d.o. pron.*
   her/it
labio   lip; **creyón** *m.* **de labios**
   lipstick; **lápiz** *m.* **labial/para los**
   labios lipstick
labor *f.*   work
laca   hairspray
lacio/a   straight (hair)
ladera   slope
lado: al lado de   next to, by
ladrar   to bark
lago   lake
lágrima   tear
lámpara   lamp
lana   wool; **de lana** (made of)
   wool
langosta   lobster
lápiz *m.* (*pl.* **lápices**)   pencil;
   lápiz labial lipstick
las *f. art.*   the; *f. pl. d.o., pron.*
   them
largo/a   long; **a largo plazo**
   long-term
lástima: es (una) lástima   it's a
   pity
lata   can; canister
lavabo   wash basin; sink
lavada *n.*   wash
lavadora   washing machine
lavaplatos *m. sing.*   dishwasher;
   (also person *m. f.*)
lavar   to wash; **lavarse** to wash
   oneself
lavarropas   (*Arg.*) washing
   machine
lazo   bond
lector/a   reader

lectura   reading
leche *f.*   milk; **café** *m.* **con leche**
   coffee with milk
lechuga   lettuce
leer (y)   to read
legumbre *f.*   vegetable
lejano/a   distant, far away
lejía   bleach
lejos de   far from
lema *m.*   motto
lengua   tongue
lento/a   slow
les *pl. i.o. pron.*   to/for you; to/for
   them
letra   letter of alphabet;
   handwriting; lyrics of a song
letrero   (road/street) sign
levantarse   to get up
ley *f.*   law
leyenda   legend
libertad *f.*   liberty, freedom
librarse (de)   to escape (from)
libre *m. f.*   free; **al aire libre**
   open-air, outside
libremente   freely
librería   bookstore
librero   bookcase
libreta *f.* **de cheques**   checkbook
licenciado/a   person who holds a
   college degree
liceo   high school (in some
   countries)
licuadora   blender
líder *m. f.*   leader
limón *m.*   lemon
limpiaparabrisas *m.*   windshield
   wiper
limpiador *m.*   cleanser
limpiar   to clean; **limpiar el**
   polvo to dust
línea   line; **línea aérea** airline
lino   linen
liquidación *f.*   liquidation, sale
líquido de fregar   dishwashing
   liquid
liso/a   smooth (surface); **cartón**
   m. **liso** noncorrugated cardboard
lista: de listas   striped

listo/a (ser)   smart; **(estar)** be
   ready
litro   liter
llamada   call
llamar   to call; **llamar por**
   teléfono to call on the telephone;
   llamarse to call oneself, be
   named
llanta   tire
llanto   weeping
llave *f.*   key; faucet
llegada   arrival
llegar (a)   to arrive, to reach, to
   get to
lleno/a   full (of)
llenar (de/con)   to fill (with)
llevar   to wear; to take; to carry;
   llevarse bien/mal to get along
   well/badly; **llevar** + *period of*
   time; to have been + ing + for +
   period of time
llorar   to cry
llover (ue)   to rain
lluvia   rain
lo *m. s. d.o. pron.*   you/it; **lo cual**
   which; **lo** + *adj.* the + *adj.* +
   thing; **lo que** what, that which;
   lo siento I am sorry (about it)
local *n. m.*   place, premises; *adj.*
   local
localidad *f.*   place, town;
   localidad numerada numbered
   seat
loción: loción *f.* **de afeitar**   aftershave lotion; **loción** *f.*
   bronceadora tanning lotion;
   loción *f.* **para las manos** hand
   lotion
loco/a   crazy, silly
locutor/a   TV/radio announcer
lodo   mud
lograr   to achieve
loma   hill
lona   canvas
Londres   London
los que   those who, the ones that
Ltda. *abbrev. for* **Limitada,**   a
   type of company
loseta   floor or wall tile

lotería lottery; **billete de lotería** lottery ticket

lucha libre wrestling

luchar to fight, struggle

luego then; later; **desde luego** of course

lugar place; **dar lugar a** to give rise to; **en lugar de** instead of

lujo luxury; **de lujo** deluxe

lumbrera genius

luna moon; **luna de miel** honeymoon

lunar beauty mark; **de lunares** polka-dotted

luneta seat (at theater)

luz *f.* *(pl.* **luces)** light; **luz de la luna** moonlight

M

maceta planter

madera wood

madre *f.* mother

madrina godmother; bridesmaid, maid of honor

madrugar to get up early

maduro/a **(ser)** mature; **(estar)** ripe

maestro/a teacher

magnífico/a magnificent, great

mago/a magician; **los Reyes Magos** Three Wise Men, Magi

mahón *m.* denim

maíz *m.* corn

majadero/a cranky

mal *n. m.* evil

mal *adv.* badly, poorly; *adj.* shortened form of **malo** used before *m. s.* nouns

malcriado/a spoiled (person)

maldad *f.* wickedness

maldito/a damned

maleta suitcase; **hacer la maleta** to pack

maletero (car) trunk; (man) porter

maletín *m.* carry-on bag; attache case

malo/a bad; **lo malo** the bad thing

malo (ser) bad, evil; **(estar)** sick

malvado/a wicked

mancha stain

manchado/a stained

manchársele (a uno) to get stained

mandar to send; to order, to command

mandato command

manejar to drive; to handle; **carnet de manejar** driver's license

manejo *n.* handling

manera manner, way; **de ninguna manera** by no means **de todas maneras** at any rate

manga sleeve

mango (straight) handle

manguera hose

manipular to handle

maní *m.* *(pl.* **maníes)** peanuts

maniquí *m.* mannequin

mano *f.* hand; **dar la mano** to shake hands; **dar una mano** to lend a hand; **a mano** (made) by hand

mantecado a type of ice cream

mantel *m.* tablecloth

mantener (like **tener**) to mantain, keep; to support

mantenimiento upkeep

mantequilla butter

manzana apple

mañana tomorrow; **tres de la mañana** 3 A.M.

mapa *m.* map

maquillaje *m.* make-up; **estuche** *m.* **de maquillaje** make-up kit

máquina machine; **máquina contestadora** answering machine; **máquina de afeitar** (electric) shaver; **máquina de escribir** *f.* typewriter; **pasar a máquina** to type

maquinaria machinery

mar *m.* sea

maratónico/a *adj.* marathon

maravilloso/a marvelous, wonderful

marca brand name

marcado/a marked

marcha march; **poner en marcha** to set in motion

mareado/a seasick, dizzy

marcador *m.* marker

margarita daisy

margen *m.* margin

mariachis *m. pl.* mariachi band

marimba xylophone

marino/a marine, nautical

mariposa butterfly

marisco shellfish; **mariscos** seafood

mármol *m.* marble

martillo hammer

más more; most; plus; **el/la/los/las más ___** the most ___; **más (menos) ___ que** more (less) ___ than

mata plant

matar(se) to kill (oneself)

materia (school) subject

matrícula registration

matrimonial: cama matrimonial double bed

matrimonio matrimony; wedding; **contraer matrimonio** to get married

maullar to meow

máximo/a maximum; **al máximo** to the maximum

mayor major; greater; older; **los mayores** adults, grown-ups; **premio mayor** first prize; **la mayor parte** most

mayordomo butler

mayoría majority; **en su mayoría** most of them, mostly

mazamorra con bocadillo *f. (Col.)* dessert made with corn and slices of guava paste

mazorca corn ear

mecánico/a mechanic; **ingeniería mecánica** mechanical engineering

mediados: a mediados de in the middle of

mediano/a medium-sized

medianoche *f.* midnight

medias *f. pl.* stockings

médico/a medical doctor

medida: a la medida customized; **a medida que** as

medio/a half; **diez y media** ten thirty; **clase media** middle class

medio(s) de transporte means of transportation

medir (i, i) (la harina) to measure (the flour)

mejor better; best; **es mejor** it's better; **lo mejor** the best (thing)

melocotón *m.* peach

membrete *m.* letterhead

memoria memory; **aprender de memoria** to memorize

mencionar to mention

mendigo/a beggar

menor minor; younger; youngest; less, lesser, least; smaller, smallest

menos minus; less, fewer; **menos mal** fortunately; **a menos que** unless; **menos que** less than; **más o menos** more or less; **por lo menos** at least

mensajero/a messenger

mensual *m. f.* monthly

mensualidad *f.* monthly payment

mentira: parecer mentira to be unbelievable

menudo: a menudo often

mercadeo marketing

mercadería merchandise

mercado market

mercancía merchandise

merecer (zc) to deserve

merendar (ie) to snack

merengue *m.* type of music from Dominican Republic

merienda snack

mermelada jam, marmalade

mes *m.* month

mesa table; **mesa de centro** coffee table; **mesa de comedor** dining room table; **mesa de**

noche nightstand; **mesa lateral** side table

meseta kitchen counter

meta goal, objective; finish line

meter to put in; to place

metro subway

mezcla mixture

mezclar to mix

mezclilla denim

mestizaje *m.* cross-breeding

mestizo/a person of mixed blood

mi(s) *poss. pron.* my

mí *obj. of prep., pron.* me, myself

miedo fear; **tener miedo** to be afraid; **dar(le) miedo** to scare

miedoso/a easily scared

miel: luna de miel honeymoon

miembro *m. f.* member

mientras while; **mientras tanto** in the meantime; **mientras (más, menos)... más (menos)...** the more (less)... the more (less)...

mil (a) thousand

milagro miracle

milla mile

millonario/a millionaire

mínimo/a minimum, minimal

minuto minute

mío/a/os/as (of) mine

mirar to watch, to look at; **mirar la televisión** to watch TV; **mirarse** to look at oneself, each other; **sin mirar** without looking

misa mass

mismo/a/os/as same; very; myself, yourself, etc.; **ahora mismo** right now; **al mismo tiempo** at the same time; **allí mismo** right there; **lo mismo que** the same as

misterio mystery

mitad half; **a mitad de precio** half price

mito myth

mochila backpack

moda fashion, trend; **estar de moda** to be in style

moderado/a moderate

modismo idiom, idiomatic expression

modisto/a couturier

mojado/a wet

molestar to bother

molestia inconvenience, nuisance

molesto/a annoying

momento moment; **en cualquier momento** anytime; **en este momento** at the present time; **por el momento** for the time being

moneda coin

monedero coin purse

monetaria: unidad monetaria monetary unit

monetarizado/a money oriented

mono/a *adj.* cute; *n.* monkey

monstruo monster

montaña mountain

montañismo mountain climbing

montar to mount, ride; **montar a caballo** to ride a horse

monte *m.* mount

montón: un montón de a bunch of

montura saddle

morir (ue, u) to die

mosaico floor tile

mostrador *m.* counter

mostrar (ue) to show

moto *f. abbrev. of* **motocicleta** motorcycle

motociclista *m. f.* motorcyclist

motor *m.* motor, engine

mover (ue) to move

movimiento movement

muchacho/a boy/girl

muchedumbre *f.* crowd

mucho/a a lot, much; **muchos/as** many; **mucho gusto** (I am) pleased to meet you

mudarse (de) (a) to move (from) (to)

mueblería furniture store

mueble *m.* piece of furniture; *pl.* furniture

muerte *f.* death
muerto/a *p. p.* dead
mugir to moo
mujer *f.* woman
muleta crutch
multa fine; **poner(le) una multa** to give (one) a ticket (a fine)
mundo world
muñeca doll
muñeco de nieve snowman
músculo muscle
museo museum
músico/a musician
muy very; **muy bien, gracias** very well, thank you

N

nacer (zc) to be born
nacimiento birth
nacionalidad *f.* nationality
nada nothing, not anything; **de nada** you're welcome
nadador/a swimmer
nadar to swim
nadie no one, nobody, not anyone
naranja orange; **jugo de naranja** orange juice
nariz *f.* nose
natación *f.* swimming
naturaleza nature
naturalmente naturally
navegar (gu) to sail, navigate
Navidad *f.* Christmas
necesario/a necessary; **es necesario** it's necessary
necesidad *f.* necessity, need
necesitar to need
necio/a foolish
negar (ie) (gu) to deny
negocio business
negro/a black
nervios *m. pl.* nerves; **ataque** *m.* **de nervios** nervous attack
nervioso/a nervous
nevado/a snowy
nevar (ie) to snow
ni neither, nor; **ni ... ni** neither; not even

ni siquiera not even
nicaraguense *m. f.* Nicaraguan
nido nest
nieto/a grandson/granddaughter
nieve *f.* snow; **muñeco de nieve** snowman
ningún (ninguno/a) no, not any; **de ninguna manera** by no means
niñez *f.* childhood
niño/a boy/girl; child; **de niño** as a child
nivel *m.* level
nivelar to level
noche *f.* night; evening; **de/en/por la noche** in the evening, at night; **esta noche** tonight; **mesa de noche** nightstand; **Nochebuena** Christmas Eve; **toda la noche** all night; **todas las noches** every night
nocturno/a nocturnal; **centro nocturno** night club (*Mex.*)
nombrar to name
nombre *m.* name; **poner(le) un nombre** to give a name
norte *m.* north; **América del Norte** North America
nos *d.o. pron.* us; *i.o. pron.* to/for us; *refl.* ourselves
nosotros/as *subj. pron.* we; *obj. of prep.* us
nota note; academic grade
notable *m. f.* remarkable, notable
notarse to be noticeable
noticias news; **una noticia** a piece of news
noticioso/a *adj.* news
noveno/a ninth
novia girlfriend, sweetheart; bride; fiancée
novio boyfriend, sweetheart; fiancé; groom
nube *f.* cloud
nuestro/a/os/as our; (of) ours
nuevo/a new; **de nuevo** again
nulo/a not valid
número number; (shoes) size
nunca never, not ever

nutritivo/a nourishing, nutritious

O

o or; **o ... o** either or
obedecer (zc) to obey
obispo bishop
objeto object
obligar to force, oblige
obra work; **obra maestra** masterpiece
obrero/a worker
obstante: no obstante nevertheless, however
obtener (like tener) to obtain, get
obvio: es obvio it's obvious
ocasionalmente occasionally
occidente *m.* west
océano ocean
ocio leisure
octavo/a eight
ocupado/a busy
ocuparse to take care of
ocurrir to happen, occur
ocurrírsele (a uno) to occur (to one) (an idea)
odiar to hate
odio hatred
odontología dentistry, dental surgery
oeste, occidente *m.* west
oferta offer
oficina office
oficio trade
ofrecer (zc) to offer
oído: decir(le) al oído to whisper in someone's ear
oír (*irreg.*) to hear
ojo eye; **ojo morado** black eye
ola wave
oler (huelo) to smell
olla pot
olvidar(se) (de) to forget (about)
olvido oblivion
olvidar to forget
ómnibus *m. s.* bus
operación *f.* operation
operarse to have an operation
oponer (like poner) to oppose

oportunidad *f.* opportunity, chance
optar (por) to choose, opt for
optimista *m. f. adj.* optimistic
opuesto *n.* opposite
oración *f.* sentence
orden *m.* order; arrangement; *f.* religious order
ordenado/a neat
ordenar to put in order; to order
ordeñar to milk
oreja ear
orientado/a oriented
orientarse to point; to be geared to
oriente *m.* orient, east
originarse to originate
orilla bank of river or sea
oro gold
orquesta orchestra
os *d.o. pron.* you (*fam. pl.*); *i.o. pron.* to/for you (*fam. pl.*); *refl. pron.* yourselves (*fam. pl.*)
oscuridad *f.* darkness
oscuro/a dark
otoño autum, fall
otro/a other, another; another one
ovalado/a oval
oveja sheep
oxidarse to oxidize, to get rusty
oxígeno: dar(le) oxígeno to give (one) oxygen

P

padecer (zc) de to suffer from
padre father
padres *m. pl.* fathers; parents
padrino godfather; best man
pagar (gu) to pay
país *m.* country
paisaje *m.* landscape, countryside
paja straw
pájaro bird; **pájaro carpintero** wooodpecker
palabra word
palco box, balcony
pálido/a pale

paloma pigeon
pan *m.* bread
pancarta placard
pantalla lampshade; screen; **pantalla pequeña** TV set
pantalones *m. pl.* pants
pantalones cortos *m. pl.* shorts
pantimedias *f. pl.* pantyhose
pañales: estar en pañales to be in its early stages
pañuelo handkerchief; **pañuelo desechable** tissue
papa, patata potato
papalote *m.* kite
papel *m.* paper; role; **papel higiénico** toilet paper
paquete *m.* package
par *m.* pair
para; para que for, in the direction of; in order that
parabrisas *m.* windshield
parada stop; **parada de autobuses** bus stop; **parada de taxis** taxi stand
paraguas *m. pl.* umbrella
paraguero umbrella stand
parado/a standing
paralelamente simultaneously
parar to stop
pardo brown
parecer (zc) to look like, to seem; **¿qué le parece...?** how do you like...?
parecerse (zc) (a) to resemble, look like
parecido/a similar
pared *f.* wall
pareja couple
parentesco family relationship
pariente *m. f.* relative
parque *m.* park
parquímetro parking meter
partido match, game
párrafo paragraph
parrilla: a la parrilla grilled
parrillada mixed grill
parte *f.* part; **formar parte (de)** to be part (of); **por todas partes** everywhere

participio participle (grammar)
partida departure
partido match, game
pasado *n.* past
pasado/a past; last; **pasado mañana** day after tomorrow; **la semana pasada** last week; **participio pasado** past participle
pasajero/a passenger
pasaporte *m.* passport
pasar to happen; to spend (vacation, time, etc.); **pasar (por)** to pass (by); **pasar la aspiradora** to vacuum
pasatiempo pastime
Pascua Florida Easter
pasear (por) to walk (along/in), to stroll
paseo walk, stroll; **ir de paseo** to go for a walk
pasillo aisle, hall; **asiento de pasillo** aisle seat
pasivo/a passive; **participio pasivo** past participle
paso step
pasta *f.* **de dientes** toothpaste
pastel *m.* pie; cake
pastelería pastry shop, bakery
pastilla tablet, pill
pata leg of animal or furniture
patata, papa potato
patín *m.* skate
patio yard, central court, patio
patria homeland
patrocinador/a sponsor
patrocinar to sponsor
patrón *m.* pattern
patrón/patrona patron saint; patroness
pavo turkey
paz *f.* peace
peatón/peatona pedestrian
pecho chest
pedagogía teaching
pedazo piece
pedido commercial order
pedir (i, i) to ask for; to order; **pedir información** to request

information; **pedir (una) limosna** to beg
pegar to hit
peinarse to comb (one's hair)
peine *m.* comb
pelear to fight
pelea fight
película film, movie
peligroso/a dangerous
pelo hair
pelota ball; (game) baseball
pena: valer la pena to be worth the trouble
pendientes (de plata) *m. pl.* (silver) earrings
pensar (ie) to think
peor worse; worst
pepino cucumber
pequeño/a small, little
pera pear
percha hanger
perchero clothes rack
perder (ie) to lose; to miss; **perderse (ie)** to get lost; to miss
perdón *m.* forgiveness
perezoso/a *n.* sloth
perezoso/a *adj.* lazy
periódico newspaper
periodismo journalism
periodista *m. f.* journalist
perla pearl
permanecer (zc) to remain
permiso permission
permitir to permit, allow, let
permitido/a allowed
pero but
perro dog; **perro caliente** hot dog; **perro guía** guide dog
persianas venetian blinds
personaje *m. f.* important person; character
pertenecer (zc) to belong
peruano/a Peruvian
pesadilla nightmare
pesado/a heavy
pesar to weigh; **a pesar de** in spite of
pescado fish
pescador/a fisherman/woman

pescar to fish
peseta monetary unit of Spain
peso monetary unit of Bolivia, Colombia, Cuba, Chile, the Dominican Republic, Mexico, Uruguay; **perder peso** to lose weight
picar to peck; to sting
pícaro/a rascal
pichón *m.* baby bird
pico peak
pie *m.* foot; **a pie** on foot; **al pie** next to, by; **de pie** standing; **dedo del pie** toe
piedra stone
piel *f.* skin; **de piel** (made of) leather; fur (usually *pl.*)
pierna leg
piernas: con las piernas cruzadas with one's legs crossed
pieza piece; part
pijama *m.* pajamas
pila battery
píldora pill
pilotear un avión to fly a plane
piloto *m. f.* pilot
pimienta pepper (spice)
pimiento pepper; **pimientos rellenos** stuffed peppers
pintar to paint
pintor/a painter
pintura paint
piña pineapple
piscina swimming pool
piso floor; apartment (*Sp.*)
pista ski trail
pizarra blackboard; slate
planchar to iron
planear to plan
planta plant
plantar to plant
plata silver
plataforma platform
plátano banana, plantain
platea orchestra seat
plateado/a silver
platillo saucer
plato plate; dish

playa beach; **bolsa de playa** beach bag
plaza public square
plazo: a corto plazo in a short time; **a largo plazo** long-term
plomero/a plumber
pluma feather
pluscuamperfecto pluperfect (grammar)
población *f.* population
poblado/a populated
pobre poor
pocillo, pocillito small bowl
poco/a (a) little; **unos pocos** a few
poder (ue) (*irreg.*) to be able, can
poder *n. m.* power
poesía poetry
policía *m. f.* policeman/policewoman; *f.* police (force)
política politics
político/a politician
póliza (insurance) policy
pollito chick
pollo chicken; **arroz con pollo** chicken with rice
polvo dust
pomada ointment
pomelo (*Arg., Sp*) grapefruit
poner (*irreg.*) to put; **poner la mesa** to set the table; **poner la televisión** to turn the television on; **poner en marcha** to start, to get going; **poner(le) el termómetro** to take (one's) temperature; **poner(le) una inyección** to give a shot; **poner(le) una multa** to give a ticket (to fine); **ponerse** to put on (clothing); **ponerse + *adj.*** to become, get + *adj.;* **ponerse de mal humor** to get in a bad mood
por for; through, in; on; because of; along, by; for the sake of, on behalf of; per; **por aquí** this way; **por avión** (by) airmail; **por ciento** percent; **por Dios** for

Heaven's sake; **por ejemplo** for example; **por eso** for this reason, therefore; **por esta razón** for this reason; **por fin** finally; **por lo general** generally; **¿por qué?** why?; **por si acaso** just in case; **por supuesto** of course; **por teléfono** by/on (the) telephone; **por último** finally

porcentaje *m.* percentage

pormenor *m.* detail

porque because

portada front cover

portafolio portfolio; folder

portarse to behave

portátil *m. f.* portable

porteño/a from Buenos Aires, Argentina

portero/a doorman (woman)

poseer to possess

posesivo/a possessive (grammar)

posibilidad *f.* possibility

posibilitar to make possible

posible: es posible it's possible

posponer (like **poner**) to postpone

postal *f.* postcard

poste *m.* **de la luz** lamp post

postre *m.* dessert

potro, potrillo colt

pozo (water)well

pqte. *abbrev.* **paquete** *m.* package

practicar to practice

prado meadow

preceder to precede

precio price

precioso/a very pretty, lovely

preciso: es preciso it's necessary

precolombino/a pre-Columbian (before Columbus)

predecir (like **decir**) to predict

predicción *f.* prediction

preferencia: de preferencia preferably

preferido/a favorite

preferir (**ie, i**) to prefer

pregunta question

preguntar to ask (a question); **preguntarse** to ask oneself; to wonder

preguntón/ preguntona inquisitive

prejuicio prejudice

premiado/a prize-winning

premio prize

prenda garment, article of clothing

prender to turn on

preocupado/a worried, concerned

preocuparse (por) to worry (about)

preparar to prepare; **prepararse** to prepare oneself

preparativos *m. pl.* preparation

preposición *f.* preposition (grammar)

presentador/a host

presentar to present; to introduce (one person to another)

presión: presión arterial alta/baja high/low blood pressure; **tomar(le) la presión** to take (one's) blood pressure

préstamo loan

prestar to lend

prestigioso/a prestigious

presupuesto budget, estimate

pretender to try to

pretérito preterite, past (tense)

primaria: escuela primaria primary school

primavera spring(time)

primer shortened form of **primero,** used before *m. s.* nouns

primera: a primera vista at first sight

primero/a first; **lo primero** the first thing

primo/a cousin

princesa princess

principal *m. f.* main; **guitarra principal** lead guitar

príncipe *m.* prince

principio: al principio in/at the beginning; **a principios de (mes, semana,** etc.) at the beginning of

prisa haste; **tener prisa** to be in a hurry

probable: es probable it's probable

probablemente probably

probador *m.* fitting room

probar (ue) to prove; (person as subject); to taste; to try; **probarse** to try on

procedimiento procedure

procesar to process

proclamar to proclaim, expose

producir (zc) to produce

profundo/a deep, profound

progresivo: presente progresivo present progressive (grammar)

prohibir to prohibit, forbid

promesa promise

prometer to promise

pronombre *m.* pronoun (grammar)

pronto soon, right away; **tan pronto como** as soon as

pronunciar to pronounce

propio/a own

propósito purpose

protagonista *m. f.* main character

proteger (j) to protect

protestar to protest

próximamente soon

próximo/a next

proyectar to project

prudencia prudence, care

prueba proof

psicológico/a psychological

psicólogo/a psychologist

psiquiatra *m. f.* psychiatrist

pts. *abbrev. of* **pesetas**

publicar to publish

publicidad *f.* advertising

público public

pueblo town, village

puente *m.* bridge

puerta door

puerto port

puertorriqueño/a   Puerto Rican
pues...   well ...
puesto   stand (newspaper, fruit, etc.)
puesto/a *p. p.*   put, placed; (garment) on
pulgada   inch
pulir   to polish
pulsera (de oro)   (gold) bracelet
punta: sacarle la punta a un lápiz   to sharpen a pencil
puntería   aim
punto   point; knit; stitch; **punto de vista** viewpoint; **punto y aparte** paragraph
pupitre *m.*   student desk
pura sangre *n. m. f.* thoroughbred

Q

que   which; who, that; than; **a menos que** unless; **antes (de) que** before; **con tal (de) que** provided that; **después (de) que** after; **en caso (de) que** in case; **lo que** what, that, which; **más/ menos que** more/less than; **para que** so that, in order that; **tener que** + *inf.* to have to (do something)
¿qué?   what?, which?; **¿con qué?** with what?, with which?; **¿de qué?** of what?; **¿qué le parece?** what do you think?; **¿qué pasa/pasó?** what is happening/happened?; **¿qué tal?** how are you?; **¡qué...!** *interj.* how...!, what (a) ...!; **¡qué bien!** (how) great!; **¡qué bueno!** how nice!
quedar(se)   to remain, to stay, to be; **quedarle grande (pequeño, bien) (a uno)** to be too large (too small, right) (for one)
queja   complaint
quejarse (de)   to complain (about)
quemadura (de sol)   (sun) burn

quemar   to burn; **quemarse** to get burned
querer *(irreg.)*   to want; to love; **quererse** to love each other
querido/a   dear, beloved
queso   cheese
quetzal *m.*   brightly colored, long-tailed bird native to Central and South America
quien(es)   who, whom **¿quién(es)?** who? whom?; **¿a quién(es)?** whom?, to whom?; **¿con quién(es)?** with whom?; **¿de quién(es)?** whose?
quieto/a   still; quiet, calm
química   chemistry
quinto/a   fifth
quiosco de periódicos newspaper stand
quirófano   operating room
quisiera   I (you/he/she) would (really) like (*softened form*)
quitar   to remove; **quitarse** to take off (clothing)
quizá(s)   perhaps, maybe

R

rábano   radish
radiografía: sacar(le) una radiografía   to take X-rays
raíz *m.* (*pl.* **raíces**)   root
rajado/a   cracked
rallador *m.*   grater
rama   branch (tree)
ramo   branch (field, specialization)
rana   frog
rapidez *f.*   rapidity, speed
rápido/a *adj.*   rapid, quick; *adv.* quickly
raqueta   racket
raro/a   odd, rare; **raras veces** seldom
rascacielos *m.*   skyscraper
rasgo   feature (face)
raso   satin
rasurarse   to shave

rato   a while, short period of time; **pasar buenos ratos** to have good times
ratón *m.*   mouse
raya: de rayas   striped
raza   race (breed); **Día de la Raza** Columbus Day
razón *f.*   reason; **con razón** no wonder; **(no) tener razón** to be right (wrong); **por esta razón** for this reason
real *m. f.*   real; royal
realeza   royalty
realista *m. f. adj.*   realistic
realizar   to perform, carry out; **realizarse** to come true, to happen
realmente   really
realzar   to enhance
rebajado/a   reduced (in price)
recado   message
recámara *(Mex.)*   bedroom
recepción *f.*   reception; front desk
receta   recipe; prescription
recetar   to prescribe
recibir   to receive; to meet (someone who is arriving)
reciclaje *n. m.*   recycling
reciclar   to recycle
reciente *m. f.*   recent
recipiente *m.*   container
reclinable *m. f.*   reclining
recogedor *m.*   dustpan
recoger (j)   to pick up; to gather, collect
reconocer (zc)   to recognize; to acknowledge
recordar (ue)   to remember; **recordar(le)** to remind
recorrer   to travel, tour
recostado/a   leaning
recto/a   straight
recuerdo   memory, remembrance
recurrir   to resort to
recursos   resources
rechazar (c)   to reject; to refuse
red *f.*   net; network

redacción *f.*   editing; wording
redondo/a   round
reducir (zc)   to reduce
reembolso   refund
reemplazar (c)   to replace, substitute
referirse (ie, i)   to refer
reflector *m.*   spotlight
reflexivo/a   reflexive (grammar)
refresco   cold drink
refrigerador *m.*   refrigerator
refugiado/a   refugee
regadera   shower
regalar   to give (a gift)
regalo   gift, present
regar (ie)   to water
regional: traje *m.* **regional** regional costume/dress
regla   (to draw a line) ruler
regresar   to return
regreso *n.*   return
rehusar   to refuse
reina   queen
reírse *(irreg.)* **(de)**   to laugh (at)
relación *f.*   relation(ship)
relacionado/a   related
relámpago   lightning flash
religioso/a   religious; **boda religiosa** church wedding; **orden** *f.* **religiosa** religious order
relinchar   to neigh
reloj *m.*   watch; clock
remedio   remedy; **no tener más remedio (que)** to have no choice (but)
remero/a   rower
remo   oar
remojo   soaking
remolcar   to tow
remoto/a   remote
rencor *m.*   rancor, bitterness
rendido/a   exhausted, worn out, very tired
renunciar   to renounce, give up
reparación *f.*   repair
reparar   to repair
reparto   residential neighborhood
repasar   to review

repaso   review
repetir (i, i)   to repeat
reponer (like **poner**)   to replace, reinstate
reportar   to report
reporte *m.*   report; paper (for a class)
reposar   to rest, lie, be in a place
requerir (ie, i)   to require
res: carne *f.* **de res**   beef
resaltador *m.*   highlighter
resbalar   to slide, slip
resecarse   to dry up
reserva   reservation
reservar   to reserve
resfriado *n.*   cold (illness)
resistirse (a)   to resist; to be reluctant (to do something)
resistente *m. f.*   strong
resolver (ue)   to resolve
respaldo: al respaldo   on the back
respectivamente   respectively
respecto: con respecto a   with regard to
respetar   to respect
respiración: dar(le) respiración artificial   to give mouth-to-mouth resuscitation
respeto   respect
respirar   to breathe; **dificultad para respirar** difficulty in breathing
responder   to respond, answer
responsable *m. f.*   responsible
respuesta   answer, reply
resto: el resto   the rest, the remainder
restregar (ie)   to scrub
restringir   to restrict, limit
resultado *n.*   result
resultante *m. f.*   resulting
resultar   to turn out to be, to result
resumen   summary
resumir   to summarize
resurrección *f.*   resurrection, revival

resbalar   to slip
retazo   remnant
retener (like **tener**)   to retain
reunir los requisitos   to fulfill the requirements
reunirse (con)   to get together (with)
revelar   to develop
revés: al revés   backwards, reversed
revisar   to check
revista   magazine; **puesto** *m.* **de revistas** newspaper stand
revolver (ue)   to stir
revueltos: huevos revueltos scrambled eggs
rey *m.*   king; (*pl.* king and queen); **los Reyes Magos** Three Wise Men, Magi
rezar (c)   to pray
rico/a   rich; delicious
riesgo   risk
rincón *m.*   corner (in a room); remote place
río   river
riqueza   richness, wealth
rito   rite
rizado/a   curly
robar   to rob, steal
robo   theft
roca   rock (stone)
rodeado/a (de)   surrounded (by)
rodilla   knee
rogar (ue)   to beg
rojizo/a   reddish
rojo/a   red
rollo   roll (of film)
romper   to break; **romperse** to get broken
ropa   clothes, clothing; **almacén de ropa** clothing store; **ropa interior** underwear
ropero   (clothes) closet
rosa   rose
rosado/a   pink
rotativo/a   rotating
roto/a   broken; **brazo roto** broken arm
rubio/a   blond(e)

rueda wheel
rugir *n. m.* roaring
ruido noise
ruidoso/a noisy
ruinas *f. pl.* ruins
ruta route
rutina routine

S

sábana sheet
saber *(irreg.)* to know; **saber +
inf.** to know how to (do
something)
sabio/a wise
sabor *m.* flavor, taste
sabroso/a pleasant, enjoyable
sacapuntas *m. s.* pencil
sharpener
sacar (qu) to get, obtain; to take
out; **sacar al perro** to take out
the dog; **sacar buenas notas** to
get good grades; **sacar copias** to
make copies; **sacar(le) una
radiografía** to take X-rays
saco jacket
sacudir to shake
sal *f.* salt
sala living room; **sala de clase**
classroom; **sala de emergencia**
emergency room
salario salary
salchicha, salchichón *m.*
sausage
saldo clearance
salida exit, departure
salir *(irreg.)* to leave, go out
salud *f.* health
saludable *m. f.* healthy
saludar to greet; to salute;
saludarse to greet each other
saludo greeting
salvaje *m. f.* wild, unexplored
salvavidas *m. s.* life preserver;
lifeguard
san shortened form of **santo,**
used before most saints' names
sano/a y salvo/a safe and sound
Santos Reyes *m. pl.* Three
Kings

sandalia sandal
sandía watermelon
sangrar to bleed
sangre *f.* blood
sangría wine and fruit punch
santo/a saint; **día** *m.* **del santo**
saint's day
sartén *f.* frying pan
satisfecho/a satisfied
se *(impersonal)* one; *i.o. pron.* to
you *(form.)*/him/her/it/them; *refl.
pron.* (to) yourself/yourselves
(form.)/himself/ herself/itself/
oneself/themselves; (to) each
other/ one another
secadora clothes dryer
secar(le) las lágrimas to wipe
(someone's) tears
secar(se) to dry (oneself); to
dry up
seco/a dry
secretario/a secretary
secuestrar un avión to hijack a
plane
secundario/a secondary
sed *f.* thirst; **tener sed** to be
thirsty
seda silk; **de seda** made of silk
seguido/a in a row, continued;
en seguida at once
seguir (i, i) (g) to follow;
continue
según according to
segundo/a second
seguridad *f.* security, safety;
cinturón *m.* **de seguridad** safety
belt
seguro/a sure; **es seguro** it's
certain; **estar seguro/a (de)** to
be sure (of)
seleccionado/a selected
selva jungle; **selva tropical** rain
forest
sello stamp
semáforo traffic light
semana week; **fin de semana**
weekend; **la semana pasada** last
week; **todas las semanas** every
week

sembrado sown field
sembrar to sow, to plant
semestre *m.* semester
semilla seed
sencillo/a simple
sendero path; **senderos de
trote** *m. pl.* jogging paths
sensibilidad *f.* sensibility
sentarse (ie) to sit down
sentimiento feeling; sentiment
sentir(se) (ie, i) to feel; to regret
be/feel sorry; **lo siento** I am
sorry (about it)
seña: hacer señas to signal
señal: señal de tráfico traffic
sign
señalar to indicate
sepa *pres. subjunctive of* **saber**
separar to separate
séptimo/a seventh
sequía drought
ser *(irreg.)* to be; **ser de** to be
from; to belong to; to be made
of
serie *f. s.* series
serio/a serious
serpiente *f.* snake
servicio service
servilleta napkin
servir (i, i) to serve; **(no)
servirle (a uno)** (not) to fit;
(not) to meet (one's) needs
sexto/a sixth
sierra mountain ridge
siesta nap; **dormir la (una)
siesta** to take a nap
siglo century
significado meaning
significar (qu) to mean, signify
siguiente *m. f.* following; **al día
siguiente** on the following day;
a la mañana siguiente on the
following morning
silbar to whistle
silbido catcall
silencio silence
silla chair
silvestre wild
sillón *m.* easy chair

simpático/a nice, pleasant

simplemente simply

sin without; **sin duda** undoubtedly; **sin embargo** however, nevertheless

sinceramente sincerely

sincero/a sincere

sindicato union (workers)

sino but (rather); except; **sino que** but, on the contrary

sinónimo synonym

síntoma symptom; sign

sistema *m.* system

situado/a located

sobrar(le) (a uno) to have in excess

sobre *n. m.f.* envelope; *prep.* on, upon; over, above, concerning, about; **sobre todo** above all, especially

sobrevivir to survive

sobrino/a nephew/niece

sociedad *f.* society

socio/a (business) partner

sociología sociology

sociólogo/a sociologist

socorro: casa de socorro emergency hospital

sofá *m.* sofa, couch

sol *m.* sun; **gafas de sol** sunglasses; **hacer sol** to be sunny

solamente only

soler (ue) to be accustomed, usually

solicitar to seek, ask for, request; **se solicita(n)** help wanted

solicitud *f.* application

solitario/a solitary, lonely

solo/a alone; single

sólo only

soltarse to get loose; let oneself go

soltero/a unmarried person; *adj.* unmarried, single

sombra shadow; shade

sombrero hat

sombrilla beach umbrella, parasol

sombrío/a somber

sonreír (i, i) to smile

sonrisa smile

soñar (ue) to dream; **soñar con** to dream about

sopa soup

soplar to blow

soportar tolerate, put up with

sordo/a deaf

sorprendente *m. f.* surprising

sorprender to surprise

sorpresa surprise

sortija ring

sostener (like **tener**) to maintain, support

sótano basement

su(s) *poss. pron.* your (*form. s. pl.*)/his/her/its, their

suave *m. f.* mild, soft

suavizador *m.* rinse

subir to go up; to get on

subjuntivo subjunctive (grammar)

subrayar to stress, to underline

succionar to suck up

suceder to happen

sucesivamente: y así sucesivamente and so on

sucio/a dirty

sucre *m.* monetary unit of Ecuador

sucursal *f.* branch of store, bank, etc.

Sudamérica South America

sudamericano/a South American

sueco/a Swedish

suegro/a father-in-law/ mother-in-law

sueldo salary

suelo floor; soil

sueño dream; **morirse de sueño** to be extremely sleepy; **tener sueño** to be sleepy

suerte luck

suéter *m.* sweater

sufrimiento suffering

sugerencia suggestion

sugerir (ie, i) to suggest

suizo/a Swiss

sujetar to hold

sujeto subject

sumergir to submerge, sink

super *m. f.* *abbrev.* of **superintendente** (*U.S. Spanish*) superintendent, building manager

superar to overcome

superarse to improve oneself

superficie *f.* surface

superlativo superlative (grammar)

supermercado supermarket

supersticioso/a superstitious

suponer (like **poner**) suppose

supuesto: por supuesto of course

sur *m.* south

sureste *m.* southeast

suroeste *m.* southwest

surtido selection, assortment

suspenso failing mark

sustancia substance

sustantivo noun

sustituir (por) to replace (with)

suyo/a/os/as *poss. pron.* your (*form. s. pl.*)/his/her/its/their

T

tabaco tobacco

tabla de planchar ironing board

tabla de surf surf board

tabú *m.* taboo

tacaño/a stingy

tal such (a); **tales como** such as; **con tal (de) que** provided that; **tal vez** perhaps; **¿qué tal?** what's up?

talla (garment) size

tallado/a carved

tampoco neither, not either

tan so; as; **tan ... como** as... as; **tan pronto como** as soon as

tanque *m.* gas tank

tanto/a as much, so much; *pl.* as many, so many; **tanto/a/os/as como** as much (many) as

tapa (*Sp.*) appetizer; cover, lid

tapia outside wall

taquilla box office
taquigrafía shorthand
tarde *f.* afternoon; **buenas tardes** good afternoon; **de/en/por la tarde** in the afternoon, evening; *adv.* late; **tarde o temprano** sooner or later
tarea homework
tarjeta card, calling card; postcard; **tarjeta de crédito** credit card; **tarjeta de embarque** boarding pass; **tarjeta de identificación** ID card
taxi *m.* taxi, cab
taxista *m. f.* taxi driver
taza cup; **taza de medir** measuring cup
tazón *m.* mixing bowl
té *m.* tea
teatro theater
teclado keyboard
técnico/a technician
tecnología technology
tejer to knit
tela fabric; **tela de toalla** terrycloth
teléfono telephone; **por teléfono** by/on the telephone
telenovela soap opera
televidente *m. f.* viewer
televisión: por televisión on television; **mirar la televisión** to watch television
televisor *m.* television set
telón *m.* curtain
tema *m.* theme, topic
temblar (ie) to tremble, shake
temer to fear, be afraid
temor *m.* fear
temperatura temperature
tempestad *f.* storm
temporada season
temprano early
tenedor *m.* fork
tener *(irreg.)* to have; **no tener más remedio** to have no choice but; **¿qué tienes?** what's

wrong?; **tener ___ años** to be ___ years old; **tener calor/frío** to be/feel hot/cold; **tener celos** to be jealous; **tener (la) culpa** to be one's fault; **tener en cuenta** to take into account; **tener cuidado** to be careful; **tener ganas de + inf.** to feel like (doing something); **tener hambre/sed** to be hungry/thirsty; **tener miedo** to be afraid; **tener paciencia** to be patient; **tener prisa** to be in a hurry; **tener que + inf.** to have to (do something); **(no) tener razón** to be right (wrong); **tener sueño** to be sleepy; **tener suerte** to be lucky; **tener de largo (de ancho, de alto)** to be long (wide, high)
tenis *m.* tennis; sneaker; **cancha de tenis** tennis court
tentador/a tempting
teoría theory
tercer shortened form of **tercero**, used before *m. s.* nouns
tercero/a third
terciopelo velvet
terminal: terminal de autobuses bus terminal
terminar to end, finish
termómetro: poner(le) el termómetro to take one's temperature
ternero calf
terremoto earthquake
testigo *m. f.* witness
tetera teakettle
ti *obj. of prep. pron.* you, yourself (*fam. s.*)
tiempo time, weather; **a tiempo** on time; **al mismo tiempo** at the same time; **hacer buen/mal tiempo** to be good/bad weather; **¿qué tiempo hace hoy?** what's the weather like today?; **¿cuánto tiempo hace que + present?**

how long + *pres. perf.*?; **tiempo completo/parcial** full/part-time
tienda store; **tienda de animales** pet shop
tierra land; sail; dirt; earth, world; territory
tieso/a stiff
tijeras *f. pl.* scissors
tímido/a timid
tina bathtub
tinto: vino tinto red wine
tío/a uncle/aunt
típico/a typical
tipo type, guy
tipo de cambio rate of exchange
tirapiedras *m.* slingshot
tirar (de) to pull
tirarse del trampolín to jump from a diving board
título degree; diploma; title
tiza chalk
toalla towel; **toallas de papel** paper towels
toallero towel rack
toallita wash cloth
tocadiscos *m. s.* record player
tocar (qu) to play (a musical instrument)
todavía still, yet; **todavía no** not yet
todo/a all; every; everything; **de todos modos** in any case; **en todas partes** everywhere; **toda clase** all kinds; **todo derecho** straight ahead; **todo el día/toda la mañana/tarde/noche** all day/morning/afternoon/evening long; **todo el mundo** everybody; **todos** everyone; **todos los días** every day
toldo awning
toma de agua fire hydrant
tomate *m.* tomato
tono tone
tonto/a dumb
toque *m.* touch
tormenta storm
toro bull

torta round cake, tart
tortilla omelette; *(Mex. & C.A.)* cornmeal pancake; **tortilla española** potato omelette
tortuga tortoise, turtle
tos *f.* cough
tostada toast
tostadora toaster
tostar (ue) to toast
totalmente totally
trabajador/a social social worker
trabajar to work
trabajo *n.* work; job
traducir (zc) to translate
traer *(irreg.)* to bring
tráfico traffic; **señal de tráfico** traffic sign
tragedia tragedy
traicionar to betray
traje *m.* suit: **traje de baño** swim suit; **traje regional** regional costume
trampolín *m.* diving board
tranquilo/a calm; quiet
transferir (ie) to transfer
transformarse to transform
transporte *m.* transportation, means of transportation
trapeador *m.* mop
trapear to mop
trapicheos *m. pl.* tricks
trapo rag
tras behind; after
trastes *m. pl.* *(Mex.)* dishes
tratamiento treatment
tratar de + *inf.* to try to (do something); **tratarse de** to be a matter of, to be
través: a través de through
tren *m.* train; **en tren** by train
tribu *f.* tribe
trigo wheat
tripulante *m. f.* crew member
triste *m. f.* sad
triunfar to triumph
triunfo triumph
tronco trunk
trono throne

tronar (ue) to thunder
trucha trout
trueno thunder
tu(s) *poss. pron.* you *(fam. s.)*
tú *subj. pron.* you *(fam. s.)*
tubería tubing, piping
turista *m. f.* tourist
turno turn; **estar de turno** to be open all night (a pharmacy)
tuyo/a/os/as *poss. pron.* your, (of) yours *(fam. s.)*

U

último/a last, latest; **por último** finally
ungüento ointment
único/a only
unidad monetaria *f.* monetary unit
unido/a joined, close
unir to join
universitario/a *adj.* university
un(o/a) a, an; one; **unos/as** some
urbanización *f.* real estate development, residential neighborhood
urgencia urgency, emergency
usar to use; to wear
usado/a used
usted *subj. pron.* you *(form. s.)*; *obj. of prep. pron.* you *(form. sing.)*
ustedes *sub. pron.* you *(form. pl.)*; *obj. of prep. pron.* you *(form. pl.)*
usualmente usually
útil *m. f.* useful
utilidades *f. pl.* profits
utilizar to utilize, use
uva grape

V

vaca cow
vacaciones *f. pl.* vacation; **de vacaciones** on vacation
vacío/a empty, available

valer *(irreg.)* to be worth; **valer más** to be better; **valer la pena** to be worthwhile
valiente *m. f.* courageous, brave
valioso/a valuable
valor *m.* value
valle *m.* valley
variar to change, to be variable
variado/a varied
varios/as several, various
variedad *f.* variety
varón *m.* male
vasija (de barro) (clay) vases; pottery
vaso (drinking) glass
vecino/a neighbor
vegetal *m.* vegetable
vehículo vehicle
vejez *f.* old age
vela candle; sail; **bote de vela** sailboat
velero sailboat
velo veil
velocidad *f.* speed
venda bandage, dressing
vendar to bandage
vendedor/a seller, salesperson
vender to sell
vendido/a sold out
venenoso/a poisonous
venezolano/a Venezuelan
venganza revenge
venir *(irreg.)* to come
venta sale; **a la venta** for sale
ventaja advantage
ventajoso/a advantageous
ventana window
ventanilla window (of bank teller); **asiento de ventanilla** window seat
ver *(irreg.)* to see; **a ver** let's see
verano summer(time)
verbo verb
verdad *f.* truth; **¿verdad?** really?; **es verdad** it's true
verdadero/a true, real
verde *m. f.* (ser) green; (estar) unripe

verduras *f. pl.* vegetables, greens

vereda (*Arg.*) sidewalk

vestido dress; **vestido de novia** wedding gown; **vestidos** *m. pl.* attire

vestido/a (de) dressed (in)

vestimenta attire

vestir (i, i) to dress; **vestirse (de)** to get dressed (as)

vez *f.* (*pl.* **veces**) time; **alguna vez** (in a question) ever; **de una vez** all at once; **en vez de** instead; **otra vez** again; **rara vez** seldom; **tal vez** perhaps

viajar to travel

viajero/a traveler; **cheque de viajero** traveler's check

viaje *m.* trip

víctima *m. f.* victim

vida life; **promedio de vida** life-span

vídeo videotape

vidriera store window

vidrio glass

viejo/a old man/woman; *adj.* old

viento wind; **hace viento** it's windy

vigilancia security

villancico Christmas carol

vino wine

Virgen *f.* Virgin Mary; **selva virgen** unexplored jungle

visita visit; **estar de visita** to be visiting

vista view; sight

vitrina china cabinet

viudo/a widower/widow

viudo de pargo Colombian stew made with fish, yucca, and plantains

vivir to live

vivo/a (**ser**) lively; (**estar**) alive

volante *m.* steering wheel

volar (ue) to fly

volcán *m.* volcano

volver (ue) to return; **volver a** + *inf.* to do something again

vosotros/as *subj. pron.* you (*fam. pl. Sp.*); *obj. of prep. pron.* you, yourselves (*fam. pl. Sp.*)

votar to vote

voto *n.* vote

voz *f.* (*pl.* **voces**) voice; **en voz baja** in a low voice

vuelo flight; **vuelo sin motor** gliding; **auxiliar de vuelo** *m. f.* flight attendant

vuelta return; **dar la vuelta** to go around; **de ida y vuelta** round trip

vuestro/a/os/as *poss. pron.* your (*fam. pl. Sp.*); (of) yours (*fam. pl. Sp.*)

Y

ya already; **ya no** no longer; **¡Ya lo creo!** Of course!

yegua mare

yerba (also **hierba**) herb; grass

yeso cast

yins *m. pl.* (also **vaqueros**) jeans

Z

zambullida dip, dive

zanahoria carrot

zapatero/a shoemaker

zapatilla slipper

zapato shoe

zona zone, region, area

zoología zoology

English–Spanish Glossary

List of abbreviations

abbrev. abbreviation	*indef. pron.* indefinite pronoun	*poss.* possessive
adj. adjective	*inf.* infinitive	*p.p.* past participle
adv. adverb	*i.o.* indirect object	*prep.* preposition
Arg. Argentina	*irreg.* irregular	*pres. part.* present participle
Col. Colombia	*m.* masculine*	*pret.* preterite
conj. conjunction	*Mex.* Mexico	*pron.* pronoun
d.o. direct object	*n.* noun	*refl.* reflexive
f. feminine*	*obj. of prep.* object of preposition	*s.* singular
fam. familiar	*pl.* plural	*Sp.* Spain
form. formal		

*Noun gender is not indicated for masculine nouns ending in **o** and feminine nouns ending in **a**.

A

abandon abandonar
able: (not) to be able (to) (no) poder; (no) ser capaz (de)
about acerca de; **about, approximately** unos
to be absent faltar
abundance abundancia
to abuse abusar de, maltratar
to ache doler(ue)
to accept aceptar
to accompany acompañar
accomplice el/la cómplice
to accomplish realizar, lograr
according to según
accordion acordeón *m.*
account: to take into account tener en cuenta
accounting contabilidad *f.*
actor/actress el actor/ la actriz
to acquire adquirir
actual verdadero/a
actually en realidad
ad anuncio, aviso
to adapt (to) adaptarse (a)
addition: in addition to además de
adjust ajustar(se)
admirer admirador/a
to adorn, decorate adornar

advice consejos *m. pl.*
affection cariño *m.*
to afford permitirse
afraid: to be afraid (of) tener(le) miedo (a), tener miedo (de)
after después (de); **after all** después de todo
afternoon tarde *f.*
aftershave loción para después de afeitarse *f.*
again otra vez, de nuevo
against contra
age edad *f.*
ago: a few days ago hace unos días; **not long ago** no hace mucho tiempo
to agree (to) acceder (a); aceptar, estar de acuerdo (con)
aim puntería
airline línea aérea
airplane avión *m.*
alarm alarma
all over + *noun* por todo/a + *noun*
allow permitir
almost casi; **almost** + *pret.* casi, por poco + *present*
alone solo/a
along: (not) to get along (no) llevarse bien

already ya
also también
although aunque
always siempre
amplifier amplificador *m.*
amusing divertido/a
anger ira, furia
angry: to get angry enfadarse, enojarse
another otro/a
ant hormiga *f.*
antipathy, dislike antipatía
anyone alguien; nadie
apology excusa, justificación *f.*
to appear aparecer (zc)
applause aplausos *m. pl.*
apple manzana
apple pie pastel (pai) de manzana *m.*
application solicitud *f.;* formulario (de empleo)
appointment: to make an appointment hacer una cita; **to ask for an appointment** pedir un turno
to approach acercarse a
appropriate: to be appropriate (for one) convenirle (a uno)
to approve of aprobar (ue)
apron delantal *m.*

to argue discutir

argument discusión *f.*

arm: with one arm extended con el brazo extendido; **with one's arms crossed** con los brazos cruzados

armchair sillón *m.*

around: alrededor (de); **around here** por aquí

arrest: to be under arrest estar detenido/a

to arrive (in) llegar (a)

arrow flecha

as: as for en cuanto a; **as long as** mientras (que); **as well as** y también

to ascertain averiguar

ash, ashes ceniza

ashamed: to be ashamed (of) cenicero

ashtray avergonzarse (de)

aside: to put aside dejar a un lado

to ask (a question) preguntar; **to ask for** pedir (i); **to ask (someone) out** invitar a salir; **to ask for a loan** solicitar (pedir) un préstamo

asleep: to fall asleep quedarse dormido/a

aspect aspecto

to assemble armar

to assign asignar

assume suponer

astronaut astronauta *m. f.*

at en

athlete atleta *m. f.*

attached: to be attached (to) estar pegado/a (fijo/a, prendido/a) (a)

to attend asistir (a), ir (a)

attention: to pay attention prestar atención, hacer caso

attitude actitud *f.*

to attract gustarle (a uno)

automatic teller cajero automático

to avoid evitar

awake despierto/a

aware: to be aware (of) darse cuenta (de)

awning toldo

B

baby bird pichón *m.*

baby carriage cochecito (de bebé) *m.*

back (person) espalda; **(animal)** lomo; **(of hand)** dorso; **(of a room)** fondo

back: to back out retroceder; **to come back** regresar, volver (ue); **at the back** por la parte de atrás **with one's back to** de espaldasa

back door puerta de atrás

backpack mochila

bad check cheque *m.* sin fondos

bag: shopping bag bolsa de compras

to bake a pie hornear un pastel

balance saldo

bald calvo/a

balloon globo

bandage venda *f. pl.*; **to bandage** vendar

bangs cerquillo, flequillo *m.*

bank employee empleado/a bancario/a

bank transactions operaciones bancarias *f. pl.*

bar stool banqueta

to bark ladrar

basic básico/a

bass guitar (player) el bajo *m. f.*

bathroom rug alfombrita *f.*

to be too wide/tight/short/long/ big/small (one one) quedar(le) ancho/ estrecho/corto/largo/ grande/pequeño

beach playa

beard barba

to beat the eggs batir los huevos

beaten vencido/a, derrotado/a

beautiful hermoso/a

beauty mark lunar *m.*

because of a causa de

to become convertirse (ie) en; ponerse; hacerse; quedarse

become: what will become of ¿qué será de...?

bed cama; **to go (get) to bed** acostarse (ue)

bedroom alcoba, dormitorio

bedspread cubrecama

bee abeja

beehive colmena

before, in front of antes (de), delante de

to beg rogar (ue)

to beg (to give alms) pedir (dar) una limosna

beggar mendigo/a

to begin (to) comenzar (ie) (a), empezar (ie) (a)

to behave comportarse, actuar

behind detrás (de)

believed: it is believed se cree

bell timbre *m.*; campana

belonging perteneciente, que pertenece

belongings pertenencias *f. pl.*

beloved amado/a

belt cinturón *m.*

bench banco

besides además (de)

best mejor *m. f.*; *adv.* más

better: to get better mejorar

bib babero

big: to be big on (one) quedarle grande (a uno)

bill cuenta; **(money)** billete *m.*

billboard cartelera

birthday cake pastel *m.* de cumpleaños

bitter (person) amargado/a

black eye ojo morado

to blame echar(le) la culpa

blanket manta, cobertor *m.*, frazada

bleach lejía

blender licuadora

bleed sangrar

blind man ciego

blood sangre *f.*

to blow soplar

boarding pass tarjeta *f.* de embarque *m.*

boat (small) bote *m.*; **(large)** barco; **rowboat** bote *m.* (de remos)
to boil water hervir (ie) agua
bookcase librero
bookkeeper tenedor/a de libros
border frontera
bored: to get bored aburrirse
boring aburrido/a
born: to be born nacer (zc)
borrow pedir (tomar) prestado/a
both los/las dos, ambos/as
to bother molestar, molestarle (a uno)
bottle botella
bow tie corbata de lazo *f.*
box caja
box office taquilla
boy: spoiled (cranky) boy niño malcriado (majadero)
boyfriend novio
bracelet pulsera
braids trenzas *f. pl.*
branch rama
brave valiente *m. f.*
breadbasket cesta *f.* del pan
to break romper; **to break in** domar; entrar a la fuerza; **to break into small pieces** hacers(e) pedazos
bridge puente *m.*
brief breve *m. f.*
brilliant brillante *m. f.*
broken: my leg is broken tengo la pierna fracturada; **broken (dislocated) knee** rodilla rota (dislocada) *f.*
broken nose nariz *f.* rota
broker corredor/a, agente *m. f.*
brook arroyo
brother-in-law cuñado
brown (de) color café
bull toro
bump chichón *m.*
to bump (into) tropezar (con); chocar (contra)
bun (bread) panecillo
burn: (sun)burn quemadura (del sol) *f.*; **to burn** quemar(se)

bus stop parada *f.* de autobuses
bush arbusto
busy: to be busy estar ocupado/a
button botón *m.*
to buy a roll of film comprar un rollo; **to buy traveler's checks** comprar cheques de viajero; **to buy a one-way (round-trip) ticket** comprar un boleto (billete, pasaje) de ida (de ida y vuelta)
buyer comprador/a
by: by day (night) de día (noche); **by the hand** de la mano; **by, next to** al lado de, junto a

C

cabinet: kitchen cabinet armario de cocina
cake pastel *m.*
calculator calculadora
calf ternero
to call out decir en voz alta
to calm down calmarse
camera cámara
camera man camarógrafo/a
can, canister lata
can opener abrelatas *m.pl.*
cancelled check cheque *m.* cancelado
candle vela
candlestick candelabro
cane bastón *m.*
canvas lona
cap gorra
cape capa
card tarjeta; **(playing)** carta; **(set of cards)** baraja
care cuidado
care: to take care of encargarse de
careful cuidadoso/a
cart carreta
to carry llevar, cargar
cartoons dibujos animados, muñequitos
case, chest estuche *m.*; **to be the case** ser el caso; **in any case** de todas maneras

to cash a check cobrar (cambiar) un cheque
cashier caja (cajero/a)
cast yeso; **in a cast** enyesado/a
cat gato/a
catcalls silbidos *m.pl.*
to catch capturar, atrapar
caterpillar gusano
cattle ganado
C.D. certificado de depósito
to cease to dejar de
chain cadena
to challenge desafiar (a)
champagne champán *m.*
chance oportunidad *f.*
to change cambiar; **to change (one's) mind** cambiar de idea; **to change the subject** cambiar de tema
channel canal *m.*
chapter capítulo
character personaje *m.*; **main character** protagonista *m.f.*
characteristic característica
charge: to be in charge (of) estar a cargo (de)
to chase perseguir (i)
cheap barato/a
check: to check (a coat, package, etc.) guardar; **check made out to cash** cheque al portador
checkbook chequera
checking account cuenta corriente (de cheques) *f.*
chest of drawers gavetero
chief jefe; **(Indian)** cacique
child's chair sillita alta
childhood niñez *f.*
china cabinet vitrina
choice: to have no choice but no tener más remedio que
church iglesia
cigar puro, tabaco
circle círculo
clay vase vasija de barro
cleaner limpiador *m.*
clerk empleado/a
client cliente/a
climate clima *m.*

to close cerrar (ie)

closely con atención

clothes ropa; **to wash, dry, fold the clothes** lavar, secar, doblar la ropa

clothes dryer secadora

clothes hamper cesto *m.* de la ropa sucia

clothes rack percha

cloud nube *f.*

coat abrigo, sobretodo

coin, currency moneda

coffee pot cafetera

cold (weather) frío *n.*; **to get cold** enfriarse, ponerse frío/a

cold (illness) catarro, resfriado

to collaborate colaborar

collar cuello

collateral garantía

collect (a bill) cobrar

colt potro, potrillo

to come venir

comfortable cómodo/a

commission comisión *f.*

to commit oneself (to) comprometerse (a)

company compañía

competition competencia

to complain (about) quejarse (de)

completely totalmente, completamente

compromise acuerdo

computer computadora, computador *m.*, ordenador *m.*

concerning acerca de

to condemn condenar

to confess confesar

confidence confianza

to confirm (to choose, reserve) a seat confirmar (escoger, reservar) un asiento

to congratulate felicitar

constantly constantemente

construction construcción *f.*

to contact comunicarse con

to contain contener (ie)

contrary: on the contrary por el contrario

corner (of street) esquina; **(inside corner in a room)** rincón *m.*

cool frío/a

copy (of book) ejemplar *m.*

correcting fluid líquido corrector

cosmopolitan cosmopolita *m.f.*

to cost costar (ue)

cotton algodón *m.*

to count on contar con

counter meseta *f.*, mostrador *m.*

counterfeit money dinero falso

countryside campo

couple par *m.*, pareja

courage: to have the courage (to) tener el valor (de)

course: of course por supuesto

courteous cortés *m.f.*

cover, lid tapa *f.*

covered: to be covered (with) estar cubierto/a (de)

cow vaca

coward cobarde *m. f.*

cracked rajado/a

crazy: to go crazy volverse (ue) loco

cross cruz *f.*

to cross cruzar; **to cross the street** cruzar la calle

crow cuervo

crowd muchedumbre *f.*; gentío

cruelty crueldad *f.*

crutch muleta

to cry llorar

cup taza; **measuring cup** taza de medir

currency exchange office casa de cambio *f.*

curtain cortina; telón *m.*

curtain rod barra

customer cliente/a

customs aduana

cut cortada

cycling ciclismo

D

daisy margarita

damaging perjudicial *m.f.*

dangerous peligroso/a

to dare to atreverse a

daring atrevido/a

dark oscuro/a

darkness oscuridad *f.*

date fecha

daughter-in-law nuera

dawn amanecer *m.*

day: all day long todo el santo día

deaf sordo/a

deafening ensordecedor/a

to deal (with) enfrentarse (a)

to decide (to) decidirse (a)

decorative pillow cojín *m.*

deep hondo/a

to defend defender

deficient deficiente *m. f.*

to delight encantar (le) a uno

delightedly con deleite

to demand exigir (i)

demanding exigente *m.f.*

demonstrate demostrar (ue)

to deny negar (ie)

department departamento

departure partida

to depend (on) depender (ie) (de)

dependent (person) persona a (su) cargo

deposit (withdrawal) hoja de depósito (de extracción); **to deposit** hacer un depósito, depositar

depressing deprimente *m.f.*

to desire desear

dessert cart carrito *m.* de los postres

determined: to be determined (to) estar resuelto/a (a)

to develop revelar

to devote oneself to dedicarse a

devoted: to be devoted to estar dedicado/a (a)

to die morir (ue)

difficult: to be difficult to + *inf.* ser difícil de + *inf.*

difficulty dificultad *f.*

dinner cena, comida

dirty sucio/a; **dirty dishes** platos sucios

discouraged: to be (get) discouraged desalentarse
to discover descubrir
discuss discutir, comentar
dishwasher lavaplatos *m.*
dishwashing liquid líquido de fregar
to dislike disgustarle (a uno)
distraction distracción *f.*
disturbing perturbador/a
diving board trampolín *m.*
to divorce divorciarse (de)
divorced divorciado/a
dog perro/a
Don't shoot! ¡No dispare!
door: next door *adj.* de al lado
double boiler baño *m.* de María
to doubt dudar
down: deep down en el fondo
draft giro
dragonfly caballito del diablo
drawer gaveta; cajón *m.*
dressed: to be dressed as (in) estar vestido de
dresser cómoda
dressing aderezo
to drip gotear
drop by drop gota a gota
drown(ing) person el/la ahogado/a; **to drown** ahogarse
drummer baterista *m. f.*
drum kit batería *f.*
drunk: to be drunk estar borracho/a
dust pan recogedor *m.*; **to dust** limpiar el polvo
duty free libre de impuestos

E

each cada; cada uno/a
ear (inner) oído
earphones audífonos *m. pl.*
effective eficaz *m. f.*
electric outlet enchufe *m.*
electric shaver máquina de afeitar *f.*
else: something else otra cosa
to embarrass avergonzar

embarrassed: to be (to feel) embarrassed estar (sentirse) avergonzado/a
to embrace, hug abrazar
to employ emplear
employee empleado/a
empty vacío/a
empty-handed con las manos vacías
end fin *m.*, final *m.*; **at the end of the week (the month, etc.)** a fines de semana (mes, *etc.*); **to put an end to** terminar (acabar) con
to endorse a check endosar un cheque
enemy enemigo/a
engineer (university degree) ingeniero/a
to enjoy disfrutar (de)
enormous enorme *m. f.*
enough: to have more than enough sobrarle (a uno)
entertaining entretenido/a
envelope sobre *m.*
to erase borrar
errand: to run an errand hacer una diligencia; **(for someone else)** hacer un mandado
escalator escalera mecánica
essay ensayo
essential esencial *m. f.*, imprescindible *m. f.*
to establish establecer
even: to get even desquitarse
even if aunque
everything todo
evident evidente *m. f.*
example ejemplo
to exchange (return at a store) cambiar; **(ideas, etc.)** intercambiar
exchange, exchange rate cambio; **to exchange foreign money** cambiar dinero extranjero
to exist existir
existence existencia
exit salida
expense gasto

expert experto/a, perito/a
to explain explicar
to extinguish apagar

F

fabric tela
fabric softener suavizador *m.*
face cara
to face dar a
facing, in front of frente a, enfrente de
fact hecho; **in fact** de hecho
faculty profesorado, profesores
fail: not to fail to no dejar de
fall caída
to fall in love (with) enamorar(se) (de)
fang colmillo
fans fanáticos
far: as far as I know que yo sepa; **so far** hasta ahora
farmer campesino/a
to fascinate fascinarle (a uno)
fascinating fascinante *m. f.*
fashionable: to be fashionable estar de moda
fast *adj.* rápido/a; *adv.* rápidamente; **as fast as I could** lo más rápido posible
fat gordo/a
father-in-law suegro
faucet grifo; llave *f.*
fault culpa
fax machine fax *m.*
fear miedo
to fear temer, tener miedo (de)
feeding alimentación *f.*
to feel (for) sentir (ie) (por), sentir (hacia)
feeling sentimiento
fellow hombre, mozo, tipo
fence cerca
fever: to have (run) a fever tener fiebre
few pocos/as
field campo
fight pelea

to fill   llenar; **to fill out a deposit (withdrawal slip)** llevar una hoja de depósito (de extracción)

filled: to be filled (with)   estar lleno/a (de)

film   película

finally   por fin

financial   económico/a

to find   encontrar (ue)

to find out   enterarse (de), averiguar

finger   dedo

finish line   meta

to finish   terminar; **to just finish** acabar de terminar

fire   incendio, fuego

fire hydrant   toma de agua

first (first place)   en primer lugar

to fish   pescar

fit: (not) to fit (one); not to meet one's needs   (no) servirle (a uno)

fitting   apropiado/a

fitting room   probador *m.*

to fix   arreglar

flag   bandera

flashlight   lintera

flashy, corny, cheesy   cursi *m. f.*

flight   vuelo

to float   flotar

flood   inundación *f.*

floor   piso

floor tiles   losetas

floral arrangement   adorno floral *m.*

flower bed   cantero *m.* de flores

flu   gripe *f.*

to fly (a plane)   pilotear (un avión); **to fly away** alejarse volando

to follow   seguir (i)

fond: to be fond (of)   ser aficionado/a (a)

food   comida

foot: on foot   a pie, andando, caminando

to force (to)   obligar (a)

forehead   frente *f.*

foreigner   extranjero/a

forest (tropical)   selva; **(nontropical)** bosque

to forget   olvidar, olvidarse de

to forgive   perdonar

forgiveness   perdón *m.*

fountain   fuente *f.*

frankly   francamente

to frighten   asustar

frightening   que asusta

fringe   fleco

frog   rana

in the front (of a room)   al frente

frostbite   congelación *f.*

frostbitten   congelado/a

to fry the potatoes   freír las papas

frying pan   sartén *f.*

to fulfill (requirements)   llenar

fun: to make fun (of)   burlarse (de); **to be (no) fun** (no) ser agradable (divertido)

furious: to be furious   estar furioso/a

G

gabardine   gabardina

game   juego, partido

garbage can   cubo *m.* de la basura

garlic   ajo

generally   por lo general **(regular)**, generalmente

gentleman   caballero

to get   lograr, conseguir; **to get home** llegar a casa; **to get on** subir (a); **to get off** bajar (de); **to get to be** llegar a ser; **to get worse** empeorar

gift   regalo; **to give a gift** regalar

girlfriend   amiga

to give a ticket   poner (le) una multa

to give the change   dar el cambio

to give mouth-to-mouth resuscitation   dar (le) respiración artificial (boca a boca)

to give oxygen   dar(le) oxígeno

to give up   renunciar (a); darse por vencido/a

glad   alegre *m. f.*, contento/a

gloves   guantes *m. pl.*

to go: to go away   alejarse; **to go into** entrar en (a); **to go on** seguir (i), continuar; **to go off (alarm)** sonar **to go off to** salir para; **to go through** pasar por

to go to get   ir a buscar

to go over the notes   revisar los apuntes

to go to school   estudiar

goat   cabra

God   Dios *m.*

good-bye   adiós *m.*; **to say good-bye (to)** despedirse (i) (de)

granddaughter   nieta

grandfather   abuelo

grandmother   abuela

grandson   nieto

great-grandfather   bisabuelo

great-grandmother   bisabuela

great-grandson   biznieto

great-granddaughter   biznieta

greatly   mucho

greedy   avaricioso/a

to greet   saludar

to grow   crecer

guard   guardia *m. f.*

guest   invitado/a

guide dog   perro/a guía

guitar player   guitarrista *m, f.*; **lead guitar** guitarra principal

guy   tipo

H

habit: be in the habit of   tener (la) costumbre de

hair: short/long hair   pelo corto/largo; **straight/curly hair** pelo lacio/ rizado; **blond/brown/ black/white hair** pelo rubio/ castaño/ negro/ blanco (canoso)

half: half an hour   media hora

halfway: to be halfway there   estar a mitad de camino

hammer   martillo

hand: on the other hand por otra parte

handbag cartera; bolsa de mano *f.*

(hand) beater batidor (de mano) *m.*

handicrafts artesanías *f. pl.*

handkerchief pañuelo

handle (curved) asa; **handle (straight)** mango

Hands up! ¡Arriba las manos!

handsome guapo/a

handwriting letra

to hang colgar (ue)

hanger perchero; gancho

hanging: to be hanging (on) estar colgado/a (de)

to happen ocurrir, suceder

happy feliz *m. f.*

harbor puerto

hard difícil *m. f.*

hardly apenas

hard-working trabajador/a

to harvest cosechar

to hate odiar

hatred odio

headache: to have a headache tener dolor de cabeza, dolerle (a uno) la cabeza

headboard cabecera

heart attack ataque *m.* al corazón

height alto, altura; **in height** de altura

helmet casco

hen gallina

hero, leading man galán *m.*

hiding escondido/a

highlighter resaltador *m.*

highway carretera, autopista

hijack a plane secuestrar un avión

hill, ridge cerro; loma

to hire contratar, colocar

to hit pegar, golpear

to hold (something) back contener; **to hold hands** cogerse (tomarse) las manos

home hogar; **at home** en casa; **to go home** irse a casa

hood (kitchen) campana extractora

hope esperanza; **to hope** esperar

horn cuerno

hors d'oeuvres canapés *m. pl.*; bocaditos

horseback: on horseback a caballo

horse riding equitación *f.*

house casa

housecoat, robe bata

household *adj.* casero/a

however sin embargo

to hug, embrace abrazar

humble humilde *m. f.*

to hunt cazar

to hurt dolerle (a uno)

husband esposo, marido

husband and wife esposos *m. pl.*

hut choza, cabaña

I

ice hielo

to ice skate patinar (en el hielo)

ice skater el/la patinador/a (en el hielo)

I.D. card (tarjeta de) identificación

identical: to be identical (with) ser idéntico/a (a)

illness enfermedad *f.*

image imagen *f.*

immediate inmediato/a

immigration inmigración *f.*

to impose imponer

to impress impresionar

to improve mejorar

in the afternoon (morning, etc.) de la tarde (la mañana, etc.)

(dressed) in + (garment or garment's colors) (vestido/a) de + (prendas o colores de prendas) **in the back of a room** al fondo

inconvenience molestia

to indicate indicar

to inject inyectar, poner(le) una inyección

injection inyección *f.*

to inquire about pedir (i) informes de

insect insecto

inside dentro (de)

instance: for instance por ejemplo

instantly inmediatamente

to insult insultar

interview entrevista

to invest invertir (ie)

ironic irónico/a

ironing board tabla *f.* de planchar

J

jail cárcel *f.*

jealous celoso/a

jealousy celos *m. pl.*

jeans jeans *m. pl.*

jewel joya

job trabajo, empleo

joy alegría, júbilo

judge juez/a

to jump from the diving board tirarse del trampolín

just: to have just (done something) acabar de + *inf.*

K

to keep quedarse (con); guardar; **to keep the change** quedarse con el vuelto; **to keep off** ahuyentar

key llave *f.*

kid chico/a

kidding: to be kidding hablar en broma

to kill matar

kind *n.* clase *f.*; *adj.* bueno/a, bondadoso/a

kindness bondad *f.*

kiss besar

knife cuchillo

knitted tejido/a

kneeling arrodillado/a

to knock llamar
knowledge conocimiento(s)

L

lace encaje *m.*
to lack carecer de
ladder escalera
ladies' (men's) room baño de damas (de caballeros)
ladle cucharón *m.*
lady dama
lake lago
lamb cordero
lamp post poste *m.* de la luz
to land aterrizar
landing aterrizaje *m.*
last: the last one el/la último/a
to last durar
late tarde; to get late hacerse tarde
lately últimamente
laugh risa
to laugh (at) reírse (de)
law ley *f.*
leaning recostado/a
to learn (find out) saber, enterarse de
least: at least por lo menos
leather cuero *m.*
to leave salir (de), marcharse; to leave (someone or something) dejar; to leave a tip dejar una propina
lecture conferencia
left: on my left a mi derecha
left-handed zurdo/a
leg (people or pants) pierna; (animal or furniture) pata
legend leyenda
to lend prestar
less than menos de
to let dejar, permitir
to let (one) know avisar(le)
to lie down acostarse (ue)
life vida
lifeguard salvavidas *m. f.*
life jacket salvavidas *m.*
to lift levantar
to light up encender (ie)

lightning relámpagos *m.pl.*
like como
to like (a person) simpatizar con
likely: to be likely ser probable
liking: not to be to the liking of no gustarle (a uno)
to limit (oneself) to limitarse a
linen hilo, lino
to listen to escuchar
lit alumbrado/a
little: a little un poco
lobby vestíbulo
longer: no longer ya no
to look verse; to look back mirar hacia atrás; to look for buscar; to look like parecer, parecerse a; to look good/bad (on one) quedarle bien/mal (a uno)
looking out of the window asomado/a a la ventana
to lose perder (ie)
lot: a lot (of) mucho/a
lottery ticket billete *m.* de lotería
love: to fall in love (with) enamorarse (de); to be in love (with) estar enamorado/a (de)
lover amante *m. f.*
loving amante *m. f.*
low bajo/a
luck suerte
lucky: to be lucky tener suerte; it was lucky fue una suerte
luckily por suerte, afortunadamente
luggage equipaje *m.*
lunch almuerzo

M

mailbox buzón *m.*
mail tray bandeja de la correspondencia
main principal *m. f.*
major especialista *m. f.*
to make an enlargement hacer una ampliación
to make out divisar
to make copies sacar copias

to make up one's mind (to) decidirse (a)
to make a payment hacer un pago
mall (shopping) centro comercial
to manage (to) arreglárselas (para)
manager el/la administrador/a
mannequin maniquí *m.*
mare yegua
mark nota, calificación *f.*
marriage boda, matrimonio
married: to be married (to) estar casado/a (con)
mashed potatoes puré *m.* de papas
masked man enmascarado
master amo/a, dueño/a
match fósforo
to matter importar(le) (a uno)
mattress colchón *m.*
meadow prado
to mean significar, querer (ie) decir
means: by means of por medio de
to measure the flour medir la harina
measuring tape cinta *f.* de medir
meat carne *f.*
mechanic mecánico
medical médico/a
medicine cabinet botiquín *m.*
to meet reunirse (con); for the first time conocer (zc); to meet someone who is arriving recibir a alguien
meeting reunión *f.*, junta
to memorize memorizar
memory recuerdo
merchandise mercancía
metal detector detector *m.* de metales
middle: in the middle of en mitad de
midnight medianoche *f.*
millionaire millonario/a
to milk ordeñar

mind mente *f.*; **to make up one's mind (to)** decidirse (a)

mine mío/a

mint mentos/as

mirror espejo

to miss (be absent from) faltar a

mistake: to make a mistake cometer un error

to mix the ingredients mezclar los ingredientes

mixing bowl tazón *m.*

mood: in a bad mood de mal humor

mop trapeador *m.*; **to mop the floor** trapear el piso

more más; **more or less** más o menos; **the more ... the less** mientras más ... menos ...

most of la mayor parte de

mother-in-law suegra

motorcycle motocicleta

motorcyclist motociclista *m. f.*

motorist chofer *m. f.*; conductor/a

mountain montaña

mountain climbing alpinismo (montañismo)

mouth boca

mouthwash enjuague *m.* bucal

to move mover(se) (ue)

to move (in) (out) mudarse (a) (de)

movie película

movie star estrella *m. f.* (artista) de cine

mud fango, lodo

mug jarrito

musician músico/a

mustache bigote *m.*

myself yo mismo/a, me, mí, a mí mismo/a

N

nag at pelearle (a uno)

nail clavo; **to nail** clavar

name: family (last) apellido

native nativo/a

near cerca (de)

nearby cerca *adv.*, cercano/a *adj.*

near-sighted miope *m. f.*

necessity necesidad *f.*

neck cuello

necklace collar *m.*

necktie corbata

to need hacerle falta (a uno)

needed: to be needed necesitarse

needle aguja

neighbor vecino/a

neighborhood vecindad *f.*, barrio

nephew sobrino

nervous nervioso/a

nest nido

net red *f.*

nevertheless sin embargo

newspaper stand puesto (quiosco) de periódicos

next próximo/a; **next door** de al lado; **to be next to** *adv.* estar junto a

nice agradable *m.f.*

niece sobrina

nightmare pesadilla

night table mesa *f.* de noche

nobody nadie

noise ruido

noisy ruidoso/a

noon mediodía

nose nariz, *f.*

notice aviso

to notice fijarse (en); **to notice (something)** darse cuenta (de)

now and again de vez en cuando

nowadays hoy en día

nurse enfermero/a

O

oath juramento

to object objetar

to oblige obligar

oblivion olvido

obsessed obsesionado/a

office oficina; (doctor) consulta, consultorio

official *n.* funcionario/a

offspring hijo, descendencia

often a menudo, frecuentemente

oil (motor) aceite; **oil and vinegar** aceite y vinagre *m.*; **oil**

and vinegar cruet aceitera y vinagrera

ointment pomada, unguento

older mayor

on (light) *adj.* encendido/a

on top of encima de, sobre

one: the one about el/la de

to open abrir; **to open a can** abrir una lata; **to open a (savings) checking account** abrir una cuenta (de ahorros) de cheques

opponent contrincante *m. f.*

oppose: to be opposed to oponerse a

order: in order to para

ordinary común *m. f.*

organize organizar

others: the others los demás

outlet escape *m.*; **(electrical)** enchufe *m.*

outside fuera

outstanding principal, destacado/a

oval ovalado/a

(microwave) oven horno (de microoondas)

over arriba de

to be overdrawn estar sobregirado

overnight bag; attache case maletín *m.*

to owe deber

(one's) own propio/a

ox buey *m.*

P

pace paso

package paquete *m.*

painting (art) cuadro

pajamas pijama *m.*

pantyhose las pantimedias

paper periódico

paper towels toallas de papel

parasol sombrilla

parents padres *m. pl.*

parking meter parquímetro

part-time medio tiempo, tiempo incompleto

party fiesta
to pass through pasar por
passage pasaje *m.*
passive voice voz pasiva
passport pasaporte *m.*
path sendero
patience paciencia
pattern patrón *m.*
to pay attention to hacer(le) caso a; **to pay in cash** pagar en efectivo; **to pay overweight** pagar exceso de equipaje
to pay customs pagar aduana
payment pago
peculiar raro/a
people gente *f. s.*
pepper shaker pimentero
to perform (a task) realizar, llevar a cabo
perhaps tal vez, quizá(s)
person: important person personaje
personnel empleados *m. pl.*
pet carrier jaula
pharmacy farmacia
Philadelphia Filadelfia
phonology fonología
pianist: concert pianist pianista de concierto
to pick up recoger
piece pedazo, pieza
pig cerdo
piggy bank alcancía
pill pastilla, píldora
pillow almohada
pillow case funda
pilot piloto *m. f.*
pin alfiler *m.*
pitcher jarra
pity lástima
placard pancarta
to plan planear
plant mata, planta
planter maceta
plate (soup, dinner) plato (hondo, llano)
platform plataforma
platonic platónico/a
to play jugar (a); **(music)** tocar

to play hide and seek jugar al escondite
pleasant: to be pleasant ser agradable; **to make pleasant** amenizar
pleasing agradable *m. f.*
pleasure, enjoyment goce *m.*
plot, intrigue argumento, enredo
plow arado
to plow arar
to plug in enchufar
pocket bolsillo
police force policía *f.*
policeman policía *m.*
policewoman mujer policía
policy política
politician político/a
polyester poliéster *m.*
pond estanque *m.*
ponytail cola *f.* de caballo
pool: swimming pool piscina
porter maletero
post poste
pot olla
pot holder agarradera
powerful poderoso/a
to pray rezar, rogar (ue)
to prefer preferir (ie)
to prepare prepararse
present presente
to pretend aparentar, fingir
pretty bonito/a, lindo/a, bello/a
price precio
pride orgullo
principal capital *m.*
priority prioridad *f.*
to proclaim proclamar
programmer programador/a
project proyecto
proof prueba
to protect proteger
to prove probar (ue); **to prove +** *adj.* resultar + *adj.*
to pull tirar de, halar; **to pull the petals off** deshojar
punch ponche *m.*
punctual puntual *m. f.*
purse monedero, cartera
pursue seguir (i)

to put an end to acabar con
to put in its place colocar
to put on ponerse

Q

quarter: a quarter to six un cuarto para las seis
question pregunta
quickly rápido, rápidamente
quiet tranquilo/a, callado/a
quite bastante

R

rabbit conejo/a
rack perchero
to rain llover; **to rain cats and dogs** llover (ue) a cántaros
rainbow arco iris *m. s.*
raincoat impermeable *m.*
to raise (people or animals) criar; **(vegetables)** cultivar
ranch hacienda, estancia *(Arg.)*
rancher hacendado/a, estanciero/a
rancor, bitterness rencor *m.*
rate of exchange tipo *m.* de cambio
rather bastante, más bien; **but rather** sino que
reach: within (one's) reach a (su) alcance
to reach (a destination) llegar a
to react reaccionar
to read (document as subject) decir (i)
reader lector/a
ready: to be ready (to) estar listo/a (para)
real estate bienes raíces *m. pl.*
to realize darse cuenta de
to reappear volver (ue) a aparecer
reason razón *f.*
receipt recibo
to recommend recomendar (ie)
recorder grabadora
record player tocadiscos *m.s.pl.*

red (white) wine vino tinto (blanco)
to reflect reflejar
reflexive reflexivo/a
to refrain (from) abstenerse (de)
to refuse (to) negarse (ie) (a)
regional attire traje *m.* regional
regional dance baile *m.* regional
to register matricularse
registration matrícula, inscripción *f.*
to regret arrepentir(se) de
regularly con regularidad
rehearsal ensayo
to rehearse ensayar
relations relaciones *f. pl.*
to rely on confiar en
to remain quedarse
remark observación, comentario
to remember acordarse (ue) de
to remind recordarle (ue) (a uno)
rent alquiler *m.*
to rent alquilar
repeatedly repetidamente
repentant arrepentido/a
reply replicar
request petición *f.*
to request (give) information pedir (dar) información
requested pedido/a
to require exigir, requerir (ie)
requirement requisito
to resemble parecer (zc)
reserved reservado/a
reserved table mesa reservada
residence residencia
to resign renunciar
to resign oneself to resignarse a
responsible: to be responsible for ser responsable de
result resultado
return regreso; *adj.* de regreso
to return volver (ue), regresar
revenge venganza
ribbon cinta
rice pudding arroz *m.* con leche
rid: to get rid of deshacerse de
rifle rifle *m.*

right *n.* **(a just claim or privilege)** derecho
right *adj.* **(appropriate)** correcto/a; **(opposite of left)** derecho/a; **(not wrong)** el que + ser; **the right thing** lo que + deber; **the right time** el momento apropiado; **to be right** tener razón
right: right away inmediatamente; **right here** aquí mismo
ring anillo, sortija
risk riesgo
river río
road camino
roast meat carne *f.* asada
to rob robar
rocket cohete *m.*
to (un)roll (des)enrollar
roommate compañero/a de cuarto
rooster gallo
round redondo/a
row fila
rower el/la remero/a
to rub frotar, restregar
to run correr; **(continue, last)** durar; **(colors)** correrse; **(overflow)** desbordarse; **to run away** escaparse, huir; **to run into** tropezarse con, encontrarse con; **to run out of** acabársele (a uno); **to run out of (a place)** salir corriendo

S

sad triste; **to make (one) sad** ponerlo/a triste (a uno)
saddle montura
sadness tristeza
safe *adj.* seguro/a
safe deposit box caja *f.* de seguridad
sailboat bote de vela, velero
sailor marinero/a
salad ensalada
saleswoman vendedora, dependienta
salt sal *f.*

salt shaker salero
same: the same el/la/los/las mismo/a/os/as
satin raso
satisfied satisfecho/a
satisfying satisfactorio/a
sauce (tomato) salsa de tomate
saucepan cazo
saucer platillo
to save (opposite of to spend) ahorrar
savings account cuenta de ahorros
to say good-bye to despedirse (de)
saying refrán *m.*, dicho, proverbio
scale balanza
scar cicatriz *f.*
to scare asustar; **to get scared** asustarse
scarecrow espantapájaros *m. s. pl.*
scarf bufanda
scene escena
schedule horario
scissors tijeras *f. pl.*
screen pantalla
script guión *m.*
to scrub a pot restregar una olla
sea mar *m.*
seat asiento; **(numbered)** localidad *f.* (numerada); **aisle (window) seat** asiento *m.* de pasillo (de ventanilla)
seated sentado/a
secondly en segundo lugar
seed semilla
to see (someone) off despedir (a alguien)
to seek buscar
to seem parecer (zc); parecerle (a uno)
seldom raramente, rara vez
to send enviar, mandar
sense: good sense sentido común
sentence oración *f.*
separated from separado/a de
to serve (as) servir (i) (de)

serving dish fuente *f.*
set: TV set televisor *m.*
several varios/as
to sew coser
to shake temblar (ie), sacudir(se)
shampoo champú *m.*
to share compartir
sharp agudo/a, afilado/a
to sharpen a pencil sacarle punta a un lápiz
to shave afeitarse
sheep oveja
sheet sábana
shelf estante *m.*
shiny brillante *m. f.*
shirt camisa
shopping: to go shopping ir de compras
shopping mall centro comercial
short bajo/a
shorts (underwear) calzoncillos *m. pl.*
should deber
shoulder hombro
to shout gritar
show (performance) (movie, theater) función *f.*
to show mostrar (ue), enseñar; (**a movie**) poner
sick enfermo/a
side lado
side door puerta lateral *f.*
side table mesa lateral *f.*
sidewalk cafe café *m.* al aire libre
sign letrero, cartel *m.*
silk seda
silly tonto/a
silo granero, silo
silverware cubiertos *m. pl.*
since ya que, como
sincerely yours de Ud(s). atentamente
sincerity sinceridad *f.*
to sing cantar
singer el/la cantante
single soltero/a
sink (kitchen) fregadero

to sink hundir; **to sink (a vessel)** hundirse (una embarcación)
sinner pecador/a
sister-in-law cuñada
sitting sentado/a
size (clothes, garments) talla; **shoes** número
skate patín *m.*
skeptical escéptico/a
skier el/la esquiador/a
skill habilidad *f.*
sky cielo
slander calumnia
slap in the face bofetada; **to slap** dar una bofetada
sled trineo
to sleep dormir (ue)
sleeping dormido/a; durmiente
sleepy head dormilón/ dormilona
sleeve manga
slice of bread pedazo de pan *m.*
slingshot tirapiedras, resortera *m. s. pl.*
slip (deposit/withdrawal) hoja *f.* de depósito (de extracción)
to slip resbalar
slippers zapatillas *f. pl.*
slow lento/a
to smell oler (hue); **to smell of** oler a
smile sonrisa
to smile sonreír
smoke humo; **to smoke** fumar
smoker fumador/a
snake culebra, serpiente *f.*
so así que; **so far** hasta ahora, hasta la fecha; **so what?** ¿y qué?
soaking: soaking wet empapado/a
soccer game partido de fútbol
socks calcetines *m. pl.*
soft suave, blando
some algún, alguno/a
something algo
sometimes a veces
son-in-law yerno
soon pronto; **as soon as** tan pronto como, apenas
sore throat dolor *m.* de garganta

to sound sonar (ue)
soup sopa
sown field sembrado
space espacio
Spanish-speaking hispanohablante *m. f.*
spatula espátula
to specialize (in) especializarse (en)
specimen ejemplar *m.*
spectator espectador/a
to spell out deletrear
to spend (time) pasar
spider araña
to spill derramar
spite: in spite of a pesar de
sponge esponja
spool of thread carrete *m.* de hilo
sports *adj.* deportivo/a
spotlight reflector *m.*
square *adj.* cuadrado/a
stage escenario
to stain manchar
standing parado/a; **to stand up** pararse, ponerse de (en) pie
stapler grapadora
to state declarar, afirmar
statement estado *m.* de cuenta
to stay quedarse
steak bisté *m.*
to steal robar
stem glass (water, wine) copa (de agua, de vino)
stewardess azafata
stick palo
to stick in quedarse en, grabarse en
to stir the rice revolver el arroz
stitches puntos
stockings medias *f. pl.*
stocks acciones *f. pl.*
stone piedra
to stop parar; **to stop + pres. part.** dejar de + *inf.*
store tienda; **to store** almacenar
store window vidriera escaparate *m.*
storm tormenta

strange   extraño/a
straw   paja
strength of will   fuerza de voluntad
to stress   recalcar, subrayar
stretcher   camilla
strict   estricto/a
strong   fuerte *m. f.*
student *adj.*   de estudiante, estudiantil *m. f.*
style   estilo; **(clothes)** modelo
subject   asignatura
subject: to change the subject   cambiar de tema
to submit   presentar
to substitute   sustituir
subway station   estación *f.* de metro
success   éxito
such as   tal
sudden   repentino/a
suddenly   de repente
suede   gamuza
suffer   sufrir
suffering   sufrimiento
to suggest   sugerir (ie)
suitcase   maleta
suitor   pretendiente
sunbathe   darse baños de sol, tomar el sol
sun deck   terraza
to support   mantener; apoyar
sure   seguro/a
surely   de seguro
surfboard   tabla *f.* de surf
surprise: to my surprise   para sorpresa mía
to be surprised at   sorprenderle (a uno) que
surrounded: to be surrounded by   estar rodeado/a de
surroundings   medio, ambiente *m.*
to suspect   sospechar (de)
sweater   suéter *m.*
to swim   nadar
swimmer   el/la nadador/a
swimming: to go swimming   ir a nadar

swimming cap   gorro de baño
swimming pool   piscina
swing   culumpio *m.*

T

table: coffee table   mesa de centro; **dining room table** *f.* mesa de comedor
to take   tomar, beber; **to take a bath** bañarse; **to take a nap** dormir (ue) una siesta; **to take notes** tomar apuntes; **to take off** despegar; **to take out** sacar; **to take photos** sacar fotografías; **to take (someone) for a ride** llevar a pasear; **to take (someone or something some place)** llevar; **to take a trip** hacer un viaje; **to take apart** desarmar; **to take off (airplane)** despegar
to take aim   apuntar
to take away   quitar, llevarse
to take out the garbage   sacar (botar) la basura
to take out a mortgage   hacer una hipoteca
tag   etiqueta
tale   cuento, historia
to talk on the phone   hablar por teléfono
tall   alto/a
task   tarea
taste   gusto
to taste like   saber a
tear   lágrima
telephone booth   cabina telefónica
teller   el/la cajero/a
terms: not to be on speaking terms with   estar peleado/a con
terrified   aterrado/a
terrycloth   tela de toalla
test   prueba
theater seat   butaca
there   ahí, allí; **there it is!** ¡ahí está!
thief   ladrón/ladrona
thin   delgado/a

to think   pensar (ie); **I don't think so** no lo creo
those: those who   los que; **there are those who** hay quienes
thought   pensamiento, idea
thousand: a thousand   mil
threatening   amenazador/a
to be thrilled, excited   emocionarse
thrilling, touching, stirring   emocionante *m. f.*
throat: to have a sore throat   dolerle (a uno) la garganta; tener dolor de garganta
through   a través de
throughout   por todo
tight   apretado/a
time   tiempo, hora
time: all the time   constantemente; **at the same time** a la vez, al mismo tiempo; **for the first time** por primera vez; **this time** esta vez; **to be time (to)** ser hora (de); **to buy on time** comprar a plazos; **to have a good time** pasar un buen rato, divertirse
times: at times   a veces; **to be behind the times** estar anticuado/a
tip   propina
tired: to be tired of   estar cansado/a de
toast: to toast   brindar; **to toast the bread** tostar el pan
toaster   tostadora
together   juntos/as
toilet paper   papel *m.* higiénico
tonight   esta noche
too   demasiado/a
toothpaste   pasta *f.* de dientes
top (of tree)   copa; **on top of** encima de
touch   tocar
to tow   remolcar
towel rack   toallero
town   pueblo, ciudad *f.*; **to be out of town** estar fuera de la ciudad, estar de viaje

track meet carreras a pie *f.pl.*
tracks huellas *f. pl.*
traffic light semáforo
traffic violation infracción *f.* de tránsito
to transfer money transferir dinero
to translate (into) traducir (zc) (a)
to travel (throughout) viajar (por)
traveler viajero/a
tray bandeja; **silver tray** bandeja (de plata)
to treat tratar
trip viaje *m.*; **business trip** viaje de negocios
trout trucha
true verdadero/a
trunk tronco; baúl *m.*
to trust confiar (en)
truthfulness veracidad *f.*
to try to tratar de
to try on probarse (ue)
T-shirt camiseta
turn: to turn to (into) convertirse (ie) (en); **to turn + age** cumplir + años
turtle tortuga
twin gemelo/a, mellizo/a
type clase, tipo
to type escribir a máquina

U

umbrella paraguas *m.*
umbrella stand paragüero
to underline, stress subrayar
to understand comprender, entender (ie)
understanding comprensivo/a
underwear ropa interior *f.*
unfortunately por desgracia
ungrateful desagradecido/a
unique único/a
unknown desconocido/a
unless a menos que
unlikely poco probable, difícil
unpleasant antipático/a, desagradable *m. f.*

until hasta que
upon al
upset nervioso/a, contrariado/a
upstairs (en el piso de) arriba
urgently con urgencia
used: to be used to estar acostumbrado/a a; **to get used to** acostumbrarse a
usher el/la acomodador/a

V

vacation: to be on vacation estar de vacaciones
vacuum cleaner aspiradora; **to vacuum** pasar la aspiradora
valuable valioso/a
vase jarrón *m.*
VCR máquina *f.* de vídeo
vegetables hortalizas, verduras *f. pl.*
venetian blinds persianas *f.pl.*
vest chaleco
veterinarian veterinario/a
victim víctima
virtue virtud *f.*
vocabulary vocabulario

W

to wait for esperar por
waiter, waitress (camarero/a)
waitress cap cofia
to wake up despertarse (ie)
to walk the dog sacar al perro
to walk through caminar por
wall pared *f.*
warm tibio/a
to warn advertir (ie)
warning advertencia, aviso
to wash the dishes fregar los platos
washcloth toallita
wastebasket cesto *m.* de los papeles
waterfall cascada
water level nivel *m.* del agua
watch reloj *m.*
to watch TV ver la televisión
wave ola

way manera, modo; **by the way** a propósito; **this way** de esta manera
to wear llevar, usar, tener puesto/a
weather tiempo; **the weather is good** hace buen tiempo
to weave tejer
weaving tejido
wedding boda
weekend fin *m.* de semana
weeping llanto
to weigh the baggage pesar las maletas
weight (for lifting) pesa
well (water) pozo
well: as well as así como, y también
wet húmedo/a
whatever: whatever happens pase lo que pase
wheelchair silla de ruedas
while mientras, cuando
to whisper in (someone's) ear decir (le) al oído
wicked, evil, villainous malvado/a
wickedness maldad *f.*
widow viuda
widowed viudo/a
wife esposa
willing: to be willing (to) estar dispuesto/a (a)
window (bank, car, etc.) ventanilla
windshield wipers limpiaparabrisas *m. s. pl.*
wine glass copa
to wipe (someone's) tears limpiar(le) las lágrimas
wise sabio/a
wish deseo
to withdraw money sacar dinero
witness testigo *m. f.*
to wonder preguntarse
woodpecker pájaro carpintero
wool lana
to work (inanimate subject) funcionar

worker obrero/a

world mundo

worried: to be worried estar preocupado/a

worse peor

worst: the worst (one) el/la peor; **the worst thing** lo peor

worth: to be worth valer la pena

worthwhile valioso/a

wound herida

wounded person herido/a

wrestling lucha libre *f.*

wrong (inappropriate) incorrecto/a; **(mistaken)** equivocado/a; **to be wrong** no tener razón, estar equivocado/a

X

X-rays radiografía, rayos x

Y

yesterday ayer

younger menor

youngest más joven, menor

Z

zipper zíper *m.,* cremallera

INDEX

PHOTO CREDITS

Chapter 1 Opener: Paul Conklin/Monkmeyer Press Photo. Page 4: Hazel Hankin. Pages 5 and 9: Beryl Goldberg. **Chapter 2** Opener: © The Museum of Modern Art. Page 32: Hazel Hankin. Page 33: Stuart Cohen/COMSTOCK, Inc. Page 38: Hugh Rogers/Monkmeyer Press Photo. Page 41: D. Wells/The Image Works. **Chapter 3** Opener: Crandall/The Image Works. Page 60: Peter Menzel/Stock, Boston. Page 61 (*top left*): Stuart Cohen/COMSTOCK, Inc. Page 61 (*bottom right*): Beryl Goldberg. Page 62: Hugh Rogers/Monkmeyer Press Photo. Page 66: Ulrike Welsch Photography. **Chapter 4** Opener: Grant LeDuc/Monkmeyer Press Photo. Page 88: Elizabeth Crews/The Image Works. Page 89: Flip Chalfant/The Image Bank. **Chapter 5** Opener: Audrey Gottlieb/Monkmeyer Press Photo. Pages 117–119 (*top*): Stuart Cohen/COMSTOCK, Inc. Page 119 (*bottom*): Ulrike Welsch Photography. Page 123: Stuart Cohen/COMSTOCK, Inc. **Chapter 6** Opener: Peter Menzel. Page 147: Audrey Gottlieb/Monkmeyer Press Photo. Page 149: P. Vauthey/Sygma. Page 152 (*top left*): Sean Sprague/Panos Pictures. Page 152 (*bottom left*): Sean Sprague/Panos Pictures. Page 152 (*right*): Robert Frerck/Odyssey Productions. Page 153 (*top left*): StuartCohen/COMSTOCK, Inc. Page 153 (*top right*): J. C. Lozouet/The Image Bank. Page 153 (*bottom*): Abbas/Magnum Photos, Inc. Page 170 (*top left*): Jean-Claude Figenwald/Sygma. Page 170 (*top right*): Kelly Jordan/Sygma. Page 170 (*bottom left*): O. Montserrat/Sygma. Page 170 (*bottom right*): Berliner/Gamma-Liaison. **Chapter 7** Opener: Beryl Goldberg. Page 179: Courtesy of Ramón Rivera-Moret. Page 182: Hugh Rogers/Monkmeyer Press Photo. Page 183: Peter Menzel. Page 184: Mike Mazzaschi/Stock, Boston. **Chapter 8** Opener: Stuart Cohen/COMSTOCK, Inc. Page 210: Sid Latham/Monkmeyer Press Photo. Page 211: Eric and David Hosking/Photo Researchers. Page 214: Hermine Dreyfuss/Monkmeyer Press Photo. Page 218: Peter Menzel. **Chapter 9** Opener: Hazel Hankin. Page 243: Peter Menzel. Page 244: Beryl Goldberg. Page 246: Hugh Rogers/Monkmeyer Press Photo. Pages 248 and 249: Mel Rosenthal/The Image Works. **Chapter 10** Opener: J. Andanson/Sygma. Page 277: Epipress/Sygma. Page 281: Mark Antman/The Image Works. Page 288 (*top left*): Steven E. Sutton/Duomo Photography, Inc. Page 288 (center *right*): P. Habans/Sygma. Page 288 (*bottom left*): Reuters/Bettmann. Page 289: Duomo. Page 294: Owen Franken/Stock, Boston. Page 296: Mark Antman/The Image Works. **Chapter 11** Opener: Hugh Rogers/Monkmeyer Press Photo. Page 309: Courtesy Univision. Page 313: Courtesy Telemundo. Page 314 (*bottom right*): Courtesy Univision. Page 314 (*bottom left*): Courtesy Anchor News 41. Page 315 (*top left*): Courtesy Maria Laria. Page 315 (*top right*): Courtesy Charytin Goylo. Page 315 (*bottom right*): Courtesy Telemundo. Page 315 (*bottom left*): Courtesy ECO. Page 325: Peter Menzel. **Chapter 12** Opener: Meyer Rangell/The Image Works. Page 343: Ulrike Welsch Photography. Page 344: Beryl Goldberg. Page 351: Steve Goldberg/Monkmeyer Press Photo. Page 553: Zbigniew Bzdak/The Image Works. Color Insert Page 1: Will and Deni McIntyre/Photo Researchers. Page 2 (*top*): COMSTOCK, Inc. Page 2 (*bottom*): Will McIntyre/Photo Researchers. Page 3 (*top*): Rob Crandall/The Image Works. Page 3 (*bottom*): Cornell Capa/Magnum Photos, Inc. Page 4 (*top*): Courtesy of Mayra Bonilla/Instituto Constarricense. Page 4 (*bottom left*): Michael Fogden/Animals Animals. Page 4 (*bottom right*): Gregory G. Dimijian/Photo Researchers.

PERMISSIONS CREDITS

The author wishes to thank the following persons and companies for permission to reprint their works: Fundación Universo Veintiuno, A.C. for "Ayudando a la ecología en el hogar" from *Guía Ecológica de Acción*. Editorial América, S.A. for "Las tribus andinas se occidentalizan" from *Geomundo*. Editorial América, S.A. for "Los sábados de Don Francisco" from *Hombre*. Panorama, Madrid, Apain for "El Rey sin miedo" and "El 'Supermán' de la universidad". Carmen C. Lake for "Buenos Aires—Una ciudad, un mundo" from *En Vuelo*.